비고츠키 선집 14

정서 학설 Ⅱ

역사-심리학적 연구

• 표지 그림

가재를 잡으려면 분업을 해야 한다. 한 소년이 바닥을 휘저어 가재를 떠오르게 하면 다른 소년이 그물로 가재를 잡는다. 영양 상태가 좋아 보이는 두 소년은 행복해 보인다. 소년들의 열정과 눈부신 원심형 파동은 가재가 필요해서라기보다는 가재 잡기라는 사회적 활동 자체에 기인한다. 이 책에서 비고츠키는 더 높은 정서의 근원을 찾는다. 이를 위해 그는 '두뇌로부터 신체'라는 감정에 대한 원심적 시각과 '신체로부터 두뇌'라는 감정에 대한 구심적 시각을 모두 비판해야 한다. 소년의 다리 각각에서 발생하는 파동을 보자. 한 소년에게는 원심적이지만, 다른 소년에게는 구심적이다.

비고츠키 선집 14

정서 학설 Ⅱ
역사-심리학적 연구

초판 1쇄 인쇄 2022년 6월 7일
초판 1쇄 발행 2022년 6월 18일

지은이 L. S. 비고츠키
옮긴이 비고츠키 연구회
펴낸이 김승희
펴낸곳 도서출판 살림터

기획 정광일
편집 조현주·송승호
북디자인 꼬리별

인쇄·제본 (주)신화프린팅
종이 (주)명동지류

주소 서울시 양천구 목동동로 293, 2215-1호
전화 02-3141-6553
팩스 02-3141-6555
출판등록 2008년 3월 18일 제313-1990-12호
이메일 gwang80@hanmail.net
블로그 http://blog.naver.com/dkffk1020

ISBN 979-11-5930-228-2 93370

비고츠키 선집 14

정서 학설 Ⅱ

역사-심리학적 연구

살림터

정서≠감각일 때
낯선 것을 친숙하게 하는 교수-학습,
친숙한 것을 낯설게 하는 발달

P. 브뤼헐Pieter Brueghel의 1565년 작품을 살펴보자. 갓 결혼한 젊은 여성이 불륜으로 체포되었다. 그녀는 처벌을 받기 위해 회당으로 끌려온다. 그리스도는 그곳에서 가르치고 있었다. 여느 바쁜 교사들처럼 그리스도는 처음에는 소란스러움을 무시하고 수업을 계속한다. 그러나 군중들이 돌로 쳐 죽이라고 외치자 그리스도는 무릎을 꿇고 바닥에 글을 쓴다.

그리스도는 그림에서 가장 키가 큰 남성임에도 불구하고 브뤼헐은 간음한 여성을 그리스도 위에 탑처럼 세워 두는 선택을 했다는 점에 주목해 보자. 그럼에도 브뤼헐의 관심의 중심은 그리스도도 아니고, 간음한 여인도 아니었다는 점도 주목하자. 인물들의 시선과 손가락을 따라가 보면 대체로 땅 위의 무언가를 가리키고 있음을 알 수 있다. 이 그림 속의 모든 사람들과 마찬가지로 브뤼헐의 관심은 실제로 우리가 그림을 확대해야만 알아볼 수 있는 것에 집중되어 있다. 그것은 흙 위에 쓰인 한 줄의 기호이다.

흙 위의 기호

흙과 기호는 둘이 아닌 하나의 실체로 존재한다. 스피노자에 따르면 인간의 마음은 하나의 동일한 실체를 두 가지 완벽하게 다른 방식, 즉 연장(흙 속의 표시) 또는 사유(마음속의 의미)로 볼 수 있다. 동일한 실체를 보는 이 두 가지 다른 방식은 서로를 결정하지 않는다고 스피노자는 말한다. 그러나 인간은 이 둘을 결정하는 힘을 갖는다.

그림, 글, 말하기에서 기표와 기의 간의 연결은 역사적이며, 문화적이고 심리적이다. 이 연결이 인간에 의해 만들어졌기 때문에 사람들, 문화, 심지어 예술가 개인에 의해서 그 연결이 끊어지거나 다시 만들어질 수 있다. 그리고 이는 두 개의 서로 다른 기호 집합이 동일한 의미를 지닐 수 있고, 하나의 기호 집합이 두 개의 서로 다른 의미를 지닐 수 있음을 의미한다.

슈클로프스키(1925/1990: 11)와 브레히트(1957/1964: 157)는 예술가의 작업은 오래되고 친숙한 의미를 아주 다른 기호에 넣어서 새롭고 낯선 것으로 만드는 것이라고 말한다. 이처럼 브뤼헐은 친숙한 성경의 이야기를 취하여 낯선 시각적 형상을 만들었다. 등장인물들은 땅 위의 기호와 마찬가지로 마치 흙으로 만들어진 것처럼 보인다.

대부분의 경우 교사의 작업은 이와 정반대이다. 우리는 낯설고 새로운 개념을 가져와서 아이들에게 친숙한 것으로 만든다. 읽기, 쓰기를 가져와서 이를 유치원에서의 일상적인 말하기로 만들어 내고, 초등학생들에게 외국어 낱말을 친숙한 낱말로 만들며, 중학생들에게 과학적이고 수학적인 개념으로 일상적인 사례들을 재진술한다.

그러나 학습자는 이런 고된 작업을 모두 지워 버릴 수 있다. 그들은 친숙한 언어 사용의 의미를 새로운 개념을 친숙한 아이디어로 뒤바꾸자는 것으로 해석할 수 있고 실제 그렇게 한다. 유치원생들이 기억하는 것은 일상적인 말하기이지 문자화된 낱말이 아니다. 초등학생들이 기억하는 것은 우리말 번역이지 낯선 외국어의 소리가 아니다. 중학생들이 기억하는 것은 '속도'이지 가속도를 구하는 공식($a=\Delta v/\Delta t$)이 아니다.

이제 교사의 작업은 예술가의 것과 같아진다. 우리는 친숙한 형태를 가져와서 그 의미를 낯설고 새로운 개념으로 되돌려 놓아야 한다. 새로운 개념을 지도하기 위해 표현을 변형하면서 의미를 반복하는 우리의 능력은 표현은 반복하여 따라 하되 그 의미는 일상적인 것으로 변형하는 학습자의 능력과 씨름한다. 학습자 없이 이 싸움에서 이길 수 없기 때문에 우리의 성공과 실패는 그들의 마음을 얻는 우리의 능력에 의존한다. 종종 이것은 어린이의 단기적인 대인관계적 흥미를 장기적인 학문적 흥미로 바꾸는 것을 의미한다. 스피노자가 말하듯 수동적인 '정념'은 능동적인 정서가 된다(IIIdef3).[*]

역자들 역시 유사한 씨름에 직면하게 된다. 여기에 있는 개념 중 일부는 아주 새롭고 낯선 것들이다. 다수는 17세기로 거슬러 올라가며 모

---

[*] 이 책에서 우리는 스피노자의 윤리학을 전통적인 방식으로 참고하고 있다. 예를 들어 각 장은 로마 숫자("III=제3장"), 정의는 "def", 정리는 "p", 주석은 "s" 등.

두 아주 먼 옛날로부터 온 것들이다. 그래서 우리는 브뤼헐 시대의 회화 작품으로 그 개념들을 묘사하려고 노력했다. 그 노력의 일부인 그림의 컬러 인쇄가 독자 여러분에게 도움이 되기를 바란다. 더불어 그 그림들이 중요한 방식으로 비고츠키의 텍스트를 설명한다는 점 역시 독자들이 볼 수 있기를 바란다.

앞으로 보게 되겠지만 이 그림들은 시공간에서 변증법적으로 발달한다. 16세기 중반, 스페인 점령지였던 네덜란드에 살았던 P. 브뤼헐은 일상적인 일을 하는 평범한 사람들로 캔버스를 가득 채운 그림을 그린다. 17세기 초반 로마에서는 P. 브뤼헐의 아들인 J. 브뤼헐Jan Brueghel과 같은 화가들이 이런 평범하고 일상적인 양식을 거부하고 이탈리아의 매너리즘을 학습했다. 그들은 비틀린 포즈를 취한 채 찬란한 빛으로 휩싸인 신, 영웅, 성인聖人을 그리기 시작했다. 그 후 17세기 중반, 렘브란트나 베르메르와 같은 새로운 화가들은 고국인 네덜란드에 머물면서 브뤼헐의 리얼리즘과 새롭게 발견한 빛, 실내 공간, 인간의 신체를 종합했다.

예술의 이러한 변증법적 발달은 과학의 변증법적 발달과 함께 전진했다. 브뤼헐의 그림에서 그리스도의 다리는 키에 비해 너무 짧고, 간음한 여인의 팔은 너무 길다. 브뤼헐 당대에 그의 고향 친구였던 베살리우스는 인체를 해부하고 측정하기 시작했으며 어린이와 성인의 팔다리, 몸통, 머리의 실제 비율을 발견하기 시작했다. 17세기에, 역시 네덜란드에 있었던 데카르트는 많은 동물 해부로부터 신체는 고기로 된 기계에 불과하다는 결론을 내렸다. 각 부분은 원거리 작동이 아닌 기계적인 접촉에 의해 다른 부분을 움직인다는 것이다. 인간은 동물과 다른데 이는 인간의 기계적인 신체가 비-기계적인 마음과 연결되어 있기 때문이라고 데카르트는 생각했다.

바로 이것이 이 책의 핵심적인 문제를 제기한다. 마음과 몸이 서로 원거리로 영향을 미치지는 않을지언정 어떻게 상호-연관되는가? 데카르트와 렘브란트의 어린 이웃이었던 스피노자는 마음과 몸은 둘이 아니라 하나라고 대답했다. 예술과 과학처럼, 흙 위의 기호처럼, 그 둘은 하나의 동일한 과정을 보는 두 개의 서로 다른 방식일 뿐이다. 느낌이나 관념의 사유로서의 인간의 삶이나 시공간적 연장으로서의 인간의 삶은 동일한 것이다.

그렇다면 정서는 감각과 어떻게 다르며, 고등 정서, 즉 우리가 낱말과 그림을 통해 보고 느끼는 인간과 어른의 정서는 어떻게 발달하는가? 우리는 이 질문에 대한 비고츠키의 복잡하고 어렵고 미완료된 답을 글과 그림으로 재구성하고자 노력할 것이다. 이 서문에서 우리는 먼저 데카르트와, 제Ⅰ권과 제Ⅱ권에서 언급되었던 당대 심리학계에서의 그의 추종자들에 대한 비고츠키의 비판을 살펴볼 것이다. 그리고 스피노자로 돌아가서 비고츠키가 그의 미완성된 대답을 어떻게 이어 나가고자 했을지 추측할 것이다. 마지막으로 우리는 그것이 어떻게 실천적으로 이어질 수 있을지 우리나라에서의 성교육을 통해서 실제 사례를 살펴볼 것이다.

비고츠키 비판의 요약과 스피노자로의 회귀

제Ⅰ권에서 비고츠키는 스피노자를 그릇된 찬사로부터 변호한다. 칼랑게는, 감정이 외부 자극에 반응하여 혈관 근육이 확장되거나 수축하는 감각에 의해 발생한다고 주장한다. 랑게는 그의 감정 이론의 유일한 참 조상은 정념을 신체가 하나의 잠재적 상태(혹은 힘)로부터 다른 상태로 이동하는 것이라고 한 스피노자의 정의라고 말한다. 혈관을 확장하면 더 많은 혈액이 인체의 근육에 도달할 수 있기 때문에 스피노자의 정의는 글자 그대로 진실이다. 감정은 하나의 힘의 상태에서 다른 상태로의 이동이다.

비고츠키는 활동 잠재력이 낮은 상태에서 큰 상태로 이동시키는 것과 연관될 수 있고 실제 연관되는 아드레날린의 효과에 대한 최근 발견이 랑게의 이론을 입증하는 것으로 보인다는 것에 주목한다. 그러나 그는 이 이론을 시험하기 위해 두 종류의 결정적 실험을 탐색한다. 하나는 신체적 변화 가능성을 제거하고 심리적 정서가 변화하는지 확인하는 것이며, 다른 하나는 반대로 화학적 수단으로 신체적 변화를 만들고 이것이 심리적 정서라는 결과를 낳는지 확인하는 것이다.

두 실험 모두 랑게의 가설을 확증하지 못했으며, 그에 반하는 임상적, 병리적 증거는 압도적이다. 그렇다면 왜 이 이론은 미국의 실용주의와 경험론(제임스와 던랩)과 러시아의 반사학과 행동주의(베흐테레프와 파블로프)로 확장되어 그 영향력을 넓히고 있는 것처럼 보이는가?

비고츠키는 제임스와 랑게의 죽어 버린 이론이 좀비 같은 지속성을 가지는 데 대한 설명을 철학에서 찾는다. 제임스-랑게와 캐논-바드는 모두 이론적으로 기계론적 철학과 형이상학적 이원론의 철학을 가정하므로 몸과 마음의 분리와 그 둘 간의 제한된 교류를 가정한다. 이는 둘 다 더 오래되고, 더 광범위하며 더 형이상학적인 접근법의 일부라는 것을 의미한다. 그것은 스피노자의 것이 아니고 데카르트의 것이다.

제II권에서 비고츠키는 둘 사이의 타협을 배제한다. 왜 그럴까? 데카르트는 영혼이 송과샘을 통해 육체를 흔들 수 있고, 육체가 정념을 통해 영혼에 가차 없이 침범한다고 주장하지 않았는가? 칼 랑게조차도 예를 들어, 어린아이가 은수저로 맛있는 음식은 물론 쓴 약도 먹게 될 수 있다는 것을 기억할 때, 뇌(감정)와 뇌(기억) 사이의 교류가 수반된다는 것을 인정한다. 제임스와 랑게 이론의 매력은 바로 문화와 역사가 아닌 생물학과 진화로 감정을 설명할 수 있는 능력이다. 그것은 문화역사

이론에 항상 부족한 인간 보편성과 확실성을 제공한다. 문화역사 이론은 문화와 역사에 대한 감정의 의존성을 인정하기 때문에 항상 이러한 특성이 없을 수밖에 없다.

비고츠키는 이 모두를 인정한다. 그러나 그는 데카르트식 접근법이 도저히 대답할 수 없는 질문이 적어도 세 가지 있으며, 그것이 이 책의 핵심이라고 말한다. 첫째, 데카르트식 접근법은 감정이 그것을 일으킨다고 여겨지는 감각으로 느껴지는 것이 아니라 감정으로 느껴지는 이유를 설명할 수 없다. 왜 웃음은 기쁘게 느껴지고 울음은 슬프게 느껴지는가? 왜 둘 다 횡격막의 불수의적 수축으로 느껴지지 않는가? 둘째, 그의 직접적인 결과로, 정서의 특정한 심리적 내용, 즉 기쁨과 슬픔을 느끼게 하는 부분은 우리 삶에 아무런 의미도 없고, 진화와 아동 발달에서도 그들의 출현이 어떤 이점이 있는지 설명할 길이 없어 보인다. 왜 인간에게 희극과 비극이 발달되었을까? 왜 우리는 아이들에게 희극과 비극을 가르쳐야 하는가?

셋째, 또 한 번 논리적인 결과로, 그들이 이러한 인간 고유의 정서로 눈을 돌릴 때마다, 제임스와 랑게의 소위 '설명적' 접근은 단지 기술적 심리학이 될 뿐임이 밝혀진다. 이러한 접근 방식은 딜타이와, 이 책의 끝에 나오는 베르그송의 형이상학적, 유심론적 접근 방식과 어떻게 다른가?

비고츠키 자신도 이 지점에서 당황했던 것 같다. 비고츠키는 이렇게 묻는다.

"처음 두 부분은 무언가에 맞선다. 세 번째 부분에서는 어떻게 할 것인가?"

비고츠키는 이렇게 대답한다.

> "첫 번째 부분: 그날의 악. 교과서에 실려야 할 것과의 투쟁."
> "두 번째 부분: 이것의 배후에는 데카르트주의의 문제들이 있다."
> 과학적이고 종교적인 〈사고〉.
> 세 번째 부분: 스피노자가 [이 문제들을] 어떻게 해결했는가(2018: 213).

'이 문제들'이라는 단어는 비고츠키가 쓴 것이 아니라 편집자들이 명확하게 하기 위해 삽입한 것이다. 비고츠키는 노트 속 다른 부분에서 자신의 질병, 과중한 근무 일정, 어쩌면 국가의 정치적·경제적 궁핍(2018: 214)을 '그날의 악'이라는 표현으로 언급한 것으로 보인다. 마태복음 6장 34절에서 마태는 남몰래 친절을 베풀고 혼자서 신실하게 기도를 하며, 한 날의 악은 그날로 충분하니 내일 일은 내일 염려할 것을 명한다.

요약하자면, 대략 제I권에 해당하는 첫 번째 부분은 당시 비고츠키가 가르치고 있는 감정에 대한 심리학 교과서에 포함된 유형의 연구들, 즉 한편으로는 기계론과 다른 한편으로는 근거 없는 추측과의 투쟁이다. 두 번째 부분인 이 책은 이 기계론의 철학적 기반, 즉 데카르트적 이원론을 드러낸다. 오늘날 펼쳐지는 이 이원론의 사후 세계는 한편으로는 과학적인 사고이고 다른 한편으로는 종교적인 사고이다. 그렇다면 이 책의 세 번째 부분은 스피노자가 이러한 데카르트 문제를 어떻게 해결했는지 보여 주어야 했다. 그러나 이 시점에서 비고츠키는 죽는다.

스피노자 역시 마찬가지였다. 비고츠키와 스피노자 모두 이 제II권에서 제기된 기본적인 문제들을 완전히 풀기 전에 죽었다. 그리고 우리는 이 문제들을 질문으로 규정하고, 비고츠키가 스피노자에서 발견한 힌트에 희미한 현대의 빛을 비추어 밝히는 것 이상은 할 수 없다. 우리는 두 가지 문제, 즉 계통발생적 문제와 개체발생적 문제만을 선택할 것이다. 첫째, 계통발생적으로 어떻게 인간의 감정이 다른 동물에도 있는 단순한 감각으로부터 발달할 수 있었을까? 다음으로, 개체발생적으로 어린이들은 어떻게 소위 '고등한' 감정, 다시 말해 더 복잡하고, 더 모순되고, 더 간접적이지만, 그렇기 때문에 배필, 직업, 그리고 인격을 선택하는 청소년들의 흥미와 더 현실적으로 연결되는 '느낌'을 발달시킬 수 있을까?

인간의 정서는 동물의 감각에서 어떻게 진화해 왔는가?

브뤼헐의 아들, 얀 브뤼헐의 1615년 그림을 보자. 얀은 생명의 나무와 모든 동물을 그렸고, 그의 친구이자 동료인 루벤스는 영양 상태가 좋은 두 명의 누드를 추가했다. 아담과 이브는 매너리즘적 포즈를 취하고 있지만, 이제는 올바른 비율을 가지고 있다. P. 브뤼헐의 그림에서 간음한 여자의 팔은 무릎에 닿을 만큼 길다. 그러나 이브의 손은 허벅지

중간 정도에 닿을 것이다. 생명 나무 아래에서 우리는 막 생겨나기 시작한 종들 간의 긴장을 볼 수 있다. 이는 아직 자원 경쟁의 형태가 아니다. 긴장은 그림 우측 하단에서 낮잠을 자는 두 마리의 호랑이와 이를 방해하는 소의 모습으로 나타난다.

  J. 브뤼헐의 「생명의 나무」를 아래의 '생명의 나무'의 두 버전과 비교해 보자. 이들은 성서적이지 않고 생물학적이다. 왼쪽에는 1837년에 작성된 다윈의 노트가 있다. "따라서 A와 B 사이에는 엄청난 관계의 간극. C와 B는 가장 미세한 점진적 변화. B와 D는 상당히 큰 차이. 따라서 속屬이 형성되었을 것이다." 오른쪽은 생명의 가장 지속적인 특성 중 하나인 리보솜 단백질의 서열을 이용한 2016년 생명의 나무를 뒤집어 표현한 것이다. 대부분의 생명체들과 같이, 대부분의 생명 나무는 박테리아지만, 우리의 조상 아메바를 포함한 진핵생물은 다윈이 우리를 배치했던 맨 꼭대기에 나타난다.

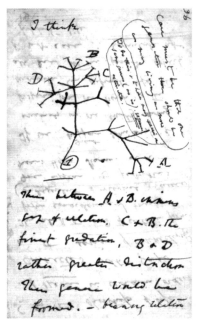
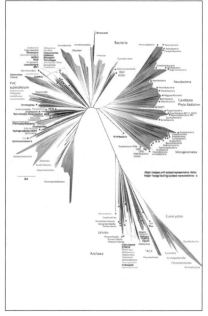

그렇다. 오늘날 우리는 그 차이를 알고 있다. 다윈의 생명수生命樹는 잎이 없는 가지처럼 보이는 반면, 리보솜 단백질 서열에 기반을 둔 생명수는 가지가 없는 잎들로 보인다(다윈은 아직 변이의 미세함을 이해하지 못했고, 그 결과 변이형 간의 비호환성을 과대평가했다). 그러나 다윈의 유산인 생물학적 지식, 생명수의 역사를 존중하여 두 그림 간의 유사성에도 주목해 보자. 다윈은 발달이 어떻게 하나의 적응에서 다른 적응으로 나아가 하나의 가지를 생성하는지, 어떻게 가지가 멸종으로 끝나거나 현재까지 지속되는지, 그리고 결국 이러한 멸종과 지속이 자연 선택의 원리에 의해 어떻게 설명될 수 있는지 완벽하게 이해했다. 그러한 설명 원리는 발달 전체에 걸쳐 준안정적準安定的, meta stable이다. 그것은 끊임없이 변하기 때문에 안정적이다.

그것은 사실 스피노자의 인간 본질, 즉 존재를 지속하고자 하는 노력인 코나투스와 동일한 설명 원리이다. 물론 이 지속성의 대상은 무성 생식과 유성 생식에서 다르다. 전자에서 각 생식 개체가 변하는 대신 게놈은 유지되는 반면, 후자에서 생식 개체는 유지되지만, 자손의 게놈은 변한다. 따라서 우리는 환경에 대한 형태학적 적응과 달리 실제로 한 생애 내에서 창조되어 전달될 수 있는 관념들이 재생산되는 방식을 보면 훨씬 더 많은 변화가 있으리라는 것을 예상할 수 있다. 『에티카』 3부에 의거하여 그린 정서적 생명의 나무는 다음의 표와 같이 나타날 것이다.

우리는 『정서 학설』 I권에서 스피노자가 기본적 정념의 수를, 데카르트가 가정한 여섯 개(놀라움, 사랑, 미움, 욕망, 기쁨, 슬픔)에서 욕망, 고통, 쾌락의 삼원색三原色으로 줄이는 것을 보았다. 그러나 브뤼헐처럼 스피노자의 이론을 단색으로 그리고 싶다면, 즉 삼원색을 단일 색조로 줄이고 싶다면, 우리는 노력(코나투스)이 정서적 생명 나무의 큰 줄기이며, 그로부터 스피노자가 3장에서 나열한 모든 가지들이 추적되어 나

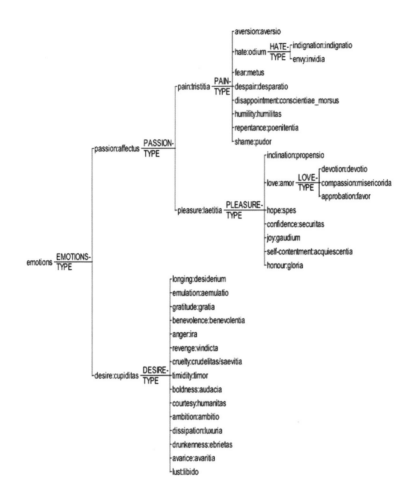

온다고 말할 수 있다.

  스피노자의 도식은 그 자체로 우리가 찾고 있는 것, 즉 정서가 어떻게 다른 정서로부터 분화하는지를 보여 주지 않는다는 것에 주목하자. 첫째, 고통과 쾌락은 한 나무줄기에서 나온 가지들처럼 발달적으로 출현하는 것이 아니라, 한 배에서 태어나 짖어 대는 10~15마리의 새끼 강아지들처럼 한꺼번에 전체적으로 출현하는 것처럼 보인다. 둘째 우리는 그 출현 이유가 서로 관련이 없고, 무작위적으로 보인다는 것을 알 수 있다. 욕망은 노력 대 괴로움이라는 기준에 따라 수동성으로부터 분화되지만, 고통과 쾌락은 활동력이나 활동 잠재력의 변화라는 기준에 따라 분화되며, 그에 따라 분화는 대상과만 관련이 있는 것으로 보인다. 셋째, 가장 중요한 것은, 단순한 분화가 비록 가지들에서 출현하고 일관되게 선택된 어떤 기준에 따라 일어날지라도, 그것은 다윈 이론의 자연선택과 같이 어떤 설명 원리를 필요로 한다는 것이다.

그러나 다른 것에도 주목해 보자. 욕망과 정념의 차이는 비非현재와 현재의 차이와 어떤 관련이 있다. 욕망이 아직 존재하지 않는 것을 위한 노력이라면, 정념은 현재의 어떤 괴로움이나 즐거움에 대항하거나 향하려는 노력이다(IIIp56). 반反직관적으로, 그리고 환경의 존재를 우선시하는 경험주의 이론과는 반대로, 스피노자는 미래를 향한 욕망이 현재의 고통이나 쾌락보다 더 기본적이고 근본적이라고 말한다(IIIdef1). 우리 인간은 앞을 향한 눈을 가지고 있다. 최종적으로 스피노자가 '사랑'과 '미움'을, 단순히 사랑하거나 미워하는 대상에 대한 호불호가 아니라 그 외적 원인에 대한 관념에 수반하여 쾌락이나 고통을 가져오는 대상에 대한 관념으로 구분하는 것에 주목하자(IIIp13s).

언어 발달에 대한 연구(예컨대 할리데이 2004: 34-37)는 이를 확증한다. 그것은 언어가 어린이에서 처음 출현할 때 도구적이고 규제적인 기능(요구와 명령)을 가지며, 그다음에 평가나 혐오를 표현하는 기능("나는 좋아한다")이 뒤따르고, 그러고 나서 맨 마지막에 정보를 제공하는 기능을 갖는다는 것을 보여 준다. 인과관계 개념의 발달에 대한 연구(예컨대 피아제와 인헬더 1968: 199-262)는 과학적 인과 개념이 청소년기 전까지는 완전히 발달하지 않는다는 것을 보여 준다.

왜 그럴까? 비고츠키는 개념이 대상과의 관계뿐 아니라, 다른 기호, 다른 의미, (그리고 다른 기호와 의미를 통한) 다른 사람들과의 관계라는 두 개의 뿌리를 갖는다고 말한다. 학령기와 청소년기는 첫 번째 부류인 대상에 대한 관계가 주요 발달 노선인 생각 체계에서 두 번째 부류가 주요 발달 노선이 되는 새로운 체계로의 이행을 나타낸다. 기호와 그 의미가 첫 번째 국면으로 이동하고, 실제 대상에 대한 시각-도식적 관계는 주변적인 것이 된다.

어떻게 그렇게 되는가? 비고츠키는 학령기에 지각, 기억, 심지어 주의와 같은 다양한 모든 기능들이 생각의 통제하에 있다고 말한다. 하지만 학령기 어린이는 생각 자체(예를 들어 낱말 의미에 대한 생각)에 대해서는 그다지 많이 생각하지 않는다. 생각에 관한 생각의 결핍에 대한 피아제의 설명은 비고츠키에게 순환적으로 보였다. 피아제는 어린이가 의식적 자각이 없기 때문에 생각을 자각하지 못한다고 말했다. 어린이는 실패에 대한 충분한 경험이 없기 때문에 생각을 자각하지 못한다는 클라파레드의 설명은 부적절하고 심지어 잔인해 보였다(『의식과 숙달』5-2).

진정한 개념이 청소년기가 되어서야 발달하는 이유에 대한 비고츠키의 설명은 스피노자적이다. 생각에 관해 생각하는 것은 관념에 대한 관념을 형성하는 것이며, 스피노자는 그것을 관념의 형상이라고 불렀다. 이 형상은, 다른 사물이 아니라 다른 생각에 대한 사유의 양태로서, 대상과의 관계를 떠나서 고찰된 관념이다(IIp21s). 어린이는 이렇게 하지 않는다. 어린이의 기호는 대개 사물을 다루는 도구이다. 물론 어린이도 다른 사람과 상호작용을 하며, 그때 어린이는 다른 사람을 주의의 대상, 기억의 대상, 시각장의 대상으로 생각하는 경향이 있다. 그러나 청소년은 거의 언제나 가능성에서 벗어나 있는 대상, 허락 없이 만질 수 없는 대상, 하지만 기호를 통한 의사소통을 강제하는 어떤 대상에 매우 관심을 갖게 된다. 청소년들은 다른 청소년의 신체에 관심을 갖게 된다.

청소년기 고등 정서는 어떻게 발달할 수 있는가?

오늘날 「실망한 메데이아」로 알려진 1640년대의 파울루스 보르의 그림을 생각해 보자. 제목과 일반적인 설명에 따르면 이 그림은 질투, 증오, 분노, 공포, 도피와 같은 저차적 정서의 가장 낮은 단계를 보여 주고 있다. 메데이아는 남편 이아손에게 버림받았다. 그녀는 두 자녀와 이

아손의 새 아내를 살해하고 탈출하려는 계획을 하고 있다. 비평가들은 살인을 계획하는 살인자에게 보여 주는 작가의 동정심에 놀라고 깊은 감명을 받았다.

그러나 살인자에게 공감하는 것보다 이 그림을 더 간단히 설명할 수 있는 길이 있다. 메데이아는 미혼이며 아직 청소년이라는 것이다. 콜키스에 막 도착한 이아손에게, 메데이아의 아버지인 왕은 그가 찾는 황금 양털을 얻기 위해 수행해야 하는 몇 가지 위험한 임무를 주었다. 메데이아는 그가 그 과업을 받아들이는 것을 보고 그의 영웅성을 시인한다. 그러나 그녀는 지금 이 잘생긴 낯선 이가 죽을지도 모른다는 생각에 이상하고 새로운 공포를 느낀다. 이 그림은 고등한 감정의 출현, 사랑의 탄생, 우리가 '썸타다'라고 부르는 계기를 보여 주고 있다.

어떤 것이 우리에게 좋은지 나쁜지 여부를 아는 진정한 지식으로부터 일어나는 욕구조차 왜 목전에 있는 대상에 대한 욕구보다 약한지를 보여 주기 위해 스피노자는 다음과 같은 구절을 인용한다(IVp17s).

> 내 의지에 반하여 어떤 힘이 나를 매혹시킨다.
> 한쪽에서는 욕망이, 다른 쪽에서는 이성이 부른다.
> 나는 더 좋은 것을 보고 그것을 시인한다.
> 나는 더 나쁜 것을 따른다(오비디우스, VII 47).

더 좋은 쪽은 이아손이 시험을 치르도록 하는 것이다. 스피노자가 결론지었듯이 모든 고귀한 것은 어려울 뿐 아니라 희귀해야 한다(Vp42s). 더 나쁜 쪽은 시험에서 부정을 저지르는 것이다. 즉, 이아손이 아버지가 배치한 경비병들을 은밀히 따돌리도록 돕고, 위험에 대한 힌트를 주고, 실패하면 그녀 자신이 시험을 치르는 것이다. 그리고 결국 내키지 않아 하는 이아손으로부터 결혼 약속을 먼저 받아 낸 후 메데이아는 그렇게 했다.

비고츠키는 그의 노트(2018: 219)에서 라틴어 "Video meliora proboque, deteriora sequor(나는 더 좋은 것을 보고 그것을 시인한다, 나는 더 나쁜 것을 따른다)"를 '인간 예속의 공식'으로 인용한다. 이 문구는 확실히 이 그림 속 메데이아를 표현하기에 더 잘 어울린다(보르 작품의 원제목은 단순히 '마녀'였다). 비고츠키에게 이 문구는 속박에서 벗어나는 방향을 가리킨다. 이는 그가 "실제 조사의 경로"라고 부르는 것, 즉 개념이 어떻게 우리로 하여금 결과를 예견하게 하고, 의지의 발휘에 방해가 아니라 도움을 주는 방향으로 그 경로를 변경하도록 돕는지 소개하는 것으로 보인다. 그는 제임스가 이를 최대 저항 경로라고 칭했다고 말한다. 이는 뷔리당의 당나귀와는 달리, 즉각적인 자극의 장을 넘어서 선택을 수행하는 인간의 경로이자, 생명을 구하는 절단 수술을 위해 의사에게 팔을 뻗을 수 있는 환자의 경로인 것이다(2018: 409).

나의 결정

➥ 나는 청소년 시기에 이성 교제를 (할 / 안 할) 것이다.

➥ 내가 청소년 시기에 이성 교제를 결정한 이유는

_____ 때문이다.

➥ 나의 결정에 대해 사람들은 _____ 하지 않을까 걱정할 수 있을 것이다.

➥ 하지만 나는 _____ 방법으로 그 문제점을 해결해 나갈 수 있다고 생각한다.

"잘했습니다. 이제 당신은 결정을 내렸습니다."

위의 표를 보르의 그림과 비교해 보자. 이는 휴먼라이츠워치Human

Rights Watch의 반발로 회수 처리되었지만 여전히 한국에서 널리 사용되고 있는 고등학교 성교육 워크북(2016)의 한 장이다. 이 자료의 기획자는 확실히 최악의 경로, 즉 기괴한 학생 사생활 침해를 선택했다. 사실상 그들이 염두에 두었을 더 나은 방향을 보기도 어렵다.

첫째, 외톨이거나, 따돌림의 희생자이거나, 성적 취향이 대부분의 반친구들과는 같지 않다고 느끼는 청소년에게 이보다 더 굴욕적인 일을 상상하기는 쉽지 않다. 이런 종류의 질문에 정직한 대답을 하려는 학생은 조롱의 대상이 될 가능성이 높다. 둘째, 이보다 게으르고 비낭만적이며 심리적으로 비현실적인 것을 생각해 내기 어려울 것이다. 성 발달 과업은 서약서를 제공하는 것이 아니라 장기적인 동반자 관계의 진정한 가능성을 고려하고, 단편적 매력에 빠져 한눈에 혹하는 것이 아니라 인격, 직업, 자녀, 심지어 노년과 죽음을 포함하는 미래를 공유하는 것을 배우는 것이다. 셋째이자 교육정책에서 가장 중요한 의미로, 이러한 것들은 종교적 극우 세력이 북미 청소년들을 대상으로 작성했던, 이미 실패한 '금욕' 계약의 복제품에 불과하다는 것이다. 공중보건에서나 성교육에서나 (두 영역은 결국 전혀 무관하다고 할 수 없다) 한국은 미국의 실패한 정책을 수용하는 식민지가 되어서는 안 된다.

성교육 워크북이 보여 주는 데카르트적인 '자유의지'의 생각은 완전히 잘못된 것이다. 오늘날 젊은이들의 자유로운 성적 자기결정권에 대한 진정한 위험은 언어적 위협이나 폭력이 아니다. 선택, 동의, 자발적 사랑을 위협하는 요소들은 결혼과 출생률 감소를 초래하는 요인들과 다르지 않다. 일자리, 주거, 합리적 생계를 제공할 수 없는 사회에서는 심지어 성적 착취, 성매매, 이성교제의 억제조차 청소년들에게는 필요한 행위나 심지어 제한된 자유선택의 행위처럼 보일 것이다. 우리가 순수하게 부정적 사례로부터 시작해야 한다면, 비고츠키가 말하는 '성계몽'(2019: 7-106~107)에 대한 완전히 부정적인 세 가지 규칙으로부터 시작하자.

우선, 그렇게 불러서는 안 된다. '성계몽', '성교육'과 같은 이름은 단지 교사와 학생들을 당황하게 할 뿐이다. 따라서 비고츠키는 별개의 성교육 수업이 없어야 한다고 제안한다. 동성애는 물론 이성애도 역시 '감히 그 이름을 말할 수 없는' 관심과 개념이 되어야 한다. 두 번째로, 직접적인 결과로서, 비고츠키는 성계몽의 내용이 누락된 과목이 없어야 한다고 제안한다. 성교육은 모국어와 같은 교육의 매체로 모든 과목 교육과정 전반에 걸쳐 가르쳐야 한다. 결국 성교육은 최선이자 최우선적으로, 주변 사람들과 편안히 지내고, 흥미를 공유하고, 다른 사람들을 잠재적 파트너로 여기는 것을 배우는 것이다. 셋째, 비고츠키는 성계몽을 위해 너무 이른 학년도, 너무 늦은 학년도 없다고 주장한다. 다만 우리는 생물학이나 생식과 관련된 '심층 심리학'뿐 아니라 윤리(동의), 문학(정서), 사회(법), 체육(여성의 자기방어), 심지어 정치(소수자 권리와 자연과학 분야에서의 성평등)와 관련된 '고도 심리학' 역시도 다루고 있음을 이해해야 한다. 무엇보다 성 본능은 다른 모든 저차적 기능이 그렇듯 승화로 매개되어야 한다고, 즉 불순물의 정화가 아닌 복잡화가 되어야 한다고 제안한다. 성 본능은 간접적으로 표현되었을 때, 다시 말해 다른 공유된 공통의 관심사로 지향되었을 때 가장 효과적으로 표현된다.

이것으로 우리는 적어도 하나의 긍정적 예를 살펴볼 수 있다. 예를 들어, 보르의 그림, 오비디우스의 시, 메데이아의 결정을 공통의 관심사로 삼는다고 가정해 보자. 우리가 위에서 지적한 것처럼 전체 이야기는 여자친구와 남자친구가 때로 직면하는 딜레마—서로를 도와야 할까? 시험을 얼마나 도우면 부정행위가 되는 걸까?—에 관한 것이다. 그림 그 자체는 예술이자 인간 해부학에 대한 좋은 자료가 되는 좋은 작품이다. 학생들은 사춘기의 얼굴과 몸의 형태에 대해 매우 비현실적인 이미지를 제공하는 음란물이나 케이팝에서는 이 그림이 주는 자기 몸에 대한 자의식적 교훈을 얻지 못할 것이다. 학생들은 평범한 외모의 메데이아가 이아손에 대해 느끼는 모순적인 감정을 깊이 공감할 기회를 얻게 된다. 시 자체는 문학이지만, 또한 이는 동의의 윤리라는 어려운 문제를 품고 있다. 메데이아의 제안을 거부한 결과는 아마도 죽음이었을 것이기 때문에 이아손이 자유롭게 동의했다고 말할 수 있을까? 법적으로 이아손이 강간당한 것이라 말할 수 있을까? 메데이아가 내린 결정은 결국 위의 '나의 결정'에서 제시된 보기 중 하나의 선택이다. 이 그림을 통해 우리는 이러한 결정을 매개적이고, 간접적이자 매우 개인적인 방법으로, 그럼에도 사생활 침해와 현실의 제한을 넘어 제시할 수 있다. 이아손과 메데이아는 섹스를 하여 아이를 갖는 것 외에 어떤 대안이 있었을까? 메데이아는 마녀로, 안전한 섹스의 모든 기술을 알고 있었음을 기억하자.

언어는 안전한 섹스 중 가장 안전한 종류이다. 언어(심지어 교실 언어)는 젊은 연인이 서로를 알아 가는 데 도움을 주는 힘을 가지고 있다. 언어는 그들에게 '아직 아니'라고 말할 수 있는 기회를 제공하고, 적절한 때에 보다 명시적인 동의 형태를 협상할 수 있게 한다. 언어는 시각적 매력이 발산되었다 해도 언어적 신뢰를 얻어야 함을 보여 줄 수 있다. 동시에, 언어는 청소년들에게 발달이 단순히 친숙한 반 친구를 다시 낯설게 만드는 문제가 아님을 보여 줄 것이다. 이는 또한 당신 옆에 있는 낯선 사람을 친숙하게 만드는 방법이기도 하다.

발달: 증류가 아닌 분화

이는 비고츠키 번역본의 발달 역정을 보더라도 사실이다. 『생각과 말』의 축약된 영어 번역본(*Thought and Language*, 1962), 그리고 더욱 축약된 『도구와 기호』와 『역사와 발달』의 영어 번역본(*Mind in Society*, 1978)과 함께 시작된 비고츠키 열풍의 초기에 번역자들의 과업은 낯선 것을 친숙하게 하는 것이었다.

그러나 그 과업은 다시 우리로 하여금 친숙한 것을 낯설게 하는 과업을 제시하였다. *Thought and Language*와 *Mind in Society*에서, 그리고 이 책들을 비고츠키 사상의 토대로 삼아 저술된 수많은 이차적 저작들 모두에서 우리는 『정서 학설』에서는 훨씬 복잡하고 난해했던 생각들의 친숙화를 발견하게 된다. 두 사례, 즉 『생각과 말』의 중심이 되는 '생각과 말의 통합성'과 『마인드 인 소사이어티』의 중심이 되는 '어린이 개인의 마음과 어린이의 사회적 환경의 통합성'을 돌이켜 보면 『정서 학설』이 친숙한 것을 다시 낯설게 할 수 있음을 알 수 있다.

생각과 말의 통합성을 확립하기 위해 비고츠키는 생각과 말을 모두 그 속성으로 하는 단위를 필요로 했다. 그는 이 단위를 낱말의 의미에서 찾는다. 그러나 이차적 저작들은 흔히 비고츠키를 해석하면서 이 단위를 '활동', 예컨대 신체적 활동에서 찾는다(e.g. Wertsch, 1985). 『정서 학설』에서 비고츠키는 고등한 정서를 신체적 활동으로 설명하려 하는 이론은, 고등한 인간 고유의 정서를 설명하는 적절한 이론이 아니라고 주장한다. 어린이의 신체적, 정신적 발달의 통합성을 확립하기 위해서 비고츠키는 역시 이 둘 모두를 속성으로 가지는 단위를 모색했다. 비고츠키와 정서에 관한 일부 이차적 저작들은 비고츠키가 정신적, 신체적 발달의 단위를 총체적 어린이의 마음/신체에서 찾는다고 주장한다. 그리고 그에 따라 교실 밖에 마련된 '놀이세상'에서의 신체적/정신적 활동을 강조하였다(Lindqvist, 1995; March and Fleer, 2019). 다른 저자들은 비고츠키가 이 단위를 '총체적 언어'와 학습 환경 속에서 찾았다고 주장하며 즐거움을 위한 보편적 읽기를 강조하였다(Goodman and Goodman, 1990).

이 중 어떤 것도 비고츠키의 관점이 아니다. 한편은 총체적 개인에, 그리고 다른 한편은 총체적 텍스트에 단단히 묶여 있기 때문에 총체적 어린이나 총체적 언어의 관점 무엇도 어린이와 환경 사이의 유동적, 역동적인 변증법적 관계로서의 '발달의 사회적 상황'에 대한 비고츠키의 강조와 진정 일맥상통하지 않는다. 이러한 관계에서 때로는 (예컨대 위기적 시기에) 총체적 어린이가 부각되며 때로는 (예컨대 안정적 시기에) 환경이 부각되지만, 결코 이 중 하나에 온전한 역할이 부여되는 일은 없다. 발달에서 강조되어야 하는 것은 실제 발달 수준이 아닌 다음 발달 영역ZPD이어야 하기 때문이다.

유치원에서의 '놀이세상'과 학교에서의 '총체적 언어'는 핀란드, 뉴질랜드, 미국 등에서 풍요로운 교육학적 실천을 낳았다. 그러나 이 중 어떤 관점도 오늘날 우리나라의 교실 안에서 일어나는 교수-학습 방법과 상통하지 않는다. 유치원에서 어린이는 이미 예술과 과학을 구분하며 초등학교에서 (비록 과학 과목은 아직 분화되지 않은 단일 과목이며 지도 교사와 학습 공간도 과목마다 변하지 않지만) 국어, 음악, 미술 등 교과목이 상당히 분화되어 있다. 중학교에서는 담당 교사와 수업 교실 역시도 변하고 어린이의 총체적인 자아도, 강력한 생물학적 기능이 정서를 추동하고 동시에 역사적, 문화적, 심리적 개념(예컨대 섹스)을 일으키면서 분열된다.

이 모든 상황에서, 그리고 비고츠키 자신의 연구의 번역과 수용에서조차 발달은 불순물을 증류하거나 정화하는 과정이 아니라 섬세한 분화와 복잡한 재통합의 과정이다. 따라서 신체적 발달과 정신적 발달의 단위가 감각의 분화와 감각의 사회적, 문화적 정서로의 재통합에 있음이 밝혀진다 한들 우리에게 놀라울 것은 없다. 결국 정서는 어린이 발달에서 모든 연령기에 걸쳐 떠나지 않는 동반자이기 때문이다. 『생각과 말』에서 어린이의 생각과 말의 발달 단위는 낱말의 의미의 분화와 이 의미의 진개념으로의 재통합이었다. 아마도 이 책 『정서 학설』은 비고츠키가 미처 완성하지 못한 『생각과 말』의 후속작, '느낌과 말'이었을 것이다.

Terra Terrum Accusat

브뤼헐의 그림을 확대해서 자세히 살펴보면 우리는 그리스도가 흙 위에 "terra terrum accusat"라고 썼음을 알 수 있다. 그러나 사실 회당 사람들이 라틴어를 사용하거나 이해했을 가능성은 없다. 이야기에 따르면 그리스도는 회중들 위로 몸을 일으켜 이를 일상의 언어로 다시 말한다. "너희 중에 죄 없는 자가 먼저 돌을 던져라." 사람들은 원어 표현보다 이 짧은 어구만을 잘 기억하는 경향이 있었고 오늘날 대부분은 이 이야기를 그렇게 기억한다.

아마도 이 일상의 언어가 역사적으로는 정확한 사실이었을 것이다. 그리스도 자신이 라틴어를 말하거나 썼을지는 의문이다. 그러나 글이나 그림에서 내용은 오직 형태를 통해 우리에게 다가온다. 라틴어 표현 terra terrum accusat의 문법 역시 모종의 메시지를 던진다. 어근 'terr~'는 공통성을 강조하며 반복되지만 격을 나타내는 접미어는 차이점을 강조하며 주격 접미어 '~a'에서 대격 접미어' ~um'까지 변한다. 따라서 terra terrum accusat의 형식은 일상 언어로의 번역에는 나타나지 않지만 브뤼헐의 단색화에는 존재하는 기이하고 중요한 개념을 부각시킨다. 우리 인간은 모두 같은 흙으로 만들어져 있다.

우리 역시 끊임없는 변화의 과정을 통해서만 오직 스스로가 될 수 있다. 우리는 증류나 정화가 아닌 복잡한 분화와 섬세한 재통합에 의해 변한다. 기호의 의미가 그 유사성이 아닌 차이에 놓여 있듯 인간과 인간 기호의 지속성은 그 불변성이 아닌 이런 유형의 변화에 놓여 있다. 이로써 우리는 수십 년 아니 수백 년간 기호를 반복, 변화, 발달시키며 이로써 우리 자신을 재생산하고 변화시키고 발달시키는 것이다. 일상의 매일의 순간조차 바로 이러한 '변화에 바탕을 둔 안정'은 예술가와 교사 그리고 번역자들조차도 놀라움을 친숙한 것으로, 그리고 다시 친숙한 세계를 다시 이상하고 기이한 그러나 놀라움으로 가득한 것으로 바라보게 해 준다.

| 참고 문헌 |

Brecht, B. (1957/1964). *Brecht on theatre* (Translated by John Willett). London: Methuen.

Fleer, M., Gonzalez Rey, F. & Veresov, N. (2018a). Perezhivanie, emotions, and subjectivity: Setting the stage. In M. Fleer, F. Gonzalez Rey, and N. Veresov. (Eds.), *Perezhivanie, emotions and subjectivity, perspectives in cultural-historical research 1*, (pp. 1-13). DOI 10.1007/978-981-10-4534-9_6 Singapore: Springer.

Goodman, Y. M. and Goodman, K. S. (1990). Vygotsky in a whole language perspective. In L. Moll, (ed.) *Vygotsky in education*. (pp. 223-250).

Halliday, M. A. K. (2004). *The language of early childhood*. London: Continuum.

Halliday, M. A. K., & Matthiessen, C. M. I. M. (2014). An introduction to functional grammar. London: Routledge.

Lindqvist, G. (1995). *The aesthetics of play*. Acta Universitatis Upsaliensis 62.

March, S. & Fleer, M. (2018). The role of imagination and anticipation in children's emotional development. In M. Fleer, F. Gonzalez Rey, and N. Veresov. (Eds.), *Perezhivanie, emotions and subjectivity, perspectives in cultural-historical research 1*, (pp. 105-127). DOI 10.1007/978-981-10-4534-9_6 Singapore: Springer

Ovid. (18 BCE/1986) *Metamorphoses* (A.D. Melville, Trans.) Oxford: Oxford World Classics.

Piaget, J. and Inhelder, B. (1968). *Memory and intelligence*. New York: Basic Books.

Shklovsky, V. (1925/1990). *Theory of prose*. Normal, IL: Dalkey Archive Press.

Spinoza, Benedictus de. (1677). *Ethika*. Works in Latin. http://users.telenet.be/rwmeijer/spinoza/works.htm

Vygotsky, L. S. (1962). *Thought and language*. Cambridge MA: MIT Press.

Vygotsky, L. S. (1978). *Mind in society*. Cambridge MA: Harvard.

Vygotsky, L. S. (2018). *Vygotsky's notebooks*. (E. Zavershneva & R. van der Veer, eds.). Singapore: Springer.

Wertsch, J. V. (1985). *Vygotsky and the social formation of mind*. Cambridge MA: Harvard University Press.

비고츠키 (2019), 성애와 갈등. 서울: 살림터.

충청남도교육청 (2016). 초등, 중, 고등학교 성교육 학생 워크북.

차례

・・

제13장

자유의지: 놀라움인가, 인식인가?

팔짱을 낀 그리스도(Rembrandt, 1657~1661?).

렘브란트는 우리가 그리스도를 일반적으로 알아볼 때 사용하는 관대함과 자비로움의 장식물이나 왕관, 후광을 생략했다. 대신에 그는 그리스도가 팔짱을 끼고 하트 모양의 손가락 선을 그리며, 마치 "너는 나를 모르지만, 나는 너를 알고 있다"라고 말하는 것처럼 보이는 표정을 짓게 하고 있다.

데카르트는 놀라움이 자유의 시작이라고 믿었는데, 이는 우리가 놀랐을 때 그것이 우리에게 좋은 것인지 나쁜 것인지에 대한 판단에 아직 흔들리지 않기 때문이다. 스피노자는 이것이 자유가 아니라 무지이며, 자유의 시작은 자신, 자신의 욕구, 어떤 행동을 하는 진정한 이유에 대한 인식이라고 말한다.

비고츠키는 이 장에서 데카르트에 대한 스피노자의 자연주의적 비판이 옳다는 것을 보여 준다. 그러나 이는 또한 부적절하다. 데카르트는 초자연적인 두 번째 감정 이론을 가지고 있기 때문이다. 이는 놀라움이나 인식이 아니라 자비, 관대함, 그리스도와 같은 영혼의 위대함에서 시작한다.

그러나 이 그리스도와 같은 관대함은 자유의지의 또 다른 종류가 아닌가? 자유의지가 자유의지로부터 나온다면 데카르트의 체계는 순환적이며 인간의 욕구를 배제한다. 우리는 위대한 영혼의 관대함을 알지만, 그것은 우리의 욕구와 충동을 모른다.

13

13-1] 이제 우리는 데카르트의 학설과 주변적 정서 이론 사이의 관계에 대해 지적된 네 가지 문제 중 두 가지는 완전히 해명된 것으로 볼 수 있다. (1) 두 학설에서 정서적 반응 기제 자체에 대한 사실적 기술의 도식 자체의 거의 완전한 일치 문제, (2) 두 학설이 기본적 설명 원칙으로 삼는 기계적 원칙의 공통성 문제. 그러나 이 문제에 답하는 과정에서 우리는 두 번째 문제와 직접 연결된 세 번째 문제와 불가피하게 부딪혀야 했다. 바로 데카르트의 학설에서 기계론적 원칙과 직접 연결되어 있는 유심론적 원칙이 두 이론을 얼마나 결합 혹은 구분하는지에 대한 문제이다. 이 문제에 대답하기 위해 우리는 각 학설에 제시된 정서와 다른 정신 과정들 사이의 관계를 더욱 정확히 설명해야 한다.

> 보통 우리는 『에스겔』 제1장과 또 『요한계시록』(4:6~8)에서 언급된 동물 토템에 따라 마태, 요한, 마가, 누가를 구분한다. 전형적으로 마태는 그리스도의 인간적인 면모를 나타내는 날개 달린 사람으로 표상된다. 요한은 그리스도의 신성을 나타내는 독수리로 표상된다. 독수리는 태양을 향해 곧바로 날아오를 수 있다고 믿었기 때문이다. 마가는 그리스도의 의지와 부활의 힘을 나타내는 날개 달린 사자로 표상되는데 이는 사자가 눈을 뜨고 잠을 잔다고 믿었기 때문이다. 누가는 날개 달린 황소로 다른 사람을 이해하고, 섬기고, 가르치는 그리스도의 삶을

잠깐, 네 가지 질문이 있다고 했는데, 이 단락에는 두 개밖에 없군.

J. 요르단스(Jacob Jordaens), 네 명의 전도자, 1625.

표상한다.

　요르단스는 이 그림에서 그러한 동물 표상을 전혀 고려하지 않는다. 아마도 가장 젊은 이는 요한, 책을 들고 있는 사람은 누가일 것이다. 그러나 이를 확언하기는 어렵다. 이와 유사하게 비고츠키가 여기서 말하는 '네 가지 질문'이 무엇인지 말하는 것도 쉽지 않다. 비고츠키가 말했듯이 첫 번째 질문은 데카르트의 이론과 제임스-랑게의 이론이 신체 감각과 신체 역학(mechanics)이라는 동일한 인간 본성을 다루고 있는가에 대한 것이다. 제1장부터 제11장까지에서 보듯이 비고츠키는 그렇다고 결론지었다. 두 번째 질문은 이런 메커니즘이 정서를 설명할 수 있는 원칙인가 하는 것이다. 비고츠키는 앞의 장에서 절반만 그럴 뿐이라고 답한다. 메커니즘은 몸이 마음에 어떻게 영향을 미치는지 설명할 뿐이다. 마음이 몸에 어떻게 영향을 주는지 설명하기 위해 데카르트는 인간의 신성한 본성에 호소해야만 했다.

그렇다면 나머지 두 질문은 무엇일까? 비고츠키는 아직 결론을 내리지 않았다. 이 장에서 비고츠키는 정념이 어떻게 사자의 본성, 즉 강력한 의지와 용기와 관계되는가에 대해 논의한다. 다음 장에서는 정념이 어떻게 황소의 본성, 즉 생각하고, 곱씹고, 가르치는 것과 어린이를 위해 봉사하고 희생하는 삶에 연관되는지 논의할 것이다.

13-2] 우리는 정념과 의지의 관계 문제가 중심적인 위치를 차지하는 데카르트의 학설로 시작할 것이다. 우리가 이미 보았듯이 데카르트는 우리를 신과 유사하게 만들어 주는 순수하게 영적인 힘으로서의 절대적이고 무한한 자유의지가 존재한다고 상정한다. 데카르트는 의지가 정신보다 위대하다는 명제의 형태로 기본 입장을 공식화한다. 이는 우리가 후에 보게 될 것처럼, 스피노자의 학설이 데카르트와 대립하는 지점이다. 데카르트에게서 정신은 제한되어 있다. 많은 것이 정신의 이해로는 도달하기 어려우며 또한 그것은 많은 것을 모호하고 불명료하게 이해하기 때문이다. 그러나 의지가 긍정적, 부정적 혹은 무심하게 대할 수 없는 것은 아무것도 없다. 따라서 의지의 작용 영역은 무엇으로도 제한되지 않는다. 그것의 결정은 인간의 영적, 육체적 삶의 모든 전체 운명을 규정하며, 알려진 것과 알려지지 않은 것을 모두 포괄한다. 그것은 우리의 영혼에서 일어나는 모든 것의 최종 원인, 실제 원인을 형성하는 자연적 한계가 전혀 없는 무조건적 가치를 나타낸다.

정념과 의지의 관계에 대한 데카르트와 스피노자 입장의
차이는 무엇인가?

렘브란트(Rembrandt Harmenszoon van Rijn), 발람의 당나귀, 1626.

『민수기』(22: 1~35)에서 발람은 이웃 왕으로부터 이스라엘 백성을
파문하고 내쫓으라는 요구를 받는다. 그는 망설인다. 하나님이 환영 속
에 나타나 그에게 가라고 말하지만, 하나님은 또한 그에게 가지 말라
고 말한다. 마침내 그는 동의하지만, 당나귀만 볼 수 있는 천사가 길을
막아선다. 당나귀는 천사에게 맞을지 발람에게 맞을지 선택해야 한다.
당나귀가 길을 벗어나자 발람은 당나귀를 때린다. 당나귀가 벽에 부딪
히자 발람이 당나귀를 때린다. 결국 당나귀가 네 발로 엎드리자 발람
은 당나귀를 때린다. 그러나 하나님은 당나귀의 입을 열고 묻게 한다.

"왜 당신은 나를 때립니까?"

『역사와 발달』 2-88에서 비고츠키는 심리학 전체의 가장 기본적인 질문은 뷔리당의 당나귀 문제와 관련이 있다고 말한다. 요구가 동일하거나 결과를 똑같이 모르는 상충하는 감정 중에서 우리는 어떻게 선택을 하는가? 똑같은 거리에 있는 두 음식 사이에서 컴퓨터 두뇌를 가진 로봇 당나귀는 선택할 방법이 없지만, 인간(또는 실제 당나귀조차)은 선택한다. 데카르트는 모든 결정이 단지 맹목적 의지에 의해 이루어지며, 의지는 (지성과 달리) 무한하다고 말한다. 우리는 이해 여부에 상관없이 어떤 제안이든 동의할 수도 동의하지 않을 수도 있다. 스피노자는 이것이 무의미하다고 말한다. 맹목적으로 이루어진 선택은 자유롭지 않다. 왜냐하면 우리는 무지와 우연의 노예이기 때문이다. 이는 우리가 주사위를 던지고, 제비를 뽑거나, 운을 믿을 때도 진실이다. 실제로 의지와 지성 간에는 아무런 차이가 없다. 우리의 정념을 이해하는 만큼만 우리는 자유롭다.

누가 옳은가? 이 그림은 렘브란트의 다른 그림들처럼 보이지 않음에 주목하자. 10대 때 렘브란트는 스승 피터르 라스트만에게 수업을 받았고, 이 그림은 스승의 그림과 상당히 유사한 복사본이다. 주제, 구성, 그리고 스타일은 실제로 자유롭지 않았지만, 빛의 사용은 라스트만과 같지 않다. 라스트만은 일광이 그림에 있는 모든 대상에 골고루 퍼져 있는 16세기 스타일로 그림을 그렸다. 렘브란트는 실제로는 빛이 잘 비치는 그림의 큰 영역(우측 하단)을 비현실적으로 어둡게 그렸다. 예컨대 발람의 발 위의 그림자를 보라. 맹목적으로 무지하게 이루어진 선택은 아직 자유롭지 않지만, 지식을 통해 그렇게 될 수 있다. 렘브란트의 비현실적인 음영 표현은 추후 빛을 자유롭게 다루는 바탕이 된다.

13-3] 의지가 시초적이고 절대적이며 무엇으로도 제한되지 않고 그 어떤 자연적 법칙에도 종속되지 않는다는 관념으로부터 의지가 정념과 맺는 관계가 나타난다. 우리가 본 바와 같이 데카르트는 정념의 기원을 순전히 기계론적으로 확립한다. 그는, 정념을 순전히 심리적 현상으로

간주하고 그 속에서 정념의 신체적 본성을 발견하지 못했던 옛 오류와 자신의 학설을 대비한다. 정념의 이중적 성격, 영혼-신체적 본성을 확립함으로써만 어째서 정념이 영혼을 지배하고 그 자유를 조종할 수 있는지 이해할 수 있게 된다. 이처럼 정념은 본성상 우리의 영혼과 상반된다. 보통 이 사실을 설명하기 위해 정신 자체가 두 부분으로 나뉜다. "이성적인 것과 비이성적인 것, 고등한 것과 저차적인 것으로. 그리고 정념은 오직 후자에 배정되었다. 이와 함께 정신의 단일성과 그것의 불가분성이 상실되었고, 정신은 여러 부분으로 나뉘고 여러 인격 혹은 영혼으로 이루어진 것처럼 되었으며, 이로써 영혼 자체의 본질이 부정되었다"(K. 피셔, 1906, 1권, 381쪽).

J. 만딘(Jan Mandyn), 성 앙투안의 유혹, 1550.

성 앙투안은 술과 여자, 유혹으로부터 벗어나기 위해 사막으로 도피한다. 그러나 그를 방해하려는 악마들에게 쫓긴다(그림 좌측 상단에 악마들이 그를 지옥으로 데리고 가고 있다). 그가 도움을 구할 것은 성경과 기도뿐이다. 이 16세기 그림에서 악마는 심리적 상태가 아닌 신체로 나타난다. 17세기 네덜란드 화가들은 유혹을 화신이 아닌 정신적 상태로 표현했다(12-45의 G. 도우의 작품 「참회자 막달리나」 참고).

데카르트의 관점은 만딘과 유사하다. 성 앙투안은 부분으로 나뉘지 않은 하나의 영혼을 지니고 있다. 그러나 이 하나의 영혼은 감정적인 동시에 이성적이다. 다행히 그의 모든 감각은 의지에 종속된다(『정념론』 47항). 성 앙투안이 느끼는 모든 갈등은 영혼 밖으로부터, 즉 신체의 정념이 뇌의 송과샘에 가하는 압박에서 기인한다. 스피노자의 관점은 막달리나에 대한 G. 도우의 관점과 유사하다. 스피노자에게 마음과 몸은 하나의 경험에 대한 서로 다른 두 관점일 뿐이다. 다만 이 두 관점은 동일한 척도로 측정될 수 없는 것이다. 한 경험이 다른 경험으로 극복될 수 있듯이 한 관념은 다른 관념으로만 극복될 수 있다.

한편으로 우리는 이 그림에서 유혹에 대한 더 심리학적인 관념의 시작을 볼 수 있다. 배경의 불에서 성 앙투안 자신의 옆모습이 나타난다. 다른 한편으로 악을 화신으로 표현하는 관점의 흔적은 여전히 오늘날의 히어로물 영화에서 나타난다. 악역은 대체로 험상궂고 추하게 그려지며 유혹은 실제 삶에서 보다 더 파괴적이고 구체적으로 나타난다. 그러나 우리는 영화나 우리 문화 속의 이러한 16세기적 표상을 16세기 사람들이 바라본 방식으로 대하지 않는다. 대신 위의 그림을 감상하면서도 우리는 현대적 관점의 필터를 통해 보게 된다. 마르크스가 말했듯이 "모든 죽은 세대들의 전통은 산 자의 두뇌 속에서 악몽 같은 무게를 지닌다"(1852).

13-4] 데카르트는 이성 혹은 의지와 정념의 투쟁에 대한 문제를 새롭게 확립한다. 피셔는 데카르트가 이 사실의 중심적 의미를 인정하지만, 이 투쟁이 마치 자기 자신에 대항하여 반란을 일으키듯이 인간 영혼의 본성에서 일어나지 않는다고 가정한다고 기술한다. 사실 투쟁은 방향상 반대되며 뇌 분비샘, 정신의 기관을 통신하는 두 개의 운동 사이에서 일어난다. 하나는 생명정기를 통한 신체적 운동이며, 다른 하나

는 의지를 통한 정신적 운동이다. 전자는 비의지적이고 온전히 신체적 인상에 의해서만 규정되는 운동이며, 후자는 의지적이며 의지에 의해 확립된 의도에 의해 동기화된 운동이다. 정신의 기관 속에서 생명정기에 의해 자극된 신체적 인상은, 이 기관을 통해, 영혼 내에서 감각적 표상으로 변환된다. 이들이 일상적 감각의 범주와 연관되면 이들은 의지를 평화롭게 내버려 두므로 영혼은 그들과 투쟁할 그 어떤 근거도 갖지 않는다. 만일 그들이 우리의 존재와 직접적 관계를 통해 우리의 의지를 방해하고 자극한다면 이들은 의지에 공격을 가해 그로부터 반작용을 유발하는 정념으로 나타나는 것이다.

13-5] 작용은 신체적 원인으로부터 일어난다. 그것은 자연적으로 필수적인 힘과 더불어 생겨나며 기계론적 법칙에 따라 실현된다. 그것의 강도는 정념의 힘으로 귀결된다. 반작용은 자유롭게 일어나며 그것은 영혼적이며, 그 자체로는 정념을 포함하지 않는 힘에 의해 작동한다. 이 때문에 그것은 정념과 투쟁하고 그것을 극복할 수 있다. 이 힘의 강도는 그것이 정념에 미치는 위력에 따라 달라진다. 생명정기로 포위된 정신은 공포를 경험하기 시작할 수 있지만 자신의 의지에 힘입어 용기를 지키고 처음에 정념이 주입한 공포와 맞서 싸울 수 있게 된다. 그것은 정신의 기관을, 그리고 그와 더불어 생명정기를 정반대의 방향으로 바꿀 수 있다. 이 덕분에 공포가 팔다리로 하여금 도망가도록 자극하는데도 팔다리는 투쟁하도록 자극되는 것이다. 여기서 어떤 힘들이 정념 속에서 서로 투쟁하는지 분명하다. 정신의 저차적 본성과 고등한 본성, 갈망과 이성, 느끼는 정신과 생각하는 정신 사이의 투쟁이라고 간주되었던 것이 사실 신체와 정신, 정념과 의지, 자연적 필연과 이성적 자유, 자연(물질)과 영혼 사이의 갈등인 것이다. 가장 약한 정신일지라도 정신의 기관에 작용함으로써 생명정기의 운동을 통제할 수 있으며, 이를 통해 정념의 방향을 바꾸어 그에 대한 완전한 통치를 확보하는 상

태에 다다른다. 인간의 이중적 본성은 정념의 이중적 본성을 조성한다. 그들은 기계론적 힘으로 생겨나서 의지에 작용하지만 반대 방향을 향하는 의지의 영혼의 에너지로 극복될 수 있다. 이제 데카르트의 체계에서 정념 이론이 기대는 토대가 완전히 명확해진다(같은 책, pp. 282-283).

13-6] 데카르트에게는 자연주의적 원칙과 신학적 원칙이 정념을 설명하는 데에서 대립적이지 않으며, 이들이 서로를 보완하고, 함께 고려되어야만 이들은 정념이 기계적 에너지를 영혼적 에너지로, 영혼적 에너지를 기계적 에너지로 변환하는 매개적 연결고리가 되는, 그의 영혼-신체 상호작용 이론의 토대로 기여할 수 있다는 것이 완전히 분명하다. 이런 점에서 데카르트 학설에서 정념은 유기체 체계에서 뇌분비샘이 하는 것과 동일한 역할을 정신적 체계에서 수행한다. 분비샘이 신체에서 정신을 대표하듯, 정념은 정신에서 신체를 대표한다.

13-7] 데카르트 정념 학설이라는 전체 음악의 조성을 이루는 그의 기본적 생각은 이처럼 우리 의지가 정념에 대해 가지는 절대적 지배력을 인정하는 것으로 이루어진다. 이미 이 사실 하나만으로도 데카르트의 체계에서 자연주의적 원칙하에 신학적 원칙이 종속된다는, 피셔가 옹호한 생각을 영원히 거부하는 데 충분하다. 의지가 무조건적, 절대적으로 정념을 통치한다는 입장은 그와는 정반대, 즉 정념의 설명에서 자연주의적 원칙이 영혼의 절대적이고 신과 같은 자의성에 완전히 종속된다는 것을 말한다. 이 하나만으로 이미 자연의 법칙은 인간 존재의 삶에서 영원히 붕괴된다. 초자연적인 것이 자연적인 것을 지휘하며 자연주의 원칙은 궁극적으로 효력을 상실하는 것으로 나타난다.

13-8] 바로 이 지점으로 스피노자는 자신의 비평(그의 이론을 바르게 이해하는 데 가장 중요하다)의 모든 힘을 기울이며, 의지가 정념을 절대적으로 지배한다는 생각을, 경험을 인용하면서 논박하는 것으로 시작한다. "비록 스토아학파는 감정이 우리의 의지에 절대적으로 의존하

며 우리는 그것을 무제한적으로 좌우할 수 있다고 생각했지만, 이에 반대되는 뚜렷한 경험들은 스스로의 원칙에도 불구하고 그들로 하여금, 감정을 제한하고 규제하기 위해서는 적지 않은 훈련과 노력이 필요함을 인정하게 만들었다"(스피노자, 1933, p. 197). 데카르트의 의견은 이러한 스토아학파의 학설과 완전히 일치한다. 그는 영혼이 송과샘과 연결된 덕분에 그를 통해 신체에서 자극된 모든 운동을 감지하며, 오직 의지를 통해서도 신체의 운동을 일으킬 수 있다고 인정한다. "결국 데카르트는, 이 분비샘의 모든 운동이 우리 삶의 최초부터 우리 생각의 개별 작용과 본성상 분명히 연결되어 있을지라도, 훈련을 통해 그것을 다른 것과 연결할 수 있다는 결론에 도달한다. … 이로부터 데카르트는, 올바른 안내 아래서라면 자신의 정념에 대해 절대적 권력을 획득하지 못할 만큼 무력한 영혼은 없다는 결론을 도출한다. 왜냐하면 정념은 그의 정의에 따르면, 특별히 그와 연결된 정신의 지각, 감각, 운동으로 이루어져 있으며 생명정기의 모종의 운동에 의해 생성, 보존, 강화되기 때문이다. 그리고 우리는 모든 욕망을 그 분비샘의 모든 운동, 따라서 생명정기의 모든 운동과 결합할 수 있으므로, 의지의 결정은 오직 우리의 지배력에만 의존한다. 우리가 자기 삶의 행위를 방향 짓고자 하는 어떤 확실한 판단에 의해 우리의 의지를 결정하고, 희망하는 정념의 운동을 이 판단과 결합함으로써, 우리는 우리 정념에 대한 절대적 지배력을 획득한다"(같은 책, 1933, pp. 197-198).

세네카는 스토아학파 학자 중 가장 잘 알려지고 가장 많은 저서를 출간했다(가장 부유하기도 했다). 그는 윤리학에 대해 광범위한 저술을 남겼으며 또한 소름 끼치고 유혈이 낭자한 희곡을 쓰기도 했다(이는 셰익스피어의 『티투스 안드로니쿠스』나 『햄릿』의 마지막 장에 영향을 미쳤다). 네로 황자의 암살 모의에 연루된 세네카는 자결을 명 받았으며 그는 뜨거운 물이 담긴 욕조에서 다리 동맥을 끊어 과다출혈로 사망하

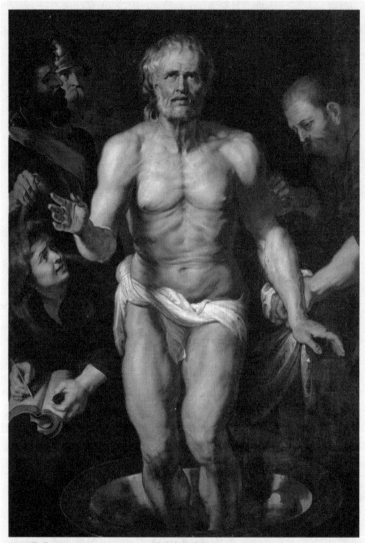

P. P. 루벤스(Peter Paul Rubens), 세네카의 죽음, 1615.

였다. 좌측에 있는 그의 서기는 그의 말을 받아쓰고 있다. "우리가 죽음을 앞에 두고 있다고 생각하는 것—이는 우리의 최대의 실수이다. 사실 대부분의 죽음은 이미 우리 뒤에 있다. 우리를 지나간 것은 무엇이든 이미 죽었기 때문이다."

그러나 스피노자에게 죽음은 삶의 일부가 아니다. 사유와 연장은 하나의 진실을 진술하는 두 방식일 뿐이므로 사유의 부정을 용인하는 사유나 신체의 파멸에서 살아남는 신체는 똑같이 모순적이고 불가능하다. 따라서 스피노자는 말한다. "자유로운 사람은 그 무엇보다 죽음에 대해 적게 생각한다. 그의 현명함은 죽음이 아닌 삶에 대한 명상이다"(IVp67). 따라서 스피노자는 스토아학파가 아니다.

자유의지 인정
(신이 부여),
그러나 훈련이 필요

자유의지 없음
(정념은 정념으로만
다스릴 수 있음)

자유의지 있음,
훈련은 아닐지라도
교육이 필요

렘브란트(Rembrandt), 성 제롬의 세 초상(1632, 1635, 1651).

제롬은 정념을 길들이기 위해 의지의 힘을 사용하는 스토아적 방법을 따르려고 했던 로마의 기독교인이었다. 예를 들어 그는 매춘부를 찾은 후 죽은 자의 무덤에 가서 지옥에 있는 자신을 상상했다. 유혹을 피하기 위해 그는 시리아의 사막으로 도망쳐 보리 빵으로 연명했다. 그는 비타민 A 결핍 증상을 정확히 묘사한 최초의 사람 중 하나였다.

"그는 31세에서 35세까지 보리 빵 6온스와 기름 없이 약간 익힌 채소를 먹었다. 그러나 그는 눈이 침침해지고, 몸 전체에 발진이 일어나 피부에 주름이 생기고 거칠어져 돌처럼 되는 것을 발견하고는, 전에 먹던 음식에 기름을 첨가하였다. 그는 63세까지 과일이나 콩을 비롯한 다른 어떤 것도 먹지 않는 이 절제된 식사법을 따랐다."

아마도 식단을 바꾼 이후인 삶의 후반부에 그는 최초로 히브리어 원문으로 된 구약 성경을 번역하였다. 성 아우구스티누스는 이런 제롬을 비난했다. 제롬의 히브리어 번역이 그다지 좋지 않기도 했고, 성 아우구스티누스는 원본이 아닐지라도 그리스어 번역이 더 신성하다고 생각했기 때문이다.

스피노자 또한 히브리어 구약 성경을 번역하고, 발람의 당나귀와 같은 기적에 대한 과학적인 심리적 설명을 제공했다(그는 발람이 신으로부터 모순적인 메시지를 받았음을 지적했다. 신은 오히려 자신의 마음을 정할 수 없는 사람과 같다). 여기서 스피노자는 제롬과 데카르트처럼, 육체가 충분한 벌을 받는다면, 정념이 의지로 완전히 통제될 수 있다고 믿었던 스토아학파를 비판하고 있다. 스피노자는 스토아학파는 스스로의 신념에도 불구하고 쾌락에 대한 욕망에 시종일관 저항할 수 없음을 발견했음을 지적한다. 그것은 또한 삶의 대부분을 여성의 정념에 관한 글을 쓰는 데 바친 제롬에게도 효과가 없었다. 데카르트조차 암스테르담에 사는 동안(그리고 불쌍한 엘리자베스 공주에게 여성의 정념에 관해 강의하면서) 하인 한 명과 사생아를 낳았다.

렘브란트가 미혼의 20대였던 1632년에 그린 첫 번째 그림은 제롬이 음탕한 생각에서 벗어나기 위해 돌로 자신을 때리는 것을 보여 준다. 렘브란트가 결혼한 후인 1635년에 그린 두 번째 그림은 필연에 대한 인식(신의 의지)에 무릎을 꿇고 있는 제롬을 보여 준다. 세 번째 그림에서 우리가 보는 사자는 제롬이 발에서 가시를 뽑아 주고 길들인 그의 친구이다(사자가 남자와 어떻게 닮았는지 주목하자). 거의 20년 후에 그려진 세 번째 그림만이 실제로 완성되어 인쇄되었다. '의지 훈련'을 시도하는 대신, 제롬은 단지 자신을 교육하고 있다. 아마도 그는 균형 잡힌 식단의 중요성을 배우거나 그의 빈약한 히브리어 이해에 관해 아우구스티누스가 옳았음을 발견하고 있을 것이다. 사자는 여전히 거기 있지만, 우리는 제롬이 교훈을 얻었음을 배경에서 볼 수 있다. 더 이상 혼자 정념을 다스리려 노력하는 대신 그는 사회적 환경 속에서 사회적 활동인 독서를 하고 있다. 우리 인간은 사회적 동물이며, 욕구로부터의 진정한 자유의 유일한 원천은 서로 간의 연대와 협력에서 비롯된다. 교육에서 우리가 인식하는 필연성은 신의 의지가 아니라 우리 자신의 상호 필요성이다. 이 인식은 우리가 지금까지 알 수 있는 유일한 자유의 길이다.

13-9] 스피노자는 의지가 정념을 지배한다는 위에서 제시된 데카르트의 예시에 반대한다. 그는 말한다. "나아가 나는 어느 정도의 움직

임이 영혼과 바로 이 뇌분비샘을 통신하게 할 수 있는지, 그리고 그것은 어떤 힘으로 이 분비샘이 매달려 있는 자세를 지탱할 수 있는지 정말 알고 싶다. 왜냐하면 나는 이 정신의 분비샘 운동이 생명정기보다 빠른지 느린지 그리고 우리에 의해 확고한 판단과 밀접히 결합된 정념의 운동이 다시 신체적 원인에 의해 판단에서 떨어질 수 있는지 없는지 알지 못하기 때문이다. 그리고 이로부터, 비록 정신이 위험에 확고히 저항하며 나아가고 이 결정과 용기의 운동을 결합한다 해도, 위험이 발견되면 분비샘은 정신이 오직 회피만을 생각하는 상태의 위치를 잡게 될 것이다. 사실, 의지가 운동과 전혀 관계가 없다면 정신의 위세나 힘과 신체 사이에도 전혀 관계가 존재하지 않을 것이며, 따라서 정신의 힘은 신체의 힘을 그 어떤 형태로도 규정할 수 없을 것이다"(같은 책, p. 193).

13-10]　스피노자의 반론의 힘은 논쟁의 여지가 없어 보인다. 만일 의지가 기계적 힘으로 나타나 정념을 통치한다고 가정하면, 이 힘이—바로 기계적 힘으로— 생명정기의 힘보다 큰 경우에만 생명정기의 힘을 지배하고, 반대 방향의 운동을 분비샘에 통신할 수 있다는 문제가 자연히 나타난다. 어쩔 수가 없다. 정신이 정념의 기계적 순환에 연루되어 기계적 힘으로 작용한다면, 그것은 기본적인 기계적 법칙에 종속되어야 한다. 따라서 우리는 의지가 항상, 모든 상황에서, 그것이 가장 약한 영혼의 의지일지라도 생명정기의 힘을 능가하는 에너지로 작용할 것이라고 가정해야만 한다. 그러나 이에 대해서도 첫 번째와 마찬가지로 논박할 수 없는 두 번째 반론이 나타난다. 결국 의지 자체는 생명정기에 의해—생명정기의 운동은 정념을 일으킨다— 정념과 투쟁하게 되며, 따라서 위험을 보게 되면 분비샘은 영혼이 오직 회피만을 생각하는 상태의 위치를 잡을 수 있게 된다. 이번에도, 어쩔 수가 없다. 정념이 영혼에서 순수하게 기계적 경로로 나타난다면 이에 따라 그것은 정신 자체의 활동을 규정하며, 정신의 본질에서 의지가 이러저러한 규정과 결정을

내릴 절대적 자유를 박탈하게 된다.

> 비고츠키는『에티카』5부 서문에서 비롯된 이 부분을 바꾸어 표현하고 있다. 스피노자는 전장에 나가기 이전에 정념의 운동으로 용감하게 싸우겠다는 결심에 '동참'한 군인이 전장에 도착하고 적들이 실제 총을 쏘기 시작하자마자, 도망칠 생각만 하는 것을 상상한다.
>
> "또한 나는 '확고한 판단'이 '정념의 운동'에 '동참'한 후 신체적 원인으로 인해 다시 '비동참'할 수 있는지 여부는 모른다. 만일 그렇다면, 다음과 같은 일이 생길 수 있다. 누군가의 마음은 위험에 직면하기로 굳게 결심했고, 그 결정에 용감한 행동을 '동참'시켰다. 그런 후에 위험이 보이게 되면 마음은 도망갈 생각만 할 수 있는 방식으로 분비샘은 매달린다."

13-11] 그러나 이 반론들이 아무리 논박 불가하다 하더라도 이들은 본질적으로 과녁을 벗어난다. 이들은 우리가 스피노자의 문제 설정을 보존하면서 자연주의적, 논리적 설명의 측면에 머무르는 한에서만 유효하다. 그러나 우리가 데카르트가 그랬듯 정념의 설명의 토대에 초자연적인 것과 비이성적인 것을 둔다면, 그의 설명의 무시무시한 불합리성은 우리의 정신이 정념을 지배할 때마다 보여 주는 신과 같은 기적에 자연스럽게 내재하는 것이 된다.

13-12] 데카르트가 의지가 정념을 절대적으로 통치한다는 것을 설명하면서 의식적으로 기적에 의지한다는 사실, 그리고 그가 이 문제에 대한 모든 자연주의적, 합리적 설명을 의식적으로 회피한다는 사실, 그리고 이처럼 자연주의적 원칙을 신학적 원칙하에 의식적으로 종속시킨다는 사실은, 정념을 통치하는 의지에 대해 가능한 자연주의적 설명과 그가 채택한 초자연적 설명의 구분으로부터 나타난다. 그러한 자연주의적 설명의 멀고 모호한 가능성은 데카르트 학설의 여러 부분에서 희미

하게 빛난다. 데카르트가 그것을 수차례나 떠올렸던 것은 의심의 여지가 없으나 그는 매번 그것을 결연히 거부했다.

13-13] 본질적으로 말해서 그러한 자연적 설명의 모호한 가능성은, 공포에 의해 회피를 자극받은 의지가, 공포로 신체가 회피를 자극받음에도 또한 정신의 기관을 반대 방향으로 움직여 투쟁을 자극하는, 앞서 우리가 제시한 예시에 이미 포함되어 있다.

13-14] 정념 학설에서 데카르트가 영혼 없는 자동기계에서 나타나는 정념에 대한 고찰을 뒤로하고 정념을 일으키는 복잡한 기계 장치에, 생명정기의 운동에 대한 감각이나 지각을 경험할 수 있는 영혼을 덧붙이며, 실제 인간의 정념에 대한 고찰로 나아간 지점을 기억하자. 위험을 감지한 생명정기의 운동은, 우리가 기억하듯이, 두 가지 형태로 작동한다. 한편으로 그것은 회피에 필요한 등 돌림과 다리의 운동을 일으키며, 다른 한편으로 그것은 이어서 생명정기의 도움으로, 분비샘에 공포 감정을 일으키는 심장 변화를 일으켜, 본성상 영혼에 이 정념을 낳도록 설계된, 이 감정에 상응하는 (신체 내-K) 움직임도 일으킨다. 이처럼 모든 정서를 일으키는 데에서, 영혼은 그 순환에 연루되어 있음이 드러난다. 위험의 지각과 동시에 대상의 표상과 함께 위험의 표상도 일어난다. 자신도 모르게 의지는 회피 또는 투쟁을 통해 신체를 보호하고자 한다. 이 때문에 정신의 기관은 비의지적으로 운동을 시작하며 생명정기의 흐름에는 팔다리를 투쟁이나 회피로 방향 짓는 충동이 주어진다. 투쟁을 향한 의지는 용기이며 달아나려는 욕망은 비겁함이다. 용기와 비겁은 단순한 감각이 아니라 의지에 의해 자극된 것이다. 그것들은 단순 표상이 아니라 영혼이나 정념의 움직임이다(K. 피셔, 1906, 1권, pp. 380-381). 이처럼 의지는 모든 정서에 개입한다. 따라서 정념에 의해 일어난 공포를 의지가 이겨 내고, 공포가 신체를 도망가도록 자극하는 와중에도 의지가 신체로 하여금 투쟁하도록 자극하는 이 주어진 사례에서 우

리가 단지 두 정념의 투쟁을 다룬다고 간주하는 것은 당연하다. 물론 용기와 비겁은 똑같이 위험의 감지로 자극될 수 있는, 똑같은 정념들이다. 단지 의지는 마치 두 정념—용기와 비겁을 서로 충돌시켜 이 중 하나의 힘으로 다른 것을 극복하는 것과 같다.

용기와 비겁이 의지가 아니라 정념이라면 의지란 도대체 무엇인가?

F. 할스 2세(Frans Hals the Younger), 젊은 군인, 17세기 중반.

젊은 군인은 용기를 위한 북을 가지고 있지만, 보호를 위한 갑옷도 가지고 있다. 무엇보다 젊은 군인은 생각하는 능력이 있다.

데카르트에게 이러한 생각하는 능력은 정념이다. 전투를 생각할 때 우리는 공포를 느낀다. 데카르트에게 공포는 매우 복잡한 절차를 갖는다. 『정념론』 1부 36번에서 그는 엘리자베스 공주에게 의지와 정념이 어떻게 상호작용하는지 설명해야 한다. 그는 완전히 제임스적인 설명을 제공한다. 분비샘에 맺힌 상에서 반사된 정기 중 일부는 우리가 달아나도록 등을 돌리고 다리를 움직이는 신경으로 이동한다. 나머지 정기는 심혈관을 확장, 축소시키는 신경으로 가거나 아니면 혈액을 심장으로 보내는 다른 신체 부분을 자극하는 신경으로 간다. 그리하여 혈액은 "평상시와는 다르게 변화되어, 공포에 적합해진, 즉 정기를 신경으로 보내는 뇌의 기공을 열어 두거나 다시 여는 데 적합해진 정기를 뇌로 보낸다". 비고츠키가 말하듯 데카르트는 여기서 자연주의적 설명에 가까워지고 있다. 그러나 그는 단지 영혼에 대한 신체의 효과를 말하고 있을 뿐이다. 그는 신체에 대한 영혼의 효과(예컨대 용기)를 이야기할 때마다 신학적 설명으로 돌아선다. 이 설명은 결코 자연주의적이지 않다.

스피노자에게 이러한 생각하는 능력은 의지이다. 의지는 공포와 같은 수동적 정념이 아니다. 그에게는 쾌, 불쾌, 욕망의 세 가지 정념만 있을 뿐이다. 스피노자에게 공포는 의심스러운 결과에 대한 생각에서 비롯되는 변덕스러운 불쾌감이다(IIIp18s2). 그래서 스피노자는 자유로운 인간은 싸울 때만큼이나 달아날 때도 용기를 보여 준다고 믿는다. 맹목적 선택은 선택이 아니며, 그래서 자유로운 선택은 생각과 이해가 가능한 정도까지만 확장된다(IVp69). 이는 아직 자연주의적 설명이 아니다. 우리는 생각이 어떻게 뇌에서 일어나서 뇌 사이를 여행하는지, 북과 같은 기호와 갑옷 같은 도구가 어떻게 우리 생각에 영향을 미치는지, 그리고 이 모든 것이 어떻게 행동과 말까지 확장되는지 훨씬 더 많이 알 필요가 있다. 그러나 그것은 언젠가 자연주의적 설명이 될 수 있을 것이다.

13-15] 학설의 다른 부분에서 데카르트는 이 자연주의적 설명의 가능성에 더 가까이 접근한다. 알려진 바와 같이 그는 여섯 개의 기본적인, 혹은 원시적 정념들을 구분한다. 이로부터 이들의 파생적 혹은 조합적 형태로 모든 나머지 기본적인 혹은 개별적인 정념들이 추출될 수 있다. 모든 나머지 정념의 토대에 놓여 있는 여섯 개의 원시적 정념은 놀라움, 사랑, 혐오, 욕망, 기쁨, 슬픔이다. 이 원초적 목록의 한 정념, 즉 놀라움은 완전히 예외적인 위치를 차지한다. 모든 시초적 정념들은 긍정적이거나 부정적이다. 데카르트의 이론에 의하면 정념은 대상 자체가 아니라 그 가치, 즉 우리가 그로부터 얻는 이득이나 해악에 의해 일어나기 때문이다. 그러나 우리의 욕망은 조금도 자극하지 않으면서도 그 힘과 새로움을 가지고, 우리의 영혼을 거부할 수 없는 힘으로 매혹하는 대상이 있다. 이 대상은 우리에게서 놀라움을 일으키는 것들이며 따라서 긍정적이지도, 부정적이지도 않은 유일한 정념임이 드러난다. "우리의 모든 정념 중에서 놀라움만큼 그렇게 이론적이고 그렇게 쉽게 인식되는 것은 없다. 데카르트는 철학은 우리의 의지를 인식으로 인도하는 놀라움으로 시작되었다는 아리스토텔레스에 동의한다. 놀라움은 자신도 모르게 의지에 이론적 방향성을 부여하며 그것을 인식으로 향하게 한다. 이 때문에 우리의 철학자의 눈에는 그것이 원시적 정념 중에서 제일일 뿐 아니라 모든 정념에서 가장 중요한 것이었다"(같은 책, pp. 394-395).

> M. 반 뮤셔는 빌렘 반 데 벨데의 아들과 작업실을 함께 썼다(I권 **12-141** 글상자 참조). 아들 반 데 벨데는 아버지가 잉크로 그린 배 그림(바닥에 있는)을 이용하여 색채화를 완성했다. 팔레트에 (흰색과 검은색에 더해) 여섯 가지 색이 있음에 주목하자. 이 여섯 가지 색으로 그는 필요한 다른 모든 색깔을 혼합해 썼다.
>
> 그러나 어떤 색 여섯 가지를 선택할 것인가? 선택은 사실 임의적이

여섯 개의 원시적 정념에서,
여섯이라는 숫자에 어떤 의미가 있는가?

M. 반 무셔(Michiel van Musscher), 작업 중인 반 데 벨데 2세, 1665년경.

다. 그것은 당연히 어떤 그림을 그릴지에 달려 있다. 마찬가지로 데카르트는 실제로 자신이 선택한 일차적 감정 여섯 개(놀라움, 사랑, 미움, 욕망, 기쁨, 슬픔)를 설명하지 않는다. 그는 그저 세상에는 많은 대상이 있고, 그것이 유용한지 아닌지에 따라 우리는 그것을 사랑하고, 미워하고, 욕망하며, 정신이 어떻게 흥분하는지에 따라 우리는 행복하거나 슬프다고 말한다(『정념론』 51, 69항). 스피노자는 그 대상이 존재하는지 아닌지, 유용한지 아닌지에 따라, 일차적인 것을 욕망, 쾌, 불쾌로 더 줄인다.

아리스토텔레스는 모든 색깔이 흑백으로부터 혼합되거나 분화될 수 있다고 믿었다(뉴턴은 흰색 빛이 다른 모든 파장을 포함한다는 것을 증명했다). 17세기에 화가들은 '이차적' 색깔들(주황, 초록, 보라)이 일차적 색깔들(빨강, 파랑, 노랑)로부터 혼합될 수 있음을 발견했으며, 우리는 여전히 초등학교 미술 수업에서 이를 가르친다. 그러나 빨강, 파랑, 노랑을 구성하는 것은 문화에 따라 아주 다르다(중국인은 사실 파랑과 초록을 구분하지 않으며, 웨일스인은 파랑과 회색을 한 낱말로 지칭한다). 인간의 눈은 빨강, 초록, 파랑에 대한 특별한 '원뿔' 모양 수용체를 가지고 있으며, 이 일차적인 색들로는 잘 포착되지 않는 다른 차원들이 존재한다(예를 들어 주황 같은 '따뜻한' 색깔 대 흰색 같은 '차가운' 색깔, 갈색 같은 '땅' 색깔 대 파랑 같은 '하늘' 색깔). 이러한 누락된 차원 중 많은 것들이 실제로 정서적 반응임에 유의하자.

13-16] 데카르트는 말한다. "다른 정념들은 우리가 유익하거나 해로운 대상에 주의를 기울이도록 할 수 있겠지만, 오직 놀라움만이 희귀한 대상에 주의를 기울이게 한다." 이처럼 데카르트는 정념의 삶에서 기계론적 측면이 아닌 고등한 측면에 대한 자연주의적 설명에 극도로 가까이 접근한다. 그는 의지 자체가 처음부터 놀라움에 의해, 즉 정념에 의해 인식으로 지향되며, 따라서 그 자체로서, 자신의 절대적 자유에 의해 작동이 결정되는 것이 아니라 놀라움을 포함해 모든 정념이 종속되어 있는 인간의 영혼-신체적 본성의 필연적인 법칙에 따라 결정된다는 것만을 인정한 것이 아니다. 나아가 그는, 후에 스피노자가 걸어 나아갔던, 인간의 고등한 본성을 설명하는 길의 모호하고 불명료한 가능성을 인정한다.

네델란드 그림, 특히 스톰의 그림에는 흔히 관객이 그림에 어떻게 반응해야 하는지를 보여 주는 등장인물이 나타난다(**12-44** 글상자 참조).

데카르트는 인간의 정념이 놀라움으로 고등해진다고 믿었는가?

M. 스톰(Matthias Stom), 목자들의 경배, 1640.

그러나 이 그림에서는 모든 등장인물들이 놀라움에서 존경과 숭배에 이르는 일련의 상이한 정념들을 보여 준다.

앞 문단에서(13-15) 우리는 데카르트가 놀라움이 정서의 시작점이라고 믿었음을 보았다. 즉 우리는 어떤 대상이 우리에게 좋은지 나쁜지를 판단하기 전에 먼저 대상에 놀라움을 느낀다는 것이다. 이 때문에 놀라움은 존경-경멸, 숭배-신성모독과 달리 반대되는 형태를 갖지 않는다. 따라서 놀라움은 사랑이나 증오에 신속하게 자리를 내어 준다. 데카르트는 매우 우둔한 사람만이 놀라지 않으며 교육받지 못한 사람만이 언제나 놀란다고 말한다(『정념론』 73항). 놀라움은 다른 정서로의 문이지만 현명한 사람은 놀라움의 문턱에 머무르지 않는다. 그럼에도 불구하고 놀라움은 희귀함에 의해서만 고양되는 유일한 정서이므로 가장 값진 정서이다.

스피노자는 동의하지 않는다. 그는 놀라움은 본질적으로 부정적이라고 말한다. 그것은 어떤 것을 친숙한 다른 것과 연결 짓지 못하는 무능력이다. 놀라움이 시작점이기는 하다. 그러나 그것은 흔히 경멸과 무시로의 관문이다. "우리가 그 사물의 현존에 의하여, 또는 그 사물을 더욱 정확하게 고찰함으로써, 놀라움, 사랑, 두려움 등의 원인이 될 수 있는 것이 그 사물에 전혀 없음을 인정하게 되면, 정신은, 그 사물의 현존에 의하여, 대상에 속한 것보다 대상에 속하지 않은 것에 관하여 더 많이 사유하도록 결정될 것이다"(『에티카』 ⅢP52s).

클라파레드와 피아제는 어린이가 유사함을 이해하기 훨씬 전에 차이에 대해 놀라움을 느낀다고 주장한다(『생각과 말』 6-2-8 참조). 그들이 제시하는 이유는 데카르트적이다. 즉 우리가 태어날 때 우는 것은 친근한 환경보다는 새로운 난관에 놀라움을 느끼기 때문이라는 것이다. 그러나 비고츠키는 이것이 순전히 기능주의적 관점이라고 지적한다. 놀라움 자체는 차이를 일반화하거나 유사성을 추상화하거나 개념을 형성하지 못한다는 것이다. 비고츠키의 비판은 스피노자적이다. 신이나 자연 그 무엇도 우리의 놀라움, 존경, 숭배를 원하지 않는다. 요구되는 것은 이해이지만, 이 이해를 요구하는 이는 신이나 자연이 아니라 우리 자신이다.

13-17] 피셔보다 명민한 몇몇 연구자들은 데카르트 정념 학설의 바로 이 부분이 정념에 대한 외적 분류 도식보다 훨씬 더 크게, 데카르트와 스피노자의 이론을 결합하는 두 이론의 진정한 내적인 연결고리라고 지적한다. 이 연구자들은 이 지점에서 두 학설이 완전히 일치한다고 잘못 가정하면서, 그리고 첫째, 의지가 정념에 미치는 영향을 자연주의적으로 설명한다는 관념은 아직 데카르트에게 여러 모호하고 불명료한 생각 중 하나였으며 둘째, 데카르트 자신이 자연주의적 설명 가능성에서 확고히 비켜서서 명백히 신학적 원칙에 서 있었다는 것을 시야에서 놓치면서, 다른 극단에 빠진다.

13-18] 따라서 C. Φ. 케체키얀은 정념 학설이 자연스럽게 우리 느낌의 고등한 삶의 측면에 대한 설명으로 다가가는 이 지점에서, 심리학이 직접 윤리학을 만나는 이 지점에서 데카르트와 스피노자의 직접적인 이어짐을 본다. 데카르트 이론 중 우리가 고찰 중인 문제의 해결책

을 주장하면서 연구자는 말한다. "인간 정념이 영혼의 해방에 대해 갖는 의미를 설명하면서 정념의 기제를 연구하는 것은 윤리의 문제를 해결하는 것을 뜻한다. 그 자체로 삶의 도덕적 형태를 규정 지을 만한 그러한 영혼의 특성, 정념을 발견하는 과업이 생겨나는 바로 그 지점에서 윤리학은 심리학과 만난다. 후에 스피노자가 감정은 다른 똑같은 감정으로만 억제될 수 있다고 가르치듯이, 데카르트는 정념의 기제 자체에서 우리는 더 높은 선善—인간 의지의 자유—으로 인도하는 정념을 찾을 수 있다고 주장한다. 데카르트에게 도덕은 과학의 의미를 획득하며, 다른 모든 과학이 그러하듯 이는 자연적 인식의 방법으로 인정되는 유일하게 올바른 방법인 연역법을 따른다는 점을 지적하는 것은 중요하다"(С. Ф. 케체키얀, 1914, pp. 8-9).

*С. Ф. 케체키얀(Степан Фёдорович Кечекьян, 1890~1967)은 미국의 역사가이자 철학자, 법률가, 판사였다. 그는 철도, 인공섬유, 국제 은행 거래 등의 여러 분야에서 광범위한 행정업무를 담당했다. 비고츠키는 그의 초기 저작인 『The Ethical World-Contemplation of Spinoza(윤리적 세계-스피노자의 사상)』을 인용하고 있다.

13-19] 저자가 의지의 자유에 대한 스피노자의 이론이 데카르트의 입장과 상반되는 것을 볼 수밖에 없었던 것은 사실이다. 그러나 그의 의견에 따르면, 여기서는 다만 데카르트의 비일관성이 드러날 뿐 그 이상은 아니다. "스피노자는 필연적으로 자유의지의 거부로 나아갔으며 여기서 다시 한번 그는 데카르트보다 더욱 일관됨이 드러난다. 의지를 주장이나 거부와 동일시하는 생각은 데카르트에 속하는 것이다. 그러

나 그는 이로부터 자유의지에 위험한 결론을 도출하지 않았으며, 인식으로부터 의지의 자유와 의지의 결정의 무한한 자의성을 그대로 보존했다. 반대로, 스피노자는 데카르트의 생각을 검토하면서 의지와 인식을 하나로 결합할 필요성을 발견했으며 자신이 주장하던 결정론을 옹호하는 새로운 논리를 여기서 보았다."

13-20] "이처럼 스피노자의 체계에서는 의지의 자유에 대한 언급이 불가능하다. 자연의 반대로서 자유는 그 속에서 설 자리를 찾을 수 없다. 자유는 자연적 필연성의 반대가 아니라 오직 바로 이 필연성의 한 형태로서 동일한 자연의 요소가 될 수 있을 뿐이다. '자유는 필연성을 파괴하지 않고 그것을 전제로 한다'고 스피노자는 말한다"(같은 책, p. 111).

아내 헨드리케가 낮잠을 자고 있는 동안 그린 이 자유로운 손 스케치는 왜 그렇게 한국화와 비슷해 보이는가? 한국 화가들처럼 렘브란트는 돌이나 구리에 에칭을 하는 대신에 잉크, 붓, 종이를 사용했다. 한국 화가들처럼 그는 대부분의 선과 모든 색을 생략하기로 자유롭게 선택했다. 그가 행한 붓의 움직임은 모두 렘브란트의 예술적 자유의지의 산물이다.

그러나 과연 그럴까? 한국어로 우리는 때로 '자유의지'는 자의적, 자발적이고, 심지어 무작위적이라고 말한다. 즉 그것은 자유의지를 지닌 사람의 변덕이나 욕구 외에는 다른 이유가 없다는 것이다. 스피노자는 이것이 우리의 변덕이나 욕구나 의지 뒤에 숨어 있는 원인을(그리고 그 원인에 대한 원인을) 완전히 이해하지 못하기 때문에 발생하는 착각이라고 말한다.

잉크의 마름을 따라가 보면, 우리는 렘브란트가 이 스케치에서 붓을 움직인 순서를 정확히 알 수 있다. 우리는 그가 글을 쓸 때처럼, 좌측 상단에서 우측 하단으로 움직였음을 안다. 우리는 붓의 움직임 하나하나가 글 속의 단어만큼이나 결과에 필연적임을 볼 수 있다. 각각

렘브란트(Rembrandt), 잠자는 여인, 1654.

의 붓의 움직임은 다음 붓의 움직임을 위한 맥락을 창조하며, 그중 하나라도 빼먹는다면, 우리가 글을 쓰고 뭔가를 빼먹은 것처럼 그 그림은 더 이상 그것이 아닌 다른 것이 된다.

13-21] 이처럼 두 이론이 일치한다는 것은 매우 의심스럽다. 결정론과 비결정론, 유심론과 유물론, 의지가 감정을 지배하는 것에 대한 자연주의적 설명과 초자연주의적 설명이 서로 갈라지듯이 그 중심 지점

에서 이들은 근본적으로 갈라지기 때문이다. 결국 논의는 인간에게서 더 고등한 것, 그의 자유롭고 합리적인 의지, 스스로의 정념에 대한 지배, 그리고 고등한 것을 저차적인 것으로, 합리적인 것을 자동적인 것으로, 자유로운 것을 기계적인 것으로 환원하지 않고 우리 정신적 삶의 모든 고등한 것을 총체로서 보존하는 자연주의적 설명을 취할지, 아니면 이 고등한 것을 설명하기 위해서 우리는 필연적으로 자연의 법칙을 거부하고, 자연적 필연성에 종속되지 않는 절대적 자유의지의 신학적 유심론적 원칙에 기댈 수밖에 없는지에 대한 문제로 귀결된다. 다른 말로, 논의는 고등한 의식적 활동 형태를 과학적으로 인식할 수 있는지의 여부, 인간의 심리가 데카르트로 시작하여 로체로 이어져 베르그송으로 끝나는 관념주의자의 모든 추종자들에게 그렇듯 응용 형이상학이 아닌 과학으로서 가능한지 여부에 대한 것이다.

13-22] 데카르트에게 그러한 인간의 고등한 본성에 대한 과학적, 자연주의적 설명이 비록 매우 모호하고 비명료하게나마 가능하다고 생각된 것은 논쟁의 여지가 없다. 그러나 전체적으로는 그는 이를 거부했으며 최종적으로는 우리의 두 대안 중 두 번째 부분을 받아들였다. 스피노자는 첫 번째 부분을 발전시켰다. 이처럼 각자의 경로 한 지점에서 어느 정도까지 가까워짐에도 두 사상가는, 스스로의 고유한 본성을 파악하고자 노력하면서, 인간 생각의 두 극단을 고전적 형태로 완성하는 정반대의 두 측면으로 더 멀리 헤어진다. 따라서 우리는 스피노자와 데카르트 학설 사이에 연속성의 테제를 계속 발전시키는 것을 오류라고 간주해야 한다. 스피노자 학설에서 자유의 문제에 대한 해답을 고찰하면서 케체키얀은 다음과 같은 결론에 이른다. "스피노자가 그린 경로는 예속으로부터 자유로의 경로가 아니라 그 자신의 관점에서 볼 때 한 종류의 예속에서 다른 종류로의 경로이다"(같은 책, p. 146). 여기서 우리의 연구자는 모든 자연적 필연성을 예속과 동일시하면서, 그리고 이 문

제는 자유의지의 절대적 반자연적 필연성을 인정한다는 의미에서 형이
상학적으로만 해결된다고 상정하면서 데카르트 자신의 생각을 놀랍게
도 거의 글자 그대로 반복한다.

M. 스톰(Matthias Stom), 수태고지, 1633~1638(?).

　대부분의 화가들은 이 주제를 표현할 때 마리아가 처녀임에도 불구
하고 예수를 잉태했다는 선언을 가브리엘에게 듣고 충격 혹은 놀라움
을 느끼는 장면을 보여 준다. 또 다른 화가들은 그녀가 '주의 종이 되
는' 것을 받아들이는 것을 보여 준다. 13-16 글상자에서 우리는 스톰
이 놀라움·존경·숭배로 복잡한 정서의 여러 단계를 나타낸 것을 보
았다. 여기서 그는 마리아의 놀라움이 필연에 대한 복종, 심지어 기쁨
이 되는 순간을 선택한다. 한 손은 그녀의 가슴에 올려져 있지만, 얼굴
을 보면 왼쪽 입꼬리에 미소의 흔적이 보인다.
　여성이 부모가 되는 것에서 느끼는 충격, 두려움, 기쁨에 대한 자연
과학적 설명은 항상 가능하다. 데카르트는 뇌의 작은 구멍으로 생명정
기가 유입된다고 말할 것이다. 산부인과 전문의라면 입덧을 일으키는
호르몬 불균형을 원인으로 들 것이다. 그러나 남성은 입덧을 하지 않
더라도 놀라움에 충격을, 생각지 못한 지출에 두려움을, 그리고 부모

가 되는 느닷없는 희망에서 기쁨을 경험한다. 그러한 정서는 갑작스러운 혈액이나 호르몬의 흐름으로는 설명하기 어렵다. 이러한 복잡한 정서에 대한 과학적 설명이 가능할까?

데카르트는 망설이다가 결국 아니라고 답한다. 오직 자유의지만이 고등한 정서를 설명할 수 있으며 오직 신만이 자유의지를 설명할 수 있다. 스피노자는 과학적 설명이 가능하다고 말한다. 자유의지는 아무것도 설명하지 못한다. 그것은 우리의 정서를 실제 설명하는 인과관계의 사슬을 임의적으로 끊는 방법일 뿐이기 때문이다. 케체키얀은 데카르트가 망설이는 것을 보고 데카르트와 스피노자가 같은 의견을 갖고 있다는 성급한 결론을 내린다(**13-18** 참조). 그러나 케체키얀조차 데카르트는 절대적 자유의지가 모든 고등한 정서의 궁극적 원인이라고 믿은 반면 스피노자는 절대적 자유의지의 존재를 완전히 부정하고 한 정서만이 다른 정서를 극복할 수 있다고 말한 것을 알고 있다. 케체키얀이 볼 때 스피노자는 한 형태의 예속을 다른 형태의 예속으로 억압한다고 말하고 있다. 그러나 마리아에게 있어 일단 필연을 이해하게 되면, 이러한 필연에 대한 인식 자체가 기쁨 심지어는 환희의 원천이 될 수 있다("말씀대로 내게 이루어지이다").

13-23] "이러한 면에서 스피노자는 데카르트의 오류를 반복한다. 후자에 따르면 고등한 선善은 어떤 의미에서 우리 욕망의 대상이 되어야 하며, 따라서 그 자체로 삶의 윤리적 형태를 결정하는 그러한 정념이 존재해야 한다. 심리학과 윤리학이 밀접하게 얽히는 것은 바로 이 지점이다. 우리가 보았듯 스피노자에게 그러한 것이 있다. 윤리적 삶을 보장하기 위해서는 이성이 감정으로 작동해야 한다. 데카르트에 따르면 관대함은 자기 손에 윤리적 삶의 고삐를 쥐고 있는 정념이다. 정신이 욕망의 손안에 넘어가는 한, 그것이 정념의 놀잇감인 한, 정신은 다른 정념에 복종함으로써만 어떤 정념을 이겨 낼 수 있다. 이처럼, 어떤 정념이든 필연적으로 정신을 통치한다. 관대함은 자유를 건설한다. 데카르

트는 관대함이 비록 다른 정념들과 다른 종류이긴 하나 역시 정념임을 마치 잊은 듯하다. 이 때문에 우리는 자유 대신, 새로운 예속에 빠진다. 갈수록 태산이다. 마침내 해방되는 대신 주인만 바뀌었을 뿐이다"(같은 책, pp. 146-147).

G. 테르 보르흐(Gerard ter Borch), 편지, 1660.

이 작품은 아주 대중적인 장르로 도서관이나 연구실에 많이 걸리는 그림이다. 편지를 쓰는 젊은 여성, 편지를 읽는 여성과 함께 보통 하녀나 형제자매가 나온다(**9-15**, **12-111** 글상자 참고). 다수의 그림에는 편지가 일종의 프러포즈라는 다양한 힌트들이 들어 있다. 이 그림의 심각한 표정은 여성이 하나의 예속에서 다른 형태의 예속으로 바뀔 것임을 시사한다(4-1과 8-1 참고). 이와 유사하게 케체키얀은 스피노자가 데카르트의 실수를 반복한다고 말한다. 즉, 우리가 데카르트주의자의 정념이 아닌 스피노자의 정념 이론을 취한다 해도 예속 상태는 유지하면서 그 형태만을 바꿀 뿐이라는 것이다.

데카르트는 정념을 따라 사는 사람은 환경에 종속되지만 자유의지를 따라 사는 사람은 그 자신을 통제한다고 말한다. 따라서 소녀는 결혼 여부를 선택할 자유가 있지만, 결혼을 거부하고 형제자매와 함께 살 자유 또한 있다고 데카르트는 말한다.

그러나 스피노자는 자유의지가 아니라 욕망이 인간의 본성이라고 말한다. 인간은 서로에 대한 필요를 극복할 자유가 없다. 오직 그것을 인지하고, 이해하고, 자유롭게 수용할 자유만 있을 뿐이다. 편지를 들고 있는 여성은 태어날 때 자신의 아버지를 선택하지 않았고, 아마도 곧 아버지의 가족에서 반려자의 가족으로 옮겨 가야 할 것이다. 그녀는 다른 반려자가 아닌 하나의 프러포즈를 인지하고, 이해하며, 받아들일 수 있을 뿐이다.

그런데 그녀는 결정을 하거나 감정을 느낌에 있어 혼자가 아니다. 읽고 쓰는 여성을 그린 베르메르의 그림에서 하녀의 무관심한 표정과는 달리 이 그림은 분명한 연대감을 전한다. 즉, 앉아 있는 여성과 쟁반을 든 소년은 편지를 읽는 여성이 사랑하는 것을 사랑하고, 싫어하는 것은 싫어한다. 이들의 외모는 서로 닮았다. 편지를 읽는 여성은 작가의 여동생과 닮았고, 어린 소년은 작가의 형제와 닮았다. 감정과 이해, 프러포즈에서 제외된 졸고 있는 개만 자유의지를 실행할 수 있다.

13-24] 자유에 대한 스피노자의 학설을 폄훼하고 이 사상가에게서 자유는 다른 형태의 예속과 다름없음을 보이려는 시도, 스피노자 학설의 기본 관점에 따른 심리-생리적 평행론의 인정에 토대하여 자유와 예속에 관한 순전히 데카르트적 규정으로 향하려는 시도에 대해서는

다시 살펴볼 것이다. 이는 옆에 잠시 미루어 두자. 지금 우리의 흥미를 끄는 것은 다른 것이다. 데카르트 자신도 오늘날 스피노자에 대한 데카르트주의 비판가들과 똑같이 자신의 개념을 발전시켰다. 인간 정념에 대한 자연주의적 설명으로 가까이 가려 했던 이 시도는 데카르트에게 실제로 단순한 오류일 뿐이었다. 그는 자기 이론의 정신에 충실하게, 이를 당장에 고치려 했다.

13-25] 데카르트에 따르면 도덕적 삶의 토대는 우리의 욕망을 통제하는 데 있다. 정념이 그에 의해 자극되는 욕망을 통해 우리를 격동하므로 우리는 우리의 욕망을 통제해야 한다. 이것이 윤리의 주된 소용이다. 데카르트가 우리의 덧없는 욕망에 대항하는 두 가지 방법을 인정했다는 것을 상기하자. 그중 첫째는 고양되고 진정한 자아감이며, 둘째는 신성한 섭리에 의해 태초부터 정해진 사물의 길을 추론하는 것이다. 이 방법 중 첫째는 정념의 영역과, 둘째는 인식의 영역과 관련이 있다. 이런 식으로 의지의 자유를 정신과 정념의 고등한 발달의 결과로 자연주의적으로 설명하는 이러한 희미한 가능성이 생겨난다. 데카르트는 정신의 정념에 대한 저작을 우리의 정념을 억압하는 방법과 이를(정념-K) 진정한 삶의 기쁨으로 전환하는 방법에 대한 지적으로 끝맺는다. 이 유일한 방법은 현명함이다. 그러나 현명함을 향한 길은 어둡고 위험한 정념의 계곡을 지나서 나 있다. 우리가 기억하듯 데카르트는 다른 모든 고상한 정념에 대해 가장 일차적인 것으로 모든 원시적 정념 중에서 놀라움을 지적했다. 본성상 이론적인 이 정서는 현명함을 향해 나 있는 길로 우리가 나아가도록 떠미는 자연적 충동이다.

13-26] "새롭고 생소한 인상의 힘으로 자극을 받을 때에는 우리는 다른 모든 정념의 기본적 주제가 되는 대상의 유용성이나 유해성을 전혀 감지하지 못한다. 이 때문에 놀라움은 그에 앞서며, 그것은 정념 중 제1이고, 반대 본성을 지닌 쌍을 허락하는 다른 정념들과 전혀 공통성

을 갖지 않는다"(K. 피셔, 1906, 1권, p. 389). 파생적 혹은 개별적 정념 형태 가운데 데카르트는, 대상—대상의 희귀함은 우리를 경탄시킨다—의 탁월함이나 사소함에서 일련의 두드러진 특성이 있는지, 이 대상으로 인해 우리나 다른 존재들이 자유로워지는지 여부에 따라 각 형태의 놀라움을 구분해 낸다. 이렇게 놀라움은, 관심이나 무시로 표현되는 타인에 대한 평가와, 관대함과 자긍심 또는 무기력과 겸손으로 나타나는 자기 평가를 이끈다.

반대 본성을 지닌 쌍을 갖는 정념과 그렇지 않은 놀라움의 차이는 어디서 비롯될까요?

여보, 체험이란 놀라움을 이해로 바꾸는 것이에요.

J. 반 캄펀(Jacob van Campen), 수산나와 콘스탄틴 하위헌스의 결혼식 초상화, 1635.

네덜란드의 결혼식 그림은 대개 인물 각각의 초상화인데 이 그림은 신혼부부를 함께 보여 주기 때문에 오늘날의 기준으로 보아도 여전히 놀랍다(11-7에 있는 렘브란트의 노부부 그림과 비교해 보자). 콘스탄틴은 전문 음악가였으며, 아내가 작곡한 음악에 놀라움과 경탄으로 반응하고 있는 것으로 보인다.

데카르트에게 놀라움은 첫 번째 정념이다. 쾌나 불쾌는 놀라움과 결합된 사후 생각이다. 놀라움이 사라진 뒤에야 쾌와 비판이 따를 것이다. 쾌나 불쾌와 달리, 놀라움은 혈액 속에 어떤 변화도 일으키지 않으며 짝을 이루는 반대의 정념도 없다. 놀라움의 결핍은 정념의 결핍이기도 하다. 이런 이유로 데카르트는 놀라움의 유형을 그것이 생산한 느낌(다른 정념을 다룰 때처럼)이 아니라, 그것을 일으킨 대상(매우 크거나 작은 물체, 희귀하거나 흔한 물체, 우리 자신이나 타인)에 따라 나열한다(『정념론』 70~73항). 멍한 표정으로 나타나는 남편의 놀라움은 아마도 쾌나 비판으로 반응할 기회를 갖기 전에 아내의 작곡에 대한 반응을 표현한 것일 수 있다.

스피노자에게 놀라움은 쾌, 불쾌, 욕망의 정념을 포함하여, 대상을 다른 어떤 것과도 연결시키지 못하는 순간적 무능력에 의해 발생한다. 우리는 어떤 대상이 어떤 익숙한 속성도 가지고 있지 않기 때문에 놀라움의 대상에 주의를 집중한다. 이는 우리가 정념의 대상을 마주칠 때와 반대된다. 놀라움 자체는 우리의 활동 능력을 증가시키거나 감소시키지 않고 다만 순간적으로 마비시킬 뿐이므로 이는 사실 정념은 아니다. 그러나 놀라움은 그와 반대되는 경멸, 권태, 지루함을 지닌다(IIIp52). 스피노자는 경악, 헌신, 경배, 전율을 놀라움과 결합된 정념으로 나열하지만, 이 모두는 다른 대상과 그리고 쾌, 불쾌 또는 욕망과의 연합을 포함한다. 아내의 표정에서 확연히 드러나는 감정에 비추어 볼 때 야콥 반 캄펀은 아마도 남편의 놀라움이 아니라 남편의 최신 작품에 대한 아내의 비평의 순간을 포착하려고 했을 수도 있다.

수산나와 콘스탄틴은 함께 시를 썼고, 그들의 결혼 생활의 하루를 묘사하는 매우 긴 시를 쓰고 있었다. 그들은 또한 데카르트의 친구였으며, 수산나는 어떤 면에서 뉴턴의 연구를 미리 내다본, 데카르트의 광학 연구에 대한 긴 비평을 썼다. 그들은 네 아들을 두었고, 그중에는 유명한 과학자였던 콘스탄틴 2세와 스피노자의 많은 개념을 빌려 왔고 스피노자의 렌즈를 이용하여 망원경을 만들었던 크리스티안이 있다. 그들은 마침내 딸을 얻었지만, 그 후 수산나는 38세의 나이에 일찍 사망한다. 콘스탄틴은 아내의 이름을 따서 새로 태어난 딸의 이름을 수산나로 짓고 50년을 더 살았지만, 재혼은 하지 않았다. 또한 그는 그들의 시도 완성하지 않았다.

13-27] 데카르트는 개인의 자기 평가에 완전히 특별한 의미를 부여한다. "자기 인격이 예외적으로 고양되었거나 침울하다는 느낌만큼 인간 행동, 얼굴 표정, 몸동작, 걸음걸이에서 우리 눈에 두드러지는 것은 없다. 이 둘은 진실일 수도, 거짓일 수도 있다. 진실된 자아 존중은 관대함이며 거짓된 자아 존중은, 그와 반대로 자만이다. 진실된 낮춤을 그는 겸손이라고, 거짓된 것은 비굴함이라고 부른다. 우리의 자기 평가에서 진실한 것과 거짓된 것을 구분하도록 해 주는 기준은 오직 이 정념의 대상에 놓여 있다. 오직 자유로운 존재만이 존중과 경멸의 대상이 될 수 있으며, 진정 존중받을 가치가 있는 대상은 오직 하나뿐이다. 이는 우리의 자유의지이며 이 덕분에 우리의 본성에서 이성이 지배하고 정념이 종속된다. 누구든 이 의지의 자유를 얻은 이는, 그리고 이로써 자기 자신에 대한 통치력을 얻은 이는 영혼의 위대함을 획득한 것이며, 이로부터 진정 고결하고 유일하게 진실한 자아감—관대한 태도가 나타난다. (…) 정신의 위대함과 자유의 느낌에 토대하지 않은 모든 자기 존중은 자기 의지의 무능감이 아닌 다른 감각에 토대한 모든 비굴함과 같이 거짓이다"(같은 책, pp. 389-390).

13-28] 이처럼, 정념에 대한 통치를 가져오는 자유의지는, 놀라움의 파생적 형태이자 우리의 자기 평가의 특수한 사례인 관대함이라는 고

상한 정념을 우리에게 일으킬 수 있는 유일한 대상이다. 그러나 데카르트는 반대의 의존성도 허락한다. 자유의지만이 가장 고상한 정념의 유일한 원천이자 원인으로 인정되었다면, 이제는 곧바로 뒤를 이어 데카르트는 바로 이 고상한 정념이 우리 자유의 원천이자 원인이라고 기꺼이 인정한다. 여기서 그의 생각이 그리는 논리적 악순환은 전혀 의외의 방법으로, 즉 의지와 정념의 관계에 대한 자연적 설명을 갑자기 버리고 신학적 원칙을 통해 초자연적인 설명으로 돌아서는 경로를 통해 해결된다.

G. 반 덴 에크하우트(Gerbrand van den Eeckhout), 스키피오의 관대함, 1631.

스키피오는 귀족이자 부유하고 강력한 로마의 장군이었다. 여기서 그는 스페인 적군 중 한 명의 약혼자를 사로잡았다. 그는 그녀를 겁탈하거나 인질로 잡는 대신 부모에게 돌려보냈다. 이 그림에서, 이에 감사한 부모는 스키피오에게 몸값을 선물로 지불하고 있다. 그는 받아들이지만, 그 보물을 즉시 그의 적의 결혼 선물로 돌려준다. 선물의 순환은 관대함, 즉 영혼의 고결함과 자유의지를 증명한다. 그러나 무엇이 먼저인가? 영혼의 고결함이 자유의지를 낳는가? 아니면 그 반대인가?

유감스럽게도, 데카르트의 대답 또한 다소 순환적이다. 먼저 그는 부유함, 귀족 태생, 권력은 관대함의 근거가 아니라고 말한다. 자유의지의 폭넓은 행사만이 우리에게 자부심과 자긍심의 합당한 근거를 제공한다. 따라서 데카르트는 우리 모두가 자유의지를 행사할 능력이 있으며, 부나 신분, 권력은 어떤 차이도 만들지 않기 때문에, 모든 인간은 실제로 평등하다고 말한다(『정념론』 153항). 그러나 그러고 나서 데카르트는 실제로는 관대함, 즉 영혼의 고결함이 우리에게 자유의지를 준다는 것을 인정한다. 이는 물론 완벽한 진실이다. 스키피오만이 여기서 자유의지를 행사할 위치에 있으며, 그의 자유의지 행사는 타인의 예속성에 직접적으로 의존한다.

스피노자와 비교하자. "인간은, 특히 삶을 유지하기 위해 필요한 것을 얻을 수 있는 위치에 있지 않은 사람들은, 또한 관대함에 지배당한다. 그것을 필요로 하는 모든 사람에게 도움을 주는 것은 어떤 개인의 힘과 자원을 훨씬 뛰어넘는 것이다. 왜냐하면 누구의 부도 그 과업에 이를 수 없기 때문이다. 어쨌든 모든 사람과 친구가 되는 데 필요한 것을 다 가지고 있는 사람은 없다! 그래서 가난한 사람을 돌보는 일은 전체로서 사회의 몫이 된다. 그것이 일반 복지의 문제이다"(『에티카』 4부 부록 17).

13-29] 데카르트에 따르면 놀라움은 현명함이라는 종착점을 향해 나 있는 길을 우리가 걸어가도록 등 떠미는 순전히 이론적 정념임을 우리는 기억한다. 이 정념은 인식을 본능의 굴레에서 해방시켜 진정한 자기 인식의 길로, 진정한 자기 평가의 길로 나아가도록 등 떠민다. 이처럼 놀라움의 본능에서 인식으로의 갈망이 태어나며, 이로부터 자기충족감에 대한 의심이 그리고 다시 이로부터 이성에 비추어, 모든 자산 중에서 가장 위대하고 가장 고상한 것을 그 대상으로 삼는 놀라움인 자유의지가 태어나게 된다. 이로부터, 데카르트가 정신의 위대함이라

칭했고 도덕적 삶의 고삐를 자기 손에 쥐고 있는 정신의 운동이 일어
난다.

렘브란트(Rembrandt), 다나에, 1636~1643.

　그리스 공주였던 다나에는 처녀성을 지키라는 아버지의 명에 따라
탑에 갇혔다. 그러나 제우스는 황금 소나기로 변신하여 그녀를 놀라게
하고, 임신하게 만든다. 그렇지만 이것이 지혜로 이어질까? 이 놀라움
이 자유의지를 허락하고 선택할 수 있게 할까?

　데카르트는 놀라움은 고유하다고 말한다. 놀라움은 오직 두뇌의 정
서인데, 왜냐하면 그것은 예컨대 황금 소나기가 우리에게 좋은 것이
될지, 나쁜 것이 될지에 대한 어떤 판단도 포함하고 있지 않기 때문이
다. 놀라움은 이론적이다. 왜냐하면 그것은 어떤 실제적인 판단 이전
에 오고 행동을 마비시키기 때문이다. 이런 이유로 사랑이나 증오라
는 복잡한 '동요' 없이, 그것은 객관적으로 자유의지를 발휘하도록 한
다. 자유의지에 따른 이런 행동만이 진정한 자기 평가의 토대이며, 자

기 평가는 지혜의 유일한 토대이다. 그렇지 않으면 그 반대인가? 즉, 지혜만이 자기-평가와 자유의지에 따른 행동의 진정한 토대인가? 데카르트 역시 선택할 수 없었던 것 같다.

스피노자는 자유의지는 우리의 욕망에 대한 날카로운 의식, 그리고 욕망의 이유에 대한 타당하지 않은 지식에 의해 발생하는 환상이라고 말한다. 렘브란트의 그림을 보자. 다나에는 이미 임신 중인 것처럼 보이고, 결혼반지를 끼고 있다. 벗은 몸은 아마도 당시 임신 중이었던 렘브란트의 아내, 사스키아를 그린 듯하다. 아들 티투스가 태어나고 얼마 되지 않아 사스키아는 죽었고, 렘브란트는 사스키아의 결혼반지를 원했던 다른 여성과 격렬한 관계를 갖기 시작했다. 그녀는 렘브란트에게 이 그림에서 사스키아의 특징이 드러난 얼굴을 자신의 얼굴과 더 많이 닮아 보이도록 수정하게 했다. 결국 렘브란트는 헤이르체를 정신병원에 보내고, 훨씬 더 젊은 여성과 살기 시작했다(**2-23** 글상자 참조). 이 그림은 1985년 반-소비에트 테러리스트에 의해 테러를 당하고 난 뒤 복원되었다. 그때 복원 전문가들은 렘브란트가 완벽한 포즈를 얻기 위해 놀란 손의 위치를 여러 번 바꿨다는 것을 발견했다. 완벽한 포즈는 황금 소나기를 막는 것과 오라고 손짓하는 것 사이, 그 중간이다.

13-30] 논리적 악순환은 완전히 명백하다. 한편으로 놀라움으로부터 인식으로의 갈망, 자기 인식, 자기 평가가 태어나며, 이는 자유의지로의 길을 낸다. 다른 한편으로 자유의지로부터 관대함이 나타나며 이는 정념 중에서 가장 고상하다. 놀라움은 자유의지의 길을 닦으며, 자유의지는 정신의 위대함이라 불리는 특별한 형태의 놀라움을 일으킨다. 다른 말로 하면 한 번은 정념이 자유의지로의 길을 닦고 다음번에는 자유의지가 정념을 낳는다.

13-31] 이 악순환에서 벗어나기 위해서 단 한 번의 타격으로 이를 부술 일만이 남아 있다. 데카르트는 정신이 정념을 정복하는 고유한 무기에 대한 학설에서 이를 수행한다. 정신이 정념에 내맡겨지는 순간 그

것은 정념의 장난감이 된다. 정신은 다른 정념에 복종하면서 한 정념을 이겨 내며, 이런 식으로 한 통치자를 다른 통치자로 바꾼다. 이러한 거짓된 승리의 찬가를 부르는 것은 정신이 아니라 그것의 정념들 중 하나이며, 정신은 여전히 부자유하게 남아 있다. 만일, 반대로 정신이 자기 의지와 자유의 힘으로 명백하고 분명한 인식을 매개 삼아 이러한 욕망의 수준을 넘어선다면, 이때 그는 스스로의 무기로 정복한 것이며 따라서 그의 승리는 진실이 된다. 그러한 승리는 영혼의 자유의 개선凱旋이다. 데카르트는 설명한다. "내가 정신의 무기라고 부르는 것은 선과 악에 대한 흔들림 없고 믿음직한 판단이다. 이에 따라 정신은 행동을 결정한다. 가장 연약한 영혼만이 응당 치러야 할 대가를 인식에 치르지 않고 자기 의지가 여러 정념을 따라 한때는 이쪽으로, 다른 때는 반대쪽으로 가도록 허락한다. 이 정념은 의지를 스스로와 모순되도록 향하게 하며, 정신이 처할 수 있는 가장 빈궁한 상태로 몰아넣는다. 따라서 한편으로 공포는 죽음을, 도피를 통해서만 피할 수 있는 가장 큰 악으로 제시하는가 하면, 다른 한편으로 야망은 그러한 비겁한 도피를 죽음보다 훨씬 나쁜 악으로 보도록 한다. 두 정념은 의지를 서로 다른 방향으로 끌며 의지는 한때는 이 영향하에, 다른 때는 저 영향하에 놓이면서 끊임없이 스스로와 투쟁하면서 정신을 예속적이고 비참한 상태로 만든다"(같은 책, pp. 397-398: 데카르트, 『정념론』 1부 48항).

13-32] 의지와 정념을 서로 맞세우지 않고, 데카르트가 마치 다른 모든 미덕의 열쇠이자 정념의 도취에 대항하는 주된 수단과 같다고 칭한 관대함의 정념에 의지하지 않으면서, 의지가 자신의 고유한 무기로 정념을 정복한다고 주장하는 이 철학소에서 데카르트는, 피셔의 올바른 지적에 따르면 "자신의 가장 심오한 기본 입장으로 회귀한다"(1906, 1권, p. 398). 즉, 인간의 영혼적 본성과 신체적 본성 사이의 완전한 대립 학설로, 절대적으로 독립적인 의지라는 관념으로 돌아서는 것이다. 정

념에 대한 의지의 승리를, 데카르트는 또다시, 자연에 대한 정신의 승리로 간주한다. 그는 스피노자가 공격했던 다음의 테제를 반복할 수 있었다. 올바른 인도를 받아 자기 정념에 대한 절대적 권력을 획득할 수 없을 정도로 연약한 영혼은 없다. 가장 연약한 정신일지라도 정신의 기관에 작용함으로써 생명정기의 움직임을 통제할 수 있고, 그렇게 함으로써 정념을 방향 지어 그에 대한 완전한 지배 상태를 얻을 수 있다.

데카르트의 '철학소'는 스피노자의 '철학소'와 어떻게 비교될 수 있는가?

J. 반 라위스달(Jacob van Ruisdael), 개울가의 풍차, 1650.

네덜란드는 평평하지만 바람이 많이 불어서, 사람들은 바람을 이용하여 무거운 돌을 옮기고 밀을 갈아 밀가루를 만들고 빵을 만든다. 이 그림은 수력을 이용할 수 있을 때조차, 네덜란드인들이 실제로 풍력을 선호한다는 것을 보여 준다. 우리는 네덜란드인들에게 풍차는 자연의 힘을 이용하는 가능한 가장 작은 단위, 매개의 단위라고 말할 수 있을 것이다. 마찬가지로 형태소는 가능한 가장 작은 의미 단위이며, 음소는 가능한 가장 작은 소리의 단위이다.

이 문단에서 비고츠키는 가능한 가장 작은 철학의 단위를 기술하기 위해 '철학소(философеме, philosopheme)'라는 용어를 만들어 사용한다. 데카르트에게 '철학소'는 '정신의 무기'에 관한 신조이다. 하나의 정념이 다른 정념을 호출하는 한, 영혼은 정념의 노예이다. 때로 이 정념들은 중립적(예컨대 놀라움)이며, 때로는 좋은 것(예컨대 관대함, 그는 관대함을 의지의 자유에만 기반을 둔 자신과 타인에 대한 평가로 정의한다)이고, 때로는 나쁜 것(예컨대 허영)이다. 그러나 하나의 정념이 다른 정념으로 이어지는 한, 정신은 수적으로 열세이며 저항이 불가능하다. 정신이 생각, 지성, 인식을 사용하자마자 정신은 자신의 무기(대포 같은)를 가지고 쉽게 승리를 얻는다. 따라서 '철학소'는 가장 약한 영혼조차도 정념을 무찌를 수 있는 비밀 무기를 가진다는 신조이다.

스피노자에게(그리고 비고츠키에게) '철학소'는 매개의 개념이다(예컨대 『역사와 발달』 2-181 참조). 비밀 무기는 없다. 정신적 사고는 실제로 신체 감각을 극복할 수 없다. 왜냐하면 마음과 신체는 사실 '마음/신체'라는 하나의 실체를 바라보는 서로 배타적이고 근본적으로 양립할 수 없는 두 가지 방식이기 때문이다. 스피노자에게 관대함은 사적인 개인이 아닌 공공복지의 문제이다(IVa17). 그러나 생각은 이성의 간계로 뒤에 서서, 어떤 개입도 하지 않고 한 정념이 다른 정념에 반하여 작용하게 할 수 있다. 마찬가지로 초기 인류는 자연의 일부를 다른 부분에 반하여 사용했다. 돌은 도구를 만들 때 돌에 반하여 사용되고, 나무는 보트를 만들 때 물에 반하여 사용되며, 바람은 좋은 네덜란드 빵을 만들 때 밀을 갈아 밀가루를 만드는 데 사용된다.

13-33] 인간에게 있어 고등한 것, 인간의 자유에 대한 자연적 설명 가능성은 사실 환각임이 드러난다. 정교한 거미줄과 같이, 그의 자연주의적 원칙의 육체 없는 그림자와 같이 그 가능성은 그의 체계의 견고한 날실을 지나 빛나다 끝까지 닿지 못하고 산산이 흩어지고 만다. 바로 이 때문에 데카르트는 우리가 보았다시피 정신의 정념과 영혼 없는 기

계의 정념 사이의 차이를 항상 구별할 수 없었다. 정념에 대한 의지의 승리는, 이 때문에, 피셔의 올바른 지적에 따르면, 영혼의 고등한 본성이 저차적 본성에 대해 승리한 것이 아니라 의지가 정념을, 자유가 필연성을, 영혼이 본성을 이긴 것이다(같은 책, pp. 398-399).

렘브란트(Rembrandt), 재세례파의 순교, 1640.

스피노자가 살던 시대에 재세례파가 번성했다. 유대인 공동체에서 추방된 후 스피노자는 그들과 함께 살았다. 재세례파에게 영혼은 자유 의지를 행사하기 위해 의식적으로 자각되어야만 하는 것이었다. 어린 아기는 의식적으로 자각할 수 없기 때문에 저차적인 사랑을 더 위대한 사랑에 종속시키는 세례를 자유롭게 선택할 수 없다. 따라서 유아 세례는 의식적인 자각의 승리가 아니라 본성에 대한 교회의 추상적인 의지의 승리일 뿐이다.

16세기 후반, 네덜란드와 독일의 재세례파는 개신교와 가톨릭 모두에 저항하는 농민 봉기를 이끌었다. 그들은 땅을 점유하고 기독교 공동체를 건설했다(이에 대해서는 1850년에 엥겔스가 쓴 책을 참고할 것). 그들의 후손 중 일부는 오늘날에도 후터라이트, 아미쉬, 메노나이트 공동체에서 여전히 살아가고 있다. 렘브란트 자신은 아마도 메노나이트였을 것이다. 그러나 이는 불법이었기 때문에 이 그림을 빼고는 이를 증명할 어떤 기록도 없다.

위 그림에서 재세례교인들은 그들의 삶에 대한 사랑보다 신에 대한 지적 사랑을 선택하고 있다. 그러나 그들은 또한 다른 사람들에 대해

서는, 심지어 적일지라도 그들의 생명을 선택했다. 예를 들어 네덜란드 재세례파였던 D. 빌렘스Dirk Willems는 얼어붙은 강을 건너 감옥에서 탈출했다. 그는 간수의 추적을 받았는데 그 간수가 얼음이 깨져 빠지자 빌렘스는 다시 돌아가서 간수를 구해 주었다. 그는 다시 붙잡혔고 화형을 당했다.

• 자유의지: 놀라움인가, 인식인가?

정신이 육체를 조절할 능력을 가지고 있는가? 그렇다면 정신과 육체가 구분되는가? 그렇지 않다면, 어떤 의미에서 정신은 자유롭게 작동한다고 할 수 있는가? 이 절에서는 제임스-랑게 이론이 속한 데카르트적 도식이 이러한 신학적인 질문들을 어떻게 해결하는지 검토한다.

13.1 앞 장에서 비고츠키는 주로 제임스-랑게 이론과 데카르트적 도식 사이의 경험적, 이론적 연결들에 관심을 가졌다(그리고 그러한 연결들의 깊이와 폭은 왜 12장이 그렇게 길었는지 설명해 준다). 이번 장에서는 이론적 연관성들을 논의하던 중에 나온 중요한 차이, 즉 인간의 자유의지에 관한 명백한 신학적 문제에 관심을 갖는다. 신과 유사한 인간의 자유의지는 어떻게 다소 동물적일 수 있는 정념들과 관련되어 있을까?

13.2 데카르트는 제한 없는 의지와 제한된 이해를 구분한다. 비록 인간은 모든 걸 이해할 수는 없지만, 그들은 이해하지 못해도 항상 긍정적, 부정적 또는 무관심으로 반응할 수 있다. 그래서 이해 능력은 제한되지만, 의지의 능력은 무엇으로도 제한되지 않는다(어쨌든 데카르트에 의하면 그렇다. 스피노자는 이해가 결여된 의지, 즉 맹목적인 믿음은 공허한 인간의 능력이라고 지적한다).

13.3 그러나 데카르트는 정념의 신체적 본성을 주장한다. 유한한 무언가가 무한하고 자유로운 어떤 것을 제한하는 것이 어떻게 가능한가? 이는 정념을 정신적 현상 자체로 간주했던 데카르트 이전 연구들에서는 문제가 되지 않는다. 그러나 데카르트의 이론에서는 정념들이 영혼을 지배할 수 있다. 피셔는 이것이 대개 영혼의 통합성을 해체하고 정념의 지배 아래 비지성적인 영혼의 부분을 배치함으로써 이루어진다고 말한다.

13.4 그러나 데카르트는 의지와 정념의 투쟁이 영혼과 신체 사이, 즉 영혼 밖에서 일어난다고 보았다. 감각들은 생명정기에 의해 영혼의 기관에 전달되는데, 영혼은 그것을 느낌으로 경험한다. 만약 그들이 일상적 감각의 범주와 연관되면, 영혼은 그들과 투쟁하려고 하지 않는다. 하지만 만약 우리의 존재와 직접적으로 연관된다면, 그들은 의지를 방해하여 영혼에서부터 몸으로 향하는 생명정기의 의지대로 반대로의 움직임을 일으킨다.

13.5 그러므로 데카르트는 작용과 반작용을 구별한다. 작용은 신체적이고 기계적이며, 영혼 밖에서부터 일어나며 정념의 힘을 갖는다. 반면, 반작용은 비신체적이고 자유로우며, 영혼 안에서 일어나며, 정념을 갖지 않으므로 정념을 극복할 수 있다. 정념은 "기계적 힘으로 생겨나서 의지에 작용하지만, 반대 방향을 향하는 의지의 정신적 에너지로 극복될 수 있다."

13.6 위의 내용 중 상당수는 피셔에게서 가져온 것이다. 하지만 우리는 비고츠키가 피셔가 데카르트의 자연주의적 측면은 지나치게 강조하고 그의 신학적 측면은 강조하지 않는다고 여겼음을 알고 있다. 비고츠키는 이 두 측면이—비록 정념(자연주의적 측면이 영혼으로 스며드는 곳)과 송과샘(신학적 측면이 신체를 침범하는 곳)을 제외하고는 상호 침투하지 않지만— 상호의존적이라고 본다.

13.7 오히려, 데카르트 체계에서 초자연적인 것이 자연적인 것을 지배한다. 의지는 인간을 지배하는 신처럼 '정념에 대하여 절대적인 힘'을 행사한다.

13.8 먼저 스피노자는 의지가 항상 그리고 어디에서든 정념을 지배한다는 일반적 원리를 비판한다.

13.9 다음으로 스피노자는 데카르트가 이를 증명하려고 사용하는 특정한 메커니즘을 비판한다. 우리는 데카르트의 지지자들이 영혼은 송과샘의 이동 방향을 바꿀 수 있을 뿐 실제로 그것을 움직일 수는 없다는 생각을 고려했던 것을 매우 잘 기억한다. 이는 정신-신체 문제를 해결할 것이라는 기대 속에 도입되었다. 우선 가장 먼저 스피노자는 만약 이것이 사실이라면, 영혼은 얼마나 다양한 정도의 움직임들을 송과샘에 전달할 수 있는지 묻는다. 예를 들면, 만약 나의 정념들이 나를 두렵게 하여, 아래를 향해 대롱대롱 달려 있던 송과샘이 놀라는 방향을 가리킨다면, 내 의지는 불끈하고 싸움을 걸도록, 도망가고자 하는 충동과 정반대인, 180도 반대의 힘을 적용하여 적으로부터 도망가고 싶은 충동에 맞서기를 선택할 수 있을까? 내 의지가 도망가고자 하는 충동과 수직인 90도의 힘을 가해서 내가 한 걸음 물러서서 두 가지 선택권을 모두 유지할 수 있는 선택을 할 수 있을까? 훨씬 더 비스듬한 각도는 어떨까? 말로는 시비를 걸면서 머리로는 도망갈 계획을 세우는 건 어떨까? 분명히, 이것은 하나의 생리적 반응이 어떻게 여러 많은 감정들과 연관되어 있을 수 있는지에 대한 문제를 해결하기 위한 필수적인 질문이다. 둘째로, 스피노자는 송과샘의 위치에서 의지가 얼마나 빠르게 작용할 수 있는지 묻는다. 예를 들어, 가령 나의 의지가 용기로 도전에 응하고 도망치지 않기로 결정한다면, 그것이 용기의 방향을 가리키기 위해 송과샘에 작용하게 될 때쯤에는 이미 '동물정기'가 도망가는 방향으로 송과샘을 기울였을 것이기 때문에 너무 늦었을 가능성이 있지 않을까? 이러한 방법으로, 스피노자는 만약 의지가 몸의 움직임에 영향을 줄 수 없다면 (그리고 물론 송과샘은 몸에 속해 있다)

영혼도 실제로 신체의 어느 부분에도 영향을 미칠 수 없기 때문에, 영혼의 힘과 육체의 힘 사이에는 어떠한 관계도 있을 수 없다고 결론짓는다.

13.10 비고츠키는 이 주장을 반박할 수 없다고 여긴다. 그는 의지가 기계적 힘으로 분비샘의 방향에 작용한다고 가정하는 순간, 그리고 의지가 실시간으로 분비샘의 방향에 작용한다고 가정하는 순간, 우리는 이것이 곧 기계적인 힘 그 자체이며 '동물정기'가 발휘하는 기계적 힘을 극복할 수 있을 만큼 강력하다고 가정해야 한다고 말한다. 적어도 우리는 정념이 기계적인 (즉, 물질적인) 방식으로 영혼에 영향을 미칠 수 있다면, 영혼의 '절대적 자유'는 신화에 불과하다고 말할 수밖에 없다.

13.11 그러나 이러한 반대들은 데카르트 주장의 자연주의적인 부분에 대한 내재적 비판이다. 사실 이들은 주요한 지점이 아니다. 앞서 비고츠키가 지적했듯이, 초자연적인 부분(신학적 부분)이 자연적인 부분보다 우세하기 때문이다.

13.12 따라서 데카르트는 이원론적 체계 밖으로 나가 의지에 초자연적인 힘을 부과한다. 그러면, 적어도 이 예외적인 분비샘에서는 마음과 신체의 전체적인 이원론은 사라진다. 이 예외가 하나의 분비샘에 제한되어야 할 이유는 없다. 그러나 데카르트주의 곳곳에는 초자연적이지 않은 설명이 조금씩 희미하게 내포되어 있다. 그리고 이는 비고츠키가 앞으로 살펴볼 내용이다.

13.13 비고츠키는 두 예를 제시한다. 첫 번째 예시에서는, 위험에서 벗어나려는 몸의 자동적 반응과 같이 반사작용으로 보일 수 있는 것이 데카르트에게는 (나중에 제임스-랑게 이론에서 주장하는 것처럼) 송과샘의 위치에 영향을 미쳐 두려움과 분노의 감정을 불러일으키는 것처럼 보인다.

13.14 강한 정념(예: 용기)이 약한 정념(예: 두려움)을 물리치는 것, 즉 한 정념이 다른 정념을 극복하는 것이 가능할지도 모른다. 그러나 이는 데카르트가 '의지'라고 불렀고 '영혼'에 위치시킨 것이 실제로 정념과 전혀 단절되어 있지 않다는 것을 분명히 인식할 때에만 가능할 것이다. 의지는 모든 정서뿐 아니라 심지어 반사 반응에서도 필수적인 부분이다.

13.15 비고츠키가 데카르트에게서 고등한 정서의 가능성을 암시하는 두 번째 예시는 '놀라움'이다. 그는 데카르트의 여섯 가지 정서(놀라움, 사랑, 혐오, 욕망, 기쁨, 슬픔)들의 긍정성과 부정성이 항상 그 '가치'나 기능적 사용에 의해 정의되는 점에 주목한다. 예를 들어, 우리는 와인을 그 쓸모 때문에 좋아하고 같은 이유로 전쟁을 싫어한다. 오직 놀라움만이 그 사용이나 가치에서 본질적으로 '좋은' 것도 '나쁜' 것도 아니다. 놀라움은 의지의 방향을 사용 가치가 아닌 인식과 이해로 향하게 한다.

13.16 그러나 이것은 의지가 감각에 의해서가 아니라 놀라움에 의해서 인식으로 방향 지어진다는 것을 의미한다. 그의 첫 번째 예시처럼, 이는 어떤 정념들은 다른 정념들에 의해 매개되고 그 정념에는 의지의 요소가 포함되어 있다는 것을 암시한다. 즉, 그들은 사실상 정념passion이 아니다. 이들은 수동적passive이지 않기 때문이다. 대신에 그들은 '정서emotion'로 의지를 움직이게motion 할 수 있는 힘을 가진다.

13.17 데카르트는 이를 직접 언급하거나 믿지는 않지만 그럼에도 불구하고 그것은 그의 이론에서 암묵적으로 나타난다. 이것이 데카르트 이론과 스피노자의 이론 사이에 본질적인 차이가 없다는 의미라고 말하는 작가들 또한 틀렸다.

13.18 다음 두 문단에서 비고츠키는 S. F. 케체키얀의 긴 인용문을 제시한다. 케체키얀은 정념을 다른 정념으로 극복한다는 스피노자의 생각은 본질적으로 정념의 메커니즘 자체에는 자유의지를 낳는 정념들이 존재한다는 데카르트의 믿음과 같은 내용이라고 본다.

13.19 케체키얀은 스피노자가 더 일관되었다는 것만이 유일한 차이점이라고 생각한다. 인지가 의지에 의해서 통제되고 의지가 인지를 포함한다는 것을 수용함에 있어, 스피노자는 의지가 완전히 자유롭다는 생각을 부정해야 한다(우리는 실제로 이해할지 안 할지를 결정하지 않는다. 이해는 우리의 주의 집중에 달려 있지만, 이 외에도 우리의 행동과 무엇보다도 우리의 필요와 상황에도 달려 있다). 데카르트에게서 의지는 단순히 동의와 비동의의 문제일 뿐이다.

13.20 스피노자는 자유의지는 받아들이지 않지만, 자유라는 생각은 받아들인다. 자유는 항상 필연에 대한 이해(예를 들면, 우리는 제한된 선택지를 가지고 그 각각의 결과를 이해할 때에만 자유롭게 선택한다)를 포함한다. 그러므로 스피노자에게 자기원인을 뜻하는 자유는 인간 의지가 아닌 자연의 속성이다.

13.21 이러한 자유의지에 대한 부정과 고등 정서에 대한 이론이 양립할 수 있을까? 저차적 감각들과 고차적 정서들의 연결을, 초자연주의에 기대지 않고, 자극-반응의 관계로 환원시키지 않으면서 이해할 수 있을까? 다시 말해, 우리는 하향식 환원주의(이는 모두 영혼의 작용이다)나 상향식 환원주의(이는 모두 감각의 작용이다)가 아닌 정서 이론을 만들 수 있을까?

13.22 스피노자는 가능하다고 말한다(그리고 그의 이론이 역사적 관심의 대상 이상이 되려면, 우리 또한 가능하다고 해야 한다). 데카르트는 바로 아니라고 말하기에는 너무 자연주의자였고 너무도 과학자였다. 그러나 결국 그는 너무나 이원론자여서 스피노자에 동의할 수 없었고 필연적으로 두 위대한 사상가는 길을 달리하게 된다. 그러나 케

체키얀은 이를 간과하였기에, 결국 데카르트 편을 들게 된다. 그는 스피노자의 자유의지에 대한 부정(또는 자유를 자연에 두는 것)은, 필연에 대한 인식이 예속의 한 형태에서 다른 형태로 가는 경로임을 의미하는 것이라고 보았다. 이는 본질적으로 데카르트의 입장이었다. 신과 같은 의지의 절대적 자유를 구속하는 것은 무엇이든 예속의 한 형태라는 것이다.

13.23 이 문단에서는 데카르트에 대한 케체키얀의 의존성을 보여 주는 케체키얀의 긴 글이 있다. 데카르트는 관대함(너그러움, 용서, 친절)은 정념이라고 믿는다. 이는 이 정념을 느끼는 사람들의 삶을 도덕적인 형태로 결정하는 것이다. 케체키얀은 이를 부정적으로 본다. 친절하게 보이고자 하는 욕망은 단지 다른 형태의 욕망일 뿐이고, 따라서 그것은 또 다른 형태의 예속일 뿐이다. 그러나 비고츠키는 이를 긍정적으로 본다. 그것은 다른 욕망을 거부하도록 힘을 주는 욕망이기 때문에 그것은 일종의 자유다. 케체키얀은 데카르트에 관하여 비고츠키가 드물게 긍정적으로 보는 부분에서 드물게 약점을 본다.

13.24 비고츠키는 모든 정념들은 동등하게 예속적이라는 케체키얀의 부정적 주장은 잠시 접어 둔다. 그는 데카르트의 망설임에서 긍정적인 것, 즉 정념을 다른 정념으로 설명하는 '오류'에 집중하고자 한다. 이는 비고츠키에게서 정서에 대한 진정한 일원론이자 스피노자적 이해의 시작이다.

13.25 데카르트는 욕망을 통제하는 두 가지 방법이 있다고 한다. 자아감(나는 내 자신 속에 있는 인간을 존중하기 때문에, 나의 동물적 욕망들을 부정한다)과 숭고한 의지에 대한 복종(내가 원하는 것을 가져야 한다는 것은 신의 의지가 아니기 때문에 나의 동물적 욕망들을 부정한다)이다. 이 중 첫 번째는 정념(자기애)의 형태이며, 두 번째는 인지(필연의 인식)의 한 형태이다. 다시 한번, 자유 선택에 대한 자연주의적, 일원론적, 유물론적인 설명의 희미한 힌트만 있을 뿐이다. 우리는 삶의 목표로 지혜를 선택하게 될 수도 있다. 그러나 지혜로 가는 길은 모든 정념들 중에 가장 원시적이고, 가장 기초적이며, 가장 무도덕적인 정념인 놀라움을 거쳐야 한다.

13.26 놀라움은 원시적이다. 왜냐하면 이는 미소발생상 최초의 단계이기 때문이다. 우리는 다른 어떤 것에 반응하기 전에 가장 먼저 놀라움으로 반응한다. 또한 이는 어떠한 종류의 물체도 포함할 수 있기 때문에 가장 기초가 된다. 그리고 이는 선악의 판단을 포함하지 않기 때문에, 무도덕적이다. 하지만 놀라움은 다른 사람과 우리 자신에 대한 판단을 포함하여, 크고 작은 다른 것으로 이어진다.

13.27 자기 평가는 놀라움의 한 형태이다. 그것의 가치와 좋고 나쁨은 대상에 달려 있다. 데카르트는 인간에게서 진정한 존중을 받을 만한 유일한 대상은 자유의지라고

말한다. 다른 모든 형태의 자아 존중은 자만심일 뿐이다.

13.28 자기 평가는 놀라움의 특별한 사례이며, 친절(관대함)은 자기 평가의 특별한 사례(자유로운 인간의 자기 평가)이다. 그러나 데카르트는 데카르트주의자로서 이원론자이기 때문에 반대의 경우도 인정하고 있다. 자유의지가 친절의 정념을 일으키고 친절은 자유의지의 원인이 된다는 것이다. 데카르트에게 이 악순환에서 벗어나는 유일한 방법은 초자연적인 것에 기대는 것이다. 자유의지는 신과 같으며, 스스로를 창조해 내고 모든 정념들을 지배한다.

13.29 다음 몇 문단에서는 비고츠키는 간단히 이 논쟁을 반복한다. 이는 어려운 논쟁이니 다시 한번 검토해 볼 만하다. 놀라움은 '이론적'이다. 놀라움은 인지, 아는 것을 목표로 하며, 우리를 이해로 이끈다. 이는 우리 자신에 대한 맹목적인 믿음을 넘어 이성에 의한 자기 이해를 세우도록 돕는다. 이러한 자기 이해는 자유의지를 이해할 때, 친절하고 관대해진다.

13.30 그러나 이는 동의어의 반복에 불과하다. 이는 순환론적이다. 자유의지의 근원은 놀라움으로 야기된 자기 인식이다. 놀라움으로 야기된 자기 인식의 근원은 자유의지다. "즉, 한 번은 정념이 자유의지를 향한 길을 닦고, 다음번에는 자유의지가 정념을 낳는다."

13.31 데카르트는 영혼을 선과 악에 대한 판단으로 무장시킴으로써 이 악순환을 깨뜨린다. 만약 모든 정념들이 동등하다면, 우리는 정념의 지배에서 벗어나지 못한다. 다만 지배하는 정념의 종류만이 바뀔 뿐이다. 오직 인식만이, 예를 들어 군인으로 하여금 죽음에 대한 두려움이 저차적 정념이며, 수치심에 대한 두려움이 더 고차적 정념임을 깨닫도록 도울 수 있다.

13.32 그러나 사회적 미덕인 관대함에 의지하지 않은 채, 영혼의 인식을 다른 정념들 위로 격상시키면서 그는 인식이 욕망을 지배하고 영혼이 육체를 지배한다는 기본적 이원론으로 돌아가게 된다. 데카르트는 여기서 단순히 속임수를 쓰고 있다. 그는 인간 행동에 대한 자연주의적 설명의 노력들을 버리고 단순히 신학으로 피신했다.

13.33 데카르트에 의해 짜여진 거미줄에서 자연주의적 설명의 가능성은 환각이다. 저차적 정념들에 대한 고등한 정념들의 승리처럼 보이는 것은 결국 마지막에 정념에 대한 자유의지의 승리, 필연에 대한 자유의 승리, 육체에 대한 영혼의 승리로만 표현된다. 제13장의 미주를 시작하며 제기한 첫 번째 질문으로 돌아가 본다면, 데카르트의 체계에서 정신은 자연주의적인 수단들보다 신학적 수단들에 의해 신체를 지배한

다. 결과적으로 데카르트의 체계는 심리학에 대한 과학적 이해의 시작이 아니라 중세적인 이해의 종말을 나타낼 뿐이다.

제14장
판단, 감각, 그리고 구조

달걀 춤(Pieter Aertsen, 1552).

춤추는 이는 달걀을 분필로 그린 원 안으로 몰고 가서 나무 그릇으로 달걀을 덮어야 한다. 물론 달걀은 깨지면 안 된다. 전경의 남자는 이것이 쉬운 일이라고 생각하는 듯하다. 그는 다음 차례에서 시도할 것이다. 손에 든 맥주잔 덕분에 일어난 이러한 유형의 용기를 영어로는 '네덜란드인의 용기(Dutch courage)'라고 부른다.

이 장에서 세르지는 데카르트가 주지주의적이라고 주장한다. 그가 판단, 특히 자기 판단이 자신감과 같은 정서의 본래 원인이라고 생각하기 때문이다. 비고츠키는 데카르트가 감각주의적이라고 말한다. 데카르트에 따르면 혈액의 동물정기가 즉각적 원인이기 때문이다.

그러나 '네덜란드인의 용기'는 왜 단순히 자기 판단이나 어지러운 감각이 아닌 용기로 느껴질까? 클라파레드는 답한다. 정서는 원거리 원인인 판단과 근접 원인인 감각 모두의 전체 구조의 산물이다. 제임스는 동의한다. 정서는 황금알과 같이 일반적인 유기체적 상태의 산물이라는 것이다.

춤추는 것 자체는 어떠한가? 여기서 데카르트와 제임스는 사실상 서로 동의하지 않는 것으로 보인다. 데카르트는 내적 감각과 외적 감각을 구분하고 이들이 서로 섞이지 않는다고 주장한다. 반면 제임스는 신체적 행동이 내적, 외적 감각을 일으킬 수 있고 실제로 그렇게 한다고 말한다. 우리가 스스로 춤을 추고 있다고 느낄 때 우리는 즐거움을 느낀다. 달걀을 밟은 느낌을 느끼기 전까지 말이다.

14-1] 정념과 의지의 관계가 데카르트 이론에서 어떻게 그려지고 있는지 이제 우리에게 진실하고 진정한 빛 아래 드러난다. 전체 문제를 설명하기 위해서 정념과 생각 사이의 관계, 우리 심리적 삶의 인지적 요소와 정서적 요소 사이의 관계를 고찰하는 일이 아직 남아 있다.

14-2] 매우 다양한 연구자들은 오랜 시간 동안 데카르트의 정념 학설이 느낌을 순수하게 인지적 과정으로 환원시킨, 지성주의의 최고의 승리라고 생각해 왔다. 데카르트는 실제로 지적 요소의 역할에 그러한 위치를 부여했다. 세르지의 올바른 지적에 의하면 랑게 같은 연구자들은 그의 『정념론』에서 이러한 요소 이외의 것은 알 수 없었고, 스스로를 내장 이론의 창시자로 완전히 진심으로 믿었던 것이다. 세르지는 이 이론의 진정한 확립자를 데카르트로 상정하기를 바라면서, 심지어 데카르트가 『정념론』에서 사랑, 혐오, 공포의 어떤 대상에 대한 지각, 기억, 의견, 관념이 사랑, 혐오, 분노 혹은 공포의 원인이라는 명제를 이곳저곳에 계속해서 흩뿌려 놓은 것에 대해 기꺼이 다소 유감을 표한다. 이처럼, 데카르트에 따르면 기쁨은 우리가 무언가 선한 것을 획득했다는 의견으로부터 생겨난다.

14-3] G. 세르지는 자기의 불안함을 안심시키고자 노력하며 다음과 같이 지적한다. 생리학적 사고에 성숙한 독자라면 의견이 정서의 원인이

라는 데카르트의 주장에 전혀 반대할 수 없을 것이다. 그러나 세르지는 우리가 신체와 영혼으로 이루어진 인간에게서 오직 내장기관의 작용 하나 덕분에 정념을 경험할 수 있는 기계만을 보는 순간 모든 것이 단순하고 명확해진다는 것을 인정해야 했다. 내장 이론의 길은, 이 이론이 기계의 다른 모든 부분과 정신의 다른 모든 부분들을 고려해야 할 때, 특히 정념과 더불어 정념이 다른 심리적 현상과 맺는 관계를 고려해야 할 때, 힘들고 어려워진다. 사실 여기서 우리의 이론은 전례 없는 어려움을 만난다.

렘브란트(Rembrandt), 창가의 소녀, 1645.

1639년에 렘브란트와 그의 새 아내는 암스테르담의 부유한 유대인 거주구역인 브로드가街의 새 저택으로 이사했다. 렘브란트는 그의 이국적 이웃들에게 매혹되었으며 붉은 머리와 발그레한 뺨의 이 그림 속 소녀는 그의 순수한 관심에 반응하고 있는 듯하다.

앞 장은 정서와 의지의 힘에 대한 것이었다. 이는 이미 데카르트에게 심각한 어려움을 제시하였다. 예컨대 자유의지는 관대함이라는 정서의 원인인가 결과인가, 또 의지가 사실상 부, 권력, 성에 그토록 좌우된다면 이는 과연 자유로운 것일까? 이 장은 정서와 다른 심리적 현상, 특히 위 그림에서 렘브란트의 이웃 소녀가 창가에서 하고 있는 그러한 유형의 지각, 관찰, 생각에 대해 논의한다.

우리는 소녀가 그렇듯, 먼저 단순 지각으로 시작한다. 그러나 지각은 심지어 의지가 제시한 난관과도 비할 수 없는 전례 없는 어려움을 선사한다. 소녀의 관심은 소녀가 보고 있는 것에 대한 직접적 반응인가 아니면 지각에 대한 신체 전체의 반응으로 매개된 것인가? 소녀가 이웃에 대해 갖는 호기심에서 붉은 뺨은 어떤 역할을 하는가?

우리가 그녀에 대해 좀 더 알았더라면 질문에 답할 수 있었을 것이다. 일부 비평가들은 그녀가 유대인 신부, 구약 성서의 인물, 창녀라고 주장했으며 또 일부는 햇빛에 약간 그을린 손과 붉은 뺨 때문에 하녀라고 주장했다. 그러나 진주 장신구를 하고 있는 것으로 보아 단순히 어린 이웃일 가능성이 높아 보인다. 그녀는 렘브란트와 몇 집 건너 살고 있던 상인 가족인 스피노자 가문과도 연관이 있을 수도 있다. 스피노자 집에는 렘브란트가 이 그림을 그릴 당시 12세였던 바루흐 스피노자(그림이 완성된 시기에 12살이었던 그의 이웃) 외에도 두 명의 (여성) 청소년이 있었다. 렘브란트는 (자신의 여드름투성이 코와 같이) 피부 트러블을 묘사하기를 즐겼는데 그림에서 소녀의 붉은 뺨은 단순히 청소년기 여드름으로 인한 붉어짐 현상일 수도 있다.

14-4] 이론은 명백히, 정서를 설명하는 두 가지 가능한 인과적 설명 사이를 오가기 시작한다. 한편으로, 정서의 원인은 생명정기와 두뇌

분비샘을 거쳐 영혼에 의해 정념으로 지각되는 고유한 유기체적 상태로 간주된다. 다른 한편, 정서의 원인으로 감각, 지각, 의견, 관념이 대두된다. 정서에 대한 내장적 해석과 지성적 해석은 데카르트의 저울의 접시 위에서 서로 균형을 잡고 있는 것과 같다. 그러나 이는 표면상의 균형일 뿐이다. 사실 내장적 설명의 접시가 분명히 더 우세하다.

14-5] 데카르트는 근접 혹은 최종 원인과 원거리의 혹은 최초 원인의 구분을 도입한다. 데카르트는 영혼의 정념의 최종 (근접) 원인은 오직 영혼이 일으키는 뇌 가운데 달려 있는 작은 분비샘의 운동이라고 말한다. 정념의 근원을 연구하고 그것의 최초 원인을 고찰해야 한다. 최초 원인은 감각과 관념임이 드러난다. 내장 이론은 이 구분에서, 세르지가 발견하듯이, 지성주의에 한 치도 자기 영역을 양보하지 않는다. 그는 이에 대한 증거를 근접한 원인, 즉 유기체의 일반적 상태에 의해 규정되는 정기의 역할이라는 원인에 의해서만 만들어지는 상황에서 부재할 수도 있는 원거리 원인 없이도 이론이 얼마든지 가능하다는 것에서 본다. 우리가 완전히 건강할 때 우리는 기쁨의 느낌을 경험하는데 이는 그 어떤 기능에 의해서 일어나는 것이 아니라 오로지 뇌에서 영혼의 운동으로 나타나는 인상에 의해서만 일어난다. 이와 동일하게, 우리는 몸이 불편할 때 스스로에게 어떤 일이 있는지 전혀 모르면서도 슬픔을 느낀다.

14-6] 이처럼 데카르트는 자신의 최초 설명을 순수하게 유지하며, 한편으로는 정서에 그리고 다른 한편으로는 정념에 선행하는 감각적 상태와 지적 상태 사이에 엄격한 경계를 나눈다. 그에게 감각과 느낌은 매우 구분되는 것이어서 이들이, 우리가 보았듯, 불가분 얽혀 있어 많은 연구자들로 하여금 스텀프를 따라 느낌의 감각(예컨대 고통)이라는 고유한 체험의 범주를 추출할 토대를 제공한 곳에서조차 데카르트는 의식의 이 두 요소들 사이에 그 어떤 내적 연결도 발견하지 않는다.

8-4에서 스텀프(1권 **8-4** 참조)는 유아가 실제로 고통의 감각과 감정의 감각을 구분하지 못한다고 말했다. 고통을 느끼는 것과 울고 싶은 것은 구별이 불가능하다. 그들은 고통에 울고 싶음에도 울지 않기로 결정하는 일을 하지 않는다. 그렇기 때문에 스텀프는 이런 '감정을 느끼는' 것을 구별하여 하나의 단위로 설정했다.

스피노자에게 관념에 대한 관념은 관념 그 자체와는 다르다. 나는 관념에 대한 관념을 가지지 않고도 관념을 가질 수 있다(예컨대 나는 한국어를 안다는 것을 실제로 알지 못하면서도, 또는 언어가 실제로 어떤 것인지 알지 못하면서도 한국어를 안다). 반면에 스피노자는 관념을 가지지 않고서는 진정한, 관념에 대한 관념을 갖는 것이 불가능하다고 말한다(관념이 진정한 관념이 되려면 상응하는 대상이 있어야 하기 때문에, 한국어를 실제로 알지 못하고서는 한국어를 안다는 것을 알 수 없다).

이것이 말로 하는 생각(『생각과 말』 6장)이 행동의 생각보다 뒤처지는 이유에 대한 비고츠키의 설명의 출처임을 알 수 있다. 이는 피아제의 '전이의 법칙'이나 클라파레드의 순수한 부정적 학습이 아니라, 생각 자체의 기능을 숙달하기 전에는 생각 기능에 대한 관념을 숙달할 수 없다는 단순한 사실이다.

'사람의 아들'을 낳은 뒤 마리아는 출산 후 40일간의 격리를 마치고 새 아기를 예루살렘의 성전으로 데리고 간다. 마리아와 요셉은 선지자 안나(좌측, 손바닥을 펴고 있다)와 성 시므온(우측, 아기를 안고 있다)을 만난다. 성 시므온은 성령(요셉의 발치에 앉아 있는 비둘기)으로부터 죽기 전에 메시아를 보게 될 것이라는 예언을 받는다. 곧 죽음이 닥칠 것을 안 시므온은 노래한다.

"주님, 이제야 말씀하신 대로,
당신 종을 평화로이 떠나게 해 주셨습니다.
제 눈이 당신의 구원을 본 것입니다.
이는 당신께서 모든 민족들 앞에서 마련하신 것으로,
다른 민족들에게는 계시의 빛이며,
당신 백성 이스라엘에게는 영광입니다."

데카르트가 정념에 선행하는 감각과 이해 사이의
내적 연결을 발견하지 않은 이유는 무엇인가?

렘브란트(Rembrandt), 시므온의 찬미가, 1631.

렘브란트가 25세에 그린 이 그림은 예술적, 과학적 계시의 빛을 동시에 보여 준다. 예술적 계시는 안나와 시므온을 부각시키기 위해 다른 이스라엘 사람들을 어둡게 처리한 명암법이다. 천상으로부터의 빛은 높은 창으로부터 내려오는 자연광이며 아기에게서 발산되는 순수하게 심리적인 빛은 마리아나 요셉을 비추지 않는 것으로 보인다. 아기 예수도 시므온이나 안나를 무서워하며 엄마 품으로 돌아가고 싶어 하는 것처럼 보인다.

과학적 계시는 당시 최신 이론으로 1637년에 데카르트에 의해 온전한 과학 이론으로 수립된 원근법과 시각처리 기제에 대한 이해의 영향이다. 이는 이미 화가 편람에서 넓게 소개되고 있었다. 성전 바닥의 포석에 나 있는 원근선을 따라가 보면, 마치 렘브란트가 한쪽 눈을 감고 그린 듯, 그림의 소실점이 그림 밖에 있는 것을 볼 수 있다.

데카르트에게 지각과 인지는 냄새 맡기와 보기가 서로 다르듯 개별 과정이다. 아래 그림에서 데카르트는 화살 ABC를 보는 경우 생명정기가 송과샘으로 이동하고, 송과샘은 꽃 D의 향기를 제거하여 영혼이 이를 무시할 수 있도록 하는 기제를 보여 준다.

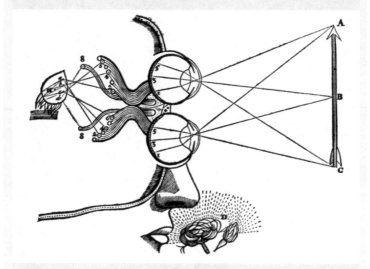

스피노자에게 지각은 망막에 투영된 이차원 심상이 아니다. 지각은 언제나 빛이 신체에 효과를 가하는 방식에 대한 신체 스스로의 관념이다. 따라서 신체의 지각은 결코 생각으로부터 자유롭지 않으며 마음의 지각은 결코 느낌으로부터 자유롭지 않다. 구분되는 것은 오직 지각에 대한 관념과 관념에 대한 관념, 즉 감각에 대한 스스로의 이해이다.

스텀프가 말하듯 어린이에게서 지각과 지각의 감각에 대한 이해는 (지각이 강렬하고 그 감각에 대한 이해는 훨씬 약하기 때문에) 잘 구분되지 않는다. 이 때문에 어린이는 무언가를 알면서도 자신이 알고 있다는 사실이나 혹은 알고 있는 것이 무언지를 깨닫지 못하게 된다. 노인들은 지각이 약해지지만 지각의 관념에 대한 이해는 훨씬 강해진다. 찬미가의 끝에서 시므온은 마리아를 보며 예언한다.

"그는 많은 이에게 비방을 받는 표적이 되어
많은 사람의 마음속 생각을 드러나게 할 것입니다."

14-7] 정서적 체험의 완전한 무의미성을 인정하는 자신의 원칙에 충실하게, 데카르트는 정서 자체와 감각적 혹은 지적 상태(이들은 현상적으로는 그에 수반하는 느낌과 직접 얽혀 있는 계기로 우리에 의해 체험된다) 사이에 그 어떤 이해할 수 있는, 설명될 수 있는 연결, 일반적으로 가능하고 심리적으로 체험되는 연결을 전혀 발견하지 못한다. 생명 없는, 형식논리적인 무한한 추상을 다루면서 데카르트는 감각과 느낌의 모든 수학적 조합이, 하나의 체험 속에서, 우리가 직접 경험을 통해 알고 있는 감각과 느낌의 모든 순열 결합이 의식에서 똑같이 가능하고 똑같이 이해될 수 있다고 본다.

14-8] 이처럼 데카르트는 한편으로 기쁨과 슬픔, 그리고 다른 한편으로 쾌락과 고통 사이에 엄격한 구분을 둔다. 전자는 정념으로서, 감각인 후자와 구분될 뿐 아니라 이와 완전히 떨어질 수 있다. 가장 선명한 고통이 또한 정서적으로는 냉담하게, 가장 진부한 감각으로 체험될 것임은 쉽게 상상이 가능하다. 생각을 통해 데카르트 이론을 끝까지 밀고 나아가 보면, 고통은 흔히 슬픔을 수반하고 쾌락은 기쁨을 수반한다는 사실, 식욕에 영향을 미치는 허기와 갈증의 감각이 서로 수반하며 내적으로 연결된 현상을 나타낸다는 사실조차도 놀랍게 느껴질 것이다.

14-9] 정념적 과정과 인지적 과정 사이의 관계의 영역을 지배하는, 완전한 무의미성, 절대적 우연성, 완전한 비구조성과 비연결성에 대한 테제를 이보다 명백하고 날카롭게 표현할 수 없을 것이다. 모든 조합이

동등하게 무의미하고, 따라서 동등하게 가능한 것으로 드러난다. 허기와 식욕의 연결조차 다른 모든 감각과 욕망, 지각과 느낌 사이의 연결이 그러하듯 놀라움을 자아내는 이해할 수 없고 무의미한 것으로 드러난다. 여기, 정념의 무의미성에 대한 확증이 정점에 도달한 곳, 모든 것들 사이의 임의의 결합이 심리적 설명에 대한 유일한 지침적 원칙이 되는 곳, 죽은 추상의 대수적 조합이 최고의 승리를 경축하는 곳, 살아있는 심리적 삶의 최후의 숨결이 꺼지는 곳, 푸시킨 소설 속 살리에리의 표현을 따르면 정념의 음악이 시체처럼 해부되는 곳, 여기가 바로, 엄밀히 말해 데카르트가 정념의 기계적 기원이라는 기본 생각을 논리적 끝까지 가져온 곳이다.

어떤 비평가들은 배경에 있는 물체가 침대이며, 이는 가난한 음악 교사의 유혹에 빠진 젊은 여성에 관한 도덕적 그림이라 주장했다. 어쨌든 예술적 감정의 공유는 오페라의 흔한 주제였다(예컨대, '세비야의 이발사'에서 로시나는 연인 린도로로부터 '소용 없는 예방책'이라는 노래를 배운다). 톨스토이 또한 서로 모르는 사람들이 음악 공연에서 그런 깊은 정념을 공유하게 될 수 있다는 사실에 화가 나서, '크로이처 소나타'에서 이런 종류의 예술적 감정의 공유가 일으키는 유혹에 대해 썼다. 톨스토이는 결혼식이나 장례식과는 달리 공연에서는 느낌과 목적 사이에 어떤 필연적 관계도 없는 것처럼 보인다고 생각했다.

느낌과 목적 사이에는 아무런 필연적 관계가 없기 때문에, 그 관계는 완전히 깨질 수 있다. 예를 들어, 음악 수업에서 음악은 다른 모든 기능이나 기술처럼 취급될 수 있다. 푸시킨은 단편 「모차르트와 살리에리」에서 (공연에서와 같은) 이유 없는 느낌과 (장례식에서와 같은) 이유 있는 느낌 간의 구분을 통해 살리에리는 장인에 불과했다는 낭만적 주장을 한다. 모차르트의 천재성을 본 살리에리는 질투만을 느끼며 그를 독살하지만, 모차르트는 관대함으로 가득 차 아무것도 의심하지 않는다. 살리에리는 이를 자신의 평범함의 증거로 보고 말한다.

감각과 느낌을 무의미한 관계로 상정하는 것이
왜 정념의 음악을 시체처럼 해부하는 것일까?

G. 테르 보르흐(Gerard ter Borch), 음악 수업, 1668.

　살리에리: 나는 기능을 끌어올렸다
예술의 토대를 이루는 것으로.
나는 장인이 돼 버렸다. 내 손가락에
나는 굴종적인, 건조한 손재주를 가르쳤다.
내 귀에는 정확성을 가르쳤다. 소리를 뭉개고
나는 음악을 시체처럼 해부했다.

　비고츠키는 데카르트의 접근법—제임스-랑게의 이론을 포함하여—
이 상황과 감정 간의 연결을 불필요하고 자의적인 것으로 만들 뿐 아니라, 신체 상태와 감정 간의 관계 또한 불필요하고 자의적인 것으로 만든다고 말한다. 몸이 고통을 겪는다고 해서 슬퍼할 생리적 이유가 없는 것만큼이나 슬픈 음악을 듣는다고 해서 슬퍼할 생리적 이유도 없다. 심리적으로는 아마 부가적인 슬픔 없이도 고통에 더 잘 반응할 것이다. 따라서 문화, 역사 그리고 언어의 목소리를 뭉개고, 데카르트의 이론(그리고 그의 제자들의 이론)은 실제로 감정을 시체처럼 해부했다.

역사적으로 살리에리의 경력과 모차르트의 죽음 간에는 아무런 관련이 없다. 림스키-코르사코프에 의해 오페라로 그리고 영화 〈아마데우스〉로 만들어진 푸시킨의 소설은 순수한 허구이다. 살리에리는 매우 재능 있는 음악가였으며, 모차르트 사후에 모차르트 아들의 스승이 되었고, 리스트, 슈베르트, 베토벤도 가르쳤다. 아마도 이 음악 수업과 유혹 간에는 어떤 필연적 관계도 없을 것이다. 배경에 있는 물체는 옷장이나 벽장 또는 피아노나 하프시코드일 수도 있다. 게다가 문은 열려 있고 개는 여느 때처럼 잠들어 있다.

14-10] 우리가 이미 지적했듯이 그가 이와 함께, 자신이 가장 우려했던 것—정서에 대한 본질적으로 감각적인 설명을 피하지 못한 것은 사실이다. 데카르트의 정념 학설에서 내장 이론의 승리를 드러내고자 최선을 다했던 세르지도 이에 동의해야 한다. 그는 심지어, 이 결정적인 지점에서 데카르트와 제임스의 길은 반대 측면으로 갈라진다고 가정한다. 전체 학설에서 결정적인 이 지점은, 정념을 외부 대상의 지각과 감각으로부터 가장 날카롭게 구분하면서, 우리가 결국 정념은 일반적인 유기체적 상태에 대한 모호하고 미분화되었으며 전체적인 감각 이외의 다른 것이 아니라는 것을 싫든 좋든 인정해야 하는 때에 우리 앞에 드러난다. 이때, 정념이나 정서는 더 이상 존재하지 않고 단지 감각만이 존재함이 드러난다. 이러한 결과에 놀란 제임스가, 데카르트가 그린 경로에서 벗어나 스피노자 이론에 빠진다고 세르지는 주장한다. 우

리는 제임스 이론이 정서를 감각에 용해시키는 것으로 필연적으로 우리를 이끈다는 사실을 클라파레드를 따라 확립하면서, 이 세르지의 주장이 실제와 다름을 앞에서 보았다. 클라파레드는 자신의 입장을 옹호하고자 자신이 만들어 낸 혼합적 지각이라는 개념을 제시한다. 만일 정서가 말초적인 유기체적 변화에 대한 의식에 불과하다면 왜 이는 유기체적 감각이 아니라 정서로서 지각되는가? 내가 놀라면 왜 나는 심장박동이나 떨림 등의 단순한 유기체적 감각이 아니라 공포의 느낌을 체험하는가?

H. 블루마르트(Hendrik Blomaert), 달걀 파는 노파, 1632.

14-11] 이처럼 이 감각의 암초에 부딪혀 제임스의 이론은 데카르트의 이론과 똑같이 부서진다. 클라파레드는 오늘날 유행하는 구조적 원칙—이는 황금알을 낳는 새로운 거위이다—을 통해 입장을 구원하려 시도한다. 정서는 다양한 유기체적 감각을 결합하는 구조로 제시된다. 그것은 일련의 결합된 감각에 대한 모호하고 일반적인 감각, 저자(클라파레드-K)가 혼합적 감각이라 일컫는 것일 뿐이다. 다시 말해 정서는 유기체의 일반적 상태에 대한 의식이다. 우리가 보듯이 데카르트와 제임스에 대한 해석은, 두 저자가 자신들의 의지와 상반되게 정서를 환원해야 했던 감각의 구조적, 비구조적 특성을 인정하는 여부에서만 (클라파레드의 연구에서-K) 차이가 있다. 제임스 자신은 클라파레드가 그의 이론에 첨가한 구조적 수정 없이도 훌륭히 대처해 나갔음을 우리가 기억한다면, 그리고 나머지 전체에서 세르지와 클라파레드가 자신들에 선행한 각 이론들을 해석하면서, 정서를 유기체의 일반적 상태에 대한 전체적 감각으로 환원하는 최종 공식과 문자 그대로, 똑같이 일치할 정도로 완전히 동의한다는 것을 우리가 기억한다면, 이 지점에서 세르지가 흔들고자 했던 제임스와 데카르트의 동의가 또다시 확립되는 것을 볼 수 있다. 이들은 같은 길을 따라 걸어간다. 이들이 동일한 난관에 부딪힌다는 사실에는 놀라울 것이 없다.

14-12] 제임스와 데카르트의 불일치가 실제로 일어나기는 하지만 이는 세르지가 보기를 원한 곳에서, 즉 정서에 대한 감각적 설명에서 일어나는 것이 아니라, 정서적 기제 자체에 대한 몇몇 세부적인—사실 본질적으로 세부적인— 사실적 기술에서 일어난다. 이 지점에서 랑게의 이론은 제임스의 가설보다 데카르트주의 이론의 노선을 더욱 엄격하고 일관성 있게 견지한다. 알려진 바와 같이 제임스는 정서의 원천이자 진정한 원인이 되는 신체적 정서 현상에 내장적 변화와 더불어 움직임, 즉 모방, 팬터마임, 연기나 행동에서의 정서의 출현을 포함시킨다.

세르지가 올바르게 지적하듯, 이와 관해서 데카르트는 제임스에 가깝다. 정서가 출현하는 움직임에서 데카르트는 언제나 내적 움직임(정서적 체험 자체의 원인이다)과 외적 움직임(이는 정서의 표현이거나 정념을 경험하는 기계의 이익에 기여한다)을 구별한다. 일반적 관점에서와 같이, 데카르트에게 회피는 공포의 원인이 아니고 공격성은 분노의 원인이 아니다.

기쁨으로 죽음을 맞이하는 시므온의 능력을 어떻게 설명할까?
아이를 안고 있는 외적 행동인가, 아니면 그는 다만 신의 로봇일 뿐일까?

렘브란트(Rembrandt), 시므온의 예언, 1669.

위 그림에서 죽음에 당면한 시므온의 얼굴에 나타난 기쁨(렘브란트가 63세에 그렸다)과 **14-6**에서 나타난 표현(렘브란트가 25세일 때 그렸다)을 비교해 보자. 시므온의 오른쪽에 있는 인물(마리아나 선지자 안나일 것이다)은 훨씬 후에 다른 화가에 의해 첨가된 것이다. 1669년 렘브란트 사망 당시 그의 이젤 위에서 발견된 이 그림은 미완성 상태였다.

12-12에서 비고츠키는 제임스의 데카르트주의 해석은 비구조적임을 지적했다. 즉 정서가 일부는 내적이고 일부는 외적인 미분화된 신체적 변화로, 이들이 뒤섞여 무작위적으로 짝 지어졌다는 것이다. 이러한 관점이 내적 변화를 무의미하게 만든다는 것을 지적한 이는 클라파레드였다. 내적 변화에 따라 신체가 고통이나 쾌락이 아닌 슬픔과 기쁨을 느낄 이유가 없으며 사실, 내적 변화는 투쟁-회피와 같은 외적 변화를 증대시키지 않고 이를 방해할 수도 있다는 것이다. 랑게의 해결책은 데카르트 자신의 해결책과 가깝다. 신체는 뇌로 혈액을 보내며, 뇌가 할 수 있는 일은 자동적으로 흘러가는 것으로 보이는 작용을 수용하거나 거부하는 것뿐이다. 비고츠키가 랑게의 해결책이 데카르트와 가깝다고 한 것은 혈액운동의 변화가 데카르트의 '생명정기'의 기제와 유사하기 때문이다. 제임스와 데카르트의 진정한 차이점은 데카르트는 외적 활동이 내적 변화를 일으킬 수 있음을 인정하지 않았다는 것이다. 클라파레드 자신의 해결책은 혼합적 구조였다. 그것은 내적 변화와 외적 변화가 (항상 효과적이거나 적응적이지는 않은 방식으로) 결합된 아직 미분화된 전체이다. 그러나 비고츠키가 지적하듯, 어린아이의 혼합적 구조는 성인의 진개념으로 발달할 잠재성을 지니고 있다.

카뮈가 '행복한 죽음la mort heureuse'이라고 칭한 문제에 대한 렘브란트의 해결책 역시 발달이었다. 개체발생의 경계는 사회발생으로 확장되며, 렘브란트는 이미 죽음 뒤에도 자신의 작품을 완성하고 그를 뒤따를 제자와 후대가 영원히 계속될 것을 알고 있었다. 지금 아기는 보통의 아기이다. 이제 계시의 빛은 아기보다는 노인의 머리 위를 비춘다. 선지자 시므온은 아기 예수를 껴안는 것이 아니라 이젤이 미완성의 그림을 지지하듯 아기를 받치고 있다.

14-13] 우리는 의지적으로 회피나 공격 움직임을 멈추면서도 계속해서 공포와 분노를 경험할 수 있다. 정념은 그것을 일으키는 유기체적

상태가 멈출 때까지 정신에 표상된 채 남아 있으며 의지가 할 수 있는 유일한 것은 이 정념으로부터 흘러나오는 활동에 동의하지 않는 것이다. 우리가 기억하다시피, 의지는 정념이 규정한 것과 반대되는 지향성을 정신의 기관에 부여할 수 있다. 이 덕분에 신체는, 공포가 회피를 자극함에도 투쟁을 향해 촉발되는 것이다.

14-14] 데카르트에 따르면, 우리 정서에 수반하는 얼굴 표정은, 그것을 통제하는 신경과 소화, 호흡 기관과의 연결 덕분에, 안면 신경과 제6 신경 쌍이 인접한 뇌 부분에서 시작되어 생명정기에 의해 동시에 움직이게 되는 덕분에 우연히 일어난다. 세르지는 표정에 대한 설명에서 데카르트가, 여기서 정서의 그 어떤 표현도, 원인도, 긍정적 동반자도 발견하지 않으면서, 끝까지 자신의 기본 생각에 남는다고 만족스럽게 지적한다. 일반적으로 말해 표정에서 그 어떤 의미도 찾지 않고 정서적 반응을 수반하는 우연적, 무관심한 부수물만을 보는 것이다. 그는 데카르트가 다윈, 분트, 스펜서보다 생리학자나 물리학자의 관점에 더 충실했다는 점에서 더 낫다고 본다.

● 판단, 감각, 그리고 구조

　제13장에서 비고츠키는 데카르트가 정념을 의지에 종속시키는 데에서 신학(특히 성 아우구스티누스의 작업)에 진 빛을 확립했다. 그러나 마지막 절에서 도달한 결론이 사실이라면, 우리는 정념을 감각에 종속시키는 제임스-랑게 이론이 어떤 의미에서 진정으로 데카르트적인 것인지 물을 필요가 있다. 이 절은 그 질문에 답한다. 두 이론 모두에는 정서에 대한 지적 경험과 정서에 대한 감각적 설명 사이의 이원론이 있으며, 두 이론 모두에는 왜 우리가 공포의 정서를 육체적 불쾌가 아니라 공포로서 느끼는지에 대한 명확한 설명이 없다.

　14.1 우리는 데카르트 학설의 '여기저기에서' 정념과 의지 간의 이원론적 구분과 함께, 인지와 정서 사이의 좀 더 유용한 구분의 가능성도 존재한다는 것을 보았다.

　14.2 세르지는 데카르트 이론의 전반적인 주지주의에 주목하고, 이를 통해 랑게가 스스로의 데카르트적 근원을 알아차리지 못한 이유를 설명한다. 그러나 데카르트에게서 정념의 감각적 기원을 지나치게 강조하는 세르지는 관념(의견, 신념)도 정서를 일으킨다는 데카르트의 생각(사실상 생리적으로 아무런 이득을 느끼지 못하더라도, 나는 내가 부자라고 생각한다는 이유만으로 행복하다)을 다소 불편하게 여긴다.

　14.3 물론 의견이 정서를 일으킬 수 있다고 세르지는 말한다. 그러나 신체를 단순한 기계(예컨대 혈관운동 시스템)로 간주하는 한, 정서에 대한 감각적 모형이 훨씬 간단하다. 관념, 의견, 신념을 덧붙이는 순간 우리는 실제로 두 이론을 갖게 된다.

　14.4 한편으로 우리는 정서가 혈관운동이나 내장 감각, 또는 동물정기에 의해 영향을 받은 송과샘의 위치에 의해 야기된다고 말해야 한다. 다른 한편으로 우리는 지각, 의견, 관념이 정서를 야기할 수 있다고 말해야 한다. 표면적으로 그 둘은 대등한 평형을 이룬다. 하지만 비고츠키는 그 체계가 사실상 생리적 설명에 치우쳐 있으며 주지주의적 설명과는 더 멀다고 말한다.

　14.5 아리스토텔레스처럼 데카르트는 근접(직접) 원인과 최초(원거리) 원인을 구분한다. 정서의 직접적 원인은 송과샘의 운동이며, 이 운동의 직접적 원인은 신체에서 동물정기의 운동이다. 그러나 최초의 원인은 관념, 의견 등이다. 이러한 최초 원인들

은 불필요하다는 것을 보게 될 것이다. 즉 어떤 구체적 관념이나 의견 없이도 '건강하다'는 일반적 느낌을 가지는 것은 실제로 가능하다. 그것이 바로 비고츠키가 그 체계는 주지주의적인 것과는 떨어져 있고 생리적인 것에 치우쳐 있다고 믿는 이유이다.

14.6 그러나 그 체계의 주요 편향은 생리적인 것도 주지주의적인 것도 아니다. 그것은 이원론적이다. 신체적 원인과 정서적 효과가 동일해 보이는 고통과 같은 느낌에서조차, 데카르트는 어떤 필연적 연결도 존재하지 않는다고 주장한다.

14.7 필연적 연결이 존재하지 않기 때문에 정서적 경험은 본질적으로 영혼에서 아무런 의미가 없다.

14.8 어떤 감각이나 지각이든 아무 정서와 짝 지어질 수 있다. 우리는 슬픔에 미소로도 찡그림으로도 반응할 수 있으며 비극에 웃음으로도 울음으로도 반응할 수 있다.

14.9 배고픔과 식욕 사이의 관계조차 이해와 설명이 불가능한 것으로 보인다.

14.10 그러나 여러 정서들과 임의적으로 연결되는 이러한 이상한 결정론적 신체의 느낌 체계에도 불구하고 데카르트는 신체 감각에 대한 완전한 결정론적 설명을 제공하는 데 실패한다. 우리는 제임스-랑게 체계의 경험적 문제 중 하나는 그것이 정념을 전체 유기체의 모호하고 미분화된 반응으로 환원하여, 우리가 다양하고 미묘한 차이를 지니는 정서들을 구분하는 데 도움이 되지 않는다는 데 있다는 것을 보았다. 예컨대 분노와 공포는 동일한 내장 변화와 혈관운동계 변화를 수반하는 것으로 보인다. 세르지는 제임스와 랑게가 바로 이 지점에서 데카르트의 길을 벗어나, 신체와 정신을 통합함으로써, 서로 상이한 정서로 인지적으로는 다르게 느껴지지만 동일한 생리적 효과를 낳는 정서를 확인하도록 해 주는 스피노자적 정서 이론에 의지하게 된다고 주장한다. 클라파레드는 지각과 감각을 복합적이고 혼합적인 것으로(예컨대 공포는 분노와 심지어 흥분을 포함할 수 있다) 간주하는 이론을 통해 이를 시도한다. 그러나 정서를 신체적 감각과 인과적으로 연결하려 하는 한 제임스도 클라파레드도 우리가 정서를 생생한 체험(페레지바니예)으로 겪는 이유를 설명하지 못한다. 어째서 공포는 단순한 메스꺼움의 감각이 아니라 공포로 느껴지는가?

14.11 비고츠키는 일단 우리가 황금알을 낳는 거위를 갖게 되었다면, 각각의 알들을 느긋하게 기술할 수 있다는 제임스의 진술을 다시 한번 언급한다. 일단 지각과 감각이 신체적 변화를 일으키며 이러한 신체적 변화는 특정한 정서의 원인이 된다는 제임스의 이론을 수용하면 우리는 각각의 정서를 기술하는 데 나머지 시간을 할애할 수 있다는 것이다. 그러나 이번에 황금알을 낳는 거위는 이론 자체가 아니라 구조

의 법칙이다. 구조는 각 구성 부분의 자질과 전혀 다른 자질을 가질 수 있다는 매력적인 형태주의 이론의 주장을 언급하면서 클라파레드는 공포의 공포스러움을 '설명'할 수 있게 된다. 정서는 개별 지각이나 지각의 신체적 반응이 아니라 지각의 구조의 자질이라는 것이다. 그러나 사실 제임스는 구조의 원칙을 전혀 사용하지 않으며 그의 이론은 클라파레드의 형태주의적 해석보다는 데카르트의 원래 공식에 훨씬 더 가깝다. 제임스는 정서가 유기체의 일반 상태로 환원될 수 있다고 믿는다. 따라서 데카르트와 동일한 경로를 따르던 제임스는 동일한 난관에 봉착하게 된다.

14.12 제임스와 데카르트의 불일치는 세르지가 주장한 것처럼 감각주의sensualism, 즉 정서가 감각으로 환원될 수 있느냐에 대한 문제가 아니다. 둘은 모두 가능하다고 동의한다. 데카르트는 내적 감각(내장 감각)과 외적 감각(골격근으로부터의 운동 감각)을 분명하게 구분한다. 불일치하는 점은 특정 자극의 원천에 대한 반응에서 자신의 외적 움직임에 대한 감각이 정서의 원인으로 간주되어야 하는지 여부이다. 예를 들어 자신이 도망가고 있다는 것을 느낄 때 이 느낌은 두려움의 원인인가? 자신이 싸우고 있음을 느낄 때 이 느낌이 분노의 원인인가? 제임스는 그렇다고 했지만 데카르트는 아니라고 말한다.

14.13 데카르트에게 느낌을 불러일으키는 것은 신체 활동이 아니라 유기체의 감각이다. 데카르트는 운동 활동이 정서를 유발한다고 생각하지 않는다. 예를 들어 싸움을 멈추었을 때에도 여전히 분노를 느끼며, 도망치는 것을 멈추었을 때에도 여전히 두려움을 느낀다. 느낌 자체는 통제할 수 없지만 그것과 관련된 운동 활동은 확실히 통제할 수 있다.

14.14 세르지는 데카르트가 흉내(즉, 가장)에 대해 설명하면서 생리학적 설명에 충실했다는 점을 높이 산다. 우리는 어떤 정서에 상응하도록 외적으로 흉내를 낼 수 있지만 이것으로 정서를 유발할 수는 없다.

제15장
정서와 의지: 평행론인가, 상호작용하는가?

사티로스와 여행자(Jan Lys, 1623~1626?).

이솝 우화에서 사티로스는 손가락을 따뜻하게 하려고 입김을 불고 있는 여행자를 만난다. 사티로스가 헐벗은 것을 보고 여행자는 그를 집으로 초대하여 따뜻한 수프를 대접한다. 수프를 먹기 위해 자리에 앉자 여행자는 뜨거운 수프를 식히기 위해 또 입김을 분다. 사티로스는 놀라서 입김을 불어 따뜻한 것을 차갑게 식히는 괴물 같은 인간과 더 이상 함께할 수 없다고 말한다. 어린 아기조차 그를 비웃는다. 첫째, 데카르트는 정서를 경험하고 위험을 회피하는 로봇을 상상한다. 그런 다음 데카르트는 영혼과 의지를 추가하여 로봇이 위험과 맞서 싸울 수 있게 용기와 의지를 경험하게 한다. 그러나 이제 데카르트는 순전히 내적인 행위 가능성을 추가한다. 세르지는 놀란다. 정서가 어떻게 의지를 뜨겁게 데운 후 식힐 수 있으며, 어떻게 정서가 의지와 아무런 관련이 없을 수 있는가? 던랩은 데카르트에 대해 동일한 방식으로 반응하지만 순서는 반대다. 그는 행동과는 아무런 관련이 없는 순전히 중심적인 정서 이론에 놀란다. 그런 다음 그는 마음이 몸을 지배한다는 원심적 정념론에 반대한다. 그러나 그는 데카르트가 실제로는 몸이 마음을 지배한다는 구심적 이론에서 출발했다는 사실을 무시한다. 아리스토텔레스는 영혼은 실제로 몸 안에 있는 호흡과 같은 것이라고 믿었다. 우리가 밖에 있을 때 영혼은 공기보다 더 따뜻하지만, 우리가 안에 있을 때는 영혼이 뜨거운 수프보다 더 차갑다. 이천 년 후에 데카르트는 아리스토텔레스의 생각을 자신의 이원론적 관점으로 발전시킨다. 마음과 몸은 인간의 고등한 절반과 저차적 절반을 표상한다. 즉 우리는 모두 사티로스이며, 반은 신성하고 반은 야수인 것이다. 그러나 아기의 웃음, 엄마 입가의 미소, 인간이 이런 우화를 이야기하고, 그림을 그리면서 즐기는 이유에 대해서는 어떤 관점도 설명해 줄 수 없다.

15-1] 제임스와 랑게 이론은 오직 한 지점에서 데카르트의 학설과 날카롭게 갈라지는 것이 분명하다. 주변적 변화 특히 내장적 변화가 전혀 없이도 정서가 가능하냐는 문제에서 두 이론은 갈라진다. 이 문제는 원심적 감각이 존재할 가능성과 직접 연결되어 있다. 알려진 바와 같이 제임스는 신경지배적 감각의 존재라는 형태로 그러한 가능성을 허용했던 분트의 이론에 날카롭게 반박한다.

15-2] 데카르트는 바로 이 가능성을 허용한다. 세르지가 말하듯 그의 학설에서 생리학적 경향성은, 매 걸음마다 다른 경향성들로 분기하여 그의 『정념론』으로부터 지성적, 혹은 궁극원인론적 즉 목적론적인 정서 이론을 추출하는 데 전혀 어려움을 주지 않는다. 비록 기본 경로로부터의 이러한 이탈이 대체로 데카르트의 일반적 개념을 흔들 수 없다 해도, 한 지점에서는 내장적 이론과 지성적 이론의 분기가 너무도 두드러져 이를 피할 수 없다. 두 이론은 내장적 경로를 통하지 않고 일어나는 정서적 상태가 가능한가라는 문제에서 매번 분기한다. 정서-느낌과 함께, 신체적 상태와의 모든 혼합에서 자유로운 지적 정서의 존재를 허용하는 것이 가능한가? 내장기관의 완전한 침묵에도 정념의 체험이 가능한가?

내장 이론과 지성 이론의
분기가 두드러진다는 것은
무엇을 의미하는가?

렘브란트(Rembrandt), 전지된 나무 옆의 성 제롬, 1648.

　성 제롬은 참나무 고목 아래 앉아 있지만 푸른 가지는 나무와 직각
으로 교차하여 그가 작업을 할 때 뜨거운 햇볕 아래 그의 머리에 그
늘을 드리우고 있다.

　노년의 성 제롬처럼 데카르트도 교회의 가르침이라는 참나무 고목
옆에 단단히 앉아 있다. 영혼은 본질이지만 신체는 우연이고, 영혼은
영원하지만 신체는 썩게 될 것이며, 영혼은 신체 없이 살 수 있지만, 신
체는 영혼 없이 존재할 수 없다는 가르침이다. 따라서 그의 이론의 세

가지 토대가 중세 기독교에 뿌리를 두고 있다는 것을 발견하는 것에 그리 놀랄 필요는 없다. 즉, 영혼은 신체를 조종하지만 그 반대는 불가능하다는 지성주의, 신은 영혼의 최종 원인이며 그것이 모든 것이라는 궁극원인론, 우리는 창조 과정을 설명할 수 없지만 그 결과를 이해하고 기술할 수 있다는 목적론이다.

사실 더 놀라운 것은 이 참나무 고목이 제임스 이론의 형태로 새로운 초록 가지를 분기시켰다는 것이다. 우리는 이 초록 가지가 데카르트의 기묘한 주변적 이론에서만 만난다고 생각할 수 있다. 그러나 비고츠키는 실제 교차점은 데카르트의 이런 가상적인 생리학이 아니라고 주장한다. 진정한 분기점은 두 이론 모두 인간 고유의 정서는 전혀 내장적이지 않으며 심지어 신체 감각도 아니라는 것을 수용한다는 사실이다. 사실, 제임스 이론의 출발점은 바로 정서의 신체적 발현을 제거하면, 참나무 고목 아래의 푸른 가지 그늘에서 편지를 쓰고 경전을 번역하는 성 제롬의 지적 판단과 같은 순수한 지적 판단 외에는 아무것도 남지 않는다는 아이디어였다.

15-3] 데카르트는 이 문제에 긍정적으로 응답한다. 그는 정서를 포함하여, 모든 지각이 구심적 경로뿐 아니라 원심적 경로로도 일어날 수 있음을 인정한다. 그는 지각의 최종 물질적 원인은 중심에서 신경으로의 방향을 따라 (생명-K)정기가 분비샘에서 나가는 특정한 운동이라고 여러 번 반복한다. 지각의 최근접 물질적 원인은 구심적 운동이 아닌 원심적 운동임이 드러난다. 이처럼 데카르트의 이론에는 심리적 현상에 대한 원심적 이론이 가장 일반적인 형태로 포함되어 있다. 보통, 정기가 분비샘으로부터 나가도록 자극하기 위해서는—이는 지각을 위해 필요하다— 망막, 귀, 피부, 내장기관에서의 변화가 필수적이다. 그러나 환각, 꿈, 환상, 절단 환자의 경우는 사태가 다른 식으로도 일어날 수 있으며, 정기가 어떤 대상에 의해 자극받지 않고도 감각을 일으킬 수 있

음을 보여 준다. 데카르트는 때로 이를 일반화하며, 모든 지각을 일으키는 정기의 운동이 일반적인 경우에 이 운동을 야기하는 것과는 다른 원인을 가질 수 있다고 우리가 생각하게 만든다.

지각의 가장 근접한
물질적 원인은
왜 대상의 감각에서 시작되는
구심적 운동이 아닌
영혼의 원심적 운동인가?

C. 두사르트(Cornelis Dusart), 로켓을 점화하는 여자, 1695.

네덜란드는 1695년 프랑스와의 나무르 전투에서 승리했으며, 여자는 불꽃놀이로 이를 축하하고 있다. 데카르트는 나무르 전투 한참 전인 1650년에 사망했지만, 생전에 네덜란드와의 전쟁에서 프랑스 가톨릭을 지지했으며 네덜란드에 사는 동안 스파이 활동을 했다는 증거가 있다. 데카르트는 확실히 군인이었고, 대수학과 기하학의 연계에 대한 그의 기여는 대포나 로켓 발사와 많은 관련이 있다. 또한 데카르트는 예수회의 가르침을 받은 보수적인 반개혁 가톨릭 옹호자였으며, 형이상학에 대한 그의 기여는 자연과학적 발견을 종교적 신념과 조화시키는 것과 많은 관련이 있다. 데카르트의 두 직업(군사 및 종교)은 연결되어 있다.

군인으로서 데카르트는 '원거리 작용'을 믿을 수 없었다. 무언가가 다른 무언가에 작용하려면 반드시 접촉이 있어야 했다. 따라서 세계는, 3차원 격자에 맵핑될 수 있는, 무한히 많은 무한히 작은 점으로 가득 차 있어야 했다. 그렇게 함으로써 대수를 이용하여 기하학을 기술할 수 있게 된다. 즉 선, 원과 원뿔 곡선들이 모두 대수 공식으로 기술될 수 있다. 물론 뉴턴의 중력이라는 '원거리 작용'이 없이는, 대포알의 궤적은 기술은 가능하지만 설명은 할 수 없다. 숙련된 군인으로서 데카르트는 소총이나 대포가 반동을 일으킨다는 것을 알고 있었으며, 송과샘에서 나온 동물정기의 분출이 영혼에서 유사한 반응을 일으킬 것이라고 상상했다. 이 반응은 원심적 정서 이론의 토대가 되었다. 이 원심적 이론은, 신체가 감각을 통해 동물정기를 송과샘으로 돌려보낸다는 그의 구심적 이론을 보완한다.

보수적인 가톨릭 신자로서 데카르트는 영혼이 뇌의 어딘가에서 송과샘을 통해 기계적으로 신체에 작용하는 개별적이고 자유로운 것이라 상상했다. 본다는 것은 중력과 같은 '원거리 작용'이 아니었다. 본다는 것은 송과샘에서 안구로 동물정기를 내보내는 것을 포함했다. 단지 우리가 '무언가를 보는 느낌'이 아니라 '우리가 그 대상을 보고 있다는 느낌'을 분트는 신경지배적 감각이라 부른다. 그러나 분트와 달리 데카르트는 인간 활동의 역사적, 문화적, 사회적, 경제적 결정론을 믿지 않았다. 그에게 역사는 원거리 작용이 아니었다. 인간의 역사는 신의 손에 직접적 영향을 받는 것이었다. 구원받기 위해서는 개별 인간의 영혼이 죄를 짓고 회개할 자유가 있어야 했다. 이 판화의 자막에는 "자유가 나를 움직이게 만든다"라고 쓰여 있다.

15-4] 우리 팔다리의 운동이라는 관념은, (생명-K)정기가 분비샘으로부터 특정한 방식으로 밖을 향해 나간다는 사실로 이루어진다고 데카르트는 말한다. 팔다리의 운동과 그에 대한 관념은 서로 상호의존적인 원인이 될 수 있다. 우리가 어떤 대상을 지각하기 위해서는 정기가 분비샘에서 나와 시신경을 향하는 것으로 충분하다. 우리가 운동을 느끼기 위해서는 정기가 운동신경을 향하는 것으로 충분하다. 우리가 슬픔을 느끼기 위해서는 정기가 심장신경을 향하고 그것을 움켜쥘 수 있게 되는 것으로 충분하다. 정기가 6번 쌍(외전 신경-K)을 향하는 한에서 정념은 정기에 기인한다.

영혼의 작용으로
신체가 작동한다면
그 반대의 경우는
어떻게 발생하는가?

M. 스톰(Matthias Stom), 촛불 아래 돈 세는 노파, 1640.

이 그림에서 화가는 어둠 속에서 자신의 벌이를 세어 볼 수 있는 것은 촛불의 힘 때문임을 보여 준다. 촛불의 빛은 금화의 모양을 반사하여 마치 화가들이 사용하는 카메라 옵스큐라처럼 노파의 망막에 거꾸로 투영한다. 데카르트주의자들에 의하면, 노파의 영혼은 망막 방향으로 '생명정기'를 쏘도록 뇌 송과샘을 조종해야 한다. 영혼은 송과샘을 출발하는 생명정기의 반동을 느낄 수 있다. 그래서 실제 금화가 없더라도 생명정기의 반동이 있다면 노파는 환각으로 금화를 볼 수 있다. 훨씬 더 중요한 점은, 만일 노파가 탐욕과 욕심의 죄를 피하고 싶다면 금보다 더 숭고한 것을 향해 눈알만 움직이면 된다는 것이다. 비고츠키가 여기서 설명하는 여섯 번째 쌍의 뇌신경은 안구의 움직임을 조절하는 신경들이지만 그러면 그녀는 노령 연금을 잃을지도 모른다.

15-5] 팔다리의 운동이 일어나려면 정기가 반드시 근육에 도달해야 하지만, 이 운동에 대한 감각이 일어나기 위해서는 정기가 그에 상응하는 방식으로 분비샘에서 나가는 것으로 충분하다. 정서의 출현을 위해서 정기가 그에 상응하는 폭풍을 주변에, 흉부에, 복강에 반드시 일으켜야 하는 것은 아니다. 정기가 정해진 방식으로 분비샘에서 나가는 것으로 충분하다. 이 결과, 내장기관의 완전한 침묵에도 정념이 가능함이 드러난다.

15-6] 그러나 데카르트 자신은 원심적 정서 이론의 모든 의미와 중요성을 깨닫지 못했다. 그는 이로부터 필연적인 결론을 도출하지 않는다. 세르지의 지적에 따르면, 이러한 측면에서 데카르트가 아리스토텔레스에 대해 했던 냉혹한 표현은 그 자신에게도 적용된다. 그는 오직 진실에 가까운 어떤 것을 오직 우연적으로만 말하는 데 성공한다. 원심적 이론의 가장 본질적 결과—내장적 변화 없이도 정서가 가능하다—는 오직 데카르트의 계승자들에 의해 지적되었다. 그 자신은 그 결과의

곁을 지나쳐 버렸다. 그럼에도 그는 이를 한 번 감지한 듯하다. 우리는 지나가듯 얼핏 흘린 데카르트의 지적과 만난다. 사랑, 욕망, 증오, 슬픔 혹은 기쁨의 대상이 정신을 너무도 사로잡아 분비샘 내의 모든 정기가 정신에 이를 표상하는 과정에 참여하여, 어떤 운동 현상에도 기여할 수 없을 때 신체는 비활성화되어 남는다. 이것이 황홀경이자, 내적, 외적 현상이 없는 가장 위대한 정서이다.

내적, 외적 현상이 없는
가장 위대한 정서란 무엇인가?

P. P. 루벤스(Peter Paul Rubens), 막달라 마리아의 황홀경, 1620.

네덜란드 가톨릭 신자인 루벤스는 내적이거나 외적인 징후가 전혀 없이 가능한 최고의 정서를 그려 내기로 했다. 그가 선택한 것은 막달라 마리아의 황홀경(엑스터시)이었다. 가톨릭에서 마리아는 개심한 창녀로 여겨졌으므로 그녀는 한편으로 관능적 표상이었다. 다른 한편으로 그녀는 완전한 지성주의적 표상이었는데, 그것은 그녀가 참회하며 30년 동안 먹지도 않고 프랑스의 동굴에서 살았으며, 천사가 매일 그녀를 찾아와 노래를 불러 주었고 그녀의 몸이 차츰 생명을 잃어 가는 동안 그녀의 영혼은 황홀경에 들어갔기 때문이다.

천사가 혼란스러워 보이는 것은 이해할 만한 일이다. 그녀의 황홀경은 내장기관이나 심지어는 운동 뉴런의 움직임조차도 없이 일어났다. 따라서 이 황홀경은 송과샘에서 흘러나온 생명정기에 의한 것도 아니며 원심적 이론으로 설명할 수 없다. 우리는 결국 두 가지의 매우 다른 정서(원심적이든 구심적이든)를 마주하게 된다. 하나는 온전히 영혼 안에 있으며 다른 하나는 온전히 몸 안에 있는 것이다. 전자는 순수한 주지주의이며 후자는 우리가 설사 원심적 이론을 받아들일지라도, 순수한 감각론이다. 따라서 우리는 신성한 사유적 영혼과 지상적, 세속적인 느낌적 육체를 구분하는 '고전적인' 이론으로 돌아간다.

15-7] 이 하나의 언급만으로 앞에서 쌓아 올린 모든 것을 폭파하는 데 충분하다. 이는 원심적 정서 이론에 들어 있는 화약에 붙여진 불꽃같이 작용한다. 이는 대참사를 유발한다. "이것은 무엇을 의미하는가?" 실의에 빠진 세르지는 묻는다. 우리 앞에는 내장기관의 참여가 전혀 없이도, 심지어 운동 신경의 개입 없이도, 원심적 이론에 의지할 가망 없이도 최대한 장엄하게 펼쳐지는 정서가 있다. 내장 이론의 이러한 완전한 몰락은 우리를 순수한 감각론으로 혹은 주지주의로 던져 넣는다. 우리는 느낌으로서의 정념과 신체에 의존하지 않는 지적 정서의 고전적 구분으로 되돌아간다. 여기서 새로운 지평이 열리고 새로운 관점이 나타난다. 길은 더욱 험하고 어려워진다.

내장 이론의 몰락은
어떻게 감각주의나 주지주의를 낳는가?

막달라 마리아의 황홀경, 1620.

15-6 글상자의 루벤스의 그림과 일 년 후 로마에서 아르테미시아 젠틸레스키가 그린 「막달라 마리아의 황홀경」(1621)을 비교해 보자(아르테미시아 젠틸레스키의 인생과 업적은 『성애와 갈등』 서문 참조). 당황한 천사들과 생명력을 잃은 육체 대신, 이 그림에서는 마리아 혼자 미소 지으며 무릎을 껴안고 있다. 마치 즐거운 생각의 느낌이나 자신의 기분 좋은 감정에 대한 생각을 누리고 있는 것 같다.

15-8] 구심적 정서 이론을 완전히 거부할 수 있는 가능성을 드러내며 데카르트 정념 학설의 핵인 원심적 정서 이론은 현대 실험 심리학에서도 그 상속자와 계승자를 찾았다. 이는 지금까지 데카르트의 생각으로 전체적으로 너무도 물들어 있고 그에 의해 삶을 부지해 왔기 때문에 우리는 이를 그의 직계 후손이라고 정당히 간주할 수 있다. 현대 심리학의 위기의 토대에 놓여 있거나, 그 문제의 개별적, 부분적인 것과 관련 있는 모든 일반적 모순이 데카르트의 정념 학설에 놓인 모순을

나타낸다는 것을 드러내는 것—이것이 우리 연구의 현 부분의 과업이다—이 가능하다. 이런 의미에서, 모든 과거 심리 과학의 역사적 의미와 그것의 현대적 위기를 이해하는 데에서 핵심적인 중요성을 지니는 연구 대상 책 중 데카르트의 최후의, 종결적 연구 저작인 『정념론』 같은 책은 없다. 우리는 오늘날 널리 알려져 있지 않고 데카르트의 저작 중 전혀 중심적이지 않은 이 『정념론』이 모든 현대 심리학과 그것을 갈기갈기 찢는 모든 모순의 시초에 놓여 있다고 정당하게 주장할 수 있다.

원심적 정서 이론과 구심적 정서 이론의
차이점은 무엇인가?

구심적, 원심적이라는 표현은
비유일 뿐이야.

J. 반 라위스달(Jacob van Ruisdael), 풍차가 있는 풍경, 1646.

반 라위스달의 그림에서 볼 수 있듯이 풍차는 지속적인 보수를 필요로 한다. 회전 날개의 원심력이 구조물에 피로를 누적시키기 때문이다. 세르반테스의 소설 6장에서 가엾은 돈키호테가 풍차와 대결할 때 그를 공중으로 던져 버린 것은 원심력이었다. 정서의 '원심적' 이론은 정서가 중심에서 시작되어 주변으로 날아감을 의미한다. 비고츠키는 이런 이유에서 때때로 이 이론을 중심적 또는 중추신경계를 바탕으로 한 이론이라고 불렀다. 이는 캐논과 바드의 시상 이론, 분트의 신경지배 이론 그리고 데카르트와 일맥상통한다.

그림과 마찬가지로 비유는 다만 하나의 일러스트일 뿐이며 그것은 늘 한 가지 이상으로 해석할 수 있다. 어쨌거나 풍차는 스스로 동력을 만들어 내지 않는다. 그것을 돌리기 위해서는 바람이 필요하다. 바람에서 돛으로, 돛에서 회전자로, 회전자에서 차축으로 에너지가 이동한다. 이는 원심적이 아니라 구심적인 동작이다. 구심적 정서 이론에 따르면 정서는 피부, 감각기관, 소화 및 내분비 기관, 혈관운동 신경 체계에서 시작되어 중심을 찾아간다. 이는 제임스 랑게의 내장 이론, 던랩의 '에너지' 이론, 그리고 던랩이 지적한 바와 같이 데카르트의 이론과 일맥상통한다.

아마도 양면의 동전처럼 동등하게 데카르트적인 이 두 가지 이론들을 생각하는 최선의 방법은 하나는 신경에너지가 밖에서 안으로, 즉 마치 풍차처럼 환경에서 주변으로, 주변에서 중심으로 전달되어 가고, 다른 하나는 안에서 밖으로, 즉 중심에서 주변으로 그리고 다시 환경으로 전달되어 간다고 보는 것이다. 풍차 뒤쪽으로 보이는 굴뚝에 주목해 보자. 네덜란드의 겨울에 방앗간 주인 가족은 열을 발산하는 원심적인 난로로 집을 따뜻하게 덥히고 있을 것이다.

15-9] 데카르트의 정념 학설에 마치 초점처럼 모여 있는 데카르트 체계의 모든 모순은 음악적 용어를 사용하자면, 기본 테마이다. 모든 현대 심리학은 이와 관련해서, 이 기본 테마를 포함하고 발전시키는 변주곡일 뿐이다. 심리 과학의 발전 경로에서 데카르트 학설은 일련의 개별적인 개념과 방향으로 흩어졌다. 이는 여러 연구자들에 의해서나 여러 심리적 체계에서 발전되었기 때문에, 겉으로 볼 때는 독립적이고, 논리적으로 완결되었으며 고유한 과학적 생각의 흐름, 데카르트라는 동일한 원천에서 시작되었으면서도 서로 양보할 수 없는 투쟁으로 만나는, 극심하게 상호 모순적인 흐름으로 나타난다. 데카르트의 심리학적 관념은 체계의 토대 자체에서 내적인 모순을 가지면서, 과학적 발달 경로에서 각각의 독립적이고 서로 적대적인 심리학적 생각의 이론적 경향성으

로 갈라지지 않을 수 없었다. 바로 이것이 우리가 현대 심리학 중 하나에서 데카르트 학설의 완전하고 전체적인 구현을 만나지 못하는 이유이다. 내적으로 부서진 이 학설의 광대한 구성의 조각만이, 부분들만이 어디에나 있다.

15-10] 그러나 만일 각각의 심리학적 경향성과 개별 연구자들의 경계를 넘어선다면, 만일 이들 위에 올라서서, 서로 대적하는 체계들의 원천과 근원을 역사적 연구의 측면에서 고찰한다면, 만일 현대 심리학의 기본 문제에 대한 이론적인, 본질적으로 철학적인 연구를 통해 그들의 내적 통합성과 연결을 드러내고 이 의견들 간의 투쟁 뒤에는 데카르트 이론 자체의 기저에 놓인 모순이 있음을 제시한다면, 흔히 양극단의 이론들은 적이기보다는 쌍둥이로, 경험적 지식의 측면에서 서로를 배척하는 모순이라기보다는 왼쪽과 오른쪽처럼 각자가 서로를 상정하고, 하나 없이는 다른 것도 불가능한 상호관계적 개념임이 나타난다. 우리는 이를 전체 현대 심리학의 위기가 겪는 기본적 모순의 사례에서, 설명적 심리학과 기술적 심리학의 문제에서 이미 본 바 있다. 이제 우리는 위에서 제시된 것, 즉 정서의 최초, 최종 원인과 근접, 원거리 원인에 대한 데카르트의 이론에 대한 분석과 관련하여 다시 한번 이를 확증할 기회를 가질 것이다. 인과적 설명의 문제는 심리학을 설명적 심리학과 기술적 심리학으로 역사적으로 나눈, 과학적 심리학의 가능성의 기본 문제이기 때문이다. 이러한 측면에서 인과성의 문제는 전체 심리학 위기의 주춧돌이 된다.

> 쌍둥이는 세 겹으로 보호된다. 먼저 외상으로부터 보호하기 위해 나무를 깎은 요람에 둘러싸여 있다. 그다음 질병으로부터 보호하기 위해 깨끗한 흰색 배냇저고리를 입고 있다. 마지막으로 이 모든 보호막이 실패하여 영아 사망에 이른다 하더라도 그들의 영혼이 구원될 것임을 보여 주는 세례의 증표를 목에 걸고 있다.

S. 드 브레이(Salomon de Bray), 드 브레이가의 쌍둥이 클라라와 아엘베르, 1646.

1926년, 비고츠키가 생애 유일했던 해외여행을 마치고 소비에트로 돌아왔을 때 그는 심각한 질병에 시달렸다. 자하리노 결핵 병원에 입원하고 자기 일을 정리하기 시작했다. 이 시기는 비고츠키에게 이후 『심리학적 위기의 역사적 의미』(1927)로 발표될 노트를 작성하는 시간이었다. 그는 관념론적, 기술적 심리학(현상학을 포함)과 설명적 심리학의 분기를 탐구하고, 전자를 잘라 내고(1997: 324), 후자를 일반 심리학으로 발전시켜야 한다(1997: 334)고 주장했다. 그러나 그는 또한 두 '적군'이 공통의 조상, 공통된 오류를 공유할 뿐 아니라 그들을 쌍둥이로 만드는 공통의 미래 역시 공유하고 있음을 깨달았다.

비고츠키가 여기서 언급하는 것처럼 공통 조상은 데카르트의 이원론이다. 즉, 이는 우리가 동물과 공유하는 저차적 기능에 대한 기계론적 심리학과 인간의 고유하고 고등한 역사적 기능에 대한 영적 심리학의 분화였다. 공통의 오류는 정신 현상의 원인을 언어, 사회, 역사에서 간접적이고 매개된 원인에서 찾지 않고 신체에서 그 즉각적인 원인만을 찾으려고 했던 경향성이다. 비고츠키는 이 책의 I권 **12-46**에서 다리 근육의 움직임으로 소크라테스의 죽음을 설명하는 것으로 이것을 언급한다.

　기술 심리학과 설명 심리학의 공통된 미래에 대한 비고츠키의 아이디어는 1927년 이후 상당히 진전되었다. 당시 비고츠키는 스피노자의 윤리학이 뼛속까지 비과학적이라고 일축했다(1997: 326). 이제 비고츠키는 『에티카』가 개인의 자유의지를 부정함으로써 문화 간, 역사적으로 확장되는 무한한 인과의 사슬로서의 정신 현상에 대한 인과적 설명을 허용한다고 주장한다. 당시 비고츠키는 모든 과학은 기술에서 설명으로 발전한다고 주장한다. 이제 비고츠키는 고등심리기능에 대한 기술 심리학은 생물학적인 기술뿐 아니라 역사, 사회, 문화, 언어적 기술을 포함하는 설명 심리학에 논리적으로 토대해야만 한다고 주장한다. 당시에는 설명 심리학과 기술 심리학은 적이자 쌍둥이로 발달했다. 이제 그들의 관계는 세대 관계이다.

　이 쌍둥이와 화가의 관계 역시 세대 관계였다. 이 쌍둥이는 드 브레이의 조카와 조카딸이었다. 1664년 4월, 드 브레이는 10명의 자녀 중 4명과 함께 암스테르담 인구의 10%가 사망한 전염병으로 사망했다.

15-11]　진실된 지식은 오직 인과적 지식으로 가능하다. 심리학은 인과적 과학으로 가능한가? 일어나는 모든 것의 합법칙성과 확정성에 대한 과학적 지식의 가장 기저에 놓인 인과적 설명을 인간의 고등한 심리적 삶의 세계에 원칙적으로 적용하는 것이 일반적으로 가능한가? 따라서 인간에게서 고등한 것에 대한 과학적 지식이 가능한가? 과학으로서의 인간의 일반 심리학이 가능한가, 아니면 이는 오직 응용 형이상학으로만 가능한가? 이 문제에 대해, 그리고 오직 이 문제에 대해서만 설명적 심리학과 기술적 심리학 사이의 논쟁이 이어진다. 이런 의미에서 현대 심리학 지식의 두 쌍둥이의 외관상의 모순성은 정념의 최초 원인과 근접 원인에 대한 데카르트의 모순적 학설의 통합체 속에 이미 씨앗으로 포함되어 있다고 말할 수 있다.

여기서 말하는
설명적 심리학과 기술적 심리학 사이의
논쟁은 무엇인가?

강보에 싸인 쌍둥이: 자코브 데 그레프와 알제 보엘렌즈의 아이들, 익명, 1617년경.

15-10 글상자의 그림과 이 그림을 비교해 보자. 핵심적인 차이가 있다. Ch. P. 록Charlotte Peters Rock이 쓴 다음의 시에서 그 단서를 찾을 수 있다.

강보에 싸인 아이들
단단히 다문 입-크게 뜬 눈

그들의 삶을 기록하기 위한 그림

4세기 동안의 응시
그들의 죽음에 대한 여전한 비통
그들의 열린 눈 주변의 소리들

알제 보엘렌즈-쌍둥이의 어머니
자코브 덕스즌 데 그레프의 아내
3년 후 사망

딜타이는 우리의 감정과 생각은 인과적으로 설명할 수 없으며 다만 그들을 이해할 수 있을 뿐이라고 했다. 하지만 제임스-랑게는 우리의 감정과 생각을 '이해'한다는 것은 그들을 기술한다는 뜻이며, 감정을 생각으로 '번역'하고 생각을 더욱 추상적이거나 '객관적인' 형태로 번역하는 것이라 했다. 그것은 감정의 시를 사고의 과학적 언어로 바꾸는 것이다. 그런데 이는 감정이 어떻게 일어나며 어떻게 영향을 받는지를 더 자세히 설명해 주지 않는다. 그것들은 비통해하는 부모들에게서 감정을 멀리 보내 버리는 것처럼 보인다.

이것은 '이해'를 어떻게 이해하는가에 대한 의미 없는 논쟁이 아니다. 교사로서 우리의 역할은 타인으로부터 배우는 어린이의 감정을 그들 자신의 자율적 사고로 전환시키도록 영향을 미치는 것이다. 교사들은 이 변형을 위해 언어를 사용한다. 언어는 물론 공기 중의 소리가 종이 위에 표현되는 것이다. 공기 중의 소리가 종이 위에 쓰인 기호들의 '원인'이라고 할 수는 없지만, 종이에 쓰인 것들을 설명하기 위해 우리가 공기 중의 소리를 사용할 수 있다는 것은 분명하다. 우리는 마치 이처럼 생각을 설명하기 위해 정서를 사용하고 말을 설명하기 위해 생각을 사용하는 과학을 창조할 수 있는가? 딜타이와 데카르트, 다마지오 조차 이는 불가능하다고 입을 모은다. 하지만 비고츠키는 할 수 있다고 한다.

이 그림은 5-10의 그림과는 다르다. 아마도 쌍생아 간 수혈 증후군으로 쌍둥이가 태어나자마자 죽었기 때문일 것이다. 이는 그들이 공유한 태반에서 한 아이가 다른 아이보다 더 많은 영양을 섭취하게 될 때 일어나며, 결과적으로 그들의 혈색이 매우 다르며 대부분의 경우 둘 다 사망에 이른다. 이 쌍둥이와 그들의 어머니가 죽은 지 400년이 지났지만, 우리는 여전히 그 정확한 원인을 알지 못하며 이 때문에 그것은 '증후군'이라고 불린다. 그러나 우리는 쌍생아 간 수혈 증후군을 훨씬 더 잘 예측하고 예방할 수 있으며 그런 면에서 다만 무기력하게 비극을 묘사할 수밖에 없었던 이 화가나 시인보다, 부모들과 그들의 감정을 더 잘 설명하고, 개입하고, 영향을 미칠 수 있다.

15-12]　과학으로서 심리학의 모든 존재, 모든 운명이 걸려 있는 이 일반적인 원칙적 문제 뒤에 데카르트 이론에서 해결되지 않은 이 체계의 모순이 한편으로는 엄격히 일관되고 절대적이며 수학적인 기계적·인과적 설명 원칙으로 이끌고, 다른 한편으로는 동일한 원칙을 오직 한 지점, 무한한 연장의 (속성을 지닌-K) 사소한 지점인 인간의 뇌 분비샘에서만 뒤집은 모순이 서 있는 것과 동일하게, 데카르트 정념 이론에서 해소되지 않은 모순이—이번에는 우리가 이제 막 논의했던 구심적 정념 이론과 원심적 정념 이론 사이의 모순으로서 사실적 특성을 지닌 모순— 외적 세계가 우리 감각기관을 자극하며 일어나는 감각의 주변적 기원만을 허용하는 이론과, 감각의 주변적 기원과 더불어, 영혼이 그 주요 기관, 즉 인간의 뇌에서 어떤 활동이 일어나는지를 직접 인지하는 것을 허용하는 감각의 중심적 발생을 인정하는 이론 사이의 구체적이고 특정한 심리학적인 논쟁 뒤에 서 있다.

비고츠키는 노트에 스피노자가 셰익스피어의 언어를 개념으로 번역했다고 기록했다(2018: 214).
"스피노자는 인간 개념을 창조하는 데 성공했다. 이 개념은 과학으로서의 인간 심리학을 형성할 수 있다. 이는 그 대상과 일치하는 개념이기 때문에 진개념이다. 셰익스피어 말로 한다면, 온전한 의미에서 인

구심적 정서 이론과 원심적 정서 이론 사이의
모순은 외적 세계와 영혼 중에서 무엇이
중심적이고 일차적인 감각인지의 차이인가?

A. 코르테(Adriaen Coorte), 호두 정물, 1695.

간을 보여 주기 때문이다. 이로써 그것은 인간 심리학에 그것의 진짜
주제를 보여 준다"(2018: 213).

스피노자와 셰익스피어에게 인간은 사회적 존재나 영혼으로 제한될
수 없다. 우리는 이 둘, 즉 사회적 정서와 정서적 사회성의 통합에서
인간을 탐구해야 한다. 호레이쇼가 아버지는 훌륭한 왕이었다고 햄릿
에게 말하자 햄릿은 이렇게 대답한다.

"남자였지. 이런저런 면모를 모두 가졌어. 나는 결코 다시는 그 같은
이를 보지 못할 거야"(『햄릿』, 1막 2장, pp. 186-187).

다른 이들이 데카르트는 옳거나 그르다고 말할 때, 비고츠키는 그
가 남자였다고 답하면서 모순으로 가득한 그의 모든 면모를 취하라고
우리에게 말한다. 한편으로 정서는 우리 환경에서 나오지만 다른 한편
으로 정서는 우리의 영혼으로부터 퍼진다. 한편으로 영혼은 시간이나
공간 속에 존재하지 않기 때문에 전혀 연장의 속성을 갖지 않지만(영
원하다), 다른 한편으로 영혼이 일종의 연장을 얻게 되는 뇌의 작은 지
점, 송과샘이 있다.

따라서 비고츠키는 데카르트가 바로 이 지점에서 영혼의 연장을 인
정했다고 말한다. 그러나 이 인정은 (논리적 모순에 빠진) 데카르트 자신

의 체계와 (제임스와 랑게, 그리고 딜타이와 슈프랑거와 같이 이런저런 방식으로 이 모순을 해결하고자 노력했던) 그에 토대한 이후의 심리학적 체계 모두에 헤아릴 수 없을 정도로 중요한 문제다.

캐논과 바드(I권, **2-9** 참고)의 관점에서 데카르트는 그리 멀리 있지 않았다. 송과샘 바로 앞에는 시상이 있는데 시상은 호두 크기이며 좌우로 나뉘어 있다. 이는 뇌와 신체의 나머지 부분 간의 주요한 중계 센터이며, 캐논과 바드는 시상의 병변이 정서적 삶에 중요한 영향을 준다는 사실을 명료하게 확립했다. 이것이 비고츠키가 캐논과 바드 역시 데카르트와 호환된다고 믿는 이유이다. 물론 데카르트는 데카르트와 전적으로 호환될 수는 없다. 왜냐하면 그는 한쪽으로는 정서가 수동적 감각 경험의 구심적 결과라고 믿었고, 다른 한쪽으로는 정서가 원심적 결과라고 믿었기 때문이다.

이후에 로젠크란츠와 길덴스턴Rosencrantz and Guildenstern은 햄릿의 정신 분열증의 원인을 찾고자 했다. 그들은 햄릿이 야망에 대한 의심을 피하기 위해서 미친 척했다고 (올바르게) 믿는다. 햄릿은 덴마크를 감옥으로 묘사한다.

로젠크란츠: 저희는 그렇게 생각하지 않습니다, 전하.

햄릿: 그래, 그럼 자네들에게는 아니지. 원래 좋은 것과 나쁜 건 따로 있는 게 아닌데 생각하기에 따라 그리될 뿐이니까. 나에겐 감옥이야.

로젠크란츠: 그렇다면 전하의 야망이 그렇게 만든 것입니다. 당신 마음에 이 나라는 너무 좁지요.

햄릿: 오, 맙소사! 내가 비록 호두 껍데기에 갇혀 있어도 무한한 우주를 지배하는 왕이라고 생각할 수 있네. 내가 악몽만 꾸지 않는다면 말이야.(『햄릿』, 2막, 2장)

15-13] 이와 관련하여 던랩이 심리학의 이론적 측면에 대한 역사적 연구에서 도달한 결론은 그 의미상 논쟁의 여지가 없고 근본적이라고 우리는 생각한다. 이 연구자는, 모두가 현대 심리학의 토대를 놓은 이

중 하나로 인정하는 데카르트가 자기의 오른손으로는 심리학의 대상을 만들고 왼손으로는, 의도치 않았을지 모르나, 이 토대를 무너뜨리고 이 과학의 전체 구조가 완전히 오른쪽으로 기울게 만들었으며 이 편향은 이후 발달의 오랜 기간 동안 유지되었다고 말한다. 『정념론』에서 그는 비록 자신의 특이한 반사학적 이론은 폐기하였으나, 생리학적 심리학과 전체 현대 반사학 이론의 주춧돌을 놓았다. 그러나 방법론에 대한 논의에서 그는 자신의 '…원칙'에서와 같이 심리학의 대상을 일반 상식에 의거하여 정당화하는 경향이 있으며 그렇게 함으로써 심신평행론과 인식론적 이원론이라는 파멸적 학설의 길을 예비한다. 이 평행론과 이원론은 말브랑슈와 그의 후계자인 J. 로크에 의해 곧장 발달되었고 이후 3세기 동안 심리학 발전의 건축계획이 되었다.

'…원칙(Принципах…)'으로 표기된 데카르트 저서는 『철학의 원칙 The Principles of Philosophy』(1644)을 지칭한다.

15-14] 우리는 주변적 정서 이론의 운명에 대한 모든 논쟁은 본질적으로 말해 (결코 위대한 저자의 부주의에 의해서만 데카르트 학설에서 평화롭게 결합되는 것은 아닌) 주변적 정념 이론과 중심적 정서 이론 사이의 모순에 의해 만들어진다는 사실의 확립을 이끄는 양극단으로부터의 두 연구의 놀라운 일치를 본다. 이 연구 중 하나를 우리는 이미 인용할 기회가 있었다. 그것은 우리가 보았다시피, 감각과 정서의 기원에 대한 주변적 이론과 중심적 이론 사이의 예전과 오늘날의 논쟁은, 즉 제임스와 분트 사이의 옛 논쟁과 제임스의 계승자들과 캐논, 다나, 헤드 등과 같은 현재 중심적 이론의 창시자들 사이의 새로운 논쟁은 어떤 면에서 사실 데카르트의 정념 이론에 포함되어 있는 동일한 논쟁이 심리 과학 발달의 새로운 단계에서 새로운 형태로 부활한 것임을 설득력 있게 드

러낸다.

15-15] G. 세르지는 현대 정서 심리학에서 데카르트 학설의 운명을 추적하면서 이 사실의 확립에 다다른다. 데카르트 학설에 구심적 이론과 함께 포함되어 있는 원심적 정념 이론에 대해 이야기하면서 세르지는 올바르게도 분트와 그의 유명한 신경지배적 감각 이론을 언급한다. 이 이론에 따르면 주변적 운동 감각에 더해 중심에서 발생하는 운동 감각의 존재가 상정된다. 이 감각은 (뇌의-K) 운동 중추와 감각 중추의 상호작용 덕분에 일어나며 운동 충동이 생겨나는 순간 의식이 직접 감지할 수 있게 해 준다. 운동 충동 발생의 이러한 직접 인식은 신경지배의 감각이다. (사지-K) 마비의 경우, 우리 근육의 모든 감각 신경의 자극이 제거되어, 모든 신체적 움직임이 제거되고 심지어 불가능한 경우에도 우리는 운동 충동, 운동 의도의 감각을 여전히 보존할 수 있다. 이 덕분에 반신불수 환자는 운동 환각을 느낄 수 있다.

> 네덜란드에서 80년 동안 벌어진 전쟁의 결과 중 하나는 절단 환자 집단의 고령화와 보철 시장의 확대였다. 얼마 지나지 않아 의사들은 어떤 절단 환자들은 보철 장치에서 감각을 느낀다고 보고하기 시작했다. 이러한 느낌은 어떻게 설명될 수 있을까?
> 비고츠키가 지적하듯, 데카르트에게는 이미 매우 그럴듯한 설명이 존재한다. 데카르트는 동물정기가 양방향으로 통행한다고 주장한다. 이는 주변 감각기관(눈, 귀, 코, 혀 및 피부를 포함하는)에서 송과샘까지의 구심적 방향과, 송과샘에서 주변 신경 말단(운동 신경 및 감각 신경)까지의 원심적 방향이다. 분트는 신경지배 이론을 통해 두 번째 경로에 이론적 토대를 제공한다. 캐논과 바드는 동물 해부 및 인간의 마취와 시상 병변에 대한 연구 요약을 통해 두 번째 경로에 경험적 토대를 제공한다. 그리고 절단 환자의 '환상지'를 설명하는 것이 바로 이 두 번째 경로(운동 충동의 감각)이다. 이 원심적 정서 이론이 보철 장치뿐만 아니라 도구와 인간 노동을 포함할 수 있는 활동에 기반을 둔 정서 이론으

분트의
신경지배적 감각이란
무엇인가?

P. 퍼르다인 박사의 새로운 다리 보철 장치, 1695.

로 발달하지 못한 이유는 무엇일까?

물론 그것은 바로 비고츠키 사후에 일어났던 일이다. 오늘날 비고 츠키에 대한 주요 해석은 본질적으로 이 접근 방식을 정교화한 것이 다(A. 코줄린의 '심리적 도구'와 보드로바와 렁의 '마음의 도구'). 그러나 이후의 몇 문단은 비고츠키 자신이 주변적 이론과 원심적 이론 뒤에 똑같이 정념에 대한 데카르트의 관점이 놓여 있다고 믿는다는 것을 보여준다. 둘 중 어떤 접근 방식도 실제로 인간 고유의 정서 발달을 언어가

할 수 있는 방식으로 설명할 수 없다. 언어는 의식의 보철물이 아니다. 그것은 모든 인간 감정과 생각의 의미 잠재력을 포괄하는, 의식 자체의 소우주이다. 그리고 이 관점 뒤에는 정신이 신체와 맺는 관계는 정신의 관념—의식—이 정신 자체에 대해 맺는 관계가 동일하다(정신은 신체가 스스로에 대해 갖는 관념이다. 정신의 관념은 정신이 스스로에 대해 갖는 관념이다)는 스피노자의 관점이 있다.

15-16] 신경지배적 감각 이론의 원칙적 의미는 분트 자신이나 그의 반대자들에게도 완전히 명확하지 않았다. 이 이론은 저자에게 완전히 새로운 원칙에 대한 의식을 고양시켰을 뿐이다. 이는 이론이 생리학적 심리학에 도입한 원칙으로, 모든 감각이 주변적으로 발생한다는, 일반적으로 수용되고 논쟁의 여지 없는 사실적 확증을 갖는 학설과 날카롭게 대립하는 원칙이며, 끝으로 의지적 의도의 작용에서 심리적 과정과 생리적 과정 사이의 관계를 더 복잡한 형태로 나타낼 수 있게 해 주는 원칙이다.

예언자 안나(14-3 글상자 참조)를 표현한 것으로 추측되는 작품이지만 이 그림의 노파는 렘브란트의 모친과 매우 닮았다. 어둠 속에서 신발을 신거나 눈을 감고 코를 만지는 등의 기능들은 운동과 감각 사이의 회로를 통해 잘 기술될 수 있다. 그러나 독서의 경우는 다르다. 물론 여기에도 운동 활동이 관여한다. 어린이가 책을 읽는 모습에서 우리는 안구 운동을 관찰할 수 있다. 그러나 안구 운동을 느끼는 것이 텍스트의 이해를 추동한다고 생각하기는 힘들다.

오히려 느낌이나 생각이 안구 운동을 추동한다는 생각이 더욱 그럴듯하다. 이는 중심(뇌)과 주변 사이의 쌍방향 소통을 가정하면 가능해진다. 뇌는 망막이 의미를 찾도록 '가르칠' 수 있으며 망막은 의미를 구현하는 패턴을 뇌에게 '가르칠' 수 있다. 이는 우리가 시간을 읽는 방법이기도 하다. 우리는 대상을 보고 한눈에 그것이 시계임을 알 뿐 아

신경지배적 감각 이론은
과학적으로 또는 실증적으로
입증하기가 어려운가?

렘브란트(Rembrandt), 책 읽는 노파, 1631.

니라 (대상을 대상으로 인식하지 않으면서도) 시계가 가리키는 시간을 알
수 있다.

따라서 비고츠키는 분트의 이론이 생리적 심리학에 완전히 새로운
원칙을 도입한다고 말한다. 그것은 어둠 속에서 코를 만지거나 신발을
신는 등의 실험을 통해 발견된 경험적 사실과 모순되지만 문해와 같
은 지식을 포함하는 더욱 복잡한 관계를 이해할 수 있는 진정한 전망
을 밝힌다. 그러나 비고츠키는 생리적 심리학자였던 분트가 신경지배
이론의 진정한 함의를 파악하지 못했다고 지적한다. 분트는 이 이론이
지각에 대한 문화-역사적 이론의 토대를 놓았음을 이해하지 못했다.

15-17] 이론은 비록 완전히 분명하지 않기는 하지만 새로운 지평을 열었다. 이 이론은 이 이론을 통해 복잡한 의지적 과정이 자연적, 인과적, 심리생리적 설명을 획득할 수 있을 것이라는, 그리고 이 과정이 한편으로는 어떤 운동 작용의 중심적 계기와 주변적 계기의 순환에 토대한 단순한 습관 기제로 환원되지 않고, 다른 한편으로는 자연과학적 설명 가능성을 모두 배제하는 유심론적 이론에 전적으로 양보하지 않게 될 것이라는 막연한 희망을 갖게 해 주었다. 반대자들도 이를 느꼈다. 이 때문에 이 이론은 제임스의 주변적 정서 이론에 가해진 비판과는 비교도 할 수 없을 만큼의 신랄한 비판에 직면한다. 반대자들은 이론의 저자 자신과 같이 이론의 원칙적 의미에 대해 잘 의식하지 못했으며 철학적이기보다는 사실적 유형의 논쟁에 참여하였다.

P. J. 엘링가(Pieter Janssens Elinga), 원근 상자, 1660~1680.

이 그림은 삼각기둥 모양의 상자 속에 그려진 작품이다. 바닥을 보면 상자의 삼각형 모양이 보인다. 네 면은 모두 그림이 그려져 있으며, 조명장치와 작은 구멍이 나 있는 앞면은 제거된 상태이다. 구멍을 통해 볼 때, 뇌는 네 면을 한데 모아 단일한 3차원 이미지를 만든다. 그러나 이 질서 있는 3차원 세계는 정확히 어디에 존재하는가? 앞면 덮개를 제거하면, 패널은 무질서하게 분리되어 이상하게 보인다.

분트는 서로가 서로를 수정하는 뇌와 망막 사이의 양방향 통행의 산물인 통각(의식된 지각)에 그 답이 있다고 말한다. 분트의 신경지배 이론은 통각 개념을 일반화하려는 시도였다. 단순 지각을 구성할 때조차 뇌의 능동적 역할을 강조함으로써, 심리학자들은 '반사궁'이라는 덫을 피해 갈 수 있었을 것이다. 존 듀이는 반사궁만으로는 본능과 습관만이 설명 가능함을 보여 주었다. 비고츠키가 말하듯 '반사궁'은 중심적 계기와 주변적 계기의 회로를 구축했을 뿐이다. 운동 작용과 감각으로부터 뇌로의 피드백의 역할을 강조함으로써, 통각 이론은 유심론적 이론과 자유의지 이론을 회피할 수 있었을 것이다. 그러나 비고츠키가 여기서 제기하고 있는 더 큰 철학적 문제를 모르던 분트 자신은 곧 그 이론을 포기했다. 왜냐하면 많은 사실들이 그 이론을 지지하지 않는 것으로 보였기 때문이다.

분트는 심신평행론을 믿었던 라이프니츠 학파였기 때문에, 이 통각 이론은 서로 다른 두 이론을 파생시켰다. 하나는 주로 감각과 그 감각이 내재화되는 방식과 관련된 실험 심리학이었다. 이는 실험실에서 연구가 가능했다. 그러나 다른 하나는 언어, 주술, 행복 및 고등 정서와 관련된 문화적 심리학이었다. 이는 현장에서, 특히 다른 '덜 발달된' 사회에서 직접 살면서 기록하는 방식으로 연구되어야 했다. 방법론이 너무 달랐기 때문에, 고등 정서가 어떻게 저차적 정서로부터 발달하는지 보여 줄 방법은 전혀 없었다.

분트의 두 심리학은 여기서 달라진다. '상향식'으로 보면서 통각의 관점을 취하면, 우리는 눈과 뇌의 구조가 어떻게 원근 상자라는 환각을 일으키는지 설명할 수 있다. 그러나 우리는 이것이 어떻게 17세기의 차분한 인테리어를 묘사한 원근 상자의 유행을 일으켰는지 설명할 수 없으며, 실제로 지속된 것은 차분한 인테리어이지 원근 상자 자체가 아니다. 그러나 역사적 관점을 취한다면, 우리는 원근 상자가 네덜란드의 황금 시대에 어떻게 그리고 왜 그렇게 인기를 얻었는지 쉽게 알 수 있다. 그것은 차분한 인테리어, 일상적인 보는 행위에 대한 매혹, 그리고 스피노자와 그의 동료들이 참여했던 빛에 대한 과학적 발견에서 역할을 했다. 원근 상자에 대한 이러한 '하향식' 관점 내에서, 통각은 사소하고 별 볼 일 없는 역할을 수행한다.

15-18]　어디서도 두드러지게 공개적으로 주변적 정서 이론에 반대하지 않은 신경지배적 감각 이론이, 그(주변적 정서 이론-K)와는 상반되는 철학적 경향성을 표현함에 따라 본질적으로 그의 원칙적 대적자임이 확실히 명백해진 것은 이후의 일이었다. 분트와 그의 신경지배적 감각 이론 뒤에는 데카르트와 그의 원심적 정념 이론이 서 있었다. 이는 제임스와 그의 주변적 정서 이론 뒤에, 역시 데카르트가 정신의 운동이 내장 변화의 감각과 지각에 의해 기계적으로 발생한다는 구심적 이론과 함께 서 있는 것과 마찬가지다.

15-19]　여기서 우리가 앞서 말한 일이 벌어졌다. 데카르트 이론의 모순적 체계는 그 구성 요소로 분해되어 각각의 반대 부분에 다른 부분이 대항하여 각자를 발전시키고 보호하는 명예가 주어졌다. 제임스는 그가 볼 때 환상일 뿐인 중심적 감각 이론에 대항하여 분트와 싸웠다. 분트는 제임스의 주변적 정서 이론을 거부하였다. 두 경우 데카르트 이론의 한 부분이 다른 부분에 항거하여 일어났으며 데카르트의 체계는 이를 불화에 휩싸이게 한 모순에서 뜯겨져 나왔다. 그러나 여기든 저기든 어디에서도 생리학적 심리학은 이 체계의 마법의 원 밖으로 나오지 못했으며 이 원은 심리학적 생각의 발달 앞에 놓인 운명적인 한계로 생각되었다. 이는 여전히 극복되지 못했다.

15-20] G. 세르지는 제임스-랑게 이론의 원칙적, 사실적 내용이 모두 데카르트 이론에서 발견된다는 것을 증명하고자 언제나 노력한다. 이는 세르지가 학설의 한 측면만을 고찰할 때는 성공한다. 그가 정서의 원심적 발생 이론을 포함하는 다른 측면으로 돌아서는 순간, 그 자신도 인정하는 바에 따르면, 현대 심리학에서 소실된, 데카르트 학설 중이 잊힌 절반의 흔적을 찾기 위해 한동안 제임스-랑게를 잊고 (제임스가 좋아하지 않았고 그에 반해 투쟁했던) 제임스-랑게 이론의 전체 정신과 반대되는 테제로 돌아서야 한다. 이 테제는 신랄한 비판을 받았으나 저자(세르지-K)가 이를 완전한 형태로 발전시켰으며, 소생될 수 있을 것이라고 세르지는 말한다. 뒤에 우리가 보게 될 바와 같이 예언은 실현되었다. 그러나 이에 대해 말하기에 앞서 분트의 이론과 데카르트 학설의 연결을 면밀히 고찰해야 한다.

15-21] 우리가 신경지배적 이론과 관련하여 데카르트에게서 발견하는 것은 훨씬 더 일반적인 의미를 갖고 있으며 이는 운동 감각과 더불어, 정념을 포함하는 전체 지각의 범주를 내포한다고 세르지는 말한다. 지각의 최종적 물질적 원인은 항상, 정기의 배출과 함께, 정기가 분비샘에서 유출되면서, 분비샘을 뒤로하고 중심에서 신경을 향하는 정기의 고유한 운동이라고 데카르트는 반복해서 말한다. 그는 모든 지각의 근접한 물질적 원인이 구심적 운동이 아니라 원심적 운동임을 인정한다. 이처럼 심리적 현상에 대한 원심적 이론은 그의 정념 이론에 전체적으로, 또한 가장 일반적 형태로 포함되어 있다.

15-22] 데카르트 학설을 완전히 변호하기 위해—이는 이 학설에서 인간 정신에 대한 자연주의적, 신학적 접근의 화해 가능성을 보고자 하는 특정 현대 심리학의 경향성에 여전히 전형적이다— 세르지는 다음의 생각을 옹호한다. 제임스가 데카르트의 대적자로 나타나는 곳 어디에서나, 그가 원심적 정념 이론과 헤어지는 곳 어디에서나, 위대한 철학

자와 그의 과업을 이어 나가는 이들, 즉 감각의 신경지배 이론—데카르트 관념에 대한 후기 구현—의 창시자들이 옳음이 드러난다. 세르지는 이에 대한 사실적 확증을 발견한다. 그는 감각의 중심적 발생이라는 관념에 자연스럽게 따라 나오는 결과는 내장기관의 절대적 침묵에도 정념이 존재할 수 있음을 인정하는 것이라고 생각한다. 정기가 어떤 경우 이 기관에 도달하지 못하여 그에 전혀 변화를 불러오지 않으면서도 정념을 일으키기 때문이다. 이 주장은 우리를 셰링턴의 실험으로 직접 이끈다. 개가 특정 측면에서 내장기관과 단절되어 있는 때에도 개는 정서를 경험하고 발현하는 능력을 여전히 보존한다.

15-23] 제임스 이론은 감정적 환각의 가능성에 의지하지 않고서는 셰링턴이 제기한 반론을 피할 형편이 아니었다. 결코 주변적으로 발생하지 않은 환각적 감각이 가능한 것과 같이 환각적 정서, 즉 일반적으로 정서를 불러일으키는 신체적 변화가 실제로 부재함에도 이를 환각적으로 지각하는 것이 가능하다는 것이다. 비록 데카르트의 원심적 정서 이론이 곧장 우리가 감정적 환각을 필연적으로 상정하게 하지만 데카르트는 이러한 (환각적 감각의-K) 가능성을 단호히 부인한다. 이를 참조하지 않고 자신의 체계의 내적 논리에 충실히 남으며 17세기의 이론은 그의 더 어린 동료보다 덜 고통스럽게 현대의 실험적으로 획득된 지식에 성공적으로 적응한다.

> 이 그림을 정비하고 분석했던 2018년 우리가 알게 된 것은 이 작품의 제작 연도뿐이며, 제목을 제외하고는 아는 것이 거의 없다. 뒬러 흐릿(그림의 주인공)은 네덜란드 농민 문화의 한 특징적 인물로, 남편도 악마도 두려워하지 않고 (왼쪽에 입을 벌리고 있는) 악마에게서도 냄비와 프라이팬을 빼앗으려 하는 거칠고, 도발적이며, 순종하지 않는 주부다.
>
> 이 작품과 제목에 대한 해석은 그것을 실제 심상으로 보느냐, 시각

감정적 환각과 환각적 감각, 환각적 정서, 환각적 지각을 구분하지 못하겠어요.

P. 브뤼헐(Pieter Brueghel), 광기의 흐릿(Dulle Griet), 1553.

적 환각으로 보느냐 아니면 정서적 환각으로 보느냐에 따라 달라진다. 브레히트는 이 그림이 '네덜란드 독립 전쟁'에 저항하는 여성의 반란을 심상화한 것이라고 생각했다. 이는 '전쟁의 악마'가 그림 중앙에 거지로 묘사된 이유와 여성들에 의해 감옥에 갇힌 군인들이 묘사된 이유를 설명한다. 그러나 이 그림을 순수한 시각적 환각으로 보는 것 또한 가능하다. 이는 '전쟁의 악마'들이 자신의 직장直腸에서 나온 석탄을 숟가락으로 뜨며 공중에 떠 있고, 거미가 하프를 연주하는 장면이 묘사된 이유를 설명해 준다. 마지막으로 정서적 환각으로, 즉 망막이나 주변 기관이 아닌 전적으로 뇌에 기반을 두는 '분노'가 붉은색으로 표현되듯이 절대 시각적으로 실재할 수 없는 느낌의 시각적 표현으로 이 그림을 볼 수도 있다.

셰링턴은 개에 대한 자신의 경험을 제시하면서 "우리는 정서의 내장적 표현이 이차적이고, 대뇌 반구의 활동과 그에 상응하는 심리적 상태가 일차적이라는 생각으로 돌아가야 한다"(I권, 4-10 참조)라고 지적했다. 마라뇬은 사람들이 뚜렷한 이미지가 아닌 정서적 환각을 일으킬 수 있고 일으킨다고 지적했다(I권 5-4 참조). 어떤 회화적 내용을 포함하지 않는 이런 정서적 환각은 우울증, 이유 없는 분노, 종교적 광기뿐 아니라 이런 그림도 설명할 수 있다.

물론 통속적인 유물론적 해석도 가능하다. 이 그림에 파란색이 없다는 것에 주목해 보자. 이 그림을 복원할 때 브뤼헐이 그림 전체에 아주 저렴한 붉은 물감을 사용했다는 것이 밝혀졌다. 당시 파란 물감은 아주 비쌌다.

15-24] 그러나 이 경우 제임스가 데카르트 학설에 대해 상반되는 극단에 있음이 드러난다고 간주하는 것은 커다란 오류일 것이다. 그와는 정반대임을, 즉 그가 이 학설의 특정한 부분에서는 의견을 달리하면서도 데카르트 체계의 경계 내에 온전히 남아 있다는 점에서 쉽게 확인할 수 있다. 이에 대한 증거로 우리는 두 가지 상황을 지적하고자 한다. 첫째는 이미 지적된 바 있는, 감정적 환각에 대한 제임스의 학설과 연결되어 있다. 이는 마치 원심적 정념 이론의 이론적 등가물과 같으며, 데카르트 자신이 기계적인 주변적 정서 발생 이론을 지속적으로 추구하는 것을 포기하도록 만든 문제에 대한 해답의 또 다른 변형과도 같다. 둘째는 데카르트의 원심적 이론의 방법론적 의미와 연결되어 있다. 두 상황을 고찰해 보자.

15-25] G. 뒤마는 감정적 환각 학설의 역사적 발달을 추적하면서, 생리학적 실험은 제임스-랑게 이론을 확증하지 못할 뿐, 그에 대한 직접적 논박에는 기여하지 못한다고 말한다. 심리학적 관찰과 임상적 관찰은 이 이론에 대해 더 부정적인 입장을 취하도록 하는데, 주변적 이론이 전혀 설명할 수 없는 일련의 사실들이 열거되기 때문이다. 그중 첫 번째 자리는 고등한 혹은 정교한 정서의 문제에 돌아간다. 제임스는 이러한 정서의 주변적 현상은 부재하거나 사소하게 나타나는 덕분에 이 정서가 우리에게 중심적으로 발생하는 것처럼 생각되지만, 이는 신체적 만족 혹은 고통으로 환원되거나 판단으로 환원된다는 검증되

지 않은 주장을 하며 이 (고등한 혹은 정교한-K) 정서로부터 벗어나려 애쓴다.

15-26] 두 번째 자리는 기쁨의 병리적 출현에 돌아간다. 이는 완전히 수동적이기 때문에 환희적 자극과도, 심지어 평화롭게 경험되는 기쁨의 느낌과도 유사하지 않다. 이는 황홀경의 기쁨이며 성인聖人의 천국의 행복이다. 이 사실로부터 주변적 기쁨 이론에 대한 심각한 반대 논증이 도출될 수 있다. 내관은 일반적으로 이 경우를 강경증과 같은 상태로 보고한다. 성녀 테레사는 다음과 같이 자신의 상태를 기술한다. "심지어 지극한 황홀의 순간에도 신체는 마치 죽은 듯이, 무력감에 휩싸인 듯하다. 신체는 이 상태를 맞은 바로 그 자세 그대로, 앉아 있든 서 있든, 손을 펴든 주먹을 쥐든 그대로 남아 있다. 때로 나는 이와 동시에 거의 맥박을 잃는다. 최소한 이때 내 주변에 있던 자매들이 이를 확신시켜 주었다."

15-27] P. 자네는 기쁨의 병리적 체험이 모든 생체 기능의 지체를 수반하는 황홀경 상태에 대해 대단히 자세히 묘사했다. 운동이 사라지고 호흡이 약해지며 혈액순환이 저하되며 신체는 완전히 움직이지 않는다. 미냐르는 백치, 노인성 치매 환자나 진행형 신체마비 환자에게서도 관찰되는 수동적 기쁨의 상태를 임상적으로 연구했다. 연구 결과 그는, 심리적 변화의 측면에서 기쁨은 모든 의식적 기능, 지적·감정적·능동적 기능의 지체를, 때로는 완전한 비활성을 수반하며, 생리적 변화의 측면에서 기쁨은 일반적으로 우울의 증세를 특징짓는 호흡과 혈액순환 저하, 동맥혈압의 저하, 체온 저하와 소화 지체 등의 모든 증상과 결합될 수 있다는 결론에 도달한다. 결국, 더 일반적인 형태로 말하자면 기쁨은 악액질과 치매의 상태, 즉 신체적·정신적 쇠퇴 상태의 심각한 발현과 결합될 수 있다.

기쁨이 악액질과 치매의 상태와
결합될 수 있다는 것은 무엇인가?

J. 브렐(Jacob Vrel), 창가에서 어린 소녀에게 손짓하는 늙은 여인. 17세기 후반.

브렐은 기술적記述的이다. 그는 아주 제한된 팔레트(흰색, 갈색, 녹색, 분홍색)만을 사용하며 노인의 주름진 손 너머의 살은 보여 주지 않는다. 하지만 기울어진 의자는 신경 쓰지도 않은 것에서 노인의 기쁨을 상상하는 것은 어렵지 않다.

P. 자네의 접근 역시 기술적이었다. 그는 공공 보호소에서 일했고, 악액질(근육 조직의 손실)과 치매(인지 기능의 손실)를 상세히 측정하면서 많은 가난한 환자들을 치료했다. 1924년 콜레주 드 프랑스the College de France 강연에서 자네는 죽어 가는 환자들이 종종 일종의 종교적 황홀경(엑스터시)이나 두 번째 아동기를 경험한다고 하였다. 에이즈로 죽어

가던 프랑스 작가 에르베 기베르Herve Guibert는 "나는 어린 시절의 근육을 다시 찾았다"라고 썼고, 이것이 그의 마지막 말이었다.

*P. 자네(Pierre Janet, 1859~1947)는 제임스와 분트와 함께 현대 심리학의 창시자이다. 개인 진료를 선호했던 프로이트와 달리 자네는 공공 의료와 공공 의학 교육을 주장했다. 분열을 정신병의 하나로 상정한 그의 이론을 이용하여 비고츠키는 13세의 위기와 정신분열증을 기술하였다.

*M. 미냐르(Maurice Mignard, 1881~1926)는 치매에 대해 연구했던 프랑스의 정신과 의사이다. 비고츠키는 G. 뒤마의 서문이 포함된 그의 1909년 책 『La joie passive: étude de psychologie pathologique(수동적 기쁨, 병리학적 심리학 연구)』를 언급하는 것으로 보인다.

15-28]　미냐르는 이 상태를, 능동적 기쁨과 완전히 똑같이 억압의 부재와, 경향성의 완전한 실현과 연결 지으면서 매우 그럴듯한 설명을 제시한다. 활동에 대한 욕구가 있는 것과 똑같이 안정에 대한 갈망이 존재한다. 잠은 충족된다고 해서 즐거움이 중지되는 욕망이 아니다. 미냐르가 기술하고 설명한 수동적인 천국의 행복은 쾌락론자의 목표에 매우 가까이 다가간다.

드르렁 쿨쿨…

충족된다고 해서
즐거움이 중지되지 않는
욕망이란 무엇인가?

N. 마스(Nicholas Maes), 쉬고 있는 하녀, 1655.

마스는 렘브란트 화실의 학생이었다. 바닥 위의 그릇들은 상당히 많은 일거리가 있었음을 보여 준다. 종교적 황홀경에 대한 미냐르의 설명은 그것이 수면과 같이 수동성을 향한 추동이라는 것이다. 식욕과 마찬가지로 수면 욕구는 충분히 가졌다고 해서 즐거움이 멈추지 않는 욕망의 하나이다. 이것이 사람들이 늦잠을 자는 이유이다!

15-29] W. 제임스는 자신의 이론이 당면한 모든 어려움을 보면서, 황홀경의 기쁨이 존재한다는 것에 토대한 반론을 침묵으로 회피할 수 없었다. 그 자신도 외견상 더 풍부하지만 유기체적 관점에서는 덜 특징적인 다른 기쁨의 상태를 인용한다. 그는 말한다. "순수한 정신적 정서가 실제로 존재한다면 나는 그것을 다른 장애물을 만나지 않은, 영혼의 충만함과 가벼움에 대한 대뇌의 감각, 생각의 작용에 대한 대뇌 감각에 제한하고자 한다. 독립적인 정서의 사례가 존재한다면 나는 그것을 이 순수한 생각의 희열에서 찾아야 할 것이라고 가정한다"(1902, p. 317).

15-30] 제임스의 이 입장도 경향성의 완전한 실현을 통한 독립적 정서에 대한 설명을 포함하지만 동시에 그것은 본질적으로 순수한 주변적 정서 이론에 반대하는 대뇌적 공감각의 개념을 포함한다. 그러한 종류의 사례에서 우리는 환각적인 현상을 다루고 있음을 의심의 여지 없이 가정할 수 있다. 제임스는, 그의 이론의 관점에 의하면, 황홀경의 상태를 나타내는 예외를 설명하기 위해 이 가설을 제시한다. 그러나 가설은 편향된 이론적 의견을 옹호하는 것 이외의 그 어떤 다른 토대도 가지고 있지 않으므로 이는 단순 참조의 의미만을 가질 수 있다.

성녀 테레사는 꿈에서 요셉, 마리아, 그리고 어린 예수를 만나 예수의 화살에 맞아 쓰러진다. 그림 아래의 시의 내용은 다음과 같다. "부모여, 왜 무기를 주었는가?/ 왜 사랑하는 이에게 공격을 하는가/ 삶의 궁수여?/ 그녀는 이 죽음의 시점에서 묻지만/ 이 죽음을 영웅적으로 받아들이며/ 소멸을 부정한다." 이 그림에서 비릭스는 테레사가 '처녀'라는 것을 주의 깊게 강조한다. 다른 예술가들(예: 베누토 셀리니)은 테레사 스스로 기록한 다음의 글로 인해 그녀의 환상을 매우 성적인 방식으로 해석했다.

"나는 그의 손에서 금으로 만든 긴 창을 보았는데, 철 끝에 작은 불이 붙은 것 같았다. 그는 그것을 때때로 내 심장으로 찔러 넣고, 내 내

장을 꿰뚫는 것처럼 보였다. 그가 창을 빼낼 때, 나의 내장도 빼내어, 나를 하나님의 위대한 사랑으로 불타오르게 하는 것 같았다. 그 고통은 너무 엄청나서, 나를 신음하게 했다. 그러나 놀랍게도 나는 고통을 달콤하게 느껴서 없애고 싶지 않았다. 영혼은 이제 순전히 하나님만으로 만족한다. 비록 육체에도 고통이 속한 부분이 있지만 고통은 육체적인 것이 아니라 영적인 것이다."

『Varieties of Religious Experience(종교적 경험의 다양성)』(1902)에서, 제임스는 성 테레사의 환상을 성에 대한 히스테리컬한 욕망으로 일축하는 프로이트와 제임스 자신의 정서 이론으로부터 성녀 테레사의 환상을 방어한다. 한편, 제임스는 이와 같은 황홀경은 장애물에 의해 억제되지 않는, 순수한 생각의 환희라고 말한다. 다른 한편으로, 제임스는 테레사의 황홀감은 수동적인 경험이라고 말한다. 한편으로, 그것은 관능적인 신체적 경향성의 실현(예컨대 성적 장애물의 제거)이다. 다른 한편으로, 그것은 신체적 표현을 전혀 갖지 않는다. 제임스는 성 테레사의 경험에 대해 설명할 수 있는 유일한 방법은 그것을 일종의 '대뇌적 공감각'으로 보는 것이라고 결론 내린다. 공감각에서는 서로 다른 감각이 혼재하여, 우리가 어떤 색채의 냄새를 맡는다거나 냄새를 본다고 느끼게 된다. 순수한 생각 작용은 대비를 이루는 신체적 감각과 동시에 일어나지만, 그 감각을 유발하지는 않는다는 것이다. 비고츠키가 말했듯이, 이 추측에 대한 근거는 제임스의 선입견이 담긴 이론적인 의견 이외에는 없다. 이는 마찬가지로 선입견에 불과한 프로이트의 설명보다 더 설득력이 없다.

15-31] 독립적 정서 학설에서나, 순수한 정신적 감정 학설에서 똑같이, 우리가 이들을 감정적 환각으로 간주하든 아니면 그 심리적 본성에서 완전한, 진정한 감정으로 간주하든 제임스는 본질적으로 말해 데카르트가 나아갔던 동일한 것, 바로 순수하게 중심적으로 발생하는 정서에의 용인으로 글자 그대로 나아간다는 것을 보는 것은 어렵지 않다. 특정 체계 자체보다 오래 살아남은 체계의 논리, 사실의 논리는 나름의 필연적인 내적 발달을 가짐이 분명하다. 그중 한 부분을 수용하는 이는 필연적으로 두 번째 부분도 수용해야 한다. 이것은 그가 과학적 심리학에서 그 모든 자취를 지우고자 아무리 노고를 쏟아부어도, 그가 아무

리 훌륭한 심리학자이더라도 그러하다.

15-32] 주변적 정념 이론에서 기계론적 원칙의 일관된 적용은 데카르트로 하여금 정서의 중심적 발생 이론에서, 반대 입장의 유심론적 원칙을 발전시키도록 했다고 우리는 완전히 타당하게 말할 수 있을 것이다. 이와 유사하게, 제임스의 이론을 전체적으로 살펴본다면 그의 이론에서 인간적 감정의 본성을 설명하기 위한 최종 원인으로 그가 의지했던 생리학적 기제의 법칙은 그에 대한 보충으로 독립적 정서의 관념, 대뇌적, 즉 중심적 감각, 순수하게 영혼적인 정서의 관념을 필연적으로 전제해야 했다. 이는 제임스에게는 견딜 수 없는 분트의 신경지배적 감각 이론이었다. 기계론과 유심론은 이전에 데카르트의 정신의 정념 이론에서 한 번 결합되었듯 다시 한번 하나의 이론에서 재결합됨이 드러난다.

> 20세의 반 헤메센은 우리가 지금 보고 있는 그림을 그리는 장면을 그리고 있다. 그림 위에는 라틴어로 "나$_{ego}$는 나를$_{me}$ 그렸다"라고 적혀 있다.
>
> 말을 하는 것은 그림일까 아니면 화가일까? 화가가 그림을 그리지 그림이 화가를 그리는 것은 아니므로 우리는 '주체로서의 나$_{ego}$'는 화가이고 '대상으로서의 나$_{me}$'는 그림이라고 해석한다. 데카르트의 이론에서 화가의 시각적 지각은 수동이다. 즉 이것은 안구와 뇌의 지각이다. 그러나 자화상이라는 관념은 능동이다. 제임스의 이론에서 '주체로서의 나'는 영혼으로서 자신에 대한 능동적인 지적 경험이라면 '대상으로서의 나'는 기계로서 자신에 대한 물질적, 사회적, 영적으로 수동적인 경험이다. 이 두 종류의 경험은 서로 교차하지 않는 독립적인 경험이다.
>
> 16세기 중반까지만 해도 품질 좋은 거울과 여성 화가는 매우 드물었으므로 이 그림은 아마도 가장 오래된, 자화상 제작 과정을 보여 주는 그림일 것이다. 여성 화가의 작품으로는 분명 가장 오래된 것임이 틀림없다.

C. 반 헤메센(Caterina van Hemessen), 자화상, 1548.

15-33]　이 때문에 던랩이 정서적 감각의 중심적 혹은 주변적 발생 개념에 대한 다양한 오늘날의 심리적 논쟁을 논하면서 이 양자 중 한 부분만을 데카르트와 연결한 것은 옳지 않다고 우리는 생각한다. 제임스의 충실한 추종자였던 던랩은 다음과 같이 말한다. 나는 정서를 과정으로 간주하며 내가 그것이 어떻게 일어나는지 알고자 할 때 내가 발견

할 수 있는 유일한 것은 내장기관에서의 변화이다. 제임스가 스스로의 이론을 완전히, 끝까지 모두 수용하지 않았음은 사실이다. 그는 심리생리적 평행론을 고수했을 뿐 아니라, 투박한 신체적 피제약성에 종속시키기를 바라지 않았던 여러 가지 유심론적 느낌들 또한 그대로 간직하고 있었다. 독자는 우리가 일반적으로 우리의 위나 창자를 무언가 저속하고 세속적인 것으로 지각한다는 것을 알고 있다. 우리가 생물학적으로 그보다 그다지 위에 있지 않은 뇌가 우리의 느낌을 저속하게 한다고 가정하지 않는 것은 의아하다. 구심적 흐름은 지성적 상태를 야기하고 원심적 흐름은 정신의 정념을 야기한다고 본 데카르트의 옛 이론은 제임스가 보기에 뮌스터베르크에 의해 결정적으로 논박되었다. 제임스가 잘못 생각한 것으로 보인다(K. Dunlap, 1928, p. 159).

> 던랩의 저서 원문에는 심리생리적psycho-physiological 평행론이 심리병리적psychopathic 평행론으로 표기되어 있다. 이는 기록상의 단순 오류인 것으로 보인다. 러시아어 텍스트에는 심리생리적психофизического 으로 올바르게 표기되어 있다.

15-34] 던랩은 데카르트의 옛 이론의 부활을 오늘날의 시상적 정서 발생 가설에서 본다. 이처럼 그가 볼 때는 내장 이론과 시상 이론의 오늘날 논쟁에서 오직 한 부분만이 데카르트의 이론으로 거슬러 올라간다. 던랩에게, 신경지배적 느낌을 허용하는 데카르트 이론과 제임스-랑게 이론을 나눌 수 있게 해 주는 기준은 정서 발생의 기제—원심적이냐 구심적이냐—에 대한 문제이다.

15-35] 그러한 오류는 두 원인에 따라 생겨난다. 첫째, 던랩은 데카르트 이론에 정서의 원심적 기원뿐 아니라 구심적 기원도 포함되어 있다는 상황을 간과했다. 우리는 문제에 대한 앞선 모든 고찰의 경로에서

이를 충분히 확인할 수 있었다. 이처럼 양자택일의 각각은—정서의 중심적 발생이나 주변적 발생— 모두 이미 데카르트 학설에 포함되어 있다. 세르지와 같은 어떤 연구자는 데카르트 학설에서 바로 주변적 정서 이론을 가장 첫자리에 둔다. 던랩과 프린스와 같은 다른 이들은 이 학설에서 첫 번째 자리를 중심적 가설에 배정한다. 끝으로 스피어먼과 같은 이들은 데카르트 노선의 직접적 계승자인 말브랑슈를 맥두걸, A. 베인, 제임스, 분트의 모든 현대 정서적 삶 이론의 일반적 조상으로 본다(C. E., Spearman, 1928, p. 40). 사실 우리가 이미 보았듯이, 말브랑슈는 랑게 자신이 보기에는, 천재의 명민함으로 현상들 간의 진정한 연결을 드러낸 덕분에, 지난 200년 동안 정서의 신체적 발현에 대한 완전한 혈관운동 이론을 만드는 데 성공한 유일한 사람이었다. 둘째, 던랩은 그의 다른 연구에서 타당한 근거를 가지고, 말브랑슈를 모든 현대 내관 심리학의 진정한 아버지로 본다. 우리는 말브랑슈가 이러한 이원성을 데카르트로부터 상속받았음을 이미 알고 있다. 이처럼 위에서 제시된 던랩의 분석에 대한 필연적 수정은 안티테제의 두 구성원— 정서의 중심적, 주변적 이론—이 데카르트 가문에 똑같이 빚지고 있다는 명제가 되어야 한다. 데카르트 학설에서 이 두 구성원은 결코 양자택일의 관계로, 안티테제로, 서로를 배척하는 반대 개념으로 상정되지 않는다.

브뤼헐은 4세기 프루덴티우스가 온갖 정서들을 알레고리의 형식으로 나타낸 프시코마키아(영전, 靈戰)를 재현하고 있다. 프시코마키아는 관념론의 입장으로, 정서들이 의인화되어 덕이 악덕을 무찌르고 순결이 정욕에 공격당하며 인내가 분노에 저항하는 등의 장면이 펼쳐진다. 브뤼헐의 그림은 유물론적, 역사적, 변증법적 관점을 보여 준다. 개개의 정서가 추상화되는 대신 독일 어딘가의 마을과 크리스마스와 부활절 사이의 언젠가를 배경으로 하는 200명의 온전한 인간들이 표현된

P. 브뤼헐(Pieter Brueghel), 사육제와 사순절의 마상 창시합, 1559.

다. 우측에는 교회가 좌측에는 선술집이 배치되었으며 맥주통을 타고 있는 쾌활한 정육점 주인(욕망을 상징한다)은 청어와 빈약한 식사를 들고 있는 깡마른 여인(의지를 상징한다)과 마상 창시합을 하고 있다. 다른 대부분의 활동 모습(연극, 시장 거래, 노는 어린이들, 춤추기, 구걸, 장례, 결혼, 광대에 끌려가는 남자와 여자)은 이 둘 사이의 어딘가에 위치할 것이다. 진정한 승자도, 패자도 없다.

　비고츠키는 제임스-랑게와 데카르트-말브랑슈 사이의 진정한 연결은 정서 출현의 기제가 아니라고 말한다. 두 이론 모두 원심적, 구심적 기제를 가지고 있는 것은 사실이다. 그러나 이 기제들은 사실 상당히 다르다. 데카르트는 관념론자로 영혼의 불멸성을 믿었던 반면 제임스와 랑게는 그렇지 않았다. 유물론자였던 제임스와 랑게는 심장이 (보일러라고 생각한 데카르트와 달리) 펌프의 역할을 한다고 믿었다. 비고츠키에게 이 둘 사이의 진정한 연결은 반변증법적인 심리생리적 평행론이었다. 그들은 모두 마음과 신체가 독립적인 실체이며 전혀 상호작용하지 않고 다만 (프시코마키아에서와 같이) 한쪽이 다른 쪽을 제압할 수 있다고 믿는다.

그러나 스피노자 역시도 정신과 신체는 상호작용하지 않는다고 하지 않았던가? 또한 그 역시 신체의 정념이 필연적으로 의지를 제압한다고 주장하지 않았던가? 데카르트와 스피노자를 변증법적으로 종합하기 위해 비고츠키는 각각을 다음과 같이 분석한다.

a) 올바르지만 제한된 통찰
b) 부당한 결론(한 경우는 너무 협소하고 다른 경우는 너무 광범위하고 일반적임)

	올바르지만 제한된 통찰	부당한 결론
데카르트	신체와 정신은 상호작용한다.	상호작용의 장소는 송과샘으로 제한된다.
스피노자	신체와 정신은 동일한 현상에 대한 서로 다른 측면이다.	신체와 정신은 상호작용하지 않는다.

신체와 정신이 상호작용하는 곳은 송과샘에 제한되지 않는 전체로서의 개인이다. 이 개인이 사회적, 문화적, 역사적 단위에 참여하는 곳이라면 어디나, 즉 이 개인이 단순히 생물학적 개체가 아니라 언어 사용자인 곳이라면 어디나 이러한 상호작용이 일어난다.

15-36] 두 번째 수정은 본질적으로 던랩 자신에 의해 이루어졌다. 그는, 우리가 보았듯이, 제임스가 스스로의 이론을 결코 완전히 수용하지 않았으며 주변적 정서 이론과 나란히, 영혼의 느낌과 관련하여 순수하게 유심론적인 개념을 온전히 유지하였고, 중심적 감각의 가능성과 함께 영혼의 느낌이 중심적으로 발생할 수 있다고 인정하였음에 동의해야 했다. 이처럼 제임스는 신경지배적 감각을 그토록 단호히 거부하면서도 사실은 데카르트 학설의 두 모순되는 부분들을 화해시킬 줄 모르면서 이들을 결합하였다. 제임스와 데카르트의 주목할 만한 일치는 세르지가 그토록 훌륭히 드러내고 확립했던 곳, 즉 정서 발생의 내장적 가설에서뿐 아니라 세르지가— 이번에는 던랩과 함께— 본 두 연구자의

모순에 있다. 데카르트는, 우리가 기억하다시피, 내장기관의 변화에 따라 일어나는 정념 느낌과 신체와는 독립적으로 일어나는 지성적 정서를 나눔으로써 자신의 학설에 포함된 정서 발생에 대한 모순적 관점을 화해시키려 시도했다. 제임스는 거의 같은 말로, 어떤 장애물도 만나지 않은 순수한 생각 작용의 감각으로부터 일어나는 독립적인 정서에 대해 논의한다.

15-37] 던랩이 그린 그림에 이러한 두 가지 본질적인 수정을 가한다면 우리는 그의 분석이 기본적으로 옳다고 인정할 수 있다. 던랩의 공헌은 그가 세르지가 연구를 시작한 지점과 상반되는 끝에서 시작하여 동일한 결론에 도달할 수 있었다는 사실에 있다. 세르지는 데카르트로부터 시작하여 현대 심리학을 가르는 정서에 대한 상반되는 개념 간 모순과 함께 현대 심리학에 이르렀다. 던랩은 이 현대의 과학적 논쟁에서 시작하여 데카르트의 모순적인 정념 이론과 함께 데카르트에 이르렀다. 이처럼 두 연구자는 반대쪽 끝에서 나아가 한 지점에서 만나며 궁극적인 결과와 결론에서 일치한다. 이 또한 데카르트의 주요한 문제가 얼마나 현대 정서 심리학에서 우연적으로 희미한 주변적 추억이 아니라 그것의 유일한 진정하고 실제적인 토대인지를, 현대 정서 심리학 모두가 그 성취와 모순과 더불어 진정한 의미에서, 즉 데카르트 이론과 역사적으로 연결되어 있다는 점뿐 아니라 이 이론의 마법의 원 안에서 지금까지 살아 숨쉬며 투쟁하고 고통받는다는 점에서 얼마나 데카르트적인지를 보여 주는 지침이 될 수 있을 것이다. 현대 심리학에서 데카르트는 먼 과거가 아니라 오늘날 살아 숨 쉬는 실제이다. 몰리에르의 유명한 주인공이 무의식적으로 진정한 산문으로 말했듯이 현대 정서 심리학은 스스로 의식하지 않으면서 데카르트의 '영혼의 정념에 대한 논문'의 고전적이고 순수한 산문으로 말한다.

몰리에르의
주인공이
무의식적으로
진정한 산문으로
말한 내용은
무엇인가?

P. 미냐르(Pierre Mignard), 몰리에르(사생寫生), 1648.

비고츠키는 몰리에르의 희곡 『부르주아 젠티옴(평민귀족)』을 인용하고 있다. 희곡의 제목과 주인공은 웃음을 자아낸다. 당시에는 귀족 출신만이 젠틀맨 계급으로 간주되었기 때문이다. 신흥 부유층에 대한 풍자는 귀족과 평민들 모두에 공감을 얻었다(이는 몰리에르가 프랑스의 셰익스피어라고 불리는 이유이기도 하다).

극의 주인공 무슈 주르댕은 부유한 평민 상인으로 철학 과외를 받아 귀족이 되고자 한다. 그는 시와 산문의 차이를 배운다.

주르댕: 내가 '니콜은 슬리퍼를 가져오고 자기 전 마시는 술을 가져
　　　온다'라고 한다면 이것은 산문인가?

철학 선생: 그렇소.

주르댕: 이런 세상에. 나는 산문이 뭔지도 모르면서 40년 동안 산문을 말해 왔네.

비고츠키에게 철학 선생은 데카르트이다. 산문으로 말하는 것은 신체적 정념에 대한 평범한 이론과 사고에 대한 고귀한 이론 사이의 모순을 단순히 진술하는 것이다. 평민귀족은 현대 심리학이다.

재미있는 점은 몰리에르 자신도 평민이지만 궁정인의 지위에 올라서 귀족인 척했던 부유한 가문의 자녀로 태어났다는 사실이다. 몰리에르는 배우가 되기 위해 궁정인의 지위를 포기했으나 후에 루이 14세의 호의로 다시 궁정인의 자격을 얻는다. 또 다른 재미있는 점은 이 희곡이 시가 아닌 산문으로 쓰인 최초의 작품 중 하나라는 사실이다. 이는 몰리에르가 프랑스의 셰익스피어라고 불리는 또 다른 이유이다.

15-38] 그러나 두 연구자—세르지와 던랩—는 또 다른 일차적 중요성을 지닌 한 지점에서 일치한다. 우리가 보았듯이, 던랩은 제임스가 순수하게 영혼적이고 독립적인 정서를 허용하면서, 자신의 주변적 이론을 유심론적 개념으로 보완하면서 사실적으로 심리생리적 평행론을 고수했다는 것을 인정해야 했다. 제임스와 별개로 세르지는 데카르트의 원심적 정서 이론과 평행론 사이에 (던랩과-K) 동일한 연결을 맺는다. 이처럼 데카르트와 제임스의 사실적 일치는 두 사상가 사이의 가장 깊은 철학적 친족성으로 자라난다. 세르지는 원심적 지각 이론이 데카르트적인 평행론의 역사에서 가장 특정한 위치를 차지한다고 말한다. 데카르트의 정념 학설과 제임스의 이론은 정서 발생에 대한 주변적, 중심적 가설의 존재뿐 아니라 훨씬 더 중요한 것, 즉 바로 심리생리적 문제에 대한 공통된 해결, 이들이 인간적 정서에서 사고와 연장, 영혼과 신체의 관계에 대한 문제에 제시하는 공통적 대답으로서 서로 결합된다. 이 지점 없이는 두 이론에 대한 우리의 분석은 불완전할 것이다. 따라

서 우리는 우리 연구의 현재 부분의 이 마지막 지점을 이번 장의 결론
으로 고찰할 것이다.

15-39] 이제껏 우리 연구 경로에서 우리는 정념 이론에 적용된 심
리생리적 문제에 대한 데카르트의 해결에서 오직 한 측면만을 편중하
여 강조했다. 우리는 뇌 분비샘에서 영혼과 신체의 상호작용이 발생한
다는 가설과 이 가설로부터 나타나는 결과를 연구하려 했다. 그러나
이미 우리가 말한 바와 같이 영혼이 신체에 혹은 신체가 영혼에 직접
작용함을 인정하는 것은 데카르트의 체계에서 규칙이라기보다는 예외
이다. 이는 사유와 연장이 상반되고 서로를 배제하는 실체라는 데카르
트 전체 체계의 기본적 입장과 화해할 수 없는 모순에 놓인다. 데카르
트 심리학의 진정한 토대는, 따라서 상호작용 가설이 아니라 심리생리
적 평행 이론이다.

15-40] 영혼과 신체의 대립은 데카르트의 전체 체계에서 기본적 지
점이다. 사유하는 것은 연장되지 않는다. 연장되는 것은 사유하지 않는
다. 사유와 연장은 데카르트가 홉스와의 논쟁에서 표현했듯이, 서로 다
르다.

이 그림에서도 더 호흐는 왼쪽 햇볕이 잘 드는 거리까지의 긴 복도
와 오른쪽 어두운 구석의 작은 안뜰을 통해 깊이와 폭을 대조한다. 양
쪽 모두에서 부드러운 옷감은 단단한 건물과 대조되는데 하나는 인간
이 우리의 신체에 적응시킨 것이고 다른 하나는 우리의 환경에 적응시
킨 것이다. 오른쪽에는 문이, 왼쪽에는 창문이 절반쯤 열려 대칭적으
로 시야를 막고 있지만 동시에 그 안으로 펼쳐지는 새로운 공간을 암
시하고 있다.

약 20년 전, 아마도 인근의 아주 비슷한 집에 살았던 데카르트는
『첫 번째 철학에 대한 생각』의 집필을 마쳤다. 데카르트는 마치 옷이
몸에 맞춰진 것처럼 신체는 단순히 영혼에 적응한다고 믿었다. 따라서
그는 존재로부터가 아니라 생각으로부터 생각하는 존재가 나온다는

데카르트와 홉스는 어떻게 의견이 달랐을까?

P. 더 호흐(Pieter de Hooch), 델프트에 있는 집의 안뜰. 1658.

발상("나는 생각한다, 고로 나는 존재한다")을 발전시켰다. 이런 관점에 따르면 인간의 본질은 연장이 아니라 생각이다. 즉, 밀랍이 녹아도 연장이 지속되는 것처럼, 인간이 죽어도 생각은 불멸의 영혼의 형태로 지속된다. 데카르트는 토머스 홉스의 비평을 받기 위해서 이 작품을 그에게 보냈다.

　비평문이 도착했다. 당시 파리에 살고 있던 홉스는 영혼이 물질적인 환경의 안뜰에 더 가깝다고 믿었다. 그래서 홉스는 생각으로부터가 아닌 존재로부터 생각하는 존재라는 발상("삶이란 더럽고, 잔인하며 짧은 것이다")을 발전시켰다. 이 관점에 따르면 인간의 본질은 생각이 아니라 연장이다. 영혼은 독립적인 실체가 아닐 뿐 아니라 말하기, 숨쉬기, 먹기, 배설하기 같은 신체적 기능일 뿐이었다. 우리의 유일하게 분명하고 뚜렷한 관념은 경험에 대한 분명하고 뚜렷한 인식에서 일어난다.

스피노자는 홉스에 동의했다. 더 호흐 역시 그렇게 보인다. 푸른 나뭇가지들이 안뜰의 지붕을 뒤덮은 부분을 주목해 보자. 복도에 있는 여성은 아마도 일터에서 집으로 돌아오는 남편을 기다리고 있을 것이고, 안뜰의 하녀는 아마도 그를 위한 저녁 식사를 준비하고 있을 것이다. 그림 오른쪽의 열린 문은 아마도 화장실의 문일 것이고, 소녀는 용변 후에 손 씻기를 배우고 있을 것이다. 아치 위의 표지판은 이렇다. "성 제롬의 고난은 이와 같다. 우리는 인내하고 온유해지자. 올라가려면 먼저 내려와야 하기 때문이다."

15-41] 그러나 영혼과 신체 사이의 대립 혹은 차이가 분명하고 명백하다면 이성의 자연스러운 빛에 비추어 이들을 결합하는 것은 이미 생각할 수 없고 불가능해야 한다. 그러나 그러한 결합이 사실적으로 존재한다면 이는 체계와 모순되며 그에 대한 설명은 데카르트 이론에 가장 어려운 시험을 부과하는 것일 것이다. 우리는 철학자가 자신의 원칙을 버리지 않으면서 이 시험을 견디는지 연구해야 한다.

15-42] 이미 우리는 데카르트의 체계가 시험을 견디지 못했으며, 상호작용 가설에서 스스로를 바꾸고 자신의 기본 입장을 부정하는 경로에 서도록 떠밀린 것을 보았다. 우리는 이와 관련하여 위에서 말한 것을 여기서 모두 반복하고자 하지는 않는다. 다만, 바로 심리생리적 문제가 데카르트 체계의 절대적 이원론적 관점에서 전혀 해결되지 않음이 드러남에 따라, 데카르트는 상호작용을 인정하도록 떠밀렸으며, 모든 방법을 통해 이를 전체 우주에서 오직 한 지점, 보잘것없는 뇌 분비샘의 영역으로만 한정하고 나머지 무한한 우주에 대해서는 이원론의 원칙이 모든 효력을 유지하게 하려 했음을 상기하자.

데카르트의 이론이 오늘날까지 현대 심리학의 진정하고
실제적인 토대인 이유는 모순적인 정념 이론 때문인가?

H. 보스(Hieronymus Bosch), 하늘로 올라가는 축복받은 자들, 1505~1515.

데카르트는 물리학에서는 최초의 현대적 철학자로 간주되지만, 심리학에서는 최후의 진정한 중세적 철학자였다. 중세적 세계는 이원적이며 완전히 분리되어 있다. 단테의『신곡』에서 지옥은 지구를 관통하는 (사탄의 타락에 의해 창조된) 아홉 층의 구덩이며, 연옥은 (옮겨진 토양으로 만들어진) 일곱 단계의 산이며, 천국은 아홉 개의 동심구이다. 우리는 축복받은 영혼들이 연옥 산의 정상에서 천국으로 가는 터널로 들어 올려지는 것을 볼 수 있다. 마치 데카르트의 송과샘처럼, 이 터널은 영원한 정신과 언젠가는 죽는 육체 사이의 단 하나의 상호작용이다.

그러나 이 단 한 지점의 상호작용을 인정하면서, 보스는 이제 의복도 성기도 없는 동등해진 영혼들을 연옥 산 정상에서부터 터널의 입구까지, 도와줄 천사들을 필요로 한다. 이 지점을 제외하고는 이원론의 원칙은 나머지 우주에서 완전한 효력을 유지한다. 데카르트에게서처럼, 이 상호작용은 매우 희귀한 예외이다. 보스의 시대에 가톨릭은 삼만의 영혼 중 오직 둘만이 구원을 받을 수 있다고 믿었으며, 따라서 이 그림은 9만 명의 영혼에 대한 이삭 줄기를 나타내고 있으며 이는 당시 네덜란드 인구의 3분의 1이었다.

15-43] 이처럼 상호작용 가설은 체계의 기본 원칙이 아닐 뿐만 아니라 체계의 걸림돌이며, 그 토대가 아니라 체계의 완전한 붕괴와 전멸의 장소임이 드러난다. 이 체계 자체의 본성에 대한 논박 불가한 사실만큼 이 체계에 대한 강력한 반론은 없다. 영혼과 신체의 본성의 완전한 이원론의 부정적 예시는 인간이다. 인간은 하나인 동시에 또 다른 것이기 때문이다. 철학자는 다음과 같이 설명한다. "사실 영혼과 신체는 서로 완전히 떨어져 있으며 둘 사이에는 전혀 의사소통이 없다. 나는 이것을 이성에 비추어 안다." 인간의 본성은 이와 반대되는 것을 확신시키는데, 인간 본성이 그러한 의사소통을 나타내기 때문이다. 이원론자의 이해에 따르면 자연적인 대상은 영혼이거나 신체이다. 인간은

살아 있는 반증이다. 인간은 영혼인 동시에 신체인 자연적 실체이다. 그의 자아 존중의 목소리는 인간에게 "너는 영혼이다"라고 말한다. 그의 자연적 성향과 욕구의 목소리는 "너는 몸이다"라고 똑같이 명확히 말한다. 영혼적, 신체적 본성의 실체성과, 그와 동시에 그들의 이원론은 인간 존재라는 개념과 사실에서 산산이 부서진다. 모순은 너무도 명백하여 철학자 자신도 이를 인정한다.

15-44] 우리는 상호작용 가설이 데카르트 체계의 전체 토대와 날카롭게 모순된다는 것을 보았다. 그것이, 데카르트 체계에 대한 완전한 거부로 이끈다고 이해하면 올바를 것이다. 영혼이 국지화된다는 이 사실로 영혼은 물질적이며 기계적인 것이 된다. 신체에 의해 움직이고 운동하면서 영혼은 그 자체로 신체적이 되어야 한다. 영혼은, 그것이 신체와 완전히 구별되는 사유하는 실체라는 주장에도 불구하고 물질적인 대상이 된다.

15-45] 데카르트적인 인류학은 형이상학의 이원론적 원칙뿐 아니라 자연철학의 기계론적 원칙과도 모순된다. 세계 속 운동의 양이 일정하다는 것, 작용과 반작용, 작동과 반동이 같다는 것—이러한 운동 학설의 근본적 명제는, 신체에서의 운동이 비물질적인 원인에 의해 생겨날 수 있게 되는 순간 효력을 잃는다. 우리가 두 실체가 인간의 본성속에—통합체로든 혼합체로든— 결합되어 있다고 생각하는 순간, 이두 경우의 이해는 모두 원칙적 이원론과 모순되며 필연적으로 그에 대한 반대로 이어진다.

> 에크하우트는 나소 왕자를 수행하여 브라질에 가서 그곳 사람들을 연구했다. 이 그림에서 그는 노예 노동을 위해 신세계로 막 데려온 아프리카인 엄마와 아들을 묘사하고 있다. 그녀는 이미 유럽의 보석류를 착용하고 유럽산 담뱃대를 피우고 있다. 이 그림은 아프리카인들이 다소 밝은색 피부를 갖고 태어나지만, 나이가 들고 햇빛 아래에서 일하

왜 데카르트의 '인류학'인가?

A. 에크하우트(Albert Eckhout), 흑인 여성과 아이, 1650.

면서 피부색이 어두워진다는 것을 보여 주기 위한 것이다.

우리 자신의 현대적 의미로는 데카르트가 아니라 에크하우트가 인류학자였다. 그러나 비고츠키가 데카르트의 『인류학』을 언급할 때, 실제로 의미하는 것은 데카르트의 『인간에 대한 소고(인간론)』이며, 이는 대부분 기계로 취급된 인간 신체에 대한 논의이다. 데카르트는 에너지와 물질의 보존과 같은 뉴턴적 개념을 가지고 있지 않았기 때문에 현대적 의미의 물리학자가 아니다. 이는 데카르트가 비물질적인 것이 물질적인 것에 또는 그 반대로 영향을 줄 수 있다는 생각에서 모순을 보지 못하는 이유이다. 그의 인류학과 물리학은 모두 기계론적이다. 기계는 접촉을 통해 대상에 영향을 미치며, 접촉이 없으면 어떤 영향도 미칠 수 없다. 하지만 비고츠키가 지적하듯, 데카르트가 자신의 기계론이 보존 법칙과 모순된다는 것을 인식하지 못했을지라도, 적어도 그는 그것이 이원론과 모순된다는 것은 알아차렸어야 했다.

15-46] 우리는 상호작용 가설이 얼마나 전체 데카르트 체계와 모순되는지 그리고 따라서 이 가설은 이 체계가 심리생리적 문제를 해결하는 토대로 간주될 수 없다는 것을 지적하기 위해, 우리가 이미 고찰한 바 있는 입장을 상기하였다. 반복하건대 이는 사고와 연장 사이의 관계에 대한 일반적 법칙에서 예외적인, 독특하고 세상에 유일한 것 이상이 아니다.

15-47] 그러한 일반 법칙은 무엇인가? 대답은 전혀 의심의 여지가 없다. 이 일반 법칙은 서로 결코 만나지 않고, 상호 간 의사소통하지 않으며, 절대적으로 대립적이고 서로를 배척하는 사유와 연장이라는 실체가 서로 평행하게, 독립적으로 존재한다는 법칙이다. 사실, 영혼과 신체는 실제로 서로 완전히 개별적이고 그 사이에 의사소통이 전혀 없다는 데카르트의 공식에 포함되어 있는 주장 외에 그 평행론이 제시하는 것이 달리 무엇이겠는가? 심리적 과정과 생리적 과정의 절대적 이원론 말고 평행론적 가설이 의미할 수 있는 것이 달리 무엇이겠는가?

절대적 이원론과
평행론적 가설의
한계는 무엇인가?

W. 칼프(Willem Kalf), 노틸러스 컵이 있는 정물, 1655.

17세기 네덜란드 정물화는 **15-42** 글상자의 히에로니무스 보스의 작품과 같은 100년 전 환상적인 과학 상상화들과는 전혀 다르다. 그러나 여기서도 우리는 전경의 세속의 과일과 배경의 앵무조개 껍질로 만든 멋진 컵과 같은 이원론을 발견한다. 그러나 사실 과일과 컵, 그리고 아름다운 중국풍 도자기는 모두 근대 네덜란드 과학과 기술의 산물이며 그들이 가능하게 한 원거리 국제무역의 산물이다. 칼프의 정물화는 바다와 육지, 서양과 동양의 극단적 이원론은 그 한계에 도달했으며 세계는 하나가 되어 가고 있음을 보여 준다. 천상과 지상의 구분에서도 마찬가지다. 우주는 하나가 되어 가고 있었으며 칼프가 대상을 통해 일원론의 의미를 밝혔다면 스피노자는 철학을 통해 그 의미를 밝히고 있었다.

15-48] 정념 이론과 직접 연결되어 있는 두 계기가 이제 우리의 관심을 끈다. 데카르트가 자신의 전체 체계에서 평행론 가설을 유지했고 다만, 심리적 부분에서만 예외적으로 평행론을 거부하고 상호작용 가설의 입장을 온전히 유지했다고 생각할 수도 있을 것이다. 그러나 그렇게 생각하는 것은 심각한 오류에 빠지는 것으로 보인다. 이에 대한 증거로, 이미 말했듯이, 평행론 가설을 적용하며 인간 정념을 설명하는 것과 연결된 두 계기에 한정하여 고찰할 것이다. 이 중 첫 번째는 이미 세르지가 지적한 바 있고, 원심적 정서 발생 이론과 연결되어 있다. 두 번째는 데카르트 학설에서 감각의 문제와, 감각의 본성에 대한 규정과 직접 연결되어 있다. 이들을 살펴보자.

15-49] 만일 한편으로 데카르트의 원심적 이론이 상정하듯, 신체 상태와 전혀 관계를 맺지 않는 순수하게 영혼적 본성의 정념이 가능하다면, 즉 지성적 정서, 순수한 영혼의 황홀경, 내적·외적 표현이 없는 고등한 느낌이 존재한다면, 그리고 만약 다른 한편으로 순수하게 기계적 경로를 통해, 마치 영혼 없는 자동기계에게서 순수하게 신체적 본성을 갖는 정념—우리가 보았듯 데카르트 자신은 이를 영혼의 정념과 일관되고 엄밀히 구분할 수 없었다—이 일어났듯 감각적 정념이 가능하다면, 이로부터 인간 정념의 영혼적 측면과 신체적 측면의 절대적 독립성과 평행성이라는 결론 이외의 다른 어떤 결론도 도출할 수 없을 것이다. 영혼 없는 자동기계와 의식을 부여받은 인간에게서 완전히 동일한 방식으로 기계적 법칙에 따라 일어나는 감각적 정념에서, 그리고 신체와 절대적으로 독립된 지성적 정서에서, 데카르트 공식의 말에 따르면, 영혼과 신체는 실제로 서로 완전히 별개이며 그들 사이에는 어떤 소통도 없다. 이는 순수한 평행론이다.

15-50] 그러나 데카르트의 정념 학설에서 평행론은 훨씬 더 멀리 뻗어 나간다. 이 이론이 상정한 영혼과 신체 사이의 상호작용은 생명정

기가 영혼으로 하여금 정념을 경험하게 하는 시점에 일어나는 평행 법칙의 순간적 붕괴를, 영혼이 신체와 연결되어 빠지고 마는 순간적인 원죄를 구성할 뿐이다. 이 사소한 순간 이전까지, 그리고 그 이후에는 영혼과 신체는 정념을 경험하면서 반대 법칙하에서 완전히 독립적이며 비의존적인 삶을 영위한다. 이를 확인하기 위해서 위에서 살펴본 세 가지 구체적 사례, 즉 데카르트가 자신의 생각을 전개하기 위해 사용한 사례를 상기할 필요가 있다.

15-51] 첫 번째는 정서적 반응이 영혼 없는 기계에서 작용하는 방식과 연관되어 있다. 우리가 기억하듯, 데카르트는 영혼 없는 자동기계에 작용하며 그 안에 근육과 내장기관에서의 일련의 변화를 일으키는 위협적인 형상을 고찰한다. 놀라고 즉각 도피하려는 살아 있는 기계의 모습이 만들어진다. 이처럼 정념은 아직 전혀 심리적인 것을 갖지 않는다. 그것은 순수하게 기계적 법칙에 따라 작용하며 오직 자연적인 원칙을 통해 설명된다. 모든 것이 마치 영혼은 전혀 필요하지 않고 신체는 완벽히 작동하는 자동기계인 듯이 이루어진다.

15-52] 이 사례는 데카르트가 앞서 살아 있는 자동기계에게서 박탈했던 영혼을 되돌려 주는 두 번째 사례로 곧장 우리를 이끈다. 심리적 활동을 신체적 활동과 결합하는 것은 본질적으로 정념의 자동성을 변화시키지 않는다. 신체에서 일어나는 어떤 일련의 현상에 영혼에서 일어나며, 신체적 감각으로 이루어지고 외적 대상의 감각이 나타나는 것과 같은 방식으로 나타나는 다른 일련의 현상들이 단순히 결합된다. 정념을 감각과 지각으로 환원하는 것은 정념을 수동적인 정신의 상태로 바꾸며 이 상태는 자동기계의 정념의 흐름에서 아무것도 바꾸지 않는다. 데카르트는 이중효과의 아이디어를 명백히 발전시킨다. 즉, 그는 위협적인 형상의 지각으로 자극된 생명정기의 운동이 두 개의 서로 독립적인 효과, 즉 한편으로는 정념의 신체적 자동성의 운동을 시작하

고, 다른 한편으로는 정신에서 정서를 일으키고 유지시키고 강화하는 효과를 일으킨다고 주장한다. 여기서 평행론은 완전하고 최종적인 형태에 이른다.

정념이 자동기계처럼 신체적 감각을
작동시킬 때 영혼의 역할은 무엇인가?

렘브란트(Rembrandt), 돌다리가 보이는 풍경, 1637.

강 양쪽의 둑은 평행성의 좋은 사례다. 강둑은 서로 어떤 지점에서도 만나지 않고 강의 굴곡은 왼쪽과 오른쪽 양쪽에서 대칭적으로 재현된다. 돌다리를 덧붙여도 본질적으로 변하는 것은 없다. 강둑은 여전히 서로 만나지 않고 그 둘은 강의 굴곡을 따라간다. 무엇보다 태양은 언제나처럼 뜨고 지며, 계절은 봄의 밝은 초록빛 청춘에서 렘브란트의 가을의 성숙한 갈색으로 변해 간다.

데카르트는 영혼 없는 자동기계로서의 신체를 먼저 상상한다. 그것은 어떤 정서도 없이 위험을 피하려고 한다. 동시에 그는 신체 없는 영인 정신을 상상한다. 그것은 어떤 식으로도 신체와 만나지 않으면서 신체의 윤곽을 정확히 반영한다. 영혼과 신체를 돌다리로 연결하려는 것처럼 우리가 한편으로 신체의 송과샘을, 다른 한편으로 영혼의 정념을 도입하더라도, 우리는 아무것도 바꿀 수 없다. 렘브란트의 그림에서 사람들은 배를 사용한다. 왜냐하면 그들의 주요 생업은 단지 물을 건너는 것이 아니라 강둑을 오르내리는 것이기 때문이다.

15-53] 끝으로, 심리적 정서의 부수성이 최대로 선명하게 나타나는, 정신의 영향과 신체의 영향이 완전히 떨어진 것으로 간주할 수 있을 정도로 서로 분리되는 이 두 사례로부터 우리는 세 번째 사례로, 즉 의지와 정념의 투쟁으로 넘어간다. 우리는 위협적 형상을 보는 것과 함께 정신적 정념과 신체적 정념이 두 개의 독립적이고 비의존적이며 평행적인 일련의 현상으로 나타난다는 것을 이미 알고 있다. 두 평행선은 전혀 설명할 수 없는 방식으로 한 점에서 만나고 교차하며, 완전히 독립적으로, 각각의 고유한 법칙에 따라 계속 발전한다. 살아 있는 자동기계에 정신이 없고, 정념을 경험할 수 있는 능력을 전혀 갖추고 있지 않다면, 정서의 출현과 운명에서 아무런 변화가 없었을 것이다. 바로 이 때문에 데카르트가 자동기계의 정념과 정신의 정념 사이에 엄밀한 구분을 긋는 것을 힘겨워하는 것이다.

15-54] 세 번째 사례에서 데카르트는 자동기계에, 지각과 정서를 경험할 수 있는 우리 영혼의 수동적인 측면뿐 아니라 능동적 측면인 의지도 결합한다. 여기서 우리는 동일한 입장이 오직 반대 형태로 제시되는 것을 본다. 생명정기의 운동으로 추동된 영혼은 공포를 경험하지만, 의지는 영혼이 공포를 극복하고 영혼의 기관에 반대 방향을 부여하도록 추동할 수 있으며, 그와 함께 신체 운동을 일으키는 생명정기에도 원래 정념에 의해 고무된 것과 반대 방향을 부여할 수 있다. 신체는 도망 대신 싸움을 추동받는다. 다시 한번, 평행선은 한순간 교차했다가 또다시 평행한 방향을 취하여 자신의 법칙에 따라 발달한다. 정념에 대한 의지의 지배 학설에서, 정념을 특징짓는 신체적 배열들은 그 자체로 부수적 현상으로 바뀐다.

15-55] 우리가 기억하듯이, 의지와 정념의 투쟁은 데카르트에게 있어 인간의 영혼적 본성에서 일어나지 않는다. 정신에서는 그 어떤 투쟁도 일어나지 않으며 이는 오직 인간 본성의 영혼적 측면과 신체적 측

면 사이에서만 일어난다. 사실, 갈등은 서로 반대되는 두 운동 방향 간에 일어난다. 정신의 기관과 의사소통하는 이 운동은 한편으로는 생명 정기를 통해 신체에 의해 일어나며, 다른 한편으로는 의지를 통해 영혼에 의해 일어난다. 전자는 비자발적이고 오직 신체적 인상에 의해 규정되며, 후자는 자발적이고 의지가 확립한 의도에 의해 동기화된다. 정신은 자신의 고유한 무기로 정념을 극복하며 자신의 결정에 따라 신체의 운동을 방향 짓는다.

15-56] 이 모든 세 가지 사례는 신체와 독립적으로 나타나 전개될 수 있는 순수한 영혼적 정서에 대한 학설에서 완성을 본다. 이처럼 두 극단적인 경우 우리는, 데카르트에 따르면, 정념을 신체적 자동기계성의 순수한 산물이거나 영혼의 활동성의 순수한 결과로 바라볼 수 있다. 이 둘은 그 중간에서 순간적으로 만나며 그런 후 다시 원래의 독립적인 위치로 돌아간다. 이 세 사례를 동시에 한눈에 담아냄으로써 평행론은 데카르트의 전체 체계의 토대뿐 아니라 정념론을 구성하는 부분적 체계의 토대에도 놓여 있음을 알 수 있다. 전체 우주에서와 마찬가지로 정념에서 연장과 사유는 서로 완전히 독립적이며 순간적인 평행선의 교차를 제외하고는 그 둘 사이에는 의사소통이 전혀 없다. 정념에서 연장적인 것은 사유하지 않고, 사유하는 것은 연장되지 않는다. 평행선은 순간적으로 교차하고 다음의 순간적 교차까지 다시 평행을 유지한다. 오직 이 순간을 설명하기 위해 상호작용 가설이 도입되며 이는 인간에게서 연장과 사유가 결합된다는 논박할 수 없는 사실과 관련해 강요된 양보일 뿐이다. 그러나 이 양보는 마치 스스로를 배신하듯이 저자를 적잖이 당황시키며, 체계 자체의 순간적인 약점이지 결코 그 토대가 아니다. 진정한 토대는 평행론으로 남아 있다.

15-57] 정념론의 토대에 놓인 평행론에 대한 더욱 심오한 증거는 정념과 감각 사이의 관계에 대한 데카르트의 학설에서 찾을 수 있다.

이 문제에 대한 고찰은 우리 연구의 현재 부분의 마지막 과업이다.

15-58] 데카르트 정념 학설의 두 지점은 이러한 점에서 원칙적인 중요성을 갖는다. 첫째, 정념을 유기체 내부의 변화에 대한 감각 및 지각으로 환원함. 둘째 정념을 인간적 본성의 배타적 성취로 인정하고 동물에게의 정념은 거부함. 우리가 기억하듯이 데카르트는 정신의 정념을 감각의 특정한 사례로 간주하면서 이를 우리 인식의 수동적 상태와 연관 짓는다. 그는 생명정기의 감각에 의해 생겨난 정신의 지각이나 감각에 대해 말하듯이 정념에 대해 말한다. 『정념론』의 다른 부분들에서 그는 이 생각으로 여러 번 돌아와서, 정념은 외적 감각기관에 표상된 대상을 감각하는 것과 똑같은 방식으로 정신에서 생겨나며 동일한 방식으로 정신에 의해 인식된다고 주장한다. 정념은 감각이되, 다만 외부 세계에서 일어나는 변화가 아닌 자기 유기체 내부에서 일어나는 변화에 대한 의식을 나타내는 고유한 유형의 감각이다.

P. 포테르(Paulus Potter), 사냥꾼과 사냥개의 재판, 1650.

이 그림은 포테르가 그린 풍속화 연작으로, 세인트 위베르(뿔 사이에 십자가에 못 박힌 예수상이 있는 사슴을 보고 사냥을 포기한 사냥꾼), 거울에 현혹된 표범, 끈끈이가 가득 찬 장화에서 발을 못 빼는 원숭이를 보여 준다. 동물에 대한 범죄로 동물의 왕(오른쪽에 판사 봉을 든 사자)에게 재판을 받는 사냥꾼도 보인다. 또 다른 그림에서는 사냥개의 목이 매달려 있고, 사냥꾼도 불 위에 산 채로 태워지는 모습을 볼 수 있다.

데카르트는 정념이 지각과 마찬가지로 완전히 수동적이라고 주장한다. 정념은 단지 유기체 내적인 변화에 대한 지각일 뿐이라는 것이다. 그렇다면 데카르트는 왜 그것이 인간에게 고유하다고 믿는가? 동물들도 배고픔, 피곤함, 고통을 지각하지 않는가? 전혀 그렇지 않다고 데카르트는 주장한다. 유기체 내적인 감각을 정념으로 지각하기 위해서는 주체가 이성, 의지, 지성, 즉 영혼을 지니고 있어야 하기 때문이다.

15-59] 데카르트에 따르면 동물도 역시 살아 있는 자동기계이다. 데카르트는 생명 개념과 생기 개념을 엄밀히 구분한다. 생명체는 생기체가 아니다. 영혼은 물리적 원칙이 아니다. 신체가 살아 있는 것은 영혼이 움직여 신체를 덥히기 때문이 아니며 신체가 죽는 것은 영혼이 그것을 떠나기 때문이 아니다. 생명은 영혼과 신체의 연결로 이루어지지 않으며 죽음은 그들의 분리가 아니다. 생명과 죽음은 물리적 원인의 필연적 결과이다. 생명은 단순한 작동 기제이며, 죽음은 이 작동 기제의 파멸이다. 데카르트 자신이 말하듯이 죽음은 결코 신체의 중요 기관 중 하나가 쇠락한 결과로 일어나지 않는다. 따라서 살아 있는 사람의 신체가 죽은 사람의 신체와 다른 것은, 활동에 필요한 모든 조건과 더불어 수행해야 하는 신체적 운동 원칙을 자신 안에 지니고 있는 시계(혹은 다른 종류의 자동기계, 즉 스스로 움직이는 기계는 무엇이든)가 운동 원칙이 작동을 멈춘 복잡한 시간 기계와는 다른 것과 마찬가지라고 말할 수 있다.

데카르트에 따르면
동물을 포함한 스스로 움직이는
모든 자동기계는 생명체이고,
영혼을 지닌 인간만이 생기체라는 것인가?

스트라스부르 대성당의 황금 수탉 자동기계.

이것은 14세기부터 계속 사용되고 있는, 유럽에서 가장 오래된 자동장치 시계 중 하나이다. 이 장치는 정오에 날개를 펄럭이고 세 번 운다. 이는 사람들에게 그리스도의 수난과 베드로의 배신을 일깨운다.

『정념론』을 시작하며 데카르트는 신체를 위와 같은 자동기계로 상상함으로써 자신의 이원론적 관점을 확립한다. 그는 다음과 같이 쓴다.

4. 우리 신체 부분의 열과 움직임은 신체에서 오며, 생각은 영혼에서 온다.

5. 영혼이 신체에 움직임과 열을 준다고 믿는 것은 잘못이다.

6. 살아 있는 신체와 죽은 신체는 어떻게 다른가.

"죽음은 결코 영혼의 부재가 아니라 단지 신체의 주요 부분의 쇠락 때문에 일어난다. 살아 있는 사람의 몸과 죽은 사람의 몸의 차이는, 시계나 다른 자동기계(즉 스스로 움직이는 기계)가 태엽이 감겨 있어, 설계된 운동을 하기 위한 물리적 원천을 비롯해 작동을 위해 필요한 그 밖의 모든 것을 자체 내에 지니고 있을 때와, 동일한 기계가 고장이 나서 운동 원천이 작동을 멈춘 때의 차이와 똑같다는 것을 인식하자."

그런 다음 데카르트는 동물이 본질적으로 자동기계이며, 인체도 그렇다고 결론을 내린다. 우리 말에서도 그런 식으로 동물(움직이는 것)과 식물(성장하는 것)을 구분한다. 그러나 데카르트와 달리 우리는 움직이는 것은 생각하지 않는다거나 생각하는 것은 움직이지 않는다고 가정하지 않는다. 이런 가정을 하지 않기 때문에, 우리는 데카르트가 기계적 운동만을 연구할 수 있었던 방식인 시뮬레이션을 통해 언어는 물론 지능까지 연구할 수 있는 것이다. 예컨대 언어번역 AI는 언어 처리 과정을 기계적 작동 기제로 시뮬레이트(모방)한다.

15-60]　동물은 생명체이지만, 생기체는 아니다. 이는 순수한 자동기계이다. 그러나 동물은 기계적 법칙에 따라 생겨나고 설명되는 신체적 운동으로 간주되어야 하는 느낌적 감각과 본능을 가지고 있다. 따라서 동물과 인간에게 공통적인 모든 것은 순전히 신체적 본성의 현상으로 반드시 간주되어야 한다. 따라서 감각, 일반적 충동(인간에게도 관련되는)은 심리적 활동과 전혀 공통점을 갖지 않는 기계적인 현상으로 간주된다.

데카르트는 『정념론Passions of the Soul』 제16항에서 이렇게 말한다.

"우리가 숨 쉬고, 걷고, 먹고, 실제로 짐승들도 하는 것과 같은 것을 할 때 종종 발생하는 것처럼 우리 의지의 개입 없이 만들어지는 모든 움직임은 우리 신체 부분의 배치와 심장의 열기로 활성화된 정기가 자연스럽게 뇌, 신경, 근육을 따르게 되는 경로에 전적으로 의존한다. 그것은 마치 시계의 움직임이 스프링의 강도와 톱니바퀴의 구성에 의해

심리적 활동과 관련 없는
감각이나 일반적 충동이 존재하는가?

어떻게 알겠어.
데카르트는 나는 단지 로봇에 불과하다고
말했는걸.

A. 코이프(Albert Cuyp). 강가의 소들, 1650.

전적으로 생산되는 것과 같다."

호흡, 보행, 음식 섭취를 비롯한 모든 지각과 감각의 형태들은 동물에게서와 마찬가지로 단지 뇌, 신경, 근육의 기능이다. 그러나 생각은 신체의 기능이 아니다. 데카르트가 동물은 살아 있지만 영혼에 의해 생명력을 얻지 않는다고 말했을 때 이는 동물은 느끼기는 하지만 생각하지 않는다는 것을 의미한다. 동물은 신체는 있지만 영혼이 없고, 죽었을 때 천국에 가지 않는다.

데카르트에게 두 가지 심각한 문제가 발생한다. 첫째, 인간 신체는 분명하게 이런 의미에서 동물이기 때문에, 데카르트는 지각과 감각이 영혼에 영향을 미칠 수는 있지만 영혼으로부터 유래하는 것은 아니라고 결론짓는다(제17항). 둘째, 데카르트는 날카로운 사냥꾼이다. 그는 사냥개가 보통 새를 향해 달려가며 총소리로부터 도망가려는 것을 알아챈다. 그러나 사냥개가 새를 봤을 때 멈추고 가리키다가 총소리를 듣고 새를 향해 달려가도록 훈련하는 것은 충분히 가능한 것이다. 따라서 데카르트는 동물은 그들의 정념을 극복하도록 훈련될 수 있으며, 인간이 그렇게 하도록 가르치는 것은 훨씬 더 쉬워야만 한다고 결론짓는다(제50항).

비고츠키 관점에서 볼 때나, 부모 혹은 교사의 관점에서 볼 때 세 번째 문제는 발달이다. 한편 어린이는 매우 예리한 감각과 지각 기능을 갖고 있는 것으로 보인다. 그들은 걷고, 먹고, 짐승이 하는 모든 것을 한다. 반면, 어린이는 어른과 같은 방식으로 생각하지 않는다. 그렇다면 우리는 그들을 동물-로봇으로 다루는가, 인간 영혼처럼 다루는가? 이것이 바로 네덜란드의 개신교 운동을 분열시킨 문제이다. 이는 데카르트가 5살이던 딸 프랑신이 황열병으로 죽은 후에 기계 인형을 만들었다는 이야기를 1690년대 후반에 프로테스탄트 비평가들이 고안한 이유이기도 하다. 이 이야기에 따르면 데카르트가 새 직장을 얻기 위해 스웨덴으로 가던 중에 그 배의 선원들이 그의 여행가방에서 로봇을 발견하고서, 그것을 마법이라고 생각하고 바다에 던져 버렸다.

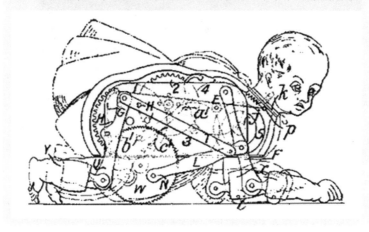

15-61] 동물과 인간 사이의 이원론은 동물은 정념을 가지고 있지 않다는 불가피한 결론으로 데카르트를 떠밀었다. 그는 정념을 정신의 운동으로 간주했기 때문이다. 여기서, 감각의 문제를 포괄하는 전체 체계의 가장 풀리지 않는 모순 중 하나가 나타난다. 데카르트의 학설은 감각과 관련하여 이리저리 흔들리며, 이원론적, 인류학적 원칙으로 인해 세 개의 완전히 다른 방향으로 나아간다. 처음의 생각은 감각과 느

낌적 지각을 심리적 사실로 기술하고 이들을 오직 영혼과만 연관 짓는다. 이후의 생각은 이들을 인류학적인 요인으로 간주하고 영혼과 신체의 연결과 연관 짓는다. 그러나 정념에 대한 저서는 이들에게 신체적인 심리적 사실의 의미만을 부여하고 감각과 본능을 오직 신체에만 연관 짓는다.

감각과 본능을 신체적인 작용으로 국한하는 것은 정념이 영혼의 운동이라는 주장과 모순되는가?

C. 반 하를렘(Cornelis van Haarlem), 인간의 타락(일부), 1592.

이 그림은, 코르넬리스 반 하를럼이 네덜란드의 황금 시대 이전에 그린, 사과를 먹고 있는 아담과 이브의 큰 누드 그림(그 당시는 누드화가 훨씬 드물었다)의 작은 부분이다. 오른쪽에 흰색으로 보이는 것은 이브의 무릎이다. 우리는 인간의 타락 이전에는, 적어도 반 하를럼에 따르면, 동물조차 이성, 지성, 그리고 판단력을 지녔다는 것을 볼 수 있다. 원숭이는 불경스러운 생각의 위험과 불가피한 신의 분노로부터 고양이를 보호하려고 한다.

데카르트에게는 그것이 중세 기독교의 출발점이었다. 정념은 영혼의 경험이며, 따라서 정신적 사실이다. 그리스도의 수난(passion, 정념)처럼 그것은 신과 인간의 관계 속에서의 계기들이다. 그러나 데카르트의 이원론은 이러한 심리적 사실들과의 어떤 신체적 상관관계를 필요로 한다. 그래서 데카르트는, 제임스와 랑게가 후에 그랬듯이, 유기체 내적 감각에서 그것을 찾아낸다. 그러나 데카르트가 이를 찾아내자마자, 감각과 본능은 실제로 영혼의 운동인 정념이 아니라, 신체적 과정에 국한된다. 신과의 관계는 인간이나 짐승에게 더 이상 필요하지 않다. 반 하를럼이 보여 주듯, 인간은 신이 없는 세계로 추락할 때, 모든 동물을 함께 데리고 에덴을 떠났다.

15-62] 문제를 설명하려는 시도는 우리를 이율배반과 딜레마의 올가미로 옭아맨다. 감각은 기계적인 설명에 종속되는 순수하게 신체적 사실로도 인식되고 또, 유심론적 고찰을 요구하는 순수하게 영혼적인 것으로도 인식된다. 체계의 경계 안에 머무르면서 감각을 거부하는 것만큼이나 감각을 인정하는 것이 불가능하다. 간단히 말해 데카르트 학설의 관점에서 감각이라는 사실은 설명되지도 않았고 설명될 수도 없다. 지금 우리의 관심을 끄는 것은 오직 정념론과만 연결된 이 모순이다. 여기서 모순은 더욱더 기괴하게 나타난다. 한편으로는 영혼 없는 자동기계가, 우리가 보았듯, 완전히 정념을 경험할 수 있으며, 다른 한편으로 동물은 정념을 결여하고 있다. 한편으로 정념은 정신에서 일어나는 감각 이외의 것이 아니며, 다른 한편으로 감각은 순수하게 신체적 현상 이외의 것이 아니다. 여기서 도출될 수 있는 유일한 결론은, 데카르트가 『정념론』에서 자연주의적 원칙에 의해 인도되는 한, 그는 정념의 출현과 발달에서 필연적으로 순수한 부수현상론과 인간자동기계론을 인정하는 것으로 나아가게 된다는 것이다. 왜냐하면 정념을 감각으로 정의하면서, 또 감각을 신체적 현상으로 정의하면서, 그는 자신도 모르는 사이에 정념이 인간의 이중적 본성, 즉 영혼적-신체적 본성의 기본적 현상으로 존재할 수 없다고 주장하기 때문이다. 한편으로, 신체와

관계를 맺는 모든 정념은 순수하게 신체적 현상으로 남는다. 심리적 측면에서 동물에게 존재하는, 본질적으로 정념인 감각은 기계의 운동에서 생겨나는 기계적 현상을 나타내기 때문이다. 다른 한편으로 신체와 독립적인 순수하게 영혼적인 정념이 존재한다. 사고와 연장의 이원론, 순수하고 일관된 평행론이 이 지점에서 최후의, 결정적인 진술을 한다. 신체적 정념이 있고, 영혼적 정념이 있다. 마치 어떤 연장적 속성을 가진 것이 생각할 수 없고 사고의 속성을 지닌 것이 연장될 수 없듯이 신체와 영혼 사이에 실제적 의사소통, 실제적 연결이 있을 수 있는, 신체적인 동시에 영혼적인 정념은 결코 불가능하다.

15-63] 이처럼 우리는 이원론적인 체계의 원칙으로 시작해 인간 정념의 본성을 설명하려는 이 모든 영웅적인 시도를 웅장한 파국과 완전한 붕괴로 마무리 짓는 전체 데카르트 정념론의 최종 지점에 다가선다. 학설의 마지막은 그 시작에 대한 완전하고 전체적인 부정이다. 정념은 인간의 영혼적 본성과 신체적 본성 사이에서 나뉘어 나타나며 이로써 각 본성은 서로와 완전히 독립적으로 작용한다. 정념의 유일한 진정한 토대인 인간의 이중적인 영혼적-신체적 본성을 나타내는 기본적 현상으로서 정념이 차지할 수 있는 자리는 이 학설에서 어디에 마련되어 있는가? 유심론과 자연주의가 정념론에서 두 개의 상반되는 양극단으로 나타난다. 이원론과 평행론은 정념론의 실제 토대로 대두된다. 부수현상론과 인간자동기계론은 전체 정념 심리학의 처음이자 끝이고, 최초이자 마지막 낱말이다.

> 기침을 하는 흡연자는 아마 브라우버르 자신일 것이다. 반면 담배를 마는 사람은 그의 좋은 친구 얀 D. 데 헤임Jan Davidszoon de Heem일 것이다.
> 부수현상론은 표면적 현상(예: 기침)을 취하여, 현상 자체(환자는 기침으로 고통받는다)로 전환하는 것을 의미한다. 비고츠키는 데카르트 이

그러나 (콜록!)
부수현상론이란
무엇인가?
(콜록, 콜록, 콜록!)

A. 브라우버르(Adriaen Brouwer), 흡연자, 1638.

론이 신체적 표현을 주체의 정서적 생활로 삼는다는 것을 의미한다고
본다. 하지만 이것들은 부수현상이다. 20세기가 되어서야 의사들은 흡
연과 기침 사이의 연관성을 발견했다. 운이 좋다면 21세기에 사람들은
신체적 표현과 정서와 같은 심리적 현상 사이의 진정한 연관성을 발견
하게 될 것이다.

● 정서와 의지: 평행론인가, 상호작용하는가?

제14장에서, 비고츠키는 정서가 외적 감각과 내적 지각으로 완전히 환원될 수 있는 지에 대한 데카르트와 제임스-랑게 사이의 갈등이 실제 존재하는지 고찰하였다. 그는 그러한 갈등이 사실 존재하지 않는다는 결론을 내렸지만, 진짜 갈등, 다시 말해 원심성 이론(정서가 뇌에서 말단으로 외향 이동한다는 이론)과 구심성 이론(감각이 말초에서 뇌로 내향 이동한다는 이론) 사이의 차이에서 진정한 갈등을 발견한다.

15.1 비고츠키는 제임스-랑게와 데카르트 사이의 근본적인 차이점 중 한 가지 지점에서 시작한다. 순수하게 원심적 토대에서, 정서가 주변의 어떤 감각도 없이 가능한가? 제임스는 분트의 제안, 즉 우리는 자신의 뇌가 골격근을 활성화시키는 감각을 느끼고 그에 반응한다는 제안을 비판했다.

15.2 그러나 우리가 본 바와 같이 데카르트 이론은 단순히 '내장적'일 뿐 아니라 '주지주의적'이기도 하다. 육체적 변화가 송과샘에, 또한 그를 통해 영혼에 영향을 미치는 '자연적' 영향이 있는가 하면, 육체에 대한 영혼의 '초자연적' 상호적 영향이 동시에 있다(실제로, 이 두 번째 영향은 인간과 동물을 구분하는 것이다). 따라서 '교차점' 또는 대립점은 육체로부터의 어떤 감각도 없는 순수하게 지적인 감정이 있을 수 있느냐 하는 것이다. 제임스와 랑게는 그들의 최초 사고실험gedankenexperiment에서 이 질문에 부정적으로 대답했다.

15.3 그러나 데카르트는 그렇다고 답한다. (정서를 포함한) 모든 지각의 최종적(즉, 근접한) 원인은 동물정기다. 감각기관들(눈, 귀, 피부)은 단지 동물정기가 송과샘에서 감각기관으로 가도록 만들 뿐이다. 그러나 꿈, 환각, 그리고 사지 절단된 사람들의 '가짜 사지'는 동물정기가 감각 없이도 송과샘을 출발할 수 있다는 것을 보여 준다.

15.4 근육의 움직임에서도 마찬가지다. 사물을 보기 위해, 동물정기는 송과샘에서 나와 시신경으로 가야 한다. 움직임을 느끼기 위해, 동물정기는 송과샘에서 나와 근육의 운동 신경으로 가야 한다. 슬픔을 느끼기 위해, 동물정기는 송과샘을 나와 심장으로 가야 한다. 영혼의 감각인 정념은 동물정기가 여섯 번째 두개골 신경으로 갈 때 생긴다.

15.5 정말로 필요한 일은 동물정기가 송과샘을 떠나 올바른 방향으로 가는 것이다. 사실 우리에게 내장 감각이나 혈관 수축이 꼭 필요하지는 않다. 따라서 데카르트식 이론은 적어도 그 기제에서는, 제임스와 랑게 이론과 매우 다르다.

15.6 이상하게도, 데카르트는 그의 원심성 이론이 말초에 있는 내장이나 혈관의 어떠한 변화 없이도 정서가 존재할 수 있음을 내포하고 있다는 것을 깨닫지 못한 것으로 보인다. 그는 단지 송과샘에 있는 모든 정기가 소진되어 운동 기능을 수행할 정기가 전혀 남지 않게 될 때 느끼게 되는 기쁨의 순간들이 있다고 씀으로써 이것을 암암리에 인정했을 뿐이다.

15.7 세르지는 이것이 데카르트의 이전 이론과 완전히 상충된다고 불평한다. 비고츠키는 동의하지만, 이것이 나쁘다기보다는 좋은 것이라고 생각한다.

15.8 데카르트의 가장 마지막 저서의 끝부분에서야 나타나며 대부분의 연구자들이 무시하는 이 원심성 이론은, 오늘날 심리학의 중요 모순점들을 포함하고 있으며, 비고츠키는 현대 심리학의 위기에 관심 있는 이라면 누구든지 이것을 연구해야 한다고 주장한다.

15.9 데카르트 이론은 자동기계 같은 신체에 대한 기술적 심리학과 신과 같은 마음에 대한 설명적 심리학을 결합함으로써 내적으로 모순되기 때문에, 데카르트 이론 전체를 완전히 수용한 이론은 어떠한 현대 이론에서도 찾아볼 수 없다. 대신, 몇몇의 관념주의 학파들과 유물론 학파들이 발견된다.

15.10 그러나 이렇게 서로 대적하는 것처럼 보이는 이론들은 쌍둥이다. 이것을 보기 위해 우리에게 필요한 것은 의견상의 불일치를 넘어서 이론을 철학적 측면에서 고찰하는 것이다. 우리는 이미 기저에 놓인 상호 모순이 설명 심리학과 기술 심리학 사이의 논쟁과 관련 있다는 것을 보아 왔다. 우리는 데카르트 이론에서 정서적 현상들의 근접(기계론적) 원인들과 원거리(초자연적) 원인들을 심사숙고할 때 이를 다시 만나게 된다. 인과관계의 문제는 (물론 이는 철학적 문제이고, 인간의 존재가 그의 의식을 결정하는지, 혹은 인간의 의식이 그의 존재를 결정하는지의 문제를 꽤 직접적으로 건드리는 문제이다) 현대 심리학의 위기 전체의 핵심이다.

15.11 심리학은 과학인가, 아니면 단지 응용 형이상학의 일종인 종교적 가르침의 전前과학적 흔적일 뿐인가? 과학적 지식은 분명 인과적이다. 그러나 우리가 데카르트 이론에서 찾은 인과적 설명은 근접, 원거리의 두 가지 종류이다.

15.12 이 두 가지 종류의 인과관계에서, 비고츠키는 기술 심리학과 설명 심리학 사

이의 논쟁 전체를 본다. 설명은 기계론적이고 인과관계가 직접적, 근접적인 반면, 기술은 초자연적이며 간접적이고 원거리의 인과성을 갖는다. 주변적 이론이 이러한 미분화된 데카르트 이론의 기계론적 부분의 구현이라면, 원심적 이론은 기술적 부분의 구현이다.

15.13 던랩은 데카르트가 이론적으로 한편으로는 현대 심리학의 근간을 세웠고, 다른 한편으로는 현대 심리학의 방법론적인 근간을 무너뜨렸다고 쓴다. 모든 현대 반응학은 그의 '정념론'에서 찾아볼 수 있다(물론 동물정기가 관들을 통해 이동한다는 생각은 부정되어야 했지만). 그러나 자유의지에 대한 그의 대중 심리학적 설명들은 불가피하게, 말브랑슈를 통해, 로크의 경험주의로 이어졌다.

15.14 비고츠키는 제임스-랑게 이론에 대한 논쟁 전체는 단지 데카르트가 그 주제에 관한 원래의 글에 포함시켰던 두 모순적인 이론들 사이의 투쟁을 재연한 것일 뿐임을 증명하는 두 '연구들'을 인용한다.

15.15 첫 번째는 제임스와 분트 사이의 갈등, 그리고 그 이후 제임스와 케논-바드 사이의 갈등의 뿌리들에 대한 세르지의 연구이다. 세르지는, 분트가 마비된 사람들과 사지 절단된 사람들의 운동 환각들이 주변적이 아닌 원심적 신경 자극을 감지한 의식에서 비롯된다고 주장했음을 지적한다. 즉, 마음은 운동 신경의 신경 자극 전달을 느끼고, 이것이 환각을 만들어 낸다는 것이다.

15.16 분트 자신은 이론적 측면에서 이 주장의 중요성을 이해하지 못했다. 그러나 이는 모든 감각이 근본적으로 말초적이라는 주장을 반증했으며, (자의식을 포함할지도 모르는) 뇌와 주변 기관 사이의 더 복잡한 관계를 허용했다.

15.17 이 발견이 그렇게 격렬한 저항을 받은 이유는 이것이 한편으로는 의지를 습관으로 환원시키지 않고, 다른 한편으로는 일종의 유심론적 원리를 도입하지 않으면서도 의지를 설명할 가능성을 열었기 때문이다.

15.18 제임스와 그의 내장적 감각 이론 뒤에서 데카르트의 구심적 감각 이론을 발견한 것처럼, 분트와 신경지배적 감각 이론 뒤에서 우리는 데카르트의 원심적 지각 이론을 발견한다.

15.19 분트는 제임스를 공격하고, 제임스는 분트를 공격했다. 그러나 두 이론 모두 데카르트 이론을 넘어서지는 못했다.

15.20 우리의 첫 번째 연구자인 세르지는 제임스와 랑세의 구심적 이론 전체는 바

로 데카르트 이론에 있다고 주장했다. 문제는 거기에 다른 것이 더 있다는 것이다. 이는 바로 원심적 이론이다. 세르지는 이것이 절반쯤 잊혔고 쉽게 잊힐 만하다고 생각했지만, 또한 개선될 만하고 언젠간 회생할 것이라고도 말했다.

15.21 세르지는 운동 감각과 함께 지각과 정념을 포함한다. 이들 모두는 원심적이며 구심적이지 않다. 다시 말해, 이들은 주변 기관이 아닌 중추신경계에서 시작된다.

15.22 세르지는 제임스가 데카르트와 충돌하는 지점에서, 제임스가 틀렸다고 말한다. 그는 개를 대상으로 한 셰링턴의 실험이 그 증거라고 보았다.

15.23 제임스는 셰링턴 실험을 환각으로 설명한다. 그러나 환각된 정서는 진짜 정서이다. 따라서 비고츠키는 데카르트 이론이 제임스 이론보다 동시대 자료를 더 잘 설명한다고 말한다.

15.24 그러나 제임스가 데카르트 이론 안에 그대로 남아 있다고 생각할 수 있는 두 가지 견고한 이유가 있다. 첫 번째는 데카르트가 그랬듯 그 또한 운동 환각 현상에 의지한다는 것이다. 두 번째는 데카르트의 원심적 이론에서 우리가 발견하는 방법론적 이원론이다.

15.25 비고츠키는 첫 번째 이유를 살펴본다. 뒤마는 주변적 이론을 반박함에 있어 임상적 증거가 셰링턴의 실험 증거보다 더 중요하다고 말한다. 고등한 정서라는 개념에 대한 제임스의 생각이 가장 중요하다. 제임스는 고등 정서가 신체적 만족이나 고통으로 환원될 수 있고, 그들이 '중심적으로(즉, 뇌로부터)' 기원한다는 생각은 단지 운동 환각이라고 말한다.

15.26 다음으로 '아빌라의 성 테레사의 황홀경'처럼 신체 전체를 무력화시키는 것으로 보이는 정서들도 있다.

15.27 자네와 미냐르는 동의한다. 기쁨은 극단적 우울과 매우 비슷해 보일 수 있다.

15.28 미냐르는 이것을 예컨대 수면욕과 같은, 평화에 대한 욕구로 설명한다.

15.29 제임스는 바로 이러한 용어를 통해 종교적 황홀에 대해 저술한다. 영적 환희는 '독립적 정서의 사례', 다시 말해 마음과 독립적인 정서이다.

15.30 제임스는 그런 현상을 환각적인 것으로 본다. 그럼에도 불구하고, 그들은 순수한 주변적 이론에 반한다. 종교적 황홀경은 중추신경계에 토대를 둔다(심리학자 누

구도 성녀 테레사의 황홀경을 바니니가 그랬던 것처럼 성적 만족으로 설명하지 않은 점은 의아하다).

"내가 가끔 이러한 심상을 본다는 것이 우리 주님을 기쁘게 했다. 나에게 매우 가까운 왼편에, 천사 한 분이 인간의 형상으로 나타나셨다. … 나는 그의 손에서 황금 창을 보았고, 그 강철 촉의 끝에서 화촉(火鏃)을 본 듯하다. 이것으로 그는 나의 심장을 여러 번 찔러 나의 내장을 관통하게끔 하였다. 그가 창을 꺼낼 때, 나는 그가 나의 내장을 꺼낸다고 생각했고, 나를 신의 위대한 사랑에 완전히 사로잡히도록 한 채 떠났다. 그 고통은 너무도 날카로워 여러 번 신음하게 했다. 또한 이 강렬한 고통으로 인한 달콤함은 너무도 커서 누구도 이것이 중단되지 않길 바랄 정도였고, 어떤 영혼도 신 이외의 것으로는 만족하지 않게 될 정도였다."(이것은 잔 로렌초 바니니의 1652년 조각에 영감을 준 성 테레사의 자서전에 있는 기술이다.)

15.31 그래서 제임스는 결국 데카르트가 그 이전에 도달한 것과 같은 결론에 이른다.

15.32 "기계론과 유심론은 데카르트의 정념 학설에서 통합되었듯 다시 하나의 학설로 재결합되는 듯 보인다."

15.33 우리는 마침내 비고츠키가 (위의 15.14에서) 약속한 두 번째 연구자로 넘어온다. 우리가 기억하는 첫 번째 연구자 세르지는, 분트와 제임스 사이의 논쟁에서 진정한 데카르트주의자의 승리를 보았다. 운동 환각의 원천을 밝힘으로써, 분트는 제임스의 구심적 이론에 반하여 데카르트의 원심적 이론을 뒷받침할 증거를 제공했다. 그러나 두 번째 연구자는 던랩이다. 던랩은 제임스가 충분히 구심적이지 않다고 생각한다. 제임스가 자신의 이론에 끝까지 충실하지 않았다는 것이다. 우리는 위장을 하등한, 신체적인 것으로 생각한다. 하지만 뇌 자체도 신체의 일부가 아닌가?

15.34 던랩은 새로운 시상 이론 또한 구심적 이론으로 보았는데, 시상하부는 당연히 뇌의 일부이지 영혼의 일부가 아니기 때문이다. 따라서 데카르트와 제임스-랑게와의 핵심적인 차이는 정서가 주변적 기원을 갖는지 아니면 중심적 기원을 갖는지에 대한 것이다. 정서를 과학적으로, 신체 감각으로 볼 것인지 아니면 형이상학적으로, 영혼의 정념으로 볼 것인지에 대한 모든 질문이 여기에 달려 있다.

15.35 물론, 던랩은 제임스-랑게와 한편이고 데카르트와는 반대편에 있다. 그러나 이런 식으로 접근하는 것은 잘못이다. 무엇보다, 데카르트 또한 구심적 이론을 갖고 있다(결국 시상하부가 신체의 일부라면, 송과샘에 대한 설명은 왜 그와 달라야 했는가!). 랑게는 말브랑슈를 혈관운동계적 주변 정서 이론을 최초로 만든 이로 지목했는데, 말브랑슈는 데카르트의 직계 제자였다.

15.36 둘째로, 던랩은 결국 제임스조차 주변적 이론을 철저히 따르지 않는다는 것을 깨달은 게 분명하다. 제임스는 데카르트가 그랬던 것처럼, 어떤 독립적이고 지적인 정서의 존재를 수긍한다. 따라서 한편으로, 데카르트에게는 (원심적 이론뿐 아니라) 주변적, 구심적 이론이 분명히 있다. 다른 한편으로, 제임스에게는 (구심적 이론뿐 아니라) 중심적, 원심적 이론의 성격이 분명히 있다. 비고츠키의 관점에서 무엇보다 놀라운 점은, 세르지가 제임스에게 반대하며 데카르트가 정말로 옳다고 주장하고, 던랩은 데카르트에 반대하며 제임스가 정말로 옳다고 주장하지만, 결국에는 둘 다 제임스의 이론이 완전히 데카르트적인 이론이라고 결론 내린다는 것이다(따라서 비고츠키가 15.14에서 약속한 것은 지켜졌다).

15.37 세르지는 데카르트 이론으로 시작해 오늘날의 심리학 이론을 조사한다. 던랩은 오늘날의 심리학 이론으로 시작해 데카르트 이론을 조사한다. 그러나 모두 같은 것을 말해 주고 있다. 심리학자들이 이 사실을 인정하든 그렇지 않든, 현대 심리학은 여전히 정서에 관해서라면 데카르트의 언어로 말한다.

15.38 제임스-랑게 이론이 데카르트의 언어로 말하기 때문에, 데카르트 입장의 기본적인 이원론을 인정한다. 비고츠키는 생리학적 측면과 심리학적 측면이 평행적이고 교점이 없다는 점에서 이를 '심리생리적 평행론, 혹은 심신평행론'이라고 불렀다.

15.39 심리적 측면과 신체적 측면은 데카르트에게 사실 한 점에서 교차한다. 바로 송과샘이다. 그러나 이것은 정말로 모순이며 불일치다. 규칙은 평행성이고, 예외는 바로 이 교차점이다.

15.40 "생각하는 것은 공간성이 없다. 공간성이 있는 것은 생각하지 않는다."

15.41 이 문단에서, 비고츠키는 이 평행론이 가능한지, 혹은 데카르트가 그것들을 하나의 체계로 통합하는지 조사할 것이라고 말한다.

15.42 그러나 이 문단에서, 비고츠키는 그가 이미 (위에서) 조사를 마쳤으며 다시는 안 할 거라고 말한다!

15.43 비고츠키는 상호작용 가설이 단지 기본 원칙이 아닐 뿐 아니라 장애물이라고 말한다. 비고츠키는 물론 송과샘의 문제를 지칭한 것이다. "이원론자의 개념에 따르면, 자연적인 것은 영혼이나 신체이다. 사람은 이를 반증하는 살아 있는 증거이다. 인간은 영혼인 동시에 신체인 존재이다. 자기 확신에 찬 우리 내면의 목소리는 말한다. 너는 영혼이다. 자연적 성향과 욕구를 따르는 목소리도 똑같이 분명하게 말한다. 너는 신체이다."

15.44 그러나 그들을 상호작용하게끔 하는 데 있어, 데카르트는 두 목소리를 모두 부정한다. 영혼은 물질적 실체로 만들어질 수밖에 없고, 공간을 차지해야만 한다.

15.45 그 모순은 단지 데카르트의 이원론적 형이상학의 모순이 아니다. 만약 신체와 영혼이 상호작용한다고 인정하면, 물질과 에너지가 (무에서 창조되거나 흔적도 없이 사라지는 것이 아니라) 보존된다는 법칙, 모든 운동은 그와 동일한 반작용을 갖는다는 법칙, 기계적 생물학에서 그리도 중요한 평형의 원칙들이 모두 폐기되어야 한다. 우리가 그 상호작용을 영구적 결합으로 생각하든 일시적 혼합으로 생각하든 큰 차이는 없다. 이원론의 원칙은 돌이킬 수 없이 훼손되었다.

15.46 송과샘이 특이한 예외라든지, 매우 작은 신체 부분일 뿐이라는 주장은 소용없다.

15.47 위태로운 것은 일반적인 원칙의 개념 자체이다. '평행론'은 단순한 비유가 아니다. 이는 공리이다. 신체와 영혼은 절대로 상호작용하면 안 된다. 공리 체계에서 두 평면이 한 점이나 공간에서 교차하도록 하는 것은 사실 하나의 선에서 교차하도록 하는 것보다 전체적으로 더 나쁘다.

15.48 비고츠키는 왜 이 한 점이 이원론 전체 체계에서 치명적인지에 대해 두 가지로 설명한다. 첫 번째는 세르지가 먼저 설명했다. 원심적 정서 이론은 송과샘뿐 아니라 모든 정서와 관련이 있고, 기계론적인 구심적 이론에 역행한다. 두 번째는 감각의 본성이다. 이 장을 마무리 지으며 비고츠키는 이 지점들을 차례로 되짚는다.

15.49 먼저, 데카르트 사상은 신체적 발현 없이 순수하게 원심적이고, 순전히 영혼만의 기쁨의 가능성을 인정한다. 그러나 데카르트는 또한 이 영혼의 기쁨과 구분하기 어려운 정념이 순수하게 관능적이고, 신체적인 이유로 일어날 수 있다는 점도 인정한다(바니니에 의해 묘사된 테레사 성녀의 영적 황홀경은 성적 황홀과 구분이 되지 않으며, 테레사 성녀 자신에 의해서 틀림없이 성적인 용어로 묘사되었다).

15.50 송과샘에서의 신체와 영혼의 상호작용은 단순히 이러한 평행론에 대한 사소한 예외가 아니다. 이는 인간의 몰락(에덴 동산에서 아담과 이브가 지은 원죄, 명백히 인간의 운명을 영원히 낙인찍게 될 결과를 초래하는 하나님의 율법 위반)에 가깝다. 송과샘에서 영혼은 돌이킬 수 없이, 영원히 신체가 된다. 비고츠키는 영혼이 육체와 정욕으로 추락하는 것은 데카르트가 모순과 비일관성으로 추락하는 것일 뿐임을 보여 주는 논쟁의 세 가지 계기를 재논의한다.

15.51 첫째, 비고츠키는 영혼 없는 기계나 로봇에게 끔찍한 위험이 일어나는 (데카

르트가 제시했던) 장면을 재논의한다. 로봇은 위험을 피하고 작동을 유지하기 위해 도 망갈 준비를 하며 반응한다. 따라서 이를 설명하기 위해 영혼이 필요하지는 않다. 회 피는 로봇의 자기보존 기제를 통해 완전히 설명될 수 있다.

15.52 둘째, 비고츠키는 데카르트가 자동기계에게 영혼을 돌려주고 영혼이 공포를 정념으로서 경험하도록 허용한 그 순간을 재논의한다. 우리는 이 순간이 사실은 불 필요하다는 것을(그리고 데카르트에 따르면, 동물에게는 일어나지 않는다는 것을) 이미 보 았다. 이것은 아무것도 바꾸지 않는다. 우리가 가진 것은 하나는 신체에, 하나는 영 혼에 있는 두 가지 명백히 독립적이고 평행한 절차들뿐이다.

15.53 지금까지 우리는 두 발달 노선 즉 신체 발달 노선과 영혼 발달 노선의 교차 를 보았다. 그들은 한 점(두려움)에서 교차하지만 어쨌든 상호작용하지는 않는다(신체 의 두려움은 영혼의 두려움에 영향을 주지 않는다). 영혼이 없는 로봇은 영혼이 있는 로봇 과 비슷하게 행동한다. 테레사 성녀가 그리스도의 신부가 되었을 때의 정신적 황홀경 은 이브가 남편의 품에서 느낀 성적 황홀과 구분이 되지 않는다.

15.54 이제 데카르트는 능동적 의지를 덧붙인다. 능동적 의지는 로봇이 도망가지 않고 오히려 맞서 싸우도록 지시한다. 이제 모든 것이 변한 것으로 보일지 모른다. 의 지가 신체의 행동을 결정하기 때문이다. 그러나 비고츠키는 우리가 사실 동일한 상 황에 처해 있으며 다만 상황이 뒤집혔을 뿐이라고 말한다. 이전에, 영혼은 불필요한 가설로, 단지 정신적 측면에서 신체의 감각을 복제한 것일 뿐이었다. 이번에 불필요 한 것은 영혼의 의지를 복제하는 '신체적 배열'이다.

15.55 신체와 영혼 사이에 상호 변형적 상호작용이란 없다. 영혼 안에서는 아무런 갈등이 없다. 갈등은 단지 신체와 영혼 사이에서만 일어난다. 어떤 경우에 동물정기 는 신체에서 영혼으로 흐르고, 다른 경우에는 동물정기는 (의지를 통해) 영혼에서 신 체로 흐른다. 첫 번째는 비자발적이고, 두 번째는 자발적이나, 실제 과정은 동일하다.

15.56 비고츠키는 세 가지 사례를 언급한다. 그는 이 사례들이 데카르트주의의 진 정한 핵심이 평행론임을 보여 준다고 지적한다.

15.57 비고츠키는 이제 감각의 문제로 넘어간다.

15.58 데카르트에 따르면, 정념은 신체적 변화에 대한 감각, 지각으로 간주될 수 있 다. 그러나 정념은 인간의 정서이고, 동물에게는 일어나지 않는다. 이것은 정념이 외 부 세계에 대한 반응으로서가 아니라 스스로의 신체에 대한 반응으로 의식에서 일어 나는 감각이기 때문이다.

15.59 데카르트는 삶과 죽음에는 물리적 원인들이 있다고 결론지었다. 아기들에게 생명이 생기는 것은 영혼이 신체에 결합되기 때문이 아니고, 죽음은 영혼과 신체가 분리되어서 발생하는 것이 아니다. 삶은 기계적인 과정이고, 죽음은 그러한 기제의 파괴이다. 우리가 영혼 없는 동물들과 같이 삶과 죽음을 겪는 것은 이 때문이다. 죽은 시계가 실제로 작동하는 시계와 구조적으로 동일한 것처럼, 죽은 신체는 살아 있는 신체와 같은 구조를 가진다.

15.60 우리는, 살아 있지만 영혼이 없는 동물들이 감각을 경험하는 듯 보인다는 매우 단순한 이유로, 감각이 기계적이라고 간주해야만 한다. 그러나 데카르트에게서, 이 것이 동물들이 정념을 경험한다는 것을 뜻하지는 않는다.

15.61 그렇다면 데카르트의 정서 학설은 사실상 세 가지 다른 학설이다. 첫째, 감각은 정신적 요소이다. 감각은 영혼에서 일어나며 신체에서 일어나지 않는다. 둘째, 감각은 인간적 요소다. 그들은 영혼과 신체 사이의 연결성에서 일어난다. 셋째, 감각은 생리적 요소이고, 오직 신체에서만 일어난다.

15.62 "신체적 정념과 영혼적 정념이 있다. 공간성을 가진 것은 사고할 수 없고 사고하는 것이 공간성이 있을 수 없는 것처럼, 어떤 정념도 신체와 영혼에 동시에 관련될 수 없으며 그 안에서 영혼과 신체 사이의 실제적 의사소통, 실제적 연결이 일어날 수 없다."

15.63 비고츠키는 정서를 설명하면서 심리-생리학적 이원론의 전반적인 파산에 대해 언급하며 이 장을 마무리한다. 그는 그것이 '부수현상론과 인간자동기계론'으로 몰락했다고 말한다. 부수현상론이란 정서가 원인이 아니라 결과, 심지어 부작용이라고 말하는 것이다. 인간자동기계론은 신체 그 자체가 동물의 것과 동일하게 로봇처럼 대해질 수 있으며 인간 정서에는 인간에 고유한 부분이 없다고 말하는 것이다.

제16장

정서는 무엇을 의미하는가?

세속적인 쾌락의 동산(Hieronymus Bosch, 1490~1510).

이 그림은 인간 정서의 직접적 원인을 묘사하는 거대한 삼부작의 중앙 패널이다. 다른 두 패널(19-52 글상자 참조)은 목적론을 보여 주며, 궁극적 원인(신의 천지창조)과 궁극적 결과(지옥)를 모사한다. 이 장에서 데카르트는 스웨덴 여왕에게 성교육을 제공하라는 요구를 받는다. 그는 연장이 없는 지적 사랑 이론과 생각이 없는 관능적 사랑 이론을 제시한다. 의식이 관능적 사랑의 일부가 되는 것은 여전히 가능하다. 그러나 이성은 관능적 사랑을 일으키지 않고 사랑은 어떤 이성적 목적에 봉사하지 않는다고 간주된다. 이 때문에 세속적인 쾌락의 최고의 형태는 환각, 중독 또는 마약의 형태로 생각되었다. 많은 역사가와 비평가들은 보스가 버섯이나 다른 환각제의 영향 아래서 그림을 그렸다고 추측했다.

이러한 관점에서 세속적인 쾌락은 신이 제시하는 일종의 시험으로 오직 극복해야 하는 장애물이다. 쉽게 볼 수 있듯이, 그림 속 사람들은 이 시험을 훌륭하게 이겨 내고 있지 않다. 어떤 학생들은 서로를 만지고 있고, 어떤 학생들은 서로를 고문하고 있으며, 또 다른 학생들은 동물들이 제공한 정원의 과일들을 놓고 경쟁하고 있다. 배경에 있는 불가능한 건물들, 날아가는 물고기, 돼지를 타고 있는 사람들은 세속적인 정서들이 인간 삶에서 실제로 무엇을 의미하는지 우리에게 말해 준다. 그것은 아무것도 의미하지 않는다.

16

16-1] 평행론이 인간 정념의 본성에 대한 모든 고찰을 마무리 짓는 철학자의 생각이라는 사실은 이 문제에 대한 데카르트의 마지막 저작, 그의 사랑에 대한 서한에서 확인할 수 있다. 여기서 그는 스웨덴의 여왕에게 사랑의 본질은 무엇으로 이루어져 있는지 그리고 극도의 사랑과 극도의 증오 중 더 나쁜 것이 무엇인지에 대해 이야기한다. 이는 사랑의 본질, 그리고 동시에 모든 인간 정념의 본질에 대한 데카르트의 마지막 생각을 짧게 진술한 것이다. "이 서한은 모든 철학 전문가들이 편지의 저자나 동기를 모른 채 연구 경로, 사상의 특징, 표현 선택에만 주의를 기울이고도 이것이 진정한 데카르트라고 말할 수 있는 작은 걸작이다. 그렇게 짧은 양으로 (그것은 편지지의 틀을 벗어나지 않았기 때문에) 이 사상가를 더 잘 알 수 있게 해 주는 다른 저서는 없다"(K. Fischer, 1906, Vol. I, p. 258).

> 벡은 짧은 기간을 궁정 화가 반 딕의 제자로 보낸 뒤 그의 생애 대부분을 궁정 화가로서 유럽 일대를 여행하며 보냈다. 이 그림에서 크리스티나 여왕의 20대 모습을 볼 수 있다. 그녀는 개신교를 위해 유럽을 정복하던 중 사망한 아버지 구스타브 아돌프로부터 스웨덴을 물려받았다. 지구본과 감귤잎 왕관, 그리고 창문으로 멀찌감치 보이는 영토의 모습이 시사하듯 그녀 역시 제국주의적 야망이 있었다. 남자를 향

사랑의 본질에 따르면
극도의 사랑과 극도의 증오 중
더 나쁜 것은 무엇일까?

D. 벡(David Beck), 편지를 읽고 있는 스웨덴 여왕 크리스티나, 1650.

한 특별한 욕망은 없었던 여왕은 사랑의 본성에 대해 데카르트에게 편지를 써 달라고 신하에게 부탁했다. 비고츠키가 말했듯, 데카르트는 평행론에 침잠한 편지로 답장을 보냈다.

"출생 전, 사랑은 간, 심장, 폐에 풍부하게 유입되어 열기를 일으키는 충분한 영양분에 의해서만 발생했습니다. 이것이 바로 사랑이—비록 전혀 다른 원인에서 비롯될지라도— 항상 유사한 열기를 동반하는 이유입니다. 나는 삶의 최초에 이 네 가지 정념과 함께 일어났던 다른 모든 신체적 조건들이 여전히 그 정념들에 수반된다는 것을 조목조목 설명할 수 있을 것입니다. 다만 우리가 사랑할 가치가 있다고 판단하고 사랑하게 하는 이성적인 생각과 결합하여 남아 있는 이러한 어린 시절의 혼란스러운 감각 때문에 우리가 사랑의 본성이 무엇인지 알기 어려워진다고만 말씀드리겠습니다. 그리고 다른 정념들―기쁨, 슬픔, 욕망, 두려움, 희망 등이 다양한 방법으로 사랑으로 뒤섞인다는 사실 또한 우리를 어렵게 합니다. 이는 특히 욕망의 경우 두드러지는데, 사람들은 흔히 이를 사랑으로 착각하여 두 가지 종류의 사랑을 구별해 냅니다. 하나는 욕망이 덜 뚜렷하게 드러나는 '자애로운 사랑'이고, 다른 하나는 약한 사랑에 바탕을 둔 매우 강한 욕망일 뿐인 '욕정적 사랑'입니다."

사랑과 증오 중 무엇이 더 해로우냐는 크리스티나의 질문에 대해 데카르트는 이렇게 썼다.

"어떤 정념은 다른 것보다 더 '나쁘다'고 불릴 수도 있는데, 그 이유는 첫째, 우리를 덜 도덕적으로 만들고, 둘째, 우리 행복의 장애물에 가까우며, 셋째, 우리를 더 과도하게 몰고 가서 다른 사람들에게 더 많은 해를 끼치게 하기 때문입니다. 이 세 가지 측면의 질문은 각각 검토되어야 한다고 생각합니다."

그는 첫 번째 측면의 질문에 대해서는 명확한 답이 없다고 결론짓는다. 그러나 그는 증오가 행복의 장애물에 더 가깝고 사랑은 우리를 더 큰 과도함으로 몰고 가 더 큰 해로움으로 이끈다고 말한다. 크리스티나는 이 대답에 매우 매료되어 스웨덴에 과학 아카데미를 설립해 달라고 부탁했다. 그런데 데카르트는 도착 직후 바로 사망했으며 이에 크리스티나는 권력을 포기하고 가톨릭, 예술, 과학, 그리고 다른 여성들에 대한 정열적이고 열정적인 사랑을 위해 여생을 헌신했다.

16-2] 데카르트는 서한에서 곧장 지적 사랑과 관능적 사랑을 구분하기 시작하며, 이런 식으로 『정념론』에서는 오직 마지막 지점이었던 영혼적 정념과 신체적 정념의 구분을 출발점으로 삼는다. 영혼의 정념으로서의 사랑과 느낌의 정념으로서의 사랑이 있다. 전자는 그 존재와 획득이 우리에게 기쁨을 주고 그 부재와 상실이 고통을 주는 대상을 우

리가 표상한다는 사실로부터 나타난다. 따라서 우리는 모든 의지의 에너지를 다해 그 대상을 갈망한다. 우리는 그와 결합하거나 그와 함께 하나의 전체를 형성하며 전체의 일부가 되기를 바란다. 사랑은 필연적으로 기쁨, 슬픔, 욕망과 연결되어 있다. 의지의 이러한 네 가지 지향성은 영혼의 본성과 정신이 신체와 맺는 고유한 연결에 그 뿌리를 갖는다. 이들은 생각하는 존재의 인식의 욕구에 포함되어 있다. 지적 사랑의 기쁨과 고통은 따라서 정념이 아니라 명백한 관념이다.

영혼의 정념으로서의 사랑은 인간의 희로애락을 모두 포함하는 관념인가?

D. 반 헤일(Daniel van Heil), 트로이의 목마가 있는 앤트워프의 화재, 1627~1664.

중세 유럽의 도시들은, 위대한 성당들조차도 나무로 만들어졌으며 화재에 취약하다(파리의 노트르담 성당은 2019년에 화재를 당했다). 16세기 초반, 전 세계 무역량의 40퍼센트가량이 스페인령 네덜란드에 속했던 앤트워프를 거쳤다. '스페인군의 광기'의 기간 동안 군인들은 800채 이상의 집을 태우고 7,000명 이상의 시민을 살해했으며 약 200만 영국 파운드 정도의 상업적 손해를 입혔다.

D. 반 헤일 같은 앤트워프의 화가들에게 도시의 화재는 트로이의 목마(왼쪽)와 트로이의 비극 같은 고대의 유물들을 회고할 기회였다. 앤트워프의 상인들에게 이 같은 화재는 읍성 대신 근교, 해변 대신 항구, 공유 공간 대신 사무실과 같이 초기 현대적 방식으로 도시를 재건할 수 있는 기회였다. 호머는 그리스인들이 만든 위대한 트로이 목마를 들이기 위해 트로이의 벽은 무너져야 했다고 말한다. 거래할 물건을 시장으로 옮길 수 있는 넓은 도로에 주목해 보자.

스피노자는 화가와 같다. 스피노자에게 있어 우리의 정념을 야기하는 것은 대상에 대한 관념과 관념에 대한 관념이다. 스피노자는 정서를 욕망(인간에 내재된)과 정념(환경에 내재된)으로 나눈다. 정념은 더 크거나 적은 활동 잠재력으로의 변환으로 정의된다. 사랑과 분노는 대상에 대한 관념을 원인으로 하는 두 가지의 정념일 뿐이다.

데카르트는 상인 쪽에 가깝다. 그는 크리스티나 여왕에게 사랑이 우리를 과도함으로 몰고 가 해를 끼치게 한다며 다음과 같은 글을 보냈다.

"시인은, '고귀한 파리스는 트로이 전역을 불태웠다/ 자기 가슴의 불꽃을 끄기 위하여'라고 말합니다. 이처럼 가장 위대하고 비극적인 재앙일지라도, 제가 말씀드렸던 대로, 과도한 사랑의 양념이 되어, 대가가 커질수록 그것을 더욱 맛있어지게 만들어 버립니다."

이처럼 데카르트는 인간의 의지 역시 초기 근대적 방식으로 재창조하고자 한다. 그는 의지를 네 가지 기본적 경향성—사랑(대상과 합치되고자 하는 욕망), 증오(대상을 파괴하고자 하는 욕망), 기쁨(대상을 소유하는 즐거움), 슬픔(대상을 잃는 비애)으로 환원한다. 이들은 모두 대상과 어떤 식으로든 결부되어 있으며 정서 자체는 육체와 영혼 사이에 일어나는 대상(생명정기)의 움직임에 의해 생겨난다.

16-3] '정념론'에 대한 분석이 데카르트 이론 내 순수한 영혼적 정념의 인정에 대한 결론을 이끌지 못했지만 서한은 이를 확신하게 해 줄 것이다. 지적 정념이 순수한 영혼적 본성을 지닌다는 생각을 일관성 있

게 발전시키면서 데카르트는 이를 차단함으로써만, 영혼과 신체의 연결로부터 발생하는 감정적이고 느낌적인 사랑이 나타남을 확립한다. 이는 우리 정신의 특정한 욕구와 상응하는 신체적 상태와 변화로되, 다만 이 변화로 이들 사이의 유사성과 연결이 명확해지지는 않는다. 이런 식으로 애매한 느낌적, 감정적 욕망들이 생겨나는데, 이는 특정한 대상을 내포하며, 어떤 대상의 획득에 기쁨을, 다른 대상의 존재에 고통을 느끼며, 갈망하는 대상을 사랑하고, 혐오하는 대상을 증오한다. 기쁨과 슬픔, 사랑과 증오는 느낌적 욕망의 기본적 형태이자 기초적이고 주요한 정념으로 이들의 혼합과 변화로부터 기타의 모든 것들이 창조된다. 태어날 때 우리는 이들만을 가지고 있다. 배아적 삶의 영양 공급 시기에 이미 이들이 나타나기 때문이다.

16-4] 지적 사랑은 생각하는 본성에 있는 인식의 욕구와 일치하며, 느낌적 사랑은 유기체적 본성에 있는 영양 공급의 욕구에 근원을 둔다. 느낌적 자극이나 느낌적 욕망 없이도 욕구할 가치가 있는 대상이 있다 (지적 사랑). 이는 느낌적 욕망이 인식 없이 일어날 수 있는 것과 마찬가지다. 정념 없는 사랑이 있으며 사랑 없는 정념이 있다. 일반적인 의미에서 인간의 사랑에는 두 요소가 결합되어 있다. 신체와 정신은 이렇게 결합되어 특정한 표상과 의지의 상태가 특정한 신체적 기관의 상태를 수반하고 마치 생각과 낱말같이 서로를 상호적으로 일으킨다. 동일한 방식으로 사랑은 빨라진 혈액운동과 함께 자극된 심장에서 그 비의 지적 신체적 표현을 찾게 된다. 이 영혼적-느낌적 사랑, 이 인식과 갈망의 결합이, 여왕이 그 본질을 물었던 감각을 형성한다.

16-5] 이처럼 지적 정념과 느낌적 정념의, 영혼적 정념과 신체적 정념의 불명료하고 설명할 수 없는 최초의 독립성, 서로의 발달에 수반되는 평행, 이들이 개별적으로 존재할 수 있는 완전한 가능성, 지적 사랑의 차단으로 이끌 뿐인 그들 결합의 우연성, 짧게 말해 정념 학설에서

데카르트 평행론의 모든 기본적 입장, 철학자가 『정념론』에서 결합하려 세심하게 노력한 유심론적 원칙과 자연주의적 원칙의 완전한 분리로 이끄는 평행론이 여기서 데카르트 정념 학설의 진정한 본성에 그 어떤 의심도 남기지 않으며 명확히 대두된다.

16-6] 그러나 데카르트의 길을 따라가는 사람은 필연적으로 그의 종착점, 데카르트적 결론으로 나아가게 된다. 우리는 제임스가 이 길을 따라갔을 뿐 아니라 필연적으로 그의 자동(기계-K)적 정서 이론을 신체와 독립적인 지적 느낌에 대한 이론으로 보완해야 했음을 이미 보았다. 그는 황홀경의 기쁨을 설명하기 위해 처음부터 순수하게 중심에서 발생하는 정서와 감각의 존재를 인정해야 했다. 그러나 뒤마가 올바르게 지적했듯이 문제는 수동적 기쁨뿐 아니라 능동적 기쁨에 대해서도 수립되어야 한다. 우리가 황홀경을 설명하기 위해 뇌의 공감각의 가능성을 일단 인정하면, 우리는 그것이 다른 모든 정서에서 전혀 역할을 하지 않는다고 주장할 수 없게 된다. 랑게와 제임스의 이론을 끝까지 따라가면 우리는 능동적 기쁨이 근육의 긴장도와 모든 주변적 반응에 대한 의식으로 환원된다고 주장할 수 있다고 뒤마는 말한다. 그러나 이제 막 보았듯이 기쁨을 일으키는 뇌의 공감각의 존재는 황홀경의 설명을 위해 인정되었고, 따라서 우리는 능동적 기쁨에서 유기체적 자극에 대한 의식과 이 뇌의 공감각에 대한 의식을 구분해야 한다. 동일한 것이 수동적, 능동적 슬픔에도 적용된다.

16-7] 본질적으로 제임스의 생각을 이어 나가며 뒤마는, 셰링턴의 실험과 수동적 기쁨 그리고 우울적 혼미에 의거하여 주변적 설명에 종속되지 않는 뇌의 만족과 고통의 느낌이라는 개념을 가정한다. 뇌가 전기적, 외상적으로 자극받은 경우 의식적 느낌이 없다는 생리학적으로 확고히 확립된 사실은 이 가정에 반대한다. 그러나 이 거칠고 비특정적인 기능 자극과 특정적인 기능 자극 사이에는 큰 차이가 존재하며, 우

리는 생리학과 모순에 빠지지 않으면서 뇌의 공감각을 상정할 수 있다. 우리가 보았듯이 현대의 시상적 정서 이론은 특정한 정서적 색채가 일어나는 진정한 원천을 시상으로 보면서 바로 이러한 지점으로 나아간다. 시치時値의 자료에 의거해 이러한 중심적 공감각의 가설적 기제를 수립하는 다른 여러 연구자들도 이 동일한 관점을 지지한다.

우리는 어떻게 인간이 대뇌적 공감각을 통해 그림을 그리거나 건물을 건설할 수 있는지 설명할 수 있는가?

말이 열심히 일한 사실도 잊지 마세요!

J. 반 데어 울프트(Jacob van der Ulft), 뒤에서 뉴암스테르담 시청을 건설 중인 댐 광장, 1652.

앞에 있는 거대한 파란색 건물은 세계 최초의 증권 거래소이자 환전소이다. 대부분의 도시들처럼, 암스테르담의 시민 사회는 경제적 중심지를 먼저 발전시켰고, 그 후에 정치 구조를 건설했다.

데카르트는 인간의 영혼이 인도하지 않는다면, 신체만으로 건물을 짓거나 그림을 그릴 수 없다고 주장한다. 스피노자의 대답은 우리가 다양한 신체의 부분들(예컨대 뇌와 신경계)이 할 수 있는 모든 것을 실제로는 알지 못한다는 것이다(IIIp2s). 데카르트는 인간의 영혼이 송과샘의 방향을 조종함으로써 인간의 몸으로 하여금 건물을 짓고 그림을 그리게 한다고 설명하며, 스피노자는 분비샘이 어떻게 뇌 내부에서 그렇게 많은 자유도를 지닐 수 있는지 궁금해한다(Vpref). 마지막으로 데카르트는 영혼이 군인에게 적과 싸우라고 지시하는 것과 동시에 신체가 군인에게 도망가라고 말할 때, 송과샘까지의 경주에서 승리하는 것은 영혼이라고 말한다. 스피노자는 영혼에서 신체를 향하는 동물정기가 신체에서 영혼을 향하는 동물정기보다 어떻게 더 빠르게 움직이는지 모르겠다며 웃는다. 어쨌든 스피노자는 자유로운 사람은, 싸움을 선택할 때 사용한 것과 똑같은 마음을 가지고 도망을 선택한다고 말한다(IVp69c).

비고츠키 시대에, 그리고 특히 우리 시대에, 이러한 질문들에 대답이 가능하게 되었다. 뇌 스캔 기술 덕분에, 우리는 뇌가 건물을 짓고 그림을 그리도록 어떤 방식으로 근육에 지시를 내리는지 상당히 명확하게 이해하게 되었다. 비고츠키가 『정서 학설』 I권에서 검토한 연구와 뇌 병변 및 뇌 손상에 대한 방대한 데이터 덕분에, 우리는 지적 기능이 송과샘이 아닌 대뇌피질에 국지화되어 있다는 것을 알게 되었다. 그리고 시치(chronaxie, 時値) 덕분에, 우리는 '동물정기'가 아니라, 신경화학적 신호의 속도가 매우 다양하다는 것을 알고 있다. 그것은 신경과 조직에 의존하며, 종에 따라서도 다르다. 비고츠키가 말하듯, 이 차이는 '시치'에 의해 측정되는데, 이는 감지 가능한 가장 약한 자극(기전류 基電流)보다 두 배 강한 자극이 근육을 작동시키는 데 걸리는 시간이다.

16-8] 뒤마 자신도, 정서의 순전히 중심적 발생을 가정하면서 그는 오직 제임스의 이론을 발전시키고 보완했다고 본다. 정서의 본성에 대한 어려운 문제에서 랑게-제임스 이론의 지위에 도전하면서 우리는 이 이론을 더욱 정교하고 유연하게 하는 수정을 도입하여, 제임스가 우리의 감탄을 사려 했던 역설적이고 단순화된 공식을 거부하고자 하였다.

16-9] 오직 우리에게 남은 일은 제임스가, 던랩의 옳은 지적에 따르

면, 스스로의 주변적 이론을 온전히 수용하지 않고 순수한 영혼적 느낌의 존재를 가정하면서 일관되게 평행론을 고수한 동시에, 자신의 두 번째, 유심론적 이론에 자신의 주요 가설의 모든 원칙적 토대를 보존했음을 보여 주는 일이다. 우리는, 제임스가 이 가설에서 오직 정서적 반응의 감각적·수동적 측면만을 고찰하고, 부수현상론과 자동기계론에 도달함을 기억한다. 그가 볼 때 정서는 오래전에 소멸한 동물적 적응의 불필요한 잔존물이거나 어떤 의미 있는 설명이 전혀 불가능한 병리적 혹은 특이한 특성을 지닌 우연한 반응이다. 제임스는 자신의 순수한 영혼적 정서 이론에서 순수한 유심론적 관점에 공공연히 설 뿐 아니라, 우리 정서의 심리적 측면이 부수적인 현상이라는 테제에 기이하게 큰 비중을 할애한다.

16-10] 기본 가설을 발전시키면서 제임스는 신체적 뒷받침이 없는 인간의 정서는 공허한 소리라고 주장했다. 제임스의 의견에 의하면 생리적 기제의 법칙에 온전히 종속시킬 수 없는 모든 고등한 느낌은 당연히 그러한 공허한 소리로 판명된다. 순수한 생각의 활동성에서 생겨나며, 제임스가 신체에 의존하지 않는 것으로 본 가장 영혼적인 정서는 훨씬 더 그러한 공허한 소리임이 드러난다. 제임스는 자신의 기본 가설을 옹호하면서 그러한 정서가 사물의 본성에 모순된다거나 순수한 영혼은 정념이 없는, 지성적 존재로 처해진다고 주장하지 않는다. 그는 다만 모든 신체적 느낌과 유리된 정서는 상정할 수 없다고 말하고자 한 것이다. 우리가 스스로의 영혼적 상태를 분석하면 할수록, 우리는 우리가 경험하는 거친 정념과 욕망이 우리가 그 정념의 발현 또는 결과라고 통상적으로 부르는 신체적 변화에 의해 본질적으로 만들어지고 발생한다는 것을 더욱 확신하게 된다. 또한 우리의 신체가 마비되면서 감정적 삶은, 유쾌한 것이든 불쾌한 것이든 우리에게 완전히 이질적인 것이 되며, 우리는 순수하게 인지적 혹은 지성적 특성의 존재로서 근근이

살아야 한다는 것이 더더욱 진실로 여겨지게 된다. 그러한 존재는 고대의 현인들에게는 이상적인 것으로 여겨질 수 있을지라도, 느낌을 최전면에 세웠던 철학자의 시대로부터 몇 세대 떨어진 우리가 그것을 그토록 완고하게 추구하는 것은 너무 감정이 없고 생명이 없는 것으로 보일 수 있다(W. 제임스, 1902, pp. 316-317).

영혼이 없는 순수한 지성적 존재를 이상으로 삼은 고대의 현인은 누구인가?

S. 로사(Salvator Rosa), 엠페도클레스의 죽음, 1665.

로사는 베르메르, 렘브란트와 같은 시대를 살았지만, 차분하고 조용한 화가가 아니었고 네덜란드에 한 번도 발을 들여 놓은 적이 없었다. 그는 반군에 가담하여 나폴리에서 스페인 지배에 맞선 봉기에 참여했다. 그의 그림은 야생의 거친 풍경과 신랄한 풍자를 특징으로 하며, 이 때문에 체포되기도 했다. 이 그림은 그 둘을 다 보여 준다.

철학자 엠페도클레스는 인간 존재가 육체적 존재가 아닌 영적 존재임을 증명하고 싶어 했다. 그래서 그는 자신의 육체를 태워 버리고 신이 되리라는 믿음으로 에트나 산의 불속으로 뛰어든다. 그는 신이 되기는커녕 잿더미가 되어 버렸다.

제임스의 가설은 엠페도클레스와 거의 반대이며, 마지막 문단은 실제로 제임스 자신의 입장을 재진술한 것에 가깝다. 그는 인간 존재는 영적 존재가 아닌 육체적 존재라고 말한다. 우리가 '사고실험'을 수행하여 육체를 제거하면, 감정에는 잿더미, 또는 비고츠키가 여기서 말하듯 공허한 소리, 아무 의미도 없는 낱말 외에 남는 것은 아무것도 없다. 그러나 이 가설은 가장 심오한 종교적 경험이 바로 육체에서 분리된 본성을 갖는다는 그의 주장과 모순되지 않는가?

그렇다. 그래서 제임스는 과거에만, 엠페도클레스의 시대에만 인간의 느낌을 신체적 발현과 분리할 수 있었다고 말한다. 19세기 초의 낭만주의 시대 이래로, 신체의 정념과 강렬한 육체적 느낌에 대한 강조와 함께 우리는 더 이상 이를 상상조차 할 수 없다. 오늘날 엠페도클레스의 삶과 생각은 그의 불같은 죽음보다 우리에게 흥미롭지 않다. 로사의 그림이 그려진 후 한 세기 반이 지나, 프리드리히 횔덜린은 이를 연극으로 만들었고, 이 장면은 골룸이 뜻하지 않게 화산에 뛰어들어 그의 '소중한' 절대 반지와 함께 잿더미가 되어 버린 영화 〈반지의 제왕〉의 결말을 이룬다.

16-11] 제임스의 이러한 두 가지 이론—기계적, 유심론적 이론의 비교에서 도출되는 최종 결말로서 세 계기가 우리 흥미를 끌 수 있다. 첫 번째 계기는 제임스의 기본 가설이 신체적 뒷받침이 없는 정서의 존재

를 순수한 영혼의 비정념적 지적 존재에만 허용하고 이를 인간적 존재에게는 제외한다는 것이다. 그러나 두 번째 이론에서 제임스가 영혼의 고등한 정서를 장애물에 부딪히지 않은 순수한 생각의 활동성으로부터 나타난다고 간주한다면, 이로써 그는 신체에 의존하지 않는 것으로, 절대적으로 영혼적인 존재의 배타적 특성인 정서가 인간의 의식에 존재함을 인정하는 순수한 유심론의 입장에 서게 된다.

16-12] 두 번째 계기는 우리 정서의 영혼적 측면이 하는 역할에 대한 평가와 관련이 있다. 만일 이것이 제임스 가설에서 불필요한 부속물, 부수적 현상, 인간의 실제 삶에 참여하지 않는 것, 주변적 변화에 대한 단순 인식으로 나타난다면, 떨림의 단순 인식, 비강의 확장에 대한 감각으로만 가지는 모든 인간의 느낌은 공허한 소리로, 순수한 인지적 특징을 가진 가여운 존재로 근근이 살아야 한다는 선고를 받은 냉담하고 생기 없는 의식의 활동으로 여겨져야 할 정도로 완전히 무가치해진다. 정서 학설에서 이 부수현상론은 중심에서 발생하는 모든 고등한, 순수하게 영혼적인 감각은 단순히 감정적 환각으로 간주되어야 한다는 제임스의 가설에서 거대한 гомерических 비중을 차지한다. 고등한 느낌적 삶을 환각적 경험의 단순한 얽힘이라고 선언하는 것, 고등한 정서가 환각이라고 선언하는 것은 제임스의 기본 가설에 이미 포함되어 있는 부수현상론을 극도로 밀고 가는 것을 의미한다. 인간이 도달하는 고등한 기쁨이 환각일 뿐이라고 한다면 이로써 인간의 느낌을 무의미화하는 마지막 말을 하는 셈이다.

> 렘브란트는 여전히 유럽에서 가장 유명한 화가였지만, 그는 파산했다. 두 번째 아내를 잃은 직후였는데, 살아남은 자식이 한 명 있었지만 그는 렘브란트보다 오래 살기 어려운 처지였다. 렘브란트의 편지는 대부분 돈에 관한 것이었다. 하지만 그가 하위헌스(**13-26** 참조)에게 쓴 편지에는 그리스도의 매장에 관한 그의 그림이 늦어지는 이유를 설명하

부수현상론이 제임스 가설에서 거대한 비중을 차지한다는 의미는 무엇인가?

렘브란트(Rembrandt), 시를 낭송하는 호머, 1663.

며 위대하면서도 가장 자연스러운 'beweegelijkheid'를 얻기 위해 시간이 더 필요하다고 말했다. 이 네덜란드어 낱말은 그의 그림에서의 육체적 움직임과 심리적 정서 둘 다 의미한다. 이 그림에서 호머는 황금 망토를 입고 있지만(16-1 글상자의 크리스티나 여왕 그림의 색깔과 비교할 것), 누가 듣고 적는지도 모르면서 트로이의 몰락을 구술하는 장님에다가 노쇠하고 비극적인 인물로 묘사되고 있다.

비고츠키는 제임스의 부수현상론의 비중이 "거대하다(гомери-ческих, homeric, 호머스럽다)"라고 쓴다. 제임스 역시 비극적인 인물이였다. 그의 형인 소설가 헨리 제임스처럼, 그 역시 자살 충동적 우울증의 시기를 겪었다. 1885년 그의 어린 아들 허먼이 죽었으며, 장모의 권유에 따라 레노라 파이퍼라는 영매에게 상담을 받았다. 파이퍼는 죽은 아이와 소통을 할 수 있다고 그를 설득했다. 비고츠키가 앞 단락에서 기록한 대로 제임스는 그의 정념 이론의 생리적 연합주의를 영적인 영역에 완전하게 분리되어 존재하는 영혼에 대한 믿음과 결합하였다. 하지만 비고츠키가 이 문단에서 지적하듯이 이처럼 분리되어 있는 영적 영역의 존재는 각각의 연합이 오직 부수적이라는 것을 의미한다. 정념 이론은 영혼의 도움 없이 자동적으로 서로 연결되는 땀, 홍조, 메스꺼움 등의 이론으로 환원되었다(제임스는 결국 그의 죽은 아들과의 대화를 대뇌 환각으로 결론지었다). 다음 문단에서 비고츠키는 영혼의 삶과 무관한 정념이 호머나 렘브란트처럼 후계자 없이 죽음을 맞이할 운명이라고 지적한다.

16-13] 끝으로, 제임스의 한 이론이 다른 이론을 밝히는, 우리가 적용한 고찰 방법으로부터 나타나는 세 번째 계기는, 인간 발달 역사에서 느낌의 최종 운명에 대한 규정에서 그와 랑게의 놀라운 일치이다.

16-14] 우리는 이미 위에서 제임스의 이론이 정서 발달의 그 어떤 가능성도 배제한다는 것을 드러내고자 했다. 여기서 우리는 본질적으로 그의 이론이 인간의 역사적 발달의 유일하게 진정한 출발점으로 정서의 완전한 소멸을 가정한다는 것을 드러내면서 이 입장을 보충할 수 있을 것이다. 제임스는 랑게와 같이 느낌적 감정에 대한 찬가로 시작한다. 느낌 없는 개인은 그에게 냉담하고 생기 없게 여겨지며, 느낌을 갖지 않는 존재는 가여우며 인간에게는 불가능한 일이다. 그러나 이처럼 의미로 가득 차고 우리 삶에 생기를 불어넣는 느낌이 무엇인지 묻는다면, 이들은 단지 동물적 삶의 처량한 흔적, 우리의 느낌적 반응의 창백한 비유, 문제적, 인위적이고 특유하며 병리적인 인간 종족의 습관이며,

뱃멀미, 간지럼, 부끄러움, 사랑과 같이 의식에 수동적으로 반영된 유기체의 우연한 반응일 뿐임이 드러난다.

16-15] 물에 빠진 사람처럼 제임스는 손에 처음으로 잡히는 신체적 체험이라는 지푸라기를, 실체적이고 필수 불가결하며 의심할 여지가 없는 양 거머쥔다. 바로 그가 후대의 모든 심리학에서 사소하고, 거의 눈에 띄지 않으며 대수롭지 않은 신체적 현상에 높은 관심을 기울이게 한 사람이다. 성대의 긴장과 언어에서 인간 생각의 진정한 구원을 찾아야 한다는 생각에 영감을 준 사람이 바로 그이다. G. 스타우트가 바르게 지적하듯이 그는 영혼의 활동과 특정한 근육의 감각을 동일시한다. 우리가 우리의 것이라 부르는 활동의 중심적 핵이 무엇인지 보여 주기 위해 노력하면서, 제임스는 정서 학설에서와 같이 그를 멸망에서 구해 줄 것 같은 지푸라기를 다시 한번 거머쥐려 한다. 그에 따르면 그는 우리가 보통 신체 외부 세계의 활동과 대조하는 주관적인, 머릿속 어떤 운동에서 이 핵을 찾았다.

신체적 체험이 일차적이며 영혼의 활동을 만드는 동력인가?

J. 루켄(Jan Luyken), 통에서 익사당하는 조리스 위페, 1685.

13-33 글상자에서 보았듯이 재세례파는, 믿음은 지각과 달리 의식적이며 의도적이어야 한다고 믿었다. 이런 이유로 그들은 세례가 어린아이가 아닌 성인을 위한 것이라고 믿었다. 그러나 이런 믿음이 구원에 대한 권력을 교회로부터 빼앗아 개인의 의식 문제로 만들었기 때문에 16세기에 재세례파 교도들은 그들의 믿음을 조롱당하며 익사당했다. 두 손이 묶여 있었기 때문에 스스로를 구원할 어떤 것도 붙잡을 수 없었다. 이런 식으로 그들은 통에서도 익사당할 수 있었다.

비고츠키는 제임스가 마치 익사하는 사람처럼, 자기 몸무게를 지탱할 수도 없는 지푸라기라도 잡는다고 말한다. 예를 들어 제임스는 몸이 느끼는 멀미와 간지럼에서 자의식의 기원을 찾으려 한다. 유사하게, 제임스는 언어에서 조리스 위페의 영적 믿음의 기원을, 성대 근육의 긴장에서 언어의 기원을 설명하고자 한다. 인간 존재의 의식적 활동은 언제나 인간 신체에 속한다는 것이다. 비고츠키는 이런 것들이 인간의 역사, 문화, 사회, 심지어 종교적 믿음의 무게조차도 지탱할 수 없는 지푸라기에 불과하다고 믿는다.

그러나 각인된 인쇄물과 인쇄된 낱말은 지푸라기가 아니다. 이 판화는 평범한 재세례교인들의 삶과 죽음을 기록한 Mirror of Martyrs(순교자의 거울)에서 가져온 것이다. 조리스 위페는 감옥에서 잉크 사용을 거부당했지만 염색업자였던 그는 (아마도 자기 옷에서 짜냈을) 오디즙으로 부인과 가족에게 세 통의 편지를 쓸 수 있었다. 마지막 편지에서 그는 성인이 어떻게 경험하지 못한 것, 예를 들어 죽음과 구원 같은 것에 대해 명확하고 분명한 개념을 형성할 수 있는지 논한다. 편지는 이렇게 시작한다. "귀로 들리지 않고, 눈으로 보이지 않을 뿐 아니라 사람의 마음에 들어오지도 않는 영원한 기쁨과 즐거움, 이 같은 기쁨과 즐거움을 나의 사랑하는 아내와 누이에게 기원합니다."

*G. F. 스타우트(George Frederick Stout, 1860~1944)는 J. 워드의 제자로, G. E 무어와 B. 러셀의 스승이었다. 그는 실험 심리학을 불신하고 티치너, 브렌타노, 딜타이, 후설의 전통을 따랐던 설명 심리학자이다. 물론 그는 자신의 연구

를 '분석 심리학'이라고 주장했다. 이 용어는 이후에 그의 제자인 B. 러셀과 러셀의 제자인 L. 비트겐슈타인이 '분석철학'을 설명하는 데 사용되었다.

16-16] 제임스는 다만, 어떤 활동이 우리의 것이라는 명칭을 얻을 수 있을까라는 문제를 제기했을 뿐이라고 변명한다. 우리는 주변 환경에 대비되는 인격이므로 우리 신체에서 발생하는 운동은 우리의 활동으로 나타난다. 제임스는 엄격히 표면적인(인격적인-러시아어 편집자 주) 의미에서 우리의 것일 만한 그 어떤 다른 활동을 지적하지 못한다. 제임스는 다음과 같은 완전히 바른 입장을 제시한다. 생각과 느낌은 그 자체로 활동적이 될 수 없으므로 이들은 오직 신체 활동의 자극을 통해서만 그와 같이 된다. 신체는 사이클론의 중심이며 좌표의 원점이다. 모든 것은 신체를 중심으로 돌며 모든 것은 그것의 관점으로 느껴진다.

> 엘세는 하녀 일자리를 찾기 위해 암스테르담에 온 덴마크의 가난한 시골 소녀였다. 그녀는 일자리를 찾지 못해 돈이 떨어지자 집세를 내지 못하고 집주인과 싸우게 되었다. 집주인이 빗자루로 때리자 엘세는 손도끼로 집주인을 죽였다. 그녀는 댐 광장에서 교수형을 당하고 도시 외곽의 교수대에 전시되었다. 거기서 렘브란트는 이 차갑고 황량한 그림을 그렸다. 어떤 비평가들은 이 그림이 그리스도 같다고 생각했지만, 다른 비평가들은 이 그림이, 신체를 번잡한 삶과 대조하지 않는(예컨대 **6-1** 글상자의 툴프 박사의 해부학 수업은 시체와 살아 있는 이들의 대조가 두드러진다), 렘브란트가 지금까지 그린 몇 안 되는 사형당한 범죄자의 그림이라는 사실을 지적한다.
> 두 관점 모두 옳다. 몸은 그림의 정중앙, 좌표의 원점에 있으며, 머리는 십자가의 정확한 교차점에 있다. 교수대를 제외하면 다른 물체라고는 엘세가 집주인을 죽이는 데 사용한 손도끼뿐이라는 것 또한 사실이다(그것은 또한 목을 조르기 전에 집주인을 때리는 데에도 사용되었

신체 활동을 완벽히 조절하고 제어할 수 있을 때
우리가 신체의 주인일 수 있는가?

렘브란트(Rembrandt), 교수형을 당한 엘세 크리스티앙스의 시체 소묘, 1664.

다). 인체를 찬양함으로써 삶을 시작한 렘브란트는 두 아내를 땅에 묻고 파산했으며, 몇 년 후 죽는다.

　제임스는 신체를 정서의 중추이자 의식의 원천으로 찬양하면서 시작했다. 결국 생각 자체는 어떤 종류의 신체 활동도 생성하지 않지만 감각은 적어도 반사를 생성한다. 그러나 제임스는 이러한 반사가 본질적으로 부수적이고 사소하며 의미 없는 현상임을 보여 주면서 끝낸다. 비고츠키는 이 두 관점이 모두 옳다고 말한다. 우리 인간은 단순한 환경의 산물이 아니다. 우리가 신체를 통해 할 수 있는 행위는, 적어도 표면적으로는, 엄밀한 의미에서 진정으로 우리에게 속한 행위뿐이다.

여기서 러시아 편집자는 비고츠키가 실수를 저질렀다고 여기고 있다. 비고츠키가 의도한 것은 '표면적(личном, facial)' 의미가 아니라 '개인적(личностном, personal)' 의미라는 것이다. 아마도 비고츠키가 '엄밀한 의미에서(в точном смысле слова)'라고 쓰려고 했을 수도 있다. 하지만 비고츠키에게 인격은 신체의 반영이 아니라 우리가 처한 모든 사회적 관계(실업, 벌금, 집세, 파산)의 네트워크이다. 엘세는 손도끼로 빗자루 매질에서 자신을 방어할 만큼 신체를 조절할 수 있었다. 그러나 그녀의 사회적 존재, 즉 그녀가 얽혀 있는 사회적 관계의 기반을 조절하지 못하면, 그녀는 다음에 일어날 일로부터 자신을 지킬 수 없다.

16-17] 이 모두는 논쟁의 여지가 없다. 모두 명백한 진실이다. 제임스의 입장과 현대 심리학의 비극은 그들이 한편으로는 우리 생각과 느낌 사이의, 다른 한편으로는 생각과 우리 신체 활동 사이의 실제 유의미한 연결을 이해할 수 있는 그 어떤 길도 찾지 못한다는 데 있다. 결국 제임스의 언어로 말하자면 모든 문제는 다음과 같이 간단히 말할 수 있다. 우리의 의식과 우리의 실제 생생한 삶은 어떻게 연결되는가? 이러한 연관성에 대한 이해 없이는, 의식은 필연적으로 우리 몸의 자동 기계적 활동에 대한 한심하고 쓸모없는 부산물이고, 그 속에서 일어나는 변화에 대한 소극적인 반영이며, 최선의 경우에도 꿈꾸는 영혼의 연쇄적인 환각이 될 수밖에 없다. 그러나 불행은, 의식의 문제 특히 감정의 문제가 제임스와 모든 현대 심리학에 의해 이와 같이 제기되고 해결된 까닭에, 정신의 정념과 인간의 실제 삶 사이의 유의미한 연관성 발견이 절대 불가능하다는 것이 사전에 결정되어 있다는 점이다. 바로 이 때문에 제임스는 우리의 생각과 느낌, 영적 활동으로부터 무궁무진하게 풍부한 실제 내용을 지닌 인간 실생활에 이르는 길을 찾을 수 없는 것

이다. 물에 빠진 사람이 지푸라기를 움켜쥔 것처럼 그는 영혼의 활동이 머릿속에서 일어나는 움직임으로 이루어진다는 사실에 대한 내적 경험의 증거를 움켜쥐어야 한다.

제임스는 실제 삶의 경험이 우리 의식과 감정을 움직이고 이것은 다시 실제 삶을 변화시킨다는 사실을 받아들이는가?

C. 파브리티우스(Carel Fabritius), 문지기, 1654.

문을 지키는 것은 병사인가 개인가? 개와 인간 모두에서 의식과 실제 삶 사이의 모종의 상호 연결이 있음은 분명하다. 한쪽이 확실히 다른 쪽을 변화시킬 수 있으며 다른 편의 변화를 통해 스스로의 변화를 일으킬 수 있다. 예컨대 이방인이 접근하면 개가 짖어 병사를 깨울 것이다. 개가 위협적으로 짖든지 꼬리를 흔들 수 있는 것과 같이 병사는 이방인에게 경고를 주거나 환영할 수 있다.

그러나 제임스에게 이는 이 연결이 지적이거나 의지적이어야 하는 것은 아니며 인간 의식이 사태를 다만 복잡하게 할 뿐임을 증명하는 것이었다. 병사가 깨어 있을 때에도 항상 의식이 필요한 것은 아니다. 개가 그렇듯 그의 신체도 스스로 작동할 수 있기 때문이다. 병사가 잠들면 그의 관념은 '꿈꾸는 영혼의 연쇄적인 환각'이 된다.

근대 노동의 비지성적, 비의지적이고 무의미해 보이는 특성은 보초와 같은 직업이 개나 (더 합리적이지만 덜 의식적인) 기계로 즉각 대체될 수 있음을 시사한다. 문 위에는 돼지몰이꾼의 수호신 성 앙투안(13-3 글상자 참조)의 그림이 있다. 성 앙투안은 그를 보호해 주고, 시간과 기도할 때를 알려 주는 애완 돼지를 키웠다. 혹은 돼지가 그를 키운 것일지도 모른다.

16-18] 사실, 제임스가 이해한 정서―그 토대에 내장기관의 자극에 대한 감각, 사지의 연약함에 대한 감각, 가쁜 호흡에 대한 감각을 가지는―로부터 인간의 행동과 활동으로, 인간의 내적·외적 투쟁으로, 그의 생생한 사랑과 혐오로, 그의 고통과 기쁨으로 우리를 이끄는 그 어떤 명확하고 의미 있는 길은 없다. 만일 제임스가 주장하듯, 공포 감정의 본질이 실제로 빨라진 심장박동, 가쁜 호흡, 입술 떨림, 사지의 연약함, 소름, 내장 자극에 대한 감각으로 이루어진다면, 기적을 믿는 이를 제외하고, 그 어떤 심리학자도 우리가 공포로 인한 부인과 배반이라고 칭하는 인간 영혼의 심각한 연약함을 결코 설명할 수 없다. 만일 도덕적 정당성에 대한 느낌이 제임스가 말하듯 목소리와 눈빛 등의 변화로 이루어진다면 심리학자는 어째서 소크라테스가 그의 친구들의 조언에 따라 도망치지 않고 감옥에 앉아 있었는지, 사지의 연약함과 가쁜 호흡을 느끼며 공포를 경험하지 않았는지 결코 설명할 수 없다.

16-19] 현대 정서 심리학 이론이 우리를 이끄는 비참한 결론은 정신의 정념에 대한 완전한 무의미화와 우리가 언젠가는 정념의 살아 있

는 의미를 이해하고 그와 함께 모든 인간 의식의 의미를 이해하리라는 희망의 완전한 제거이다. 본질적으로 이 결론은 우리가 이제 막 고찰한 데카르트의 학설에 전체적으로, 온전하게 포함되어 있다.

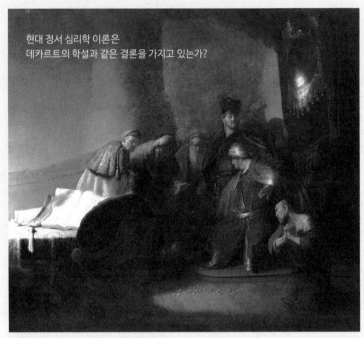

현대 정서 심리학 이론은 데카르트의 학설과 같은 결론을 가지고 있는가?

렘브란트(Rembrandt), 은 30개를 돌려주는 유다, 1628.

이것은 렘브란트를 유명하게 만든 그림이다. 궁정 시인이자 작곡자인 콘스탄틴 하위헌스(13-26 글상자 참조)는 그 젊은 예술가(당시 렘브란트는 23세에 불과한 나이로 여전히 고향에 살고 있었다)가 그리스, 로마 및 고대의 모든 위대한 화가를 능가했다고 선언했다. 렘브란트는 비고츠키가 이전 문단에서 언급한 배신 및 배반 행위를 묘사하지 않음에 주목하자. 여기서 렘브란트는 그 행위의 의미를 비로소 완전히 깨닫게 되는 심리적 순간을 보여 주고자 한다.

비고츠키는 정서 분야에서 현대 심리학의 끔찍한 결과에 대해 이야기하고 있다. 물론 그는 자기 시대의 심리학에 대해 말하고 있지만, 또한 우리 시대의 심리학에 대해 말하고 있는 것일 수도 있다. 우리 역시 고통을 기술하고, 환자와 그것에 대해 이야기하고, 아마도 항우울제를 처방하는 것 이상의 능력을 결여하고 있기 때문이다. 우리는 신체적 외상과 같이 어떤 정신적 트라우마는 삶 전체에 걸쳐 상처를 남긴다고 믿을 수도 있다. 그러나 우리는 이것이 정확하게 어떻게 일어나는지 보여 주거나, 또는 어떤 사람들은 거의 상처를 입지 않는 반면 어떤 사람들은 그것에 굴복하는 것처럼 보이는 이유를 설명할 방법이 없다. 이런 이유로 우리는 트랜스젠더와 동성애자를 동일하거나 어딘가 유사한 것으로 다루는 경향이 있다. 그러나 동성애자는 성별 위화감으로 고통받지 않으며 트랜스젠더 청소년의 자살률은 다른 아이들보다 여전히 10배나 높다. 2015년 미국에서 동성 간 결혼이 합법화됨에 따라 9~14세 사이 청소년의 자살률은 7~14% 정도 감소했다. 어림잡아 13만 4,000명의 청소년의 자살이 예방된 것이다. 그러나 이는 심리학 또는 심지어 정신과 치료를 통해서 이루어진 것이 아니다. 반대로 아동 정신과 의사의 역할은 은을 받고 동성애 청소년에게 처벌, 감언, 약제를 '처방'하는 것이었다.

은화를 땅바닥에 던짐으로써, 렘브란트는 일곱 명의 다른 인물들을 마치 엘리베이터 안에 있는 낯선 사람들처럼 배열할 수 있게 만들었다. 어떤 인물도 서로를 실제로 바라보거나 인정하지 않으면서, 모두가 다른 방향을 보고 있다. 그러나 유다는 자신이 한 일과 그 의미를 정확히 알고 있다. 렘브란트는 머리카락을 잡아 뜯어 피가 묻은 유다의 두피를 보여 준다. 그림의 구도는 그림을 보는 관람객이 사건의 현장에서 이 장면을 보고 있는 듯한 느낌을 자아낸다. 이는 수동적 지각이 아닌 능동적 참여로 초대한다는 점에서 페레지바니예(스피노자가 마음이라고 부르는, 관념의 관념)의 심리적 계기를 우리에게 보여 준다. 왼쪽 아래 구석에 있는 어두운 물체는 분명 렘브란트 자신의 뒤통수로 보인다.

16-20] 이 학설에서 기본적이고 가장 비참한 것은 정신이 처음부터 끝까지 삶 밖에서 가정된다는 것이다. 그것은 일반적으로 신체의 삶에

참여하지 않는다. 우리와 동물의 공통점은 온전히 연장에 속하는 삶으로, 이로써 제임스가 말한 모든 친밀성의 가능성, 즉 우리 신체인 자동 기계의 진정한 존재와 진정한 운명에 우리 정신이 그 어떤 관심을 갖거나 참여할 수 있는 가능성이 모두 배제된다. 비록, 제임스의 진술에 의하면 감정은 우리가 배 안의 선원과 같이 우리 자신의 몸속에 있는 것이 아니라 그것과 가장 밀접한 형태로, 마치 뒤섞여 있는 것과 같이 하나의 존재를 이룬다는 것이 명백하지만, 정념에 대한 모든 학설에서 그는 반대의 것을 주장한다. 마치 배에서 무언가 부서졌을 때 선장이 배를 통제하는 것과 같이 그의 의지가 정념을 통제한다.

정신이 삶 밖에서 가정된다는 것은 정신이 신체와 분리되어 있다는 의미인가?

C. 데 바엘(Cornelis de Wael), 터키인과 스페인의 해전, 1630년경으로 추정.

셰익스피어 시대에 스페인과 오스만 제국 사이에는 많은 해전이 벌어졌다. '헛소동' 역시 그러한 전쟁 장면 중 하나로 시작된다. 그림의 배경에 불에 타 가라앉는 스페인의 갤리선이 보인다. 생존자들은 구명보트를 타고 전경에 있는 터키의 갤리선을 공격하여 침몰시키고 있다. 일부 터키군은 잔해에 매달려 있고 일부는 물에 가라앉고 있다. 수영을 할 수 있는 이들은 거의 없어 보인다. 당시 대부분의 선원들은 수영을 할 줄 몰랐다. 영문판 번역은 데카르트는 영혼이 '수영자'와 같지 않다고 표현했다고 진술하고 있으나 그의 실제 표현은 '선원'과 같지 않다는 것이다. 러시아어 пловец는 수영하는 사람과 항해하는 사람, 두 가지를 모두 의미한다.『성찰』의 여섯 번째 성찰에서 데카르트는 다음과 같이 말한다.

비록 고통, 굶주림, 갈증 등의 감각을 통해 (사유하는 대상인) 나는 단순히 배 안의 선원이 아니라는 것을 자연은 가르쳐 준다. 오히려 나는 그와 긴밀히 연결되어 있다. 말하자면 그와 뒤섞여 하나의 단위를 이룬다. 그렇지 않다면 나는 신체가 상처받았을 때 고통을 느끼는 것이 아니라, 선원이 선박의 수리가 요구되는 것을 인지하듯 그 손상을 지적인 방식으로 지각할 것이다.

영혼과 신체의 관계는 신체(선원)와 환경(배)이 맺는 관계와 다르다. 우선 데카르트는 영혼이 불멸인 반면 신체는 소멸한다고 말한다. 둘째, 영혼은 연장을 갖지 않는 반면 신체는 연장이다. 셋째, 영혼은 사유하는 대상으로 이성과 의지를 발휘할 수 있다. 신체는 단순히 물질의 집합일 뿐이다.

그러나 데카르트는 신체와 영혼이 수영자의 정신과 신체처럼 복잡한 단위를 이룬다고 말한다. 이는 이들이 상호작용해야 함을 의미하며 그는 이러한 작용이 송과샘에서 모종의 방식으로 일어난다고 추측한다. 그런데 데카르트는 송과샘이 선박의 키와 같이 우리가 대상을 향하도록 하는 힘을 지녔으며 또한 영혼을 이러저러하게 추동하는 힘을 지닌다고 말한다. 결국 비고츠키는 데카르트가 사실상 정신을 선박의 선장과 같이 생각한다고 지적한다. 선장은 선원들과는 달리 수영을 할 줄 모르는 귀족인 경우가 많았다.

16-21] 데카르트는 지적, 관능적 사랑의 예에서 이 두 형태의 정념 간 연결의 모든 무의미성, 기괴성, 불가해성, 설명 불가능성을 보여 준다. 우리가 태어날 때 이미 가지고 있으며, 배아적 삶의 시기에 영양 공급의 욕구에 근원을 두는 기본적 형태의 느낌적 정념과, 우리의 생각하는 본성에 근원을 두는 인식의 욕망이 그 원천인 고양된 영혼의 정념

사이의 공통점이 무엇이 될 수 있겠는가? 이들이 따로 떨어져서 존재해야 한다는 데카르트의 주장은 이해할 만하지만, 이들이 어떻게 동시에 존재할 수 있는지 우리는 절대 이해할 수 없다. 데카르트 자신도 그들 사이의 유사성과 연결은 우리에게 전혀 명백하지 않다고 주장한다.

16-22] 이처럼 심리적 문제의 평행론적 해결—신체와 영혼의 이원론, 동물과 인간의 이원론—은 필연적으로 데카르트의 이러한 가장 비참한 생각으로, 의식과 삶의 완전한 분리로 이끈다. 데카르트에 따르면 삶은 그 속에 의식의 가능성과 필연성을 포함할 뿐 아니라 이 가능성을 완전히 배제한다. 정신은 최초부터 (생물적-K) 삶 밖에서 가정된다. 이 사실은, 데카르트의 해결에서 심리생리적 문제, 말하자면 전체 문제에서 가장 추상적인 문제가 인간 삶에서 정신의 정념이 갖는 역할과 의미에 대한 문제로, 인간에게 주어진 모든 답 중에 가장 절망적인 답을 얻는 문제로 변환되도록 한다. 그 답은 삶은 절대적으로 무의미하며 정념은 절대적으로 생명이 없다는 것이다.

16-23] 그러나 현대 정서 심리학도 우리를 동일한 것으로 인도하지 않는가? 한편으로 정서는 우리가 태어날 때부터 존재하고, 인간의 동물적 본성에 근원을 두며, 고대적, 초보적, 우연적이며 절대적으로 무의미하고 불필요한 유기체적 느낌이라는 선천적 정서 이론이 있다. 다른 한편으로 독립적 정서 이론이 있다. 정서는 영혼의 생명력 없는 환각이라는 것이다. M. 프린스가 현대 심리학이 딜레마 앞에 서 있다고, 즉 가장 애매하고 모호하게나마 정서적 의식과 삶의 통합에 대한 모종의 이해를 획득하든지 아니면 이원론과 평행론, 즉 부수현상론과 인간자동기계론이라는 대안적 가설을 받아들여야 한다(M. 프린스, 1928, p. 167)고 말한 것은 옳다. 현대 심리학은 이 두 가설들 사이에 서서 둘 중 하나를 고르지도 못하고, 맥두걸이 두 낱말로 공식화한 가장 기본적인 문제, 문제 중 문제인 '사람인가 자동기계인가'를 해결하지도 못한 채, 뷔

리당의 당나귀처럼 서 있다.

16-24] 모든 현대 정서 심리학은 과장 없이, 데카르트 이론과 동일한 정도로 영혼 없는 자동기계의 정념의 심리학이거나 생명 없는 영혼의 독립적 정서의 심리학이다. 따라서 모든 현대 정서 심리학은, 인간의 심리학만 아니라면 얼마든지 무엇으로든 생각될 수 있다. 현대 정서 심리학에서 벌어진 일은 체호프 희곡의 한 주인공의 절망스러운 외침으로 가장 잘 표현될 수 있을 것이다. 버려진 집에 남겨진 노쇠한 늙은이가 창문을 두드리며 외친다, "사람이 남아 있다!" 유기체적 느낌의 절대적 무의미성과 독립적인 환각적 정서의 절대적 비생명성의 비애는 오직 영혼이 없는 자동기계의 심리학에 양분을 공급하거나, 순수하게 이성적인 인간의 심리학(이러한 이성적 인간은 칸트의 이상이었으며 랑게는 자신의 이론에 근거하여 그의 출현을 예견하였다)에, 즉 정념이 없는 지적 존재, 제임스의 말을 따르면 고대 현인들이 이상적으로 생각한 존재로 선고된 순수한 영혼의 심리학에 양분을 공급할 수 있다.

약 100년 동안 베르메르가 살았던 델프트의 마을에 사는 사람들은 아마도 베르메르의 고모가 소유했던 이 작은 집의 정확한 위치를 찾고자 노력했다. 우리는 그의 고모가 생계를 위해 소 내장(트리프)을 팔았다는 사실을 알고 있다. 그리고 2015년에는 델프트의 트리프 게이트 인근에서 그 장소가 발견되었다고 발표되었다.

비고츠키는 스타니슬랍스키가 모스크바 극장에서 상연한 안톤 체호프의 '벚꽃 동산'을 언급하고 있다. 체호프의 원작은 희극이었지만 스타니슬랍스키는 비극으로 바꾸었다. 이 희곡은 농노의 해방으로 몰락한 한 귀족 가문 이야기다. 그들은 과수원과 집까지 농노의 아들에게 팔 수밖에 없었다. 하인 중 한 명이었던 87세의 노인은 자유가 무엇인지 이해하지 못했기 때문에 떠나지 않았다. 그들은 그를 집에 남겨둔 채 떠난다. 연극은 새 주인이 벚나무를 베어 내고 그가 있는 집을 철거하면서 막을 내린다. 마지막 한 줄은 이렇다. "당신은 사람을 잊었

이 건물을 철거하지 마세요. 여기에 아직 사람이 있어요.

J. 베르메르(Johannes Vermeer), 골목길, 1658.

군요!"

2017년, 네덜란드 역사학자 두 명은 위 그림의 집이 실제로 존재하지 않았다고 주장하기도 했다. 어쩌면 우리는 사람은 기억하면서 그집은 잊었는지도 모른다.

16-25] 죽음은, 데카르트를 따라 처음부터 생명의 외부에 정신을상정하는 모든 현대 정서 심리학의 최후의 낱말이다. 남아 있는 일은

오직, 인간 영혼에 대한 모든 실제 전문가들의 주장에 따르면 언제나 생생하고 열정적인 삶의 소리로 왁자한, 그러나 지금은 남겨진 인간의 최후의 거주지인 공허하고 버려진 집에서 창문을 열심히 두드리는 일 뿐이다.

현대의 모든 정서 심리학에는 죽음만이 남아 있다는 것인가?

S. 반 호흐스트라텐(Samuel van Hoogstraten), 동정녀의 죽음 고지, 1670.

대부분의 마리아의 '고지annunciation' 그림은 죽음이 아닌 생명의 알림이다(예컨대 **13-22** 글상자 참조). 특이하게도 반 호흐스트라텐은 동정녀에게 그녀의 죽음을 알리는 것을 선택했다(**15-6**, **15-7** 글상자 참조).

이는 당시의 많은 기독교인들이 마리아는 죄가 없었으며, 따라서 실제로 죽은 것이 아니라 아들 예수에 의해 육체와 영혼이 천국으로 승천했다고 믿었기 때문에 특히 드물다.

데카르트는 교회를 따르고 정서 심리학은 데카르트를 따른다. 이는 정서 심리학이, 마리아의 축복받은 천국의 정서적 삶이 육체적 감각과 완전히 동떨어져 있음을 가정해야 함을 의미한다. 우리의 구체적이고 생생한 일상이 벌어지는 육체는 살아 있는 사람이 아무도 없는 빈집처럼 남겨진다. 기쁨은 육체적 감각의 외부에, 육체적 감각은 기쁨의 외부에 둠으로써, 심리학은 살아 있는 사람들의 과학으로부터 죽은 신체의 과학에 대한 정신적 상응물로 나아간다.

16-26] 그러나 희곡의 이 마지막 장에서 고전적 정서 심리학의 그 같은 절망적인 대단원의 장면과 함께, 아리스토텔레스와 그의 뒤를 이은 데카르트의 주장에 따르면 철학을 시작하게 하는 놀라움의 느낌이 우리를 감싼다. 철학적 고찰을 잉태하고 있는 이 놀라움의 느낌을 러시아 시인 중 하나가 묘사한다. 그는 잘 익은 사리풀 낱알을 먹고 그 독에 중독되어, 미냐르가 치우, 심약증, 악액질, 치매를 겪는 환자나 심리적·도덕적으로 완전히 쇠약한 상태에 있는 마비 환자나 백치에게서 발견한 최고의 황홀경의 상태를 경험하는 문둥병자를 보았다. 숭고한 기쁨의 운명이 치우와 백치의 몫이라면, 인간 정념이 완전히 무의미하다는 생각과 더불어 의식의 전체 삶이 무의미하다는 생각이 어쩔 수 없이 나타난다.

브뤼헐은 이탈리아의 레지오가 해적의 공격을 받은 후 그곳에서 이 그림을 그렸다. 그러나 그는 분명 스페인과 흑사병의 공격을 받은 자신의 조국 네덜란드를 마음속에 그리고 있었을 것이다. 오른쪽 아래 구석에 있는 인물들을 보자. 남자와 여자는 행복한 노래를 부르려 하지만, 해골이 그 뒤에서 허디거디(손잡이를 돌리는 오르간) 기계를 연주한

삶과 의식 밖의 쾌락은 무의미한가?

P. 브뤼헐(Pieter Brueghel), 죽음의 승리, 1562.

다. 그림 전체에서 브뤼헐은 인간의 행복을 조롱하는 해골 군대를 보여 준다. 저녁 식사를 파탄 내고, 지나가는 여자를 껴안고, 거지, 철학자, 노동자를 모두 파괴하고 있다.

데카르트에 기반을 둔 정서 심리학은 육체를 떠난 영혼의 행복을 묘사하고 영혼 없는 육체의 감각을 설명할 수 있을 뿐이다. 해골은 육체의 기계적 특성뿐 아니라 몸이 없는 마음의 특성도 나타낸다. 그러나 지금까지 정서 심리학을 윤리학 이론으로 발전시키려 노력했던 사람은 스피노자뿐이다. 그는 개인의 정서의 의미를 사회적 관계에서 찾고자 하였다.

그러나 스피노자가 완전히 혼자는 아닐 것이다. 이 그림을, 브뤼헐의 카니발과 사순절 사이의 마상 창시합(15-35 글상자 참조)과 비교해 보자. 앞의 그림에서 육체의 정념과 마음의 관념에는 더 많은 접촉과 모순이 허용된다.

• 정서는 무엇을 의미하는가?

이 장은 데카르트의 심신평행론으로부터 도출되는 정서의 무의미함에 대한 비고츠키의 진심 어린 탄원이다. 이전에, 비고츠키는 정서와 신체적 반응의 연결이 임의적이라는 생각을 비판했다. 여기서 그는 다른 방향을 제시한다. 만일 정서적 과정이 생리적 과정과 인과관계가 없다면, 인간의 삶에서 정서의 적응적 역할은 없을 것이라는 것이다.

16.1 여기에서 비고츠키는 데카르트가 스웨덴의 여왕이자, 데카르트를 개인 교사로 스톡홀름에 초대한 크리스티나 아우구스타Christina Augusta에게 보낸 편지를 검토한다.

16.2 데카르트는 지적 사랑과 관능적 사랑을 구별함으로써 시작한다. 전자에서 우리는 사랑의 대상과 결합하기 위해 노력하며, 그것은 기쁨, 슬픔, 그리고 욕망의 합리적 깨달음에 연결되어 있기 때문에, 데카르트는 그것을 정념이라기보다 '명확한 관념'으로 간주한다.

16.3 비고츠키는 이 편지 자체가 데카르트가 순수하게 인지적인 정념을 인정한다는 그의 주장을 지지하고 있다고 지적한다.

16.4 데카르트는 인간의 사랑에서 두 가지의 형태가 결합될 수 있다고 간주하며 그들의 결합을 '생각과 낱말'의 결합과 비교한다.

16.5 그러나 이 두 형태의 개별적, 독립적 존재 가능성에 대해서는 의심할 여지가 없다.

16.6 비고츠키는 성녀 테레사의 문제, 신체와 독립적인 황홀경의 문제로 돌아온다. 만일 우리가 (신체의)수동적인 기쁨에서 의식의 참여를 받아들인다면, (정신의)능동적인 기쁨을 포함한 기쁨의 다른 사례들에서 그것을 배제할 이유가 없다고 뒤마는 지적한다. 비고츠키는 이에 동의한다. 따라서 능동적인 기쁨을 오로지 근육의 긴장과 다른 말초 감각에 대한 우리의 의식 탓으로만 돌릴 이유는 없다(분명히 드러나지는 않지만 아마도 이는 성과 관련되어 있는 것으로 보인다).

16.7 뒤마는 또한 뇌가 전기적으로 자극될 수 있으며, 이는 만족과 고통의 느낌이 항상 구심적이지는 않음을 보여 준다고 지적한다. 그러나 이러한 비기능적 자극과 기능적 자극 사이에는 명확한 차이가 존재한다. 따라서 '공감각', 즉 어떤 소리를 색깔로 경험하는 경우와 같이 하나의 느낌을 다른 느낌으로 '해석'하는 사례가 존재한다. 뇌는 대뇌 자극(성녀 테레사의 황홀경과 같은)을 육체적인 것(예컨대, 성)으로 해석한다. 이것은 시치(크로낙시, 근육이 전기 자극에 반응하는 데 걸리는 시간. 아주 약한 자극과 그 자극의 두 배에 달하는 자극에 대한 반응 시간을 비교한다)에 대한 최근의 연구에 의해 뒷받침되어 왔다.

16.8 뒤마는 중심적 메커니즘으로 말초적 메커니즘을 보완함으로써 제임스 이론을 발전시키고 있다고 생각한다. 그러나 반대로 그는 제임스가 이론을 제시하는 데 사용한 매력적인 역설적 공식을 제거하고 있다.

16.9 비고츠키는 제임스의 유심론적 설명(예를 들어, The Varieties of Religious Experience(종교적 경험의 다양성)에 나타난 입장)과 그의 생리적 설명 둘 다에서 제임스가 감각을 불필요한 것으로 만든다는 것을 보여 줄 것이다. 행동주의자들에게 정신적 삶이라는 가설이 그러하듯, 감각은 정신적 삶을 변화시킬 만한 영향을 주지 않으며, 정신적 삶 역시 감각에 영향을 미치지 않는다.

16.10 이 문단은 제임스의 Short Course에서 발췌한 긴 인용문으로 보인다. 그는 고대 현인들이 스스로 갖고 있었다고 생각한 순수하게 인지적인 정념이 오늘날 우리에게 지루하고 무미건조할 수 있다고 주장한다.

16.11 앞 장에서 데카르트의 이론에 대해 그랬듯이, 비고츠키는 제임스 이론의 기계론적 해석과 유심론적 해석 사이의 세 가지 비교점을 도출한다. 첫째, 제임스는 기계론적으로 신체적 변화가 배제된 정서는 존재할 수 없다고 가정하지만, 유심론적으로는 종교적 경험의 다양성처럼 이것이 가능하다고 인정한다.

16.12 두 번째로, 제임스는 이러한 고등하고 정신적인 경험이 부수현상이라고 주장한다. 즉 이는 (말초가 아닌 대뇌에서 발생하는) 중심적 기원을 가지며, 따라서 생리학적으로 말해 환상에 불과하다는 것이다.

16.13 랑게와 공유되는 세 번째는, 느낌이 인간 발달의 과정에서 사라질 운명이라는 것이다.

16.14 비고츠키에게는 통하지 않는 절묘한 모순이 하나 있다. 그는 제임스가 느낌 없는 삶은 의미 없고 헛된 것이라는 말로 시작한다고 언급한다. 그러나 그는 느낌이

실제로는 "동물적 삶의 처량한 흔적, 우리의 느낌적 반응의 창백한 비유, 문제적·인위적이고 특유하며 병리적인 인간 종족의 습관이며, 뱃멀미, 간지럼, 부끄러움, 사랑과 같이 의식에 수동적으로 반영된 유기체의 우연한 반응"에 불과하다고 말하며 끝맺는다. 이제 느낌을 가진 삶 역시도 무의미하고 헛된 것처럼 보인다.

16.15 다음의 두 문단에서, 제임스는 우리가 '우리의 느낌이 실제로 우리에게 속한다는 것을 어떻게 아는가, 주어진 감각이 우리의 감각이라는 것을 (그리고 순전히 외부적 사건이 아니라는 것을) 어떻게 아는가'라는 이상한 질문에 답을 하려고 한다. 제임스는 신체 밖의 세계에 대조될 수 있는 '뇌 속 운동'이 존재한다는 생각을 고수한다.

16.16 제임스는 인간의 신체가 모든 정서적 폭풍의 눈이라고 말하며, 그것은 모든 동위 좌표의 기원이라고 주장한다. 뇌와 뇌 사이에서 그리고 뇌와 신체 사이에서 일어나는 느낌만이 우리의 것이다. 외부 세계에서 일어나는 일은 본질적으로 불가지不可知하다.

16.17 다소 놀랍게도 비고츠키는 이것에 동의한다. 그러나 그는 그것이 의식과 신체적 과정이 어떻게 신체 안에서 연결되는지, 그리고 어떻게 구별되는지에 대해서는 설명하지 못한다고 지적한다. 대신에, 제임스는 의식을 부수현상으로 만들면서 의식과 신체적 과정을 구분한다. 그런 후 그는 정신적 활동을 인간 삶의 감각적 풍요로움과 연결시키면서 이들을 결합할 방법을 찾지 못한다. "물에 빠져 지푸라기를 움켜쥔 사람처럼", 그는 '머릿속 운동'이 있다고 주장한다.

16.18 만약 두려움이 정말로 심장박동이 빨라지고, 숨을 헐떡이고, 입술이 떨리고, 팔다리가 떨리는 등의 감각일 뿐이라면, 이러한 애매하게 불쾌한 느낌이 실제로 어떻게 우리의 의무(말하자면, 물에 빠진 아이를 구하는 것 또는 기차 앞에서 쓰러진 사람을 구하려고 하는 것)를 다하지 못하게 막을 수 있는지를 설명하는 것은 매우 어렵다. 이러한 위급한 상황에서 도덕적 행위를 선택하지 못하는 것은 신체적 불편함 때문이 아니다. 만약 도덕적 정의가 특수한 어조나 눈빛일 뿐이라면, 왜 소크라테스가 사지의 떨림과 가쁜 호흡을 느끼면서도 처형당하는 것에 동의를 했는지 이해하는 것이 불가능하다(비고츠키는 항상 정서를 움직임, 즉 행동에 연결시키고 있다. 정념은 수동적이지 않고 강렬하다).

16.19 비고츠키는 이 결과를 "끔찍하다"고 부른다.

16.20 가장 끔찍한 것은, 영혼이 시간과 공간 밖에 존재하는 반면, 신체는 완전히 그 안에 존재한다는 믿음이 배 안에 선원이 승선하고 있는 방식으로 우리를 우리의 신체 속에 위치시킨다는 사실이다. 의지는 선장이 바위에 난파된 배를 조종하는 방

식으로 정념을 통제한다.

16.21 관능적인 사랑에 대한 데카르트의 명백하게 터무니없는 입장보다 이 부자연스러운 관계가 더 분명히 드러난 곳은 없다. 물론, 지적인 사랑과 감각적인 사랑이 분리될 수 있음을 이해하기는 쉽다. 이해하기 불가능한 것은 외부적 우연의 일치를 제외하고, 어떻게 그것들이 결합될 수 있느냐는 것이다.

16.22 문제는 단순히 데카르트에게 있어 삶이 의식을 필요로 하지 않는다는 것이 아니다(데카르트는 동물이 의식적이라고 간주하지 않는다). 문제는 삶은 실제로 그것을 둘러싸는 모든 메커니즘(심리과정)으로부터 의식을 배제한다는 것이다.

16.23 비고츠키는 정서를 고려하는 데에서, 현대 심리학이 '정신의 생명력 없는 착각'과 인간의 동물적 본성을 구분하는 한 동일한 절망에 다다른다고 지적한다. 프린스가 말한 것처럼, 정서적 의식과 삶의 과정 사이의 통합에 대한 일종의 이해가 있어야 한다. 그렇지 않으면 우리는 데카르트의 부수현상설과 자동 운동에만 만족해야 할 것이다. 맥두걸은 '인간이냐 로봇이냐'라고 말한다.

16.24 선택은 명백하게 로봇이다.

16.25 비고츠키는 유기체적 느낌과 정서적 환상의 분리는 체호프의 희곡 '벚꽃 동산'에 나오는 나이 든 하인 피르스처럼, 심리학자들이 인간을 집 안에 가두고 그곳에서 죽게 내버려 둔다는 것을 의미한다고 말한다. 이 심리학의 마지막 단어는 '죽음'이다.

16.26 데카르트, 제임스-랑게 이론에서의 결말은 비극적이다. 이 비극은 독에 중독되어 느끼는 희열이 진정한 희열과 본질적 차이가 없다는 주장에서 두드러진다. 독, 광기, 백치, 정념, 의식의 삶은 전체적으로 인간 삶의 잠재력의 증대와 아무런 관련이 없는 것으로 보인다.

제17장
선천성 대 발달

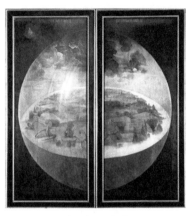

세속적인 쾌락의 동산(Hieronymus Bosch, 1490~1510).

이 그림은 이전 장의 도입 삽화의 외부 패널이다(패널 내부에 대해서는 19-52 글상자 참조). 이것은 창조의 셋째 날의 전 우주를, 초등학교 테라륨같이, 유리 구(球)로 보여 준다. 식물들은 창조되었지만, 동물들은 아직 창조되지 않았다. 왼쪽 상단에는 신이 무릎 위에 교과서를 얹은 선생님처럼 앉아 있다. 상단에는 라틴어로 "그가 이르시되 그것은 이루어졌다. 그가 명했고 그것은 굳게 세워졌다"라는 글귀가 있다. 데카르트와 제임스-랑게가 정념에 대해 제공하는 그림은 이런 식으로 창조론적이다. 정념은 신(데카르트)이나 진화(제임스-랑게)에 의해 주어진다. 데카르트에게 창조론의 문제는 결함이 아니라 그 이론의 고유한 특징이다. 창조론은 그로 하여금 몸이 어떻게 식물처럼 자랄 수 있는지, 마음은 어떻게 신처럼 영원한지 설명하게 해 준다. 따라서 아기들은, 당장 수십 년 동안 사용하지 않을지라도, 평생 지니게 될 모든 정서를 지닌 채, 이미 세례를 받을 준비가 된 상태로 태어난다. 제임스에게 창조론은 그렇게 편리하지 않다. 그것은 그가 정서가 어떻게 변하는지, 그리고 정서가 우리가 어린아이들이나 심지어 동물들과 공유하는 감각으로부터 고등 정서와 지적 흥미로 어떻게 발달하는지 설명하는 것을 방해한다. 그것은 비고츠키에게 용인할 수 없는 것이다. 그것은 보스의 우주와 삼부작 자체처럼 굳게 선 채로 창조된, 환경적 영향으로부터 차단되어 몸에 갇혀 있는, 선천적 정서를 믿을 것을 우리에게 요구한다. 보스가 실제로 서로 양립할 수 없는 두 세계관(고대 그리스인은 세상이 둥글다고 믿었고, 고대 중국인은 세상이 평평하다고 믿었다)을 결합시켰음에 주의하자. 피아제라면 이렇게 두 가지 모순적인 믿음을 병치시키는 것을 혼합주의라 불렀을 것이다. 그러나 비고츠키에게 이런 종류의 혼합주의는 발달적 모순이 된다. 데카르트(제임스-랑게조차도)는 선천적 감각으로서의 정서와 느낌, 생각, 말의 발달 형태로서의 정서 간에 유사한 발달적 모순을 포함한다.

17-1] 우리에게 남은 일은 현대 정서 심리학의 철학적 본성에 대한
긴 고찰을 결론짓고, 심리학 지식 발달에서 데카르트 정념 학설의 운명
을, 그리고 정념에 대한 과학적, 실험적 지식 영역에서 지배적인 데카르
트 생각의 최종적 분해와 관련하여 미래의 심리학 앞에 나타나는 기본
적 문제를 압축된 결론으로 규정하는 것이다. 우리는 이제까지의 모든
연구 경로가 우리의 기본 테제의 올바름을 충분히 명백하게 드러냈다
고 생각한다. 즉, 제임스-랑게 이론과 이 이론의 체계를 중심으로 펼쳐
진—우리 눈앞에서 새로운 정념 이론의 건설로 이끄는— 모든 비판적
연구는, 그 관념적 기원과 방법론적 토대를 밝힌다면, 스피노자의 정념
학설이 아니라 데카르트와 말브랑슈의 관념과 직접 연결된다. 이제 남
은 일은 오직 이 입장으로부터 결론을 도출하며 이 사실이 과학으로서
심리학의 앞으로의 발달을 위해 지니는 의미를 이론적으로 평가하는
것이다. 무엇보다 먼저 우리는 데카르트와 제임스의 이론을 하나의 흐
름으로 결합하고 연결하는 모든 철학적, 과학적 사조思潮의 원칙적 형이
상학성을 평가하고자 한다.

17-2] 우리는 제임스와 랑게의 이론이, 아무리 첫눈에는 엄격하고
일관된 생물학적 이론처럼 보인다고 하더라도, 심지어 어떤 의미에서는
심리학에서 생물학적 관념의 위대한 승리인 것처럼 보인다 하더라도 사

실은 본질적으로 반反생물학적 이론이라는 것을 자세히 설명할 기회를 위에서 가졌었다. 이는 이들이 두 가지 기본적 면모로 특징지어지기 때문이다. 1) 발달의 관념이 전혀 없거나 이를 연구 대상인 현실의 영역에 편입하는 것이 원칙적으로 불가능하다는 입장. 2) 이 기저에 놓여 있는, 정서의 의미에 대한 부수현상론적 생각. 우리는 이와 관련하여 앞에서 말했던 것을 반복하지 않을 것이다. 다만, 우리는 정서 영역에서 모든 발달 가능성을 배제하고, 정서와 전체로서의 의식 사이에, 정서와 인간의 실제 삶 사이에 그 어떤 유의미하고 이해할 만한 연결도 배제하는 이 형이상학적 개념의 뿌리를 추적해야 한다. 쉽게 알 수 있듯이 이 뿌리는 영혼의 정념에 대한 데카르트의 학설에 놓여 있다.

> 많은 정물화가들은 값비싼 식기, 유리제품, 중국 도자기 등을 자랑하기를 즐겼으나 코르테는 달랐다. 그의 단순한 그림들 대부분은 심플한 판 위의 과일이나 채소만을 묘사한다. 대부분의 정물화가들은 노쇠한 신체의 검버섯과 같이 썩은 과일에서 나오는 벌레를 그렸지만 코르테는 달랐다. 복숭아 하나에는 멍든 상처가 있지만 나비는 불멸의 영혼을 나타내듯 아무 흠 없이 복숭아 위를 날아오르고 있다.
>
> 다윈의 종의 기원과 자연발생설을 반증한 파스퇴르의 실험 이전까지 많은 생물학자가 썩은 과일이 벌레를 발생시킨다고(혹은 소멸시킨다고) 믿었다. 제임스와 랑게는 모두 생물학을 전공했으며 그들의 정서 이론은 어떤 점에서 유사하다. 그들은 심리적 감정이 생물적 원인으로부터 자연발생하는 것이라고 본다. 비고츠키는 비록 이 이론이 생물학적으로 보이지만 사실은 반反생물학적 혹은 반反다윈적이고 반反파스퇴르적이라고 지적한다.
>
> 발달적으로 생리적 감각이 심리적 정서를 발생시키는 것은 원칙적으로 불가능하다. 이는 썩은 과일이 벌레를 발생시킬 수 없는 것과 마찬가지다. 이들은 서로 다른 계열의 현상들이다. 의미론적으로 기호와 의미를 역전시켜 감각의 의미를 정서로 보는 대신 정서의 모든 의미를 부여하는 것이 감각이라고 주장한다면 우리는 부수현상론에 빠지게

제임스-랑게 이론과 데카르트 학설은
영혼에 대한 관점에서
뿌리가 같다고 볼 수 있는가?

네!

A. 코르테(Adriaen Coorte), 세 개의 복숭아가 있는 정물, 1693.

된다. 정서 이론이 땀, 심장박동, 긴장의 이론이 되는 것이다.

이 장에서 비고츠키는 제임스-랑게 이론과 데카르트 이론의 기제가 상당히 달라 보이지만 그 기저에 놓인 이원론은 동일하다는 것을 보여 준다. 코르테 당시 대부분의 정물화가들은 탁자가 화면을 분할하는 이원적 구도를 사용했으나 코르테는 달랐다. 판 위의 균열과 판 끝의 공간을 주목하자. 이 작품의 구도는 복잡하지만 전체적으로 연결되어 있어서 과일과 나비의 진정한 연결을 시사한다. 나비와 가운데 복숭아의 흰 부위가 서로 반향을 주고받는 듯하다.

17-3]　알려진 것처럼 발달의 관념은 데카르트에게 전혀 이질적인 것은 아니었다. B. Φ. 아스무스가 바르게 지적하듯이, 데카르트의 우주론과 물리학은 언제나 기계론적이며, 상호작용은 데카르트에 의해 역동적 반작용이 아니라 물체에서 물체로의 운동의 기계적 전달로 이해되었음에도 불구하고 데카르트는 우주론에 발달의 관념을 도입했다. 그의 우주론은 또한 우주발생론이다. "사실상 그는 종합적 포괄의 범위에서 광대한 우주발생 이론을 근대 최초로 수립했다"(B. Φ. Асмус, 1929, с.35). 그러나 심지어 우주론적 문제의 영역에서도 데카르트는 발달의 원칙보다는 자기 체계의 신학적, 기계론적 원칙을 훨씬 더 일관되게 고수한다. 그는 그에게 흔들리지 않는 진실이었던, 천지창조에 대한 교회의 가르침에 완전히 동의하고 있다. 그는 말한다. "세상은 처음부터 완벽하게 창조되어 그 안에 태양, 지구, 달, 별이 존재했음에 의심의 여지가 없다. 지구에는 식물의 배아뿐 아니라 식물 자체가 존재했다. 아담과 이브는 아이가 아니라 어른으로 창조되었다. 기독교 신앙과 자연적 이성이 이를 명백히 우리에게 확신시킨다"(Декарт, 1914, с.7). 데카르트는 이와 동일하게 세상에 대한 기계론적 설명 원칙에 완전한 믿음을 갖고 있었다. 그는 세상을, 서로 기계적으로 작용하는 물체들의 무한한 집합으로 제시했다. 관성의 법칙은 그에게 자연의 기본 법칙으로 남아 있다. 모든 물체는 무한히 나누어진다. 피셔가 올바르게 지적하듯이 자연에 대한 데카르트의 설명은 수학적-기계적 원칙에 온전히 의존한다.

　　　J. 브뤼헐 2세는 P. 브뤼헐의 손자(**15-23**과 **16-26** 글상자 참조)이자 P. P. 루벤스(**15-7**)의 협력자였다. 이 그림은 손자로서보다는 협력자로서의 스타일을 더 많이 보여 준다. 그림의 하느님이 땅 위뿐 아니라, 마치 우리와 예술품 사이를 날아다니는 곤충처럼 그림의 표면 위를 떠다니는 것처럼 보이는 데 주목하자.

J. 브뤼헐 2세(Jan Brueghel the Younger), 태양과 달과 별을 창조하는 하느님, 1650년경.

　브뤼헐의 그림은 우주론이 아닌 우주발생론이다. 그것은 우주가 어떻게 지속적으로 유지되는지에 대한 이야기가 아니라 우주 기원의 특이점에 대해 이야기하고 있다. 데카르트 이원론의 뿌리에는 우주발생론과 우주론 간의 이러한 차이가 있다. 데카르트는 브뤼헐과 동일한 기독교적 우주발생론을 굳게 믿었지만, 또한 그 우주론을 이해하려면 (낮, 밤, 물, 공기, 땅, 바다, 초목이 어떻게 존재하게 되었으며 어떻게 계속 존재하는지) 전체를 복잡한 기계로 취급하는 것이 더 낫다고 생각했다. 이로 인해 데카르트는 신앙을 지키면서도 과학적 연구를 계속 수행할 수 있었다. 성직자였던 코페르니쿠스 또한 같은 말을 했다. "물론 우리는 지구가 정말로 하느님의 세계의 중심임을 알고 있다. 하지만 때로는 태양이 중심이라고 상상하는 것이 사건을 이해하기 더 쉽다." 물론 데카르트와 코페르니쿠스가 실제로 어떤 생각을 했는지 알 방법은 없다. 우리는 그들이 실제로 쓴 것만을 알 수 있을 뿐이다.

　데카르트가 쓴 것은 일관되게 이원론적이고 기계론적이었다. 데카르트는 자신을 철학자가 아닌 'physicien(물리학자, 의사, 공학자)'로 묘사한다. 그는 기계의 부분들은 기계적 접촉을 통해서만 상호작용할 수 있기 때문에, 우주, 인체, 시계가 모두 그 운동이 수학적으로 기술될 수 있는 복잡한 기계로 이해될 수 있다고 믿었다. 관성은 모든 물질의 기본 속성이며, 비접촉-원거리 작용과 같은 것은 존재하지 않는다. 따라서 데카르트는 태양, 달, 별이 하늘 위에 있는 물의 소용돌이와 흐름 때문에 자전하고 공전하며, 정서는 내장에서 송과샘으로 흐르는 동물 정기 때문에 일어난다고 생각했다. 하느님의 존재는 하느님과 세계의 일상적 접촉이 아니라, 하느님이 세계를 창조하고 (시계처럼) 태엽을 감았다는 사실로 증명된다. 그래서 브뤼헐의 그림에서 하느님은 평행하고 교차하지 않는 평면 위에 나타난다. 화가가 그림의 일부가 아닌 것처럼 창조자는 창조물과 같은 평면 위에 있지 않다.

17-4] 데카르트 철학에서 삶과 의식에 대한 설명은 더욱 형이상학적이며, 또한 기계론적이고 신학적인 원칙에 더욱 종속된다. 여기서 우리가 발달의 문제에 대한 희미한 암시를 발견하는 것은 사실이다. 이는 문을 두드리지만, 데카르트 이론의 문은 이에 대해 확고히 닫혀 있음이 드러난다. 식물이나 동물의 본성을 더 잘 이해하기 위해서는 이들이 세상의 시작과 함께 신에 의해 창조되었다는 것보다는, 종자로부터 점차 생성되었다고 추론하는 쪽이 훨씬 낫다고 데카르트는 말한다. 여기서 우리는 단순하고 쉽게 이해되는 특정한 원칙을 발견할 수 있다. 이 후자가 마치 씨앗과 같이, 우리가 별과 지구, 그리고 우리가 눈으로 보는 세계에서 마주치는 모든 것의 기원을 드러낼 수 있게 해 준다.

17-5] 알려진 것처럼, 데카르트는 배아 발달의 문제에 몰두해 있었다. 그에게 인류학의 문제 해결은 생리학적, 심리학적, 윤리학적 문제를 포괄하는 것이었다. 인간 신체의 기관 및 기능과 연관된 생리학적 문제는 그가 볼 때 동물학과 밀접히 연관되어 있었다. 인간 신체의 구조는

그 발생으로부터, 배아 발달의 역사로부터 인식되어야 하지만 이 후자(배아 발달의 역사-K)는 다시, 동물 신체 및 기관 형성의 역사로부터 인식되어야 하는 것이다. 철학자는 비교해부학 연구를 통해 이 영역에 들어가기 위해 열정적으로 부단히 노력했다. 여기서 그는 본성의 원천으로부터 직접 물을 긷는다. 그는 동물을 해부함으로써 실험적 경로를 통해 생물학적 문제의 해결을 발견하고자 시도했다. 데카르트가 비교해부학과 배아학을 통해 생명의 비밀을 해결하려 했다는 사실은 그의 생각의 엄밀성에 대한 분명한 증거이다. 이러한 생각의 엄밀성은, 그의 생물학 연구를 판단하면서 그 결과가 대단한지 사소한지를 평가하기에 앞에 그 위에 두어야 하는 것이다.

> 24. 열두 제자 중의 하나로서 디두모라 불리는 도마는 예수께서 오셨을 때에 함께 있지 아니한지라.
> 25. 다른 제자들이 그에게 이르되 우리가 주를 보았노라 하니 도마가 이르되 내가 그의 손의 못 자국을 보며 내 손가락을 그 못 자국에 넣으며 내 손을 그 옆구리에 넣어 보지 않고는 믿지 아니하겠노라 하니라.
> 26. 여드레를 지나서 제자들이 다시 집 안에 있을 때에 도마도 함께 있고 문들이 닫혔는데 예수께서 오사 가운데 서서 이르시되 너희에게 평강이 있을지어다 하시고.
> 27. 도마에게 이르시되 네 손가락을 이리 내밀어 내 손을 보고 네 손을 내밀어 내 옆구리에 넣어 보라 그리하여 믿음 없는 자가 되지 말고 믿는 자가 되라.
> 28. 도마가 대답하여 이르되 나의 주님이시요 나의 하나님이시니이다.
> 29. 예수께서 이르시되 너는 나를 본 고로 믿느냐 보지 못하고 믿는 자들은 복되도다 하시니라.
>
> (요한복음 20장 24~29절)

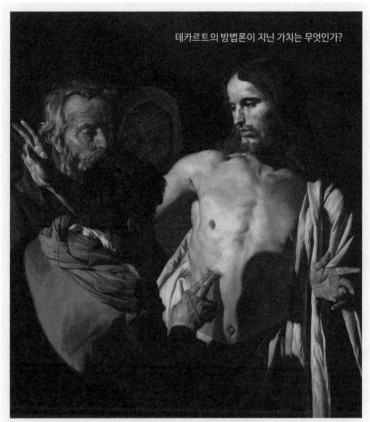

데카르트의 방법론이 지닌 가치는 무엇인가?

M. 스톰(Matthias Stom), 성 도마의 의심, 1641~1649(?).

그리스도의 얼굴과 목소리에만 눈과 귀를 집중한 베드로와 십자가에 못 박히심을 믿기 전에 그리스도의 상처를 보고 만져야만 했던 도마를 비교해서 주목해 보자. 대부분의 학자들이 볼 때 데카르트의 '방법'은 도마의 의심하는 방법일 뿐인 반면, 스피노자의 방법은 베드로의 방법이다. 왜냐하면 스피노자는 가장 높은 형태의 지식은 경험적이거나 합리적인 것이라기보다는 내재적이며 직관적인 것이라고 보기 때문이다. 그러나 실제로 데카르트는 도마보다 훨씬 더 많이 나아간다. 왜냐하면 그는 자신의 감각조차 믿지 않을 것이기 때문이다. 스피노자도 베드로보다 더 나아간다. 스피노자의 신은 인간의 얼굴이나 목소리를 갖지 않기 때문이다.

스피노자처럼 비고츠키도 범-회의론에 대해 회의적이다. 비고츠키에게 모든 것을 의심하는 방법은 모든 것을 믿는 방법처럼 환원주의적인 것일 뿐이기 때문이다. 더구나 그 둘은 서로 연결되어 있다. 모든 것을 의심하는 데카르트의 방법은 '관찰에 근거한 생리학'과 '믿음에 근거한 심리학'의 분리를 이끌었고, 이는 다시 불멸의 영혼이 어떤 것이든 할 수 있다는 믿음으로 이끌었다. 따라서 비고츠키는 이 문단에서 도마의 의심은 언급하지 않는다. 대신 그는 상처에 손가락을 직접 찔러 보는 도마의 방식을 언급한다. 비고츠키는 데카르트의 생리학적 방법, 즉 동물의 몸은 본질적으로 기계이며 인간의 몸은 동물의 몸과 질적으로 다르지 않다고 데카르트를 확신시킨 해부와 관찰의 방법을 인정하는 것이다.

그러나 비고츠키는 여기서도 회의적이다. 데카르트주의자들의 생리학적 방법의 실제 결과는 비고츠키에게 관찰의 한계를 입증한다. 예를 들어 데카르트는 송과샘이 신체와 영혼을 연결하는 것이며, 신경은 생명정기로 가득 찬 속이 빈 관이고, 심장은 펌프가 아니라 일종의 김치 발효통이라고 생각한다. 데카르트주의자들의 생리학적 방법의 결과는 반-발생적 관점의 한계를 보여 준다. 발생학과 동물학에서 발달적 유사성을 찾는 방법은 충분하지 못하다. 그것은 출생 이전의 발달과 출생 이후의 발달 간의 중요한 차이를 모호하게 하고, 인간의 종적 특수성인 역사적, 문화적, 사회적 특성을 제거해 버리기 때문이다. 그러나 이런 과학적 실재론은 신실한 베드로-스피노자와 의심하는 도마-데카르트의 통합을 낳는 작은 발걸음이다.

아마도 스톰은 이 그림을 통해서 지적 관념론과 세밀하게 관찰된 사실주의의 통합을 낳는 작은 발걸음을 내디뎠을 것이다. 그러나 역사적 전망에서 우리는 그것이 작은 한 걸음에 불과하다는 걸 알 수 있다. 실재적 통합은 스톰이 카라바지오와 루벤스를 공부하던 로마에서 일어나지 않았다. 그것은 렘브란트와 베르메르가 일상적 삶에서의 정서적 긴장의 순간을 보여 주기 위해 순수한 빛과 토성 안료(흙을 원료로 사용한 물감으로 갈색 계열 색을 표현한다)를 결합해서 사용한 네덜란드(스톰의 고향)에서 일어나고 있었다.

17-6] 일찍이 그는 동물의 발생에 관심을 갖고 인간의 신체에 대한 저작을 냈다. 이는 그의 『인간론』으로 소화, 혈액순환, 호흡, 근육 운동, 느낌과 감각기관의 작용, 내적 운동과 뇌의 기능에 대해 고찰했다. 『인간론』의 개작을 통해 인간과 동물을 포괄하는 새로운 작품이 나타난다. 이는 인간 유기체 기능을 기술하고 동물 형성을 설명한 작품으로 제목은 '배아형성론'이다.

G. 비들루(Govert Bidloo), 태아와 태반, 1685.

'배아형성론'은 원문에서 배아형성에 관한 논문(Трактат об образ овании эмбриона)으로 표현되어 있다. 소비에트 편집자가 지적한 것처럼, 데카르트의 「배아형성에 관한 논문」은 적어도 이 제목으로는 존재하지 않는다. 그러나 비고츠키가 지적한 바와 같이 데카르트는 죽기 직전에 『인간론』을 『영혼에 의존하는 부분과 의존하지 않는 인체 부분과 그 기능, 그리고 또한 신체 부분을 형성하는 주요 원인에 대한 기술記述』이라는 책에서 다시 썼다. 그는 제4장에서는 인간 배아가 어떻게 형성되는지 기술한다. 그 당시 과학자들의 일반적인 견해는 농부가 씨앗을 토양에 심는 것처럼 여성의 몸에 뿌려진 씨앗에서 배아가 자라난다는 것이다. 따라서 어린이는 여성이 아닌 남성의 생산물이자 자산이다. 피상적으로 데카르트는 더 평등하다. 그는 배아가 서로 유사한 두 물질이 혼합되어 형성된다고 말한다. 두 물질이 혼합되면 열이 생산되고 열은 물질의 미세 입자가 뇌 등 여러 기관이 형성되는 곳으로 이동시키는 움직임을 만들어 낸다. 이 열은 왜 피가 붉은지도 설명해 준다. 데카르트는 말한다, "오래된 반죽은 새로운 반죽을 부풀게 할 수 있다"(1648/1998: 187). 수컷 씨앗이 암컷 반죽을 부풀게 하는 원인이라는 것이 매우 분명하다.

Descartes, R. (1648/1998). The World and Other Writings. Cambridge: Cambridge University Press.

17-7] 동물의 기원과 배아적 발달이라는 생각이 데카르트에게 친근한 것이었음은 그가 엘리자베스에게 쓴 편지에서 나타난다. 거기서 그는 이제 막 언급한 옛 『인간론』의 개작에 대한 문제를 언급한다. 심지어 그는 동물과 인간 기능의 기술에서 감히 동물 발생의 시작부터 동물 형성의 역사를 도입하고 발전시켰음을 적는다. 그는 동물에 대해서 일반적으로 말한다. 인간 특유의 것으로 생각되는 것에 대해서는 적절한 실험의 부족으로 인해 상술할 수 없었기 때문이다. 편지에서 데카르트는 자신의 발달 관념이 가진 한계를 분명하게 선 긋는다. 동물과 배

아 발달의 문제가 데카르트 의식에 모호하게 떠올랐음은 의심의 여지가 없다. 그러나 여기서 그는 이 문제를 동물 일반에 관해서만 연구하였고 인간에 특정한 것으로 나아가지 않았다. 이를 막은 것은 데카르트가 말하듯 부족한 실험뿐 아니라 훨씬 더 원칙적이고 본질적인 것이었다. 데카르트 심리학의 기본 입장 자체는 발달에 대한 희미한 관념의 출현 가능성마저도 완전히 배제한다. 동물은 다른 문제이다. 데카르트가 유기체를 자연의 법칙에 완전히 종속된 자기운동을 하는 기계로, 따라서 자연적 설명을 요구하는 것으로 간주한 것은 잘 알려져 있다. 심리적 문제에서 데카르트는 반대로, 신학적 원칙에 얽매여 있다.

데카르트는 유기체적 발달과정은 같지만 인간만이 정신의 영역을 가지고 있다는 사실로 인간과 동물을 구분 짓는가?

F. 더빗(Frederik de Wit), 하늘의 지도, 1670.

지도 제작자는 회중시계처럼 하늘을 연다. 남반구와 북반구의 별자리는 동물이나 로마 신의 형상 위에 새겨져 다소 왜곡된 형태로 두 개의 큰 문자판에 표시되어 있다. 1세기 로마의 키케로는 시계의 운동이 인간 장인의 증거인 것처럼 하늘의 운동이 신의 증거라고 주장했다. 두 개의 큰 원의 가장자리에서는 네덜란드인들이 시간을 맞추고, 항해 거리를 재며, 파종 시기를 파악하는 데 필요한 기술을 발전시키기 위해 이 증거를 어떻게 이용했는지 나타내는 여섯 개의 모형을 볼 수 있다.

　중앙 상단에는 프톨레마이오스의 지구중심설(천동설) 우주의 지도가 있다. 오른쪽 상단의 그림은 태양, 달, 별은 지구 주위를 돌지만 모든 행성들은 태양 주위를 도는 티코 브라헤의 지구-태양 중심 모형을 보여 준다. 오른쪽 하단의 그림은 코페르니쿠스를 이용하여 네덜란드의 사계절을 정확하게 기술한 J. P. 란스베르게(1561~1632)의 연구를 보여 준다. 중앙 하단의 그림은 코페르니쿠스의 태양중심설(지동설) 모형을 보여 주며, 왼쪽 하단의 그림은 지구 주위를 공전하는 달과 태양의 상대적 위치에 따른 달의 위상을 보여 준다. 왼쪽 상단에는 데카르트의 「빛에 관한 논문」에서 가져온 달이 조류에 미치는 영향을 보여 주는 지도가 있다.

　데카르트는 하늘을 보고 시계 제작자로서의 신을 자연스럽게 연상했다. 시계 제작자는 스스로 작동하는 시간 측정기를 만든 후 어떤 식으로도 그것의 작동에 개입할 필요가 없기 때문이다. 마찬가지로 데카르트가 동물을 보고, 의지나 생각이 없이도 스스로 작동할 수 있는 자동기계를 만드는 로봇 제작자로서의 신을 연상한 것도 자연스러운 일이었다. 그러나 인간은 어떤가? 생각과 의지를 지녔으며 이를 이용하여 자신만의 기계를 만들 수 있는 인간도 기계라고 할 수 있을까? 그렇다면 시계도 시계 제작자로 발달할 수 있을까?

　비고츠키가 여기서 지적하듯, 데카르트는 동물은 물론이고 심지어 인간의 배아도 발달한다는 것을 막연하게 이해했다. 예를 들어 데카르트는 인간 배아가 인간 어머니로부터 영양을 공급받을 때 느끼는 따뜻함으로부터 인간의 사랑이 발달한다고 믿었다. 하지만 데카르트가 스피노자처럼 감정을 변화하는 관념으로 이해하지 못한 것은 단지 경험이 부족해서도 심지어 과학적 실험이 부족해서도 아니다. 데카르트에게서 별, 태양, 지구, 그리고 그 안에 있는 모든 동물과 사람은 시계 제작자인 신에 의해 완벽하게 완성된 형태로 창조되었다. 일단 완성된 회중시계는 변화에 저항하도록 만들어진다.

17-8] 데카르트가 처음부터 생명 밖의 영혼을 상정하고 생명의 문제를 오직 기계적 측면에서만 고찰한다는 사실, 그가 인간과 동물의 절대적 이원론을 확립한다는 사실, 끝으로 그가 인간의 사유와 연장을 완전히 별개의, 서로 배제하는 실체로 간주한다는 사실은 다음에서 유래한다. 그는 영혼의 정념에 대한 자기 학설에 역사적 설명의 가장 희미한 실마리나 그 어떤 전조도 도입할 원칙적 불가능성에 맞부딪혔을 뿐 아니라 이 학설을 원칙적 반反역사성의 측면에서 순수하게 형이상학적인 학설로 발전시키도록 떠밀렸던 것이다.

17-9] 이미 보았듯 데카르트는 우리의 원시적 정념이 배아적 발달의 역사에 그 뿌리를 둔다고 가르친다. 이 정념은 배아가 영양을 섭취하고자 하는 생존 욕망에서 비롯된다. 이는 소화 경로를 중심으로 나타난다. 후에 그것이 아무리 복잡해지더라도 그것의 모든 역사는 첫날들의 불변하는 생리적 토대 위에 세워진 상부구조일 뿐이다. 성인 정념의 기제는 배아기계의 구조와 기능을 그 원천으로 갖는다. 우리가 기억하듯이 바로 이러한 상황이 데카르트로 하여금 우리 정념의 내장적 본성에 대한 인과적 설명의 문제를 해결하는 근거를 제공했다. 이러한 측면에서 데카르트는 그의 이후 제자들보다 더 단순하게 일관되었다. 만일 정념이 단지 내장기관(위, 창자, 심장)의 변화에 지나지 않는다면, 이들을 유의미하고 이해할 수 있게 연결하는, 정념의 근접 원인을 찾는 과업이 생겨난다. 데카르트는 이 연결의 원인과 의미를 정념의 배아적 발생에서 찾으면서 이 과업을 해결한다. 이후 추종자들과는 달리 그는 정념에 대한 단순한 기술에 만족하지 않고, 어째서 사랑과 슬픔에 더 활발한 소화작용이 일어나며, 혐오와 기쁨에 이 작용의 저하가 나타나는지 설명하고자 했다.

17-10] 데카르트가 영양 섭취와 정념 사이의 상반된 연결 또한 기꺼이 수용한다는 사실은 중요하지 않다. 여기서 생각의 무한한 순응성

은 배아의 영양 섭취가 부적절하기 때문에 슬픔을 경험하고, 배아의 위가 훌륭한 식사를 목전에 두면 기쁨에 빠진다는 것을 인정하게 한다. 설명과 설명의 사실적 확증이 얼마나 공고한지와는 무관하게 사태의 기본적 입장은 여기서부터 단 한 치도 변하지 않는다. 중요한 것, 사실 가장 중요한 것은 데카르트가 사랑과 혐오, 기쁨과 슬픔이 위胃로부터 발생한다는 설명을 시도한 것이며, 그가 영혼의 기본적 정념의 이러한 원인을 배아적 삶에서 찾는다는 것이다.

17-11] 원칙적 중요성이 가득한 이러한 입장에서 정념의 내장 이론은 완성을 발견하며 가장 심오한 최후의 토대를 드러낸다. 우리는 데카르트의 사실적 설명의 불완전성, 그의 용이한 순응성, 배아의 정념과 영양 섭취 욕구 사이에 확립된 연결을 언제든 바꾸는 그의 태세가 그의 전체 구성을 훼손시킨다는 세르지에 동의할 수 없다. 반대로 체계는 이 지점에서만 그 진정한 의미와 뜻을 획득한다. 바로 여기서 데카르트는 그가 『정념론』에서 되고자 했던 의사醫師, physicien로 나타난다.

17-12] 우리 정신의 기본적 정념이 배아적으로 발생한다는 학설을 염두에 둠으로써만 우리는 데카르트의 모든 개념을 진정하게 평가할 수 있으며, 그것이 현대 내장 정서 이론과 맺는 진정한 관계를 이해할 수 있다. 정신의 기본적 정념은 인간의 배아적 삶 속에 이미 놓여 있다. 즉, 태어나면서부터 존재한다. 모든 이후의, 복잡한 파생적 정념은 배아적 상태의 변이형과 수정형일 뿐이다. 느낌적 욕구의 기본적 형태, 기초적이고 주요한 정념—이들이 혼합되고 변화되어 나머지 모든 정념이 생성된다—이 이미 배아적 삶의 영양 섭취 시기에 나타나며, 유기체의 영양 섭취 욕구에 뿌리를 둔다고 데카르트는 사랑에 대해 쓴 서한에서 곧장 말한다. 따라서 이 정념들은 복잡한 유기체적 상태가 단순히 의식에 반영된 것이다.

A. 반 오스타더(Adriaen van Ostade, 1610~1685), 인형, 연도 미상.

　반 오스타더는 농부들의 거칠고 촌스러운 농촌 삶을 그린 화가이다. 종교 탄압을 피해 암스테르담으로 왔으며 렘브란트의 세속적이지만 우아한 작품에 매혹되었다. 이 작은 판화에서 반 오스타더가 사용한 많은 삼각형을 주목하고 이들을 **13-6**, **13-33**, **14-3**, **16-12** 글상자의 렘브란트 작품과 비교해 보자. 아이를 안고 있는 엄마의 왼손과 인형을 향해 뻗고 있는 아이의 손, 그리고 인형을 들고 아이를 놀리는 엄마의 오른손이 한 직선 위의 세 점을 형성함을 눈여겨보자. 이를 **14-6**의 렘브란트 작품과 비교해 보자.

　데카르트는 배아의 영양 흡수, 아기의 젖 먹기, 성인의 음식 섭취도 하나의 선상에 놓인 세 가지 연속된 지점으로 보자고 말한다. 부부의 사랑 역시도 출생 전 영양 흡수와 연관되는 심장 주변의 온기로 설명될 수 있다. 반대로 스피노자는 먼 대상에 대한 욕망과 당면 대상에 대한 정념을 구분하자고 말한다. 또한 스피노자는 정념에서 고통과 쾌락을 구분한다.

그림 속 가족의 세 얼굴은 삼각형을 이룬다. 그런데 아이, 엄마, 인형의 얼굴 역시도 삼각형을 이룬다. 첫 번째 삼각형은 이미 복잡한 관계를 나타낸다. 세 얼굴은 분명한 관계를 보여 주지만 부부와 아이 사이의 생물적 관계는 남편과 아내 사이의 문화적, 사회적, 대인적 관계로 발달하지 않기 때문이다. 두 번째 삼각형은 어린이의 개체발생이 최종의, 완성된, 이상적 형태가 존재하는 상황에서 일어난다는 것을 보여 주며 둘이 아닌 세 종류의 욕구를 보여 준다. 즉 어린이는 쾌락을 위해 인형을 욕망하고, 어머니는 인위적인 불쾌감을 조성하려 하면서도 또한 아이가 무릎에서 떨어지지 않도록 보호하고 있다.

17-13] 선천적 정념 이론을 데카르트가 한 것보다 더 완전하고 명백하게 발전시킬 수는 없다. 이 문제에 대한 토론은 선천적 관념에 대한 그의 학설과 직접적인 유사성을 나타낸다. 알려진 것처럼 신에 대한 관념은 데카르트의 학설에서 느낌이나 그 어떤 다른 방식으로도 매개되지 않는, 처음부터 주어진 것으로 나타난다. 즉, 예술가가 자신의 작품에 인장을 새기듯 신이 우리에게 남긴 생득적 관념인 것이다. 기본적 관념이 인간 영혼의 본성의 생득적 특성인 것과 같은 정도로, 기본적 정념은 인간 신체의 본성의 생득적 특성임이 드러난다. 데카르트는 말한다. 나는 어머니 자궁 속의 아기의 영혼이 형이상학적 문제를 고찰한다고 주장하는 것이 아니다. 아기에게도 신에 대한 관념, 스스로에 대한 관념, 그 자체로 알려진 모든 진실에 대한 관념이 존재한다는 것이다. 이는 성인이 이러한 진실에 대해 전혀 생각하지 않을 때도 성인에게 존재하는 것과 마찬가지다.

데카르트에 따르면 모든 정념은 타고난 것인가?

렘브란트(Rembrandt), 책상에 앉은 티투스, 1655.

빛의 삼각형을 주목하자. 티투스의 머리-머리카락-붉은 셔츠뿐 아니라 손-엄지-깃털 펜에서도 삼각형이 관찰된다. 티투스의 손에 매달린 검은 펜케이스-잉크병이 이루는 어두운 삼각형도 있다. 나뭇결을 표현하기 위해 칠한 물감 표현 위에 아버지 렘브란트가 서명을 긁어 넣은 것을 살펴보자.

데카르트는 『성찰』에서 영화 〈매트릭스〉와 유사한 상황을 제안한다. 데카르트는 자신이 존재의 환영을 만들어 우리를 속이는 악마의 손아귀에 놓여 있다고 가정한다. 그는 모든 것의 존재를 의심하자고 제안한다. 그는 자신이 존재한다는 사실만을 알고 있다. 의심이라는 것은 일종의 생각이며 생각한다면 그는 존재해야만 하기 때문이다.

세 번째 성찰에서 데카르트는 모든 시계가 시계공을 가지듯이 세계는 창조자를 갖고 있어야 하므로 신이 존재해야만 한다고 주장할 수 없다. 데카르트는 아직 세계가 존재한다는 것을 확립하지 않았다. 대신 그는 완전한 존재를 생각할 수 있다는 점을 깨닫는다. 이 완전한 존재는 반드시 존재해야 한다. 존재하지 않는다면 완전할 수 없기 때문이다. 데카르트는 이 증거에 만족하며 이는 렘브란트가 자신의 작품에 서명을 새겨 넣었듯 신이 그에게 새겨 넣은 생득적 관념이라고 말한다.

신의 관념이 우리의 영적 본성의 생득적 인장이라면 정념은 우리 신체적 본성의 생득적 인장이다. 예컨대 사랑이라는 정념은 출생 이전부터 갖고 있던, 영양 섭취를 향한 욕망의 인장이다. 촘스키는 『Cartesian Linguistics(데카르트적 언어학)』(1966)에서 언어 형태가 선천적으로 타고났음을 '증명'하기 위해 유사한 주장을 한다. 촘스키는 이 이론이 언어 형태가 의사소통 기능을 따르는 것처럼 보이며 그에 따라 변화하는 이유를 설명하지 못한다는 것을 잘 알고 있었다. 따라서 그는 언어는 사고의 표현일 뿐이고 그 구조상 사실 비-의사소통적이라고 데카르트적으로 주장한다. 예컨대 그는 'He or she are girls'라는 생각을 할 수 있지만 영어는 이렇게 말하도록 허용하지 않는다고 말한다. 촘스키에게 이는 언어가 그 기원상 사회적이지 않고 생물적이라는 것을 증명하는 인장이다.

렘브란트는 티투스를 여러 차례 그렸다. 그러나 그는 티투스를 볼록한 코, 다소 부기 오른 모습으로 묘사하지 않는다. 대신 그는 그의 사랑하는 아내 사스키아의 아름다운 곱슬머리와 부드러운 피부를 강조하려 한다. 생물적으로, 발달을 가능하게 하는 것은 공동 저자들이다. 수많은 문하생을 거느리고 있었으며 때로는 자신의 서명이 새겨진 그림에 손도 대지 않았던 렘브란트는 아마 언어나 그림에 대해서도 똑같은 말을 했을 수 있다. 『상상과 창조』에서 비고츠키는 14세 무렵의 어린이는 갑자기 그림 그리기를 그만두고 다소 조숙하게 자신들의 비망

록을 적기 시작하는 경우가 있다고 지적한다. 오늘날 티투스는 렘브란트의 아들이자 모델로만 기억된다. 그는 렘브란트의 유일한 손자가 태어나기도 전에 일찍 죽었다. 그러나 티투스가 쓰고 있는 종이에는 이미 자서전, 최소한 어린이의 관점에서 본 삶의 전체 내용이 포함되어 있음을 상상하기는 어렵지 않다.

17-14] 데카르트가 선천적이고 이미 어머니 자궁 속 아기의 영혼에 존재하는 그 자체로서 알려진 기본적 관념을 선언한 것처럼, 그는 어머니 자궁 속 아기의 영혼이 성인과 마찬가지로 사랑과 혐오, 기쁨과 슬픔과 같은 기본적 정신의 정념을 이미 경험한다고 선언한다.

17-15] 정신의 기본 정념은 배아적 삶의 영양 섭취 욕구에 그 뿌리를 두고 있으며, 그 결과, 이는 선천적이라는 학설이 데카르트로 하여금 그의 기본 경로에서 벗어나게 하거나, 그의 기본적 개념 전체를 바꾸게 하지 않을 뿐 아니라, 그와 반대로 이는 그의 연구를 완성하는 지점을 형성한다. 그는 그가 항상 지향했던 그 지점을 향해 나아갔다. 선천적 정념이라는 관념은 전체 학설에 원칙적 개념의 의미와 데카르트 전체 체계의 진정한 기본적 원칙이라는 최종적 철학적 구성을 처음으로 제공하며 그 철학적 구성을 단순한, 시간이 지남에 따라 필연적으로 소멸하게 될 생리학적 의견과 추측의 수준 이상으로 고양한다. 인간 유기체의 실제 생리학에 대한 데카르트의 표상이 얼마나 모호한지와 상관없이, 정념의 본성에 대한 그의 철학적 관념은 끝까지 투명하고 명백했으며 우리에게도 그렇게 남아 있다. 오직 이 때문에 그것은 수 세기를 살아남을 수 있었으며, 이후의 모든 심리학의 살아 있는 부분으로 존속할 수 있었다. 이미 말했듯이, 이 관념은 내장 정서 이론 전체에서 유일하게 가능한 의미를 제공한다. 오직 이것만이 영혼의 정념과 내장기관의 활동 사이에 존재하는 유의미한 연결을 이해할 수 있는 가능성을 준

다. 이 때문에 이것은 내장 이론의 최종 낱말이며, 이것 없이는 우리가 아래에서 보게 되듯이 이 가설의 다른 모든 변이형들이 불완전한 채로 남게 된다. 정념의 선천성은 내장 이론의 최후의 토대이다.

17-16] 여기서 우리는 세르지와 결정적으로 갈라선다. 그는 이 관념의 원칙적 의미를 이해하지 않고 이를 간과하고 지나쳤으며, 이 때문에 그는 여기에서 일반적 관념의 완성이 아니라 그로부터의 이탈을 보는 경향이 있다. 그는 철학자의 순전한 생리학적 표상에만 의거하여 데카르트를 내장 정서 이론의 진정한 창립자라고 부른다. 한편, 전체 구조를 완결 짓는 선천적 정념 이론 학설만이 우리가 데카르트를 현대 정서 심리학 전체의 진정한 아버지로 간주할 수 있는 권리를 준다. 왜냐하면 이 학설은 인간 느낌의 본성에 대한 기관 가설을 그 축으로 하며 돌아가기 때문이다.

17-17] 최종적 모습 뒤에, 인간과는 거의 동떨어진 지성주의적 정서 학설 뒤에, 감각, 기억, 판단 뒤에는 몇 마디로 도식적으로 묘사할 수 있는 기제가 작동한다고 세르지는 데카르트 학설의 내용을 요약한다. 외적 자극과 심리적, 지성화된 현상은 고도로 다양한 형태의 원심적 신경 흐름 없이는 일어날 수 없다. 이들 중 어떤 것은 인간 기계가 외적 상황에 어느 정도 성공적으로 적응하도록 해 주며, 다른 것은 더 깊이 자리 잡고 있는 기관을 향한다. 여기서 일어나는 변화는 의식 속에서 내장 감각의 언어로 번역되거나, 혹은 다른 어떤 것으로도 환원되지 않는 고유한 정서의 언어로 번역된다고, 세르지는, 선천적 정념의 문제를 완전히 회피하며 말한다. 세르지는 계속 말한다. 그(데카르트-K)가 택한 길, 그가 계속 따라갔으며 그토록 넓게 확장하며 지나가기 쉽게 만든 길은, 후에 수많은 연구자가 따라갔으며 지금 그 무엇보다 최신의 것으로 남아 있다. 종종 사람들은 그가 선조였다고 아량을 베풀듯 말하지만 그의 옛스러운 언어를 우리의 언어로 옮기고, 그에게 영감을 불러일

으킨, 지금 보기에는 전혀 무해한 사실적 오류로부터 해방된다면 그는 이론의 창시자라는 그의 진정한 칭호를 받아 마땅하다고 세르지는 주장한다.

17-18] 세르지가 자신의 연구 전반에 걸쳐 말한 것뿐 아니라, 데카르트가 토대를 마련했으며 선천적 정념 학설에서 완성된 이론의 철학적 의미를 염두에 둔다면 우리는 이에 동의하지 않을 수 없다. 학설의 바로 이 부분이 나머지 이론들에서 살아남았으며, 내장 가설의 현대 변이형들의 토대에 자리 잡았다.

17-19] 이상하게도 제임스-랑게 이론이 선천적 정서 이론이라는 사실은 지금까지 주목되지 않았다. 신체적 표현—이는 정서적 체험의 원천이자 본질이다—은 순전히 반사적 경로로 나타난다. 다른 모든 반사가 그러하듯, 이는 동물적, 배아적 전체 발달 경로를 통해 미리 확립되고 미리 준비된, 유기체의 선천적 반응이다. 이 신체적 표현은 인간 유기체 구조로 인해 인간에 내재하며 엄밀히 말해, 그 어떤 발달의 가능성도 배제한다.

17-20] 알려진 것처럼 W. 제임스는 자기 이론이 정서의 인과적 설명 가능성(그는 이 가능성을 반사작용에서 발견한다)을 준다는 점에서, 그리고 이 설명이 정서의 놀랍도록 다양한 형태를 이해할 수 있게 해 준다는 점에서 자기 이론의 특별한 장점을 보았다.

17-21] 제임스가 지금 살아 있다면 자신의 이론에 토대하여 놀랍도록 다양한 정서의 형태를 설명하게 될 것이라는 희망에 대해 크게 실망했으리라는 것을 우리는 이미 알고 있다. 그는 정서의 신체적 표현이 극도로 표준적이고 전형적이어서 이 하나로 인해 이런 표현은 모든 다양한 형태의 정서적 반응을 설명하는 원천으로 쓰일 수 없다는 것을 인정해야만 했을 것이다. 그러나 지금 우리에게 흥미로운 것은 이것이 아니다. 우리에게 훨씬 더 중요한 것은 제임스가 정서의 원인을 수없는 반

사작용에서 찾으면서 이로써 현대 심리학에서 데카르트의 선천적 정념 학설을 주장했음을 확립하는 것이다. 몹시 다양한 반사작용이 가능하고, 이 작용이 끝없이 변이한다는 것은 사실이다. 그러나 더더욱 사실인 것은 반사작용이 유기체의 선천적 반응으로 특정한 종의 모든 개체에 가장 공통적이며, 다른 모든 인간 형태 중에서 가장 변하지 않으며 절대적이라는 것이다.

17-22] 정서의 원인이 반사작용이라면 우리에게 정서를 설명하는 가능성은 정념의 선천성을 인정하는 것 외에는 없을 것이다. 모든 변화에도, 정서는 한때 생물학에서 종種이 그렇게 간주되었듯이 영원한 불가침의 존재로 남는다. 우리가 보다시피, 제임스는 자신이 시작했던 것에 대한 거부로 나아간다. 발달의 관념과 진화의 이론이 없었던 탓에 한때 종이 변하지 않는 존재로 간주되었듯이 정서 이론도 발달 가능성을 배제하면서 필연적으로 우리를 정서가 영원하고 불가침하며 불변하는 존재임을 인정하도록 이끈다. 위에서 우리는 이미 이 이론이 모든 발달의 가능성을 근본적으로 배제함을 보이고자 했다. 진화가 아닌 퇴화, 발달이 아닌 합성누적, 더 고등한 형태로의 복잡화나 변환이 아니라 기초적 흔적으로의 소멸의 전환, 미래를 가진 친발생적親發生的 기능이 아니라 먼 과거의 생존자인 퇴행적, 고대적 기능—바로 이것이 제임스의 이론이 나타내는 것이다. 그 이론의 마지막 말은, 정서가 우연적이고 병리적인 반응이고, 쓸모없고 불필요한 고대의 생존자이며 그 어떤 발달 가능성도 갖지 않았음을 천명한다. 이는, 정서가 대부분 어떤 내장기관 느낌으로부터의 단순한 인상이 아니라 심리적 원인, 기억, 연상적 관념—비록 연상 자체는 느낌적 인상으로 일어난다 해도—에 의해 일어난다는 사실을 숙고했던 랑게의 이론에 더욱 두드러지게 나타난다. 이를 설명하기 위해 랑게는 조건반사학설의 정신을 완전히 따르는 이론을 발전시킨다. 그는, 처음에는 인상의 직접적 느낌과 연결되었던 반사작용

이 후에는 획득된 인상의 모음들 덕분에, 다른 자극, 새로운 조건 자극과 연결되며 이로 인해 이 자극들이 이 반사작용을 일으킬 수 있음을 보여 준다.

새로운 자극이 정서의 발달을 이끌고 나아가 더 새롭고 고차원적인 자극을 원하는가?

G. 도우(Gerrit Dou), 담배 피우는 남자, 1650.

1650년 당시, 나온 지 채 백 년도 채 되지 않았던 담배는 백신, 치료제, 그리고 고뇌하는 지성의 자극물로 팔리고 있었다. 그래서 이 멋쟁이 청년은 창턱에서 담배를 피우며, 자신의 학문과 함께 첨단을 달리고 있음을 뽐내고 있다. 그런데 왜 구리 커튼 봉이 돌 아치 위에 걸려 있는 걸까? 왜 집 밖이 아닌 실내에서 주로 볼 수 있는 진초록색의 커튼이 걸려 있을까? 그리고 왜 이 젊은이는 창 아래 거리를 내려다보지 않고 우리를 똑바로 응시하고 있는 걸까?

비고츠키는 이제 데카르트, 제임스, 랑게에 대한 그의 우회적인 비판을 소비에트 심리학의 지배적 조류(베흐테레프의 반사학, 파블로프의 행동주의, 그리고 그의 옛 지도교수 코르닐로프의 반응학 등)에 대한 정면 공격으로 전환했다. 비고츠키는 이 모든 흐름이 자극과 반응 사이의 시간적 지체의 점진적인 연장으로 정서 발달을 환원한다고 말한다. 복잡한 자극-반응 사슬의 추가 연결고리 삽입 또는 담배와 같은 완전히 새로운 자극의 도입도 마찬가지다. 그러므로 이 중 어떤 이론도 오늘날 인간의 감정 발달의 가장 기본적인 요인을 하나도 설명할 수 없다.

인간 감정의 변화를 설명할 수 있는 요인은 담배 파이프가 아니라 책이다. 아이들이 읽기를 배울 때나, 17세기에 그랬던 것처럼 문해력이 인구 전체로 퍼졌을 때 책이 인간의 삶에 소개한 새로운 감정을 자극과 반응 사이의 시간 연장으로, 또는 더 길고, 더 우회적인 자극과 반응의 연쇄작용으로 설명하기 어렵다. 새롭게 도입된 것은 사실 새로운 감각 자극이나 심지어 보조적인 혹은 매개된 자극도 아니다. 도입된 것은 비고츠키가 '페레지바니예(체험, 숙고된 경험)'라고 부른 것, 또는 할리데이가 실재의 한 수준(즉각적 지각과 대면 대화)을 실재를 다른 수준(반성과 글쓰기)으로 투영하는 것이라고 칭한 것이다. 소개된 것은 새로운 관념이 아니라 스피노자가 관념에 대한 관념이라고 부르는 것이다.

1650년 당시 그림 자체는 새로운 자극도, 심지어 새로운 매개적 활동 형태도 아니었다. 그러나 새롭게 나타난 현상은 작은 예술 작품들을 사고 파는 것으로 평범한 사람들은 그림을 구매하여 집에다 걸어놓기 시작했다(위 작품은 높이 48cm, 폭 37cm에 불과하다). 분주하고 연기가 자욱하며 다소 지저분한 환경에서 값비싼 그림을 깨끗하게 유지하기 위해, 중산층 구매자들은 평소에는 미술품에 진녹색 커튼을 쳐 두고 손님들에게 과시할 때만 커튼을 걷곤 했다. G. 도우는 위의 그림으로 당시 풍습을 점잖게 풍자하고 있다. 그림 위쪽의 커튼이나(거울에 비친 자신의 모습을 보고 있는 듯한) 멋쟁이 청년이 아래를 내려다보는 대신 우리와 시선을 맞추도록 하는 것 등이 그렇다. 도우는 심지어 책 밑에 있는 빈 종이판에 그림 제목을 표시할 듯했지만, 아무것도 쓰지 않았다. 1650년에, 이런 종류의 점잖은 풍자는 완전히 새로운 것이었다. 그림의 아이디어가 아닌 그림의 반영, 투영, 그리고 그림 자체에 대한 관념에 기대고 있기 때문이다.

17-23] 랑게는 다음과 같이 쓴다. "가장 간단한 사례로 모든 어머니가 확증해 줄 만한 사실을 들고자 한다. 어린이는 맛이 없는 약을 먹이는 도구로 몇 번 사용된 숟가락을 보면 울음을 터뜨린다. 이는 어떻게 일어날까? 유사한 사례들이 심리학적 관점에서 매우 흔히 분석되어 왔으며, 우리 문제에 대해 매우 다양한 대답을 찾을 수 있다. 어떤 이는, 우는 것은 숟가락을 자신의 이전 고통의 원인으로 여기기 때문이라고 말한다. 그러나 이것으로는 사태가 전혀 해명되지 않는다. 다른 이는 숟가락이 이전 고통에 대한 기억을 불러일으키기 때문이라고 말한다. 이는 완전히 옳을 수 있지만 문제를 생리학의 영역으로 옮기지 못한다. 숟가락이 앞으로의 불쾌한 느낌의 공포를 불러일으키기 때문이라는 답이 제시되기도 한다. 문제는 바로 숟가락을 보는 것이 어떻게 그것의 이전 사용으로 인해 공포를 일으키는가, 즉 혈관운동중추에 특정한 유형의 활동을 촉발하는가 하는 것이다"(1896, p. 70).

17-24] 랑게의 설명은 다음과 같다. "어린이가 약을 복용할 때마다 그의 미각적, 시각적 느낌은 일차적으로는 약에서 이차적으로는 숟가락에서 동시적인 인상을 얻는다. 두 인상은 연결되고 결합하며 이 덕분에 지각은 정서를 일으키는 능력을 갖춘다. 만일 전에 숟가락에 담긴

쓴 약을 먹은 경험이 없는 어린이에게, 전혀 의심거리를 담지 않은 숟가락을 보여 준다면 그는 울음을 터뜨리는 대신 이 숟가락을 집으려 할 것이다. 그러나 어린이가 약이 담긴 숟가락을 몇 번 보고 이 현상이 매번 혐오스러운 미각적 감각을 일으킴을 깨달았다면, 숟가락을 보는 것만으로도(숟가락 자체로도) 어린이가 울음을 터뜨리게 할 수 있게 된다. 다시 말해 어린이의 혈관운동중추를 작동하게 하는 것이다"(같은 책, pp. 70-71).

17-25] C. G. 랑게는 새로운 뇌의 경로가 생겨난 덕분에 새롭고 이전에는 존재하지 않았던 기능적 연결이 두 영역 사이에 확립된다는 가설을 발전시킨다. 파블로프의 수제자도 심리적 정서의 발생을 조건반사의 경로를 통해 이보다 더 일관성 있게 설명하지 못할 것이다. 그러나 오늘날의 생리학자들보다 논리적이었던 랑게는 조건반사적인 정서적 반응을 인정한다고 해서 정서 본성상 본질적으로 변하는 것은 아무것도 없다는 것을 온전히 이해할 용기를 지니고 있다. 전체 문제는 "외부로부터 획득된 파동이 혈관운동중추에 닿기까지 경유해야 하는 훨씬 더 길고 우회적인 경로"에 있다. 랑게는 말한다. "그러나 내가 판단할 수 있는 한 생리적 과정의 기본적 면모는 일관되게 동일하게 남아 있다. 이는 느낌의 중심 기관으로부터 대뇌피질의 세포로, 그리고 이로부터 연수의 혈관운동 세포로의 자극의 확립이다"(같은 책, p. 74). 다른 말로 하면, 조건반사는, 비록 새로운 자극에 의해 일어난다 하더라도 완전하게, 절대적으로 반사로 남는다.

> 왼쪽 위의 모서리에서 오른쪽 아래 모서리로, 또 하나는 오른쪽 위의 모서리에서 왼쪽 아래 모서리로 이어지는 두 개의 대각선을 상상해 보자. 두 대각선은 어디에서 만나게 되는가? 평범한 어머니의 마음에 대한 사실주의적 참조뿐 아니라 메취의 구성은 많은 종교적 참조를 지니고 있다. 자세는 미켈란젤로의 '피에타'와 유사하며, 벽에 걸려 있는

특정한 파동이 혈관운동 부분에
닿기 전에 얻어야만 하는
길고 우회적인 경로란 무엇인가?
대뇌피질을 통하는 경로인가?

G. 메취(Gabriel Metsu), 아픈 아이, 1660.

지도 옆에는 십자가에 못 박히는 장면을 담은 그림이 있고, 두 신체의
중심축을 이으면 십자가를 이룬다.

그림의 내용을 생각해 보자. 오늘날 대부분의 비평가들은 탁자 위
의 그릇에 있는 숟가락이 아이가 잘 먹지 못한다는 것을 보여 준다고
생각한다. 그러나 우리는 한약은 한 번에 한 숟가락씩 먹어야 하는 액
체임을 알고 있다. 위 그림이 그려졌던 당시의 전통 약도 아주 쓴맛이
라 어린이들이 거부하는 경향이 있었다.

17-23에서 랑게는 왜 그런지 묻는다. 엄마의 젖가슴(또는 우리가 데

카르트를 믿는다면 어머니의 태반과 탯줄)처럼 숟가락은 통상 좋은 음식과 관련되기 때문이다. 17-24에서 랑게는 아이가 처음에는 숟가락을 즐거운 식사와 연결시킨다고 답한다. 그러나 아이가 약의 맛을 보게 되면 약의 불쾌감과 연결된 뇌의 영역을 형성한다.

이것은 랑게의 대담하고 용기 있는 대답이다. 왜냐하면 이는 정서가 항상 신체에서 뇌를 향하는 것이 아니라는 것을 랑게가 인정할 것을 요구하기 때문이다. 정서는 뇌에서 뇌를 향하는 경로, 즉 한 영역(기억)에서 다른 영역(불쾌감)을 향하는 우회적 경로를 따를 수도 있다. 그것은 또한 뇌의 연수(심장박동 및 기타 혈관운동 기능을 제어하는)에서 주변의 혈관운동 영역으로의 경로를 따를 수도 있다. 그러나 정서가 뇌에서 신체를 향한다는 중심적 이론, 즉 본질적으로 베흐테레프, 파블로프, 심지어 데카르트가 믿었던 것과 같은 종류의 연합 심리학에 대한 이런 용기 있고 대담한 수용조차도 어머니의 정서가 갖는 기능은 설명하지 못할 뿐 아니라 이 그림이 우리에게 불러일으키는 정서도 설명하지 못한다.

메취는 자식이 없었다. 이런 이유로 일부 역사가들은 이 그림의 제작 시기가 정확하지 않으며 메취의 가장 친했던 친구의 19개월 된 딸이 1663년 홍역으로 죽었다는 것을 우리에게 보여 주고 있다고 생각한다. 그녀의 짧은 일생에 대한 기록은 이것뿐이다.

17-26] "따라서 나는 신체적으로 발생한 정서와 심리적 원인으로 일어난 정서 간의 차이 자체에는 생리학적 관점에서 볼 때 그 어떤 확고하고 본질적인 것이 포함되어 있지 않다고 말할 권리가 있다. 중요한 것은 두 정서가 일어남에 따라 나타나는 조건 현상은 모두 동일하다는 것이다. 이는 혈관운동중추의 자극이다. 차이는 다만 파동이 이 영역에 이르는 경로에 있다. 이에 덧붙여지는 또 다른 상황은, 간접적인 심리적 정서에서 파동의 강도는 이전에 자극된 그리고 아직 사그라지지 않은 두뇌 활동, 외적 인상으로부터의 파동과 결합된 두뇌 활동으로 강화된

다는 것이다"(같은 책, pp. 74-75).

17-27] 사실 우리가 정서를 유기체의 선천적인 반사작용으로 인정한다면 그것의 발달 혹은 복잡화 가능성은 순수하게 환각적 특성만을 갖는다. 조건반사의 발달은 무엇으로 이루어지는가? 오직 이를 일으키고 반사 기제를 작동시키는 자극이 변화한다는 사실로만 이루어진다. 파블로프의 실험에서 개는 먹이의 제공에 따라 특정한 질과 양의 타액을 분비한다. 나아가 조건반사가 조건화되면 새로운, 이전에는 중립적이었고 무관했던 자극, 예컨대 푸른빛에 동일한 반응으로 응답하기 시작한다. 그러나 타액 분비 반응 자체는 이와 함께 완전히 불변한 채로 남아 있다. 개는 동일한 질과 양의 타액을 계속 분비하지만 다만 상이한 원인에 따라 그렇게 한다. 동일한 것이 모든 다른 반사작용 특히 정서적 반응에 똑같이 적용 가능하다.

17-28] 정서적 공포 반응은 처음에는 위협적인 원인의 직접적 자극으로 일어난다. 후에 그것은 처음의 원인과 수차례 결합된 그 어떤 다른 자극으로도 일어날 수 있다. 어린이는 쓴 약을 받으면 처음에는 울음과 공포로 반응한다. 후에는 숟가락을 한번 보여 주는 것만으로도 어린이에게 동일한 반응을 일으킬 수 있다. 반응의 직접적 원인은 의심의 여지 없이 변했지만, 공포 반응 자체는 변함없이 남아 있다. 우리는 같은 생각을 일반적 형태로 다음과 같이 나타낼 수 있을 것이다. 제임스에 따르면, 만일 정서의 본질이 무수한 반사작용이라면, 정서의 유일하게 가능한 변화는, 그것을 일으키는 자극들, 조건 자극의 원칙에 따라 서로 교체되는 자극들이 변할 수 있다는 것이다. 그러나 인간이 느끼는 정서 자체, 느낌은 언제나 같게, 언제나 그 자체로 남아 있어, 정서 발달의 역사에서 그 출현의 구체적 원인은 변할 수 있지만, 정서 자체는 변할 수 없다.

제임스에 따르면
정서는
불변한다는 것인가?

렘브란트(Rembrandt), 돌에 맞아 죽는 성 스테판, 1625.

이때 렘브란트는 겨우 열아홉 살이었고, 이것이 그의 첫 공식 작품이자 성경을 주제로 한 첫 번째 작품이다. 사도들에 의해 예루살렘으로 파견된 스테판은 신성모독죄로 기소되어 돌팔매 사형선고를 받았다. 스테판의 머리 바로 위에 있는 놀란 얼굴은 렘브란트의 얼굴로 그의 첫 번째 자화상이다.

화가들은 종종 우리가 어떻게 반응해야 하는지 알려 주기 위해 그들의 그림에 개입하곤 한다. 하지만 이것이 과연 효과가 있으며 필요하긴 한 걸까? 왜 우리는 렘브란트가 느꼈던 것과 똑같은 공포를 느끼지 않는가? 왜 성 스테판 돌팔매질의 실제 참가자들이 느꼈을 것과 같은 공포를 느끼지 않는가? 왜 우리는 실제 삶에서는 혐오하거나 공포에 떨게 하는 것을 예술 작품에서는 자주 즐기는 걸까? 감정의 발달을 단순히 자극과 반응 사이의 시간과 거리를 연장하는 문제로 보는 한, 감정의 다양성을 다양한 자극에 대한 유사한 본능적 반응에 의존하는 것으로 보는 한, 감정의 복잡성을 단순히 자극-반응 사슬의 복합체로 보는 한, 이 질문에 대한 해답은 없다.

이러한 관점에서는, 모든 감정적 반응은 기원상 선천적이다. 다만 자극이 물감이나 화소로 이루어졌는지 또는 실제 사람으로 이루어졌는 지에 따라 내장, 혈관운동 반응의 강도가 바뀔 것이다. 그러나 왜 그 것이 우리로 하여금 정서적 반응을 예술가와 공유할 수 있게 하고, 반 응의 질이나 방향을 바꾸고, 심지어 반응을 정반대로 바꾸는지 분명 한 이유는 없다. 우리가 정서 발달을 현실의 한 계열에서 다른 계열로 의 투영(예: 말하는 것에서 의미로, 또는 보여 주는 것에서 말하는 것으로)의 문제로 보는 순간, 이러한 질문들은 대답하기가 훨씬 쉬워진다. 이러한 투영된 표현은 비고츠키가 체험(페레지바니예)이라 칭하는 형태의 하나 이다. 이는 날것으로서의 경험이 아니라 숙고되어 의미화된 경험이다.

「돌에 맞아 죽는 성 스테판」은 「발람의 당나귀」(13-2 글상자 참조) 바 로 1년 전에 그려졌다. 우리는 렘브란트가 기본 구도를 뒤집은 것을 볼 수 있다. 「발람의 당나귀」에서는 오른쪽에 어두운 면이 있고 이 그림 에서는 왼쪽에 있다. 밝은 면에서는 그림의 중앙에서 시작해서 오른쪽 가장자리로 'V' 자형을 이루는 팔을 볼 수 있다. 'V' 자는 사형수와 집 행자의 팔을 모두 포함한다. 가운데 대각선으로 내려오는 빛의 섬광이 학대자들을 용서하는 성 스테판의 얼굴을 비춘다. 높은 의자에 앉아 형집행자들의 외투를 무릎 위에 올려놓고 자신의 명령이 수행되기를 기다리는 사람은 바로 타르수스의 사울이다. 사울은 그림을 둘로 가르 는 듯한 빛의 섬광을 올려다보고 있다. 나중에 예루살렘에서 다마스 쿠스로 가는 길에 섬광을 맞고 나면, 사울은 성 바울이 될 것이다. 스 피노자가 말했듯이, 빛은 어둠과 자기 자신을 모두 밝혀 준다.

17-29] 이 때문에 랑게는 완전히 타당하게 다음과 같이 주장한다. "…사실 광대버섯의 독에 중독된 사람이나 광인의 분노와 혈액적 노여 움을 일으키는 분노의 차이는 오직 원인의 차이에 있지만 또한 그에 상 응하는 원인에 대한 의식의 유무에도 있다"(1895, p. 65).

17-30] 이처럼 내장 이론은, 이론의 창시자인 데카르트나 그의 비 자발적 계승자들에게서 발달의 문제를 단순히 간과하고 지나가는 것이

아니라, 인간 정서 발달의 그 어떤 가능성도 완전히, 절대적으로 거부한다는 의미에서 이 문제를 사실적으로 해결한다. 이것이 선천적 정념 학설로부터의 불가피한 결론이다."

인간 정서 발달의 가능성을 절대적으로 거부하는 것이 어떻게 이 문제를 사실적으로 해결하는 것일까?

P. 아르트센(Pieter Aertsen), 넉넉한 부엌, 1570.

오른쪽 앞에 있는 부부와 자녀의 관계와 왼쪽 뒤 불가에 있는 두 부부들 간의 관계는 정확히 무엇일까? 그것은 두 가지 방식으로 읽을 수 있다. 그것은 삼대가 한 지붕 아래에 사는 대가족 삶의 한때일 수도 있고, 핵가족 생활의 전체 발달 과정일 수도 있다(불가에서 여자친구와 노닥거리는 젊은 남자, 다음에는 결혼해서 아기를 낳고, 종국에는 한때 노닥거리던 불가에서 다시 한번 부인과 함께 늙어 가는 남자).

비고츠키는 데카르트와 그 추종자들(랑게, 제임스, 소비에트의 동료들)이 여전히 반사적, 반응적 경로, 즉 파블로프적 경로를 따르고 있다고 말한다. 거기에는 생리적 자극과 정서적 반응만이 존재한다. 자극은 살면서 달라질 수 있지만, 정서적 반응은 우리의 내장기관이나 혈관운동 체계와 함께 출생 시에 유기체에 의해 주어진 것이다. 이것이 내장 이론이 발달에 대한 설명을 회피하는 것이 아니라 사실상 배제하는 것이라고 비고츠키가 말하는 이유이다. 자극은 조건화될 수 있으나(예컨대 우리가 그림에서 볼 수 있는 실제 고기는 파블로프의 실험에서 빛이나 종소리 같은 기호로 대체될 수 있다), 반응(예컨대 데카르트의 태생학에서 배고픔, 타액 분비, 소화)은 결코 발달하지 않을 것이다. 결국 이 그림이 대가족 삶의 한때인지, 핵가족 삶의 세 계기인지는 실제로 아무런 상관이 없다. 삶은 누구에게도 결코 변하지 않을 것이다.

그런데 아르트센은 왜 그림을 그렇게 많은 음식으로 채울 것을 고집하는 것일까? '넉넉한 부엌'과 그것이 가능하게 하는 발달을 바라보는 세 번째 방식이 있다. 사람들이 수렵, 채집을 통해 완성된 먹거리를 찾는 대신 목축과 농사를 통해 자신의 음식을 생산하고 교환할 수 있게 되자, 인간은 원할 때마다 유기체의 욕구를 충족시킬 수 있을 뿐 아니라 다음 세대에게 다른 삶을 보장할 수 있게 되었다. 유기체의 감각은 내장과 혈관운동 체계로 타고날 수 있다. 하지만 젊은 부부가 자녀에 대해 품는 열망과 야망은 더 이상 그러한 감각의 노예가 되지 않는다. 각 세대는 성장하여 부모를 닮을 수도 있지만, 스스로의 희망 또한 실현하는 것은 물론이고 자녀들에게 이루지 못한 꿈을 물려줄 수도 있다.

• 선천성 대 발달

이번 장에서 비고츠키는 초반에 지적한 기관 이론의 반反역사적, 반反발달적 성격을 다시 논의한다. 그는 데카르트와 제임스-랑게에게서 정념은 신에 의해서든 진화에 의해서든 이미 만들어진 것이라고 주장한다. 이는 제임스-랑게 이론이 본질적으로 반응학, 반사학, 그리고 행동주의적인 심리학적 접근을 위한 완성된 정서 이론이라는 것을 의미한다. 그러나 이는 또한 별개의 정서적인 기분들을 묘사하고 분류하는 것을 거의 할 수 없다는 것을 의미한다.

17.1 비고츠키는 데카르트 이론의 운명이 이젠 명백해졌다고 한다. 남은 것은 결과를 종합해 심리학 이론으로서의 전망들을 고려하는 것이다.

17.2 비록 제임스-랑게 이론이 생물학적으로 보일 수 있지만, 본질적으로 두 가지 이유(개체발생, 계통발생)로 반反생물학적이다. 우선, 이 이론은 모든 생물 현상의 기본 법칙인 개체발생적 발달을 배제한다. 둘째로, 이 이론의 부수현상론은 정념을 생리적 과정의 부작용 또는 불필요한 부산물로 격하시킴으로써 정념의 생물학적 의의, 즉 계통발생적 발달을 부정한다.

17.3 데카르트는 발달을 믿었다. 그에게 물리학은 반작용에 의한 힘의 상쇄가 아닌 힘의 전환에 관한 것이었으며, 그의 우주론에도 변화가 포함되어 있었다. 그러나 창조에 관하여 그는 독실한 천주교 신자였다. 그는 나무들이 씨앗과 묘목이 아닌, 완성된 형태로 창조되었다고 믿었으며 당연히 아담과 이브도 아이가 아니라 어른으로 창조되었다고 믿었다.

17.4 인간 정신의 창조는 더욱 기계적이고 신학적인 문제였다. 때때로 데카르트는 후에 필립 헨리 고스의 '옴팔로스' 이론으로 알려지는 해법의 한 종류를 암시하기도 한다. 고스는 비록 신이 인간을 한 번에 창조했겠지만, 씨앗에서 나무로 발달하는 방식과 같은, 단순한 원리들로부터 발달했다고 가정하는 것이 생명 현상들을 이해하는 데 더 쉬울 때가 많다고 주장했다.

17.5 데카르트에게는 이런 종류의 해법이 필요했다. 그가 비록 독실한 천주교 신자였지만, 동시에 열렬한 배아학자이기도 했기 때문이다. 그의 배아학 연구는 비교해부

학(동물에 대한 생체 해부와 해부 연구)에 크게 의존했다.

17.6 따라서 데카르트는 동물의 해부학을 설명하는 방식과 매우 비슷한 방식으로 인간의 몸을 설명했다. 인간 배아학을 동물 배아학과 비슷한 방식으로 기술하는 것은 자연스러운 수순이었다.

17.7 그렇지만 데카르트는 엘리자베스 공주에게 보낸 편지에서 비교배아학에는 한계가 있다고 밝혔다. 이에 대해 비고츠키는 두 가지를 이야기한다. 우선, 그가 인간 배아를 해부한 직접적인 경험이 없다는 점이다. 그러나 더 중요한 것은 우리가 알고 있듯이, 데카르트는 인간의 육체가 자동기계임에도 그 안에 영혼이 깃들여 있다고 믿었다는 것이다.

17.8 데카르트가 갑작스럽게 영혼을 기계 속에 도입함에 따라 그의 심리학 이론은 거의 불가피하게 반反발달적인 것이 된다. 그의 심리학 이론은 육체의 발달을 따라올 수 없는 것이다.

17.9 데카르트가 감각(예: 배고픔)을 논할 때, 그는 감각의 발달이 배아의 발달 시기에 일어난다고 본다.

17.10 그러나 여기서도 그는 신체적 감각들과 정념 사이의 연관성이 다소 임의적이라고 상정한다(12-59에서 가득 찬 위는 행복이나 슬픔 무엇과 관련이 있는지에 관한 엘리자베스 공주와의 대화 참조). 배아는 배가 불러 행복할 수도 있고 배가 비어서 먹을 준비가 되어 있기 때문에 행복할 수도 있다. 또한 배가 고파서 슬퍼하거나 유해한 음식들로 배가 차서 슬퍼할 수도 있고 더 이상 먹을 수 없어 슬퍼할 수도 있다. 여기서 비고츠키는 이러한 임의성은 중요하지 않다고 말한다. 중요한 것은 데카르트가 실제로 배아의 삶에서 영혼의 정념의 기원을 찾으려고 노력한다는 점이다.

17.11 바로 여기서 데카르트주의 체계는 그것의 진정한, 기계적, 결정론자적 의미를 획득한다.

17.12 그리고 여기서 우리는 기본적인 정서들이 출생 전, 배아에서 성립됨을 알게 된다. 영혼의 이후 정념들은 단순히 이러한 선천적인 성향에서 비롯된 것이다.

17.13 데카르트는 자궁 속에서도 인간의 배아는 자의식을 갖고, 신을 인식하고 그 자체로 명백한 기본적 진실들을 알고 있다고 말한다. 성인들이 생각하지 않을 때에도 이러한 진리들을 알고 있는 것처럼, 배아도 그에 의한 의식적 생각을 하지 않지만 그러한 지식을 포함하고 있다는 것이다(이 진술은 단순히 영혼이 이미 모든 개념을 간직한

영원한 것이라고 생각하면 이치에 맞다. 영혼은 추후 아이가 성장하면 이러한 문제들에 대해 고찰할 것이다. 당장 배아 속에 있는 동안에는 시간과 공간 그리고 영원의 문제들에 대해 고찰하지 않는다).

17.14 따라서 태내의 배아는 성인과 마찬가지로 사랑과 증오, 기쁨과 슬픔도 가지고 있다. 다만, 배아가 태내에 있는 동안에는 사랑하거나 증오하거나, 기뻐하거나 슬퍼하지 않고 오히려 따뜻함과 영양 섭취의 문제들에 집중한다.

17.15 정념들이 최초에 배고픔과 연결되어 있다는 생각은 이 논쟁을 방해하기보다는 뒷받침해 준다. 정념들은 인간의 영혼과 함께 한꺼번에 동시에 만들어지지만, 우리는 몇몇 정념을 더 먼저 사용한다. 그래서 "정념의 생득성은 내장 이론의 최후의 토대이다".

17.16 세르지가 정념의 생득성에 관한 생각을 데카르트에게서 일종의 후퇴라고 간주하는 것은 잘못됐다. 사실, 정서의 생득성에 관한 생각은 데카르트가 사실상 오늘날 우리가 가지고 있는 모든 정서 이론의 아버지임을 시사한다.

17.17 세르지는 우리가 외부 현상에의 적응이라는 관념을 활용해 정서의 생득론을 우회할 수도 있다고 믿는다. 이러한 적응의 관념은 후대의 연구자들이 택한 길이었고, 이는 오늘날 그와의 지속적인 관련성을 설명한다.

17.18 놀랍게도, 비고츠키는 이것에 동의한다(비록 **17-16**에서는 동의하지 않는 것처럼 보이지만). 그러나 물론 비고츠키가 말하고자 하는 바는, 그것(데카르트의 정념의 생득설)이 살아남아, 내장 가설의 기초를 형성하도록 한 것은 결정론적 이론의 철학적 유물론과 그 적응주의라는 것이다(물론 비고츠키는 내장 가설을 지지하지 않는다).

17.19 이상하게도 제임스 이론이 생득론이라는 것을 알아차린 사람은 극히 적다. 그러나 (내장과 혈관운동계에서의) 반사작용에 맞추어진 초점은 그의 이론이 필시 생득론적임을 나타낸다.

17.20 제임스는 자신의 이론이 정서들이 왜 나타나고 어떻게 다양하게 발전했는지 설명하고 있다고 생각했다.

17.21 물론 그는 매우 실망할 것이다. 알고 보니 선천적 반사작용에 협소하게 토대하고 있는 정서들은 적어도 생리학적으로 볼 때 대부분 비슷하기 때문이다. 그래서 이러한 이유만으로 우리는 생득성이 모든 정서를 설명한다는 생각에 대해 의심을 품을 수밖에 없다. 여기서 요점은 제임스가 자신의 이론이 확실하게 생득론적이라고 생

각했다는 것이다.

17.22 또한 제임스는 자신의 이론이 정서들이 어떻게 발달하는가를 설명하고, 한때 종種들이 다뤄졌던 것처럼 정서들을 불변하는 것으로 취급했던 전적으로 정적精的인 이론을 대신할 것이라고 생각했기 때문에 실망할 것이다. 그러나 만약 우리가 반사작용들이 정서들의 기초라는 것을 받아들이면, 그에 따른 논리적 결과는 반反발달론적 생득론이 된다. 랑게는 이에 조건반사를 더하려고 한다.

17.23 이 문단과, 이어지는 세 문단에서 비고츠키는 랑게가 든 조건반사의 한 예시, 즉 아이가 싫어하는 약을 먹이는 데 사용된 숟가락을 본 어린이의 불행과 관련된 긴 인용문을 제시한다.

17.24 이 랑게의 긴 인용문은 우리를 가차 없이 연합론적인 정서 이론의 방향으로 인도한다.

17.25 하지만 랑게는 한결같다. 그는 조건반사 이론은 반사 대상을 바꿀 수는 있지만 반사 그 자체는 아무것도 변하지 않는다는 것을 인정한다.

17.26 랑게는 이 조건반사를 다양한 정서들을 설명하기 위해 사용한다. 그러나 그는 혈관운동 기제와 그 기제가 일으키는 감각은 변하지 않는다고 주장한다.

17.27 비고츠키는 조건반사의 타액 분비와 자연적, 선천적 반사의 타액 분비는 생리학적으로 동일하다고 지적한다.

17.28 따라서 랑게는 우리가 정서적 삶에서 느끼는 질적인 다양성을 사실상 제대로 설명하지 못한다.

17.29 랑게는 광대버섯(시베리아에서 사용되는 환각 유발 버섯)이 유발하는 광증과, 치명적인 상처를 입은 사람의 정당한 분노는 같다고 말한다. 의식에는 차이가 있을 수도 있겠지만, 정서의 차이는 없다.

17.30 우리는 여기서 데카르트적 도식의 이원성을 볼 수 있다. 분노와 버섯 중독이 정확히 같은 현상이라면, 정서 발달에 대해 이야기하는 것은 무의미하다. 오직 인지적 발달만 가능해 보인다. "인간에서 어떠한 정서 발달의 가능성도 완전히 부정하는 것"은 "불가피한 결론"으로 보인다.

제18장
인간의 정서에서 인간적인 것은 무엇인가?

원숭이와 바칸테(Hendrick ter Brugghen, 1627).

바칸테는 술의 신 바쿠스의 여사제이다. 그녀는 마법의 황금 잔에 포도를 짜 넣고 있는 반면, 작은 원숭이는 이해도 없고, 잔도 없이 그 제스처를 따라 하고 있다. 네덜란드 사람들은 원숭이와 인간의 외모상 유사성을 알고 있었지만, 그들의 그림은 사실 정서적, 행동적 유사성에 더 관심이 있다 (예를 들어 19-22 글상자 참조). 비고츠키의 세심한 분석에 따르면, 정서에 대한 데카르트와 현대의 행동주의적 관점 간의 많은 차이점은 유사점인 것으로 판명되었다. 스피노자에 대한 랑게의 열광은 실제로는 데카르트와의 친밀성임이 드러났다. 제임스는 원심적 정서를 거부했지만 그의 이론은 인간의 느낌에 고유한 원심적 설명을 포함하는 것으로 판명되었다. 이 장에서 비고츠키는 데카르트가 영혼을 가진 인간과 영혼이 없는 동물 사이에 나눈 명확한 구분을 검토한다. 그러나 이 구분은 실제로 보이는 것만큼 명확한가? 비고츠키는 인간의 모든 정서는 인간 이전의 동물의 정서와 어떤 표현형적 유사성을 유지하지만, 이해와 황금 잔과 같은 도구 덕분에 질적으로 다른 고등한 형태로 발달한다고 제안한다. 프로이트와 '심층 심리학'은 후자의 제안을 거부하는 반면, 셸러와 '고도 심리학'은 전자를 거부한다. 데카르트와 제임스는 둘 사이의 분명한 구분을 고수하며 앞뒤로 비틀대고, 그렇게 함으로써 그들은 심리학 자체의 동요와 붕괴를 흉내 낸다.

18-1] 우리 연구에서 중심적인 정서 발달의 문제와 직접 연결되어 있는 것은 동물의 정서와는 다른 인간 정서의 고유성에 대한 문제이다. 이는 정서 학설이 인간 심리학에서 어느 정도까지 한 장章을 차지할 수 있는지에 대한 문제이다. 이 문제 해결에서 우연히 데카르트의 추종자가 된 이들은 그들의 스승과 첨예하게 갈라진다. 데카르트는 동물과 인간 사이에 날카로운, 건널 수 없는 차이를 확립한다. 그는 정서를 경험할 수 있는 인간 유기체와 정념을 절대적으로 결여한 동물 유기체를 심연으로 나눈다. 모든 정념은 이미 인간만의 차별적인 우월성이다. 동물의 본성에는 정신의 정념과 유사한 그 어떤 것도 없다. 그 안에 정신 자체가 존재하지 않기 때문이다. 이처럼 데카르트의 정념 이론은 온전히, 전체적으로 오직 유일하게 인간과만 관련된다. 첫눈에 볼 때 우리 앞에는 인간 심리학의 관점에서 발전된 정념 학설이 있다.

> 이솝에 따르면, 이 개는 강물에 비친 자신의 모습을 보고 다른 개라고 생각한다. 강물 속의 개가 더 큰 고기를 가졌다고 생각하여 짖어대고 결국 저녁거리를 잃는다. 구름, 다리, 그리고 개의 등의 모습에서 보이는 기본적 선과 형태의 반복과 변화에 주목하자. 프라도 미술관은 이 그림에 대한 설명에서 데 보스가 낮고 음울한 하늘을 보여 주는 데만 집중하느라 개가 강물에 비친 모습을 그릴 공간을 확보하지 못했다

동물과 구별되는 인간만이 지닌 정념은
무엇으로부터 비롯되는가?

P. 데 보스(Paul de Vos), 강물에 비친 개의 우화, 1638.

고 지적한다. 하지만 물에 비친 모습의 부재가 그림의 핵심일지도 모른다. 비고츠키는 초기 작품인 『예술 심리학』에서 우화가 어떻게 진화했는지 알아보기 위해 우화를 '변형'하려고 노력한다. 비고츠키는 다리 위의 개가 강물에 비친 자신의 모습이 아니라 실제 다른 개를 본다고 생각해 보자고 제안한다.

다른 개를 발견하여 먹이를 두고 싸우는 개들의 모습 속에서 우화는 인간의 자의식이라는 주제를 상실하고 만다. 비고츠키는 동물을 사용하여 의인화하는 용법은 인간의 유형과 사고를 서술하기 위한 것이라고 주장한다. 이것은 이야기를 새로운 수준으로 투영하여, 우리 자신을 비판적으로 볼 수 있도록 우리 자신의 생각과 거리를 두는 방법이다. 이러한 생각은 보편적으로 인간적인 것일까? 그리고 독특하게 인간적인 것일까? 『유인원, 원시인, 아동: 행동의 역사에 대한 연구』에서, 비고츠키는 인간과 인간이 아닌 행동을 완전히 구분하는 기준이 없다고 지적한다. 왜냐하면 무엇을 선택하든, 우리는 항상 동물이나 신생아의 행동 중에서 그 시작을 찾게 되기 때문이다. 결국 이것이 계통발생과 개체발생이 의미하는 것이다. 어린이를 대상으로 한 실험 결과, 약 1세부터 18개월까지의 어린이들은 거울 속의 자신을 다른 아이라고 여기며, 18개월이 지나야 자신의 모습으로 인식한다고 한다. G. 갤럽은 1970년에 다음과 같은 동물 실험을 시작했다. 동물을 마취한 후 거울 없이는 볼 수 없는 신체 일부(예: 이마)에 표시를 한다. 그 동물이 의식을 되찾고 거울을 보았을 때, 어떤 동물들은 마취 전에는 볼 수 없었던 표시를 없애려고 했다. 갤럽은 이러한 자기 인식 능력이 신피질에서 발달했다고 생각했지만 신피질이 없는 까치는 2008년 갤럽의 실험을 통과했다. 개들은 갤럽의 실험을 지속적으로 탈락하는 많은 종들 중 하나이다. 왜냐하면 개는 거울 속 자신의 모습을 스스로 인식할 수 없고 다른 동물이라고 생각하기 때문이다. 상식적으로 개는 까치보다 지능이 높기 때문에 이것은 지능과 관련된 질문이 될 수 없다. 아마도 개는 다른 감정들보다 두려움과 분노가 특수하게 진화했을 것이다.

18-2] W. 제임스와 랑게에게는, 반대로 인간이 고등한 동물로 생각되는 한에서만 정서 이론은 인간과 관련된다. 그들의 이론은 본질적으로 동물 심리학적 정서 이론이며, 이는 인간이 생물적인 존재인 한에서만 인간과 연관된다. 이는 인간 정념의 동물적 발생 학설, 동물과 인간의 기본적 정서의 공통성에 대한 주장, 그리고 끝으로 전체 이론에 나타나 있는 정서의 선천적, 반사적, 동물적 본성이라는 기본 생각으로부터 의심의 여지 없이 나타난다.

브뤼헐(17-3 글상자 참조)은 앤트워프 출신이었다. 앤트워프의 가톨릭 신자들은 금융 중심지로서 개신교도의 암스테르담에서의 성공을 부러워했다. 그래서 이 그림에서 브뤼헐은 1640년에 암스테르담의 금융 시장을 붕괴시켰던 악명 높은 '튤립 거품'을 풍자한다. 터키에서 수입된 튤립은 투기 대상이 되었는데, 튤립 바이러스에 의해 유발된 줄무늬가 있는 새로운 변종은 계약제로 판매되었다. 튤립 구근 하나에 대한 계

J. 브뤼헐 2세(Jan Brueghel the Younger), 튤립 파동의 알레고리, 1640.

약이 고숙련 노동자 연봉의 10배 혹은 암스테르담 중심가의 집값보다 더 비싸게 이루어질 정도로 투기가 심했다. 거품이 최고에 달했을 때 튤립 바이러스는 터키에서 유입된 흑사병으로 대체되었고, 계약은 가치가 없어졌다.

브뤼헐과 마찬가지로 제임스와 랑게는 인간을 음식, 물, 거처와 같은 사용 가치에 끌리고 굶주림, 목마름, 집 없음의 공포에서 벗어나려 하는 고등한 유인원으로 본다. 이 물질적 충동에 대한 명백한 예외, 예컨대 그림 속 원숭이들이 그렇게 열광적으로 서명하고자 했던 계약은 아무런 가치가 없다는 것이 곧 드러난다. 제임스와 랑게에게서 교환가치의 개념, 즉 그 가치가 사회적 계약의 문제인 서명은 생물학에 의해 즉시 승인되지 않는다면 비현실적이다.

이 그림에서 브뤼헐은 어리석은 암스테르담의 상인들을 원숭이로 묘사한다. 집 열쇠를 흔들고 있는 원숭이는 분명 튤립 구근의 대가로 집을 사거나 팔았을 것이다. 저울을 들고 있는 원숭이는 금으로 된 추를 가지고 튤립 구근을 사고팔고 있다. 왼쪽의 한 원숭이는 어깨에 부엉이(술 취함과 근시안의 상징)를 얹은 채 계약서에 서명을 하고 있으며, 테라스 위의 암스테르담 원숭이들은 자신의 이익을 먹고 마시는 데 써 버리고 있다.

18-3] 문제의 이러한 측면은 별로 주목받지 못했다. 인간의 문제는 현대 심리학에서 전혀 나타나지 않았기 때문이다. 그러나 이론의 저자와 그의 비판자들은 처음부터 이미 내장 가설에서 논의가 본질적으로 인간 정서의 동물적 본성에 대해 이루어지고 있다는 것을 이해했다. 우리는 이러한 생각을 가장 완전한 형태로 제시한 샤브리에를 인용할 것이다. 샤브리에는 다음과 같이 말한다. 이 문제와 더불어 우리는 문제의 심장부 깊이 침투하며 주변적 이론에 반대하여 나타난 중요한 반론을 다루게 된다. 본능에 대해 논의할 때 우리는 어떤 자극이 주어지는 즉시 자동적으로 작동하는 절대적이고 항시적으로 확립된 기제를 목전에 둔다. 이는 어린이의 원초적 감정과 관련해서는 사실일 수 있지만, 어른들의 일반적인 감정과 관련해서는 같을 수 없다.

> 스테인이 레이든에서 가족과 함께 여인숙과 양조장을 운영했던 당시 그린 이 그림의 모델은 아마도 자신의 자녀들과 고양이였을 것이다. 스테인 가족은 경영에 그다지 능숙하지 않았다. 사업은 파산했다. 부분적으로 이는 스테인이 파티를 여는 것을 좋아하여 수익을 먹고 마시는 데 써 버렸기 때문이다. 그러나 스테인은 이 그림과 같이 재미있는 그림으로 빚을 갚을 수 있었다. 다작으로 인해 말년에 그림 값이 폭락하자 스테인은 다시 여인숙을 열었고 사망할 당시 상당한 재산을 모았다. 스테인에게 인간적인 것은 예술이든 맥주든 모두 친근한 것이었다.
>
> 고양이든 아이들이든 모두 읽기에 대한 본능을 갖고 있지 않다. 그러나 기관 이론은 본질적으로 자극-반응 이론이며 자극-반응 이론은 반응에서의 다양성을 인정하지 않는다. 오직 자극의 다양성이 가능할 뿐이다.
>
> *J. F. 샤브리에(Joseph François Chabrier)는 1911년 출간된 『Les emotions et les etats organiques(정서와 유기체적 상태)』의 저자이다. 그는 문학적 관점에서 기관 이론을 비판했다. 읽기가 인간의 정신에 미

J. 스테인(Jan Steen), 고양이에게 읽기를 가르치는 아이들, 1665~1668.

치는 영향을 잉크와 종이에 대한 감각기관의 반응으로 혹은 감각기관에 대한 내장기관의 반응으로 설명할 수 없다는 것이다. 그러나 고양이에게 읽기가 미치는 영향은 그렇게 설명할 수 있다.

18-4] 문제는 이런저런 정서를 일으키는 유기체적 상태가 의식의 조직에, 외적 인상을 재처리하는 관념의 수와 체계화에 직접 의존한다

는 사실뿐만이 아니다. 문제는 우리의 정서가 신체의 상태를 표현한다는 사실, 신체의 상태 자체가 우리 지각의 질서를 표현한다는 사실뿐만이 아니다. 우선적으로, 그리고 주요한 형태로, 문제는 인간에 특정적인 정서의 문제와 관련이 있다. 제임스 자신은 스스로의 가설을 거친 (저차적-K) 정서의 영역에 한정하고 이를 더 섬세하고 고차적 느낌으로는 확장하지 않으려 했다. 그러나 모든 인간적인 정서는 섬세한 정서의 범주에 포함되어야 하는 것으로 보인다. 백치를 제외하면 가장 제한적인 인간이라도 언제나 어느정도 모호한 어떤 이상, 어느 정도 감각할 수 있는 어떤 의식에 매여 있기 때문이다. 가장 변치 않는 느낌은 전통, 신조, 혹은 종교적 신념의 영향하에 일어났다. 이들은 확립된 관념 체계에 의존하지 않는, 자극에 대한 본능적 반응으로 간주할 수 있을 만한 것들이 아니다. 따라서 우리 저자의 공식을 압박한다면 우리는 그로 하여금 그의 이론이 인간의 느낌에서 그 어떤 것도 설명할 형편이 아니라는 것을 인정하게 할 수 있다. 최소한 그는 자신이 지적한 차이를 정당화하는 데 관심이 없었으며 자기 자신이 스스로의 사례로 이를 뒤집어엎는다.

18-5] W. 제임스는 똑같이 자신의 이론이 적용될 수 있는 사례로 곰 앞에 선 사람의 공포와 아들의 죽음을 알게 된 어머니의 슬픔을 제시한다. 하지만 첫 사례의 경우가 저차적 정서의 집단에 관련된다면 두 번째 경우는 그렇지 않다. 우리는 저자가 이를 섬세한 느낌의 집단과 관련시키지 않는다는 것에 놀라지 않을 수 없다. 제임스가 구분선을 그리지 않았다면 이는 그에게 그러한 선이 없기 때문일 수 있다. 그는 선과 미처럼 관념적 대상과 관련되고 순수한 영혼의 활동으로부터 나타나는 고등한 도덕적 느낌과, 그 처음과 끝이 신체와 연결되어 있으며, 따라서 생리적 설명에 종속되는 우리의 생리적 느낌 사이의 고전적이고 전통적인 구분을 수용하는 것처럼 보인다.

18-6] 일반적으로 저차적인 신체적 느낌으로 간주되는 배고픔도 제임스의 명명법의 관점으로는 이미 섬세한 느낌이며, 단순히 먹고자 하는 욕구도, 그것이 인간과 신 사이의 신비한 교류의 상징적 의식의 출현을 이끈다면 종교적인 의미를 획득할 수 있다는 것을 샤브리에가 인용한 것은 옳았다. 반대로 일반적으로 순수하게 영혼적인 정서로 간주되는 종교적 느낌도 인간 제물을 신에게 바치는 신실한 식인종에게서는 고차적 정서의 집단에 포함되는 것이 불가능할 것이다. 따라서 본성상 신체와 독립적이며 그에 연결되지 않은 정서가 없듯이, 본성상 고등하거나 저차적인 정서는 존재하지 않는다. 제임스 자신의 저서 『종교적 경험의 다양한 형태에 대해』는 고등한 느낌이 우리 몸의 모든 조직과 얼마나 밀접히 연결되어 있는지 논쟁의 여지 없이 드러낸다.

18-7] 따라서 정서의 거대한 영역을, 주변적 가설을 적용할 수 있는 부분과 이 가설이 적용될 자리를 찾을 수 없는 두 부분으로 나누어서는 안 된다. 태생적 특권으로 인해 고차적 범주에 드는 느낌도 없으며 동시에 그 자체적 본성으로 인해 저차적 범주의 일원이 되는 느낌도 없다. 유일한 차이는 풍부함과 복잡성에서의 차이이며 우리의 모든 정서는 감상적 진화의 모든 단계를 따라 고양될 수 있다. 각 정서를 사정査定하는 것은 오직 그 발달 정도라는 관점에서만 가능하다. 따라서 느낌의 모든 발달 단계에 적용 가능한 정서 이론만이 만족스러운 것으로 인정될 수 있다.

> 지혜의 신인 미네르바는 소년을 비눗방울을 불고 있는 동생들과 따로 떨어뜨려 구슬치기용 링에서 발을 떼게 하여 책과 악보, 악기가 놓여 있는 탁자로 이끈다. 그의 뒤에 있는 분홍빛 구름이 시사하듯 이는 신체에 기반을 둔 저차적 감각의 황혼기이자 마음에 기반을 둔 고등한 정서의 새벽이다.
>
> 샤브리에는 이처럼 갑작스러운 전환에 동의하지 않는다. 미네르바는

A. 바커르(Adriaen Backer), 안토니 드 보르데스와 아들의 알레고리적 초상화, 1679.

인간을 제물로 삼은 잔인하고 살인적인 전쟁의 여신이기도 하다. 그녀가 투구를 쓰고 창을 들고 있는 이유다. 선량한 프랑스인이었던 샤브리에는 좋은 음식을 단순히 섬세한 느낌의 필요조건일 뿐 아니라 그것을 생성하는 방법으로, 또한 고등한 정서의 산물로 본다. 훌륭한 공화주의자였던 샤브리에는 느낌의 유전적 세습을 거부한다. 우리는 고차적 느낌과 저차적 느낌의 차이를 그 기원에 따라 구분할 수 없다. 샤브리에가 유일하게 수용했던 구분은 단 하나, 즉 고등 정서는 더 매개된, 더 복잡한, 더 풍부하게 분화된 산물이라는 점이다. 이는 비고츠키도 동의했던 것이다.

소년의 아버지가 생각하는 것과 달리, 이 풍부함은 순수함이 아니라 순수하지 않음을 의미한다. 음악 교육은 리듬, 춤, 신체적 감각을 포함한다. 비눗방울 불기는 표면 장력, 중력, 공기 흐름을 포함한다. 문해력은 지적 의미와 신체적 발음 간의 연결을 공고히 하는 것이다. 미네르바와 달리 소년의 교사는 노동과 놀이, 고등한 유년기와 저차적 유년기라는 이원적 구분을 거부하는 것에서 시작할 것이다. 아들을 놀이로부터 떼어 내면서 미네르바는 단 하나, 즉 가장 순수한 형태의 학습을 혐오하는 것만을 가르칠 것이다. 황혼과 새벽 사이에는 밤이 올 것이고 어린이에게는 휴식이 필요하다.

18-8] 표상 체계의 발달로부터 정서를 따로 떼어 내어, 그것의 유기체적 구조에 대한 의존성만을 확립하면서 제임스는 동물과 인간을 똑같이 포괄하는 숙명적인 정서의 개념에 필연적으로 도달한다. 인간 정서가 시대에 따라, 문명화 정도에 따라 나타내는 심오한 차이, 귀부인에 대한 기사의 신비한 숭배와 17세기의 여성에 대한 고상한 예절 사이의 차이는 이 이론의 관점에서는 설명되지 않은 채 남아 있다. 샤브리에는 말한다. 우리가 가장 빈곤한 정서의 무한히 풍부한 본성을 생각해 본다면, 단세포 유기체의 가상의 심리보다 소설가와 작가들의 두드러진 분석에 주의를 더 기울인다면, 단순히 우리 주변 사람들에 대한 관찰로 얻어진 귀중한 자료를 이용한다면 주변적 이론의 완전한 파산을 인정하지 않을 수 없다. 사실, 여성의 실루엣에 대한 단순히 지각이 자동적으로 일련의 끝없는 유기체 반응을 불러일으켜, 베아트리체에 대한 단테의 사랑과 같은 사랑이 탄생할 수 있다고 하려면, 천재적인 알리기에리의 의식을 이루었던 신학적, 정치적, 미학적, 과학적 관념의 전체적 앙상블을 사전에 가정해야 한다.

하녀는 붉은색과 검은색 옷을 입고 있고, 사과는 붉은색 침대보 위에 매혹적으로 놓여 있다. 네덜란드인 화가는 집주인들에게 그림을 판매하고자 했고, 집주인들은 상스럽고 게으르며 이기적인 모습의 (따라서 성적으로 농락할 수 있는) 하녀를 보여 주는 그림을 선호했다. 따라서 이 그림이 나오기 전까지는 일하는 하녀 그림의 대부분이 편향적이고 심지어 목적론적인 경향이 있었다.

귀부인에 대한 기사의 신비한 숭배와 17세기의 고상한 예절의 차이는 무엇인가?
단세포 유기체의 가상 심리란 무엇인가?

N. 마스(Nicolaes Maes), 사과를 깎는 젊은 여성, 1655.

비고츠키는 샤브리에의 기술記述 심리학을 '목적론적'이라고 부른다. 모든 '저차적' 정서를 고등 정서의 단순 버전으로 보기 때문이다. 경험의 목적은 저차적 정서를 정련하는 것이다. 그러나 샤브리에는 설명 심리학 또한 그렇다고 지적한다. 심지어 오늘날에도 우리는 바이러스가 주의력을 갖는다든가 박테리아가 기억을 한다든가 점균류가 의지를 갖는다고 말한다. 이것은 목적론적이다. 바이러스는 신진대사를 하지 않기 때문에 음식에 주의를 기울이지 않는다. 박테리아는 번식 영역을 찾을 때 과거 사건에 대한 표상을 필요로 하지 않기 때문에 과거의 표상을 진화시키지 않는다. 곰팡이는 언제 성장하고 포자를 어디에 배출할 것인지에 대해 그 어떤 형태의 의도나 계획을 갖지 않는다.

스피노자가 말했듯이 자연은 그 어떤 순간에도 완벽하다. 따라서 우리가 자연을 연구할 때 우리는 어떤 미완성된 계획의 초기 단계를 관찰하는 것이 아니다(IV pref). 샤브리에는 만약 우리가 주의, 기억, 의지를 이해하고자 한다면 실제 그것을 갖고 있는 유기체를 연구할 필요가 있다고 말한다. 따라서 우리는 단테가 베아트리체를 기억한 방식과 돈키호테가 둘시네아를 기억한 방식을 비교하면서, 서로 다른 문명의 시기에 화가들이 어떻게 다른 방식으로 주의를 기울이는지 살펴볼 수 있을 것이다. 의지를 이해하고자 한다면 우리는 패스츄리나 소스를 생각하면서 계획을 실현하기 위해 사과껍질을 벗기는 여성을 그린 이 그림을 연구할 수 있다.

여왕을 숭배했던 중세의 기사와, 일하는 하녀에 대한 존경을 담은 17세기 그림의 화가 모두, 우리에게 고상한 존중의 관점을 제시하고 있다. 그러나 중세의 기사에게 귀부인은 여신이었으나 하녀는 성적 농락의 대상이었다. 마스 이전에 붉은 옷을 입은 하녀는 시간제 매춘부를 뜻했다. 그러나 여기, 마스가 그린 하녀의 붉은 옷은 단지 사과와 잘 어울리는 색깔일 뿐 그 외 다른 것을 의미하지 않는다. 이는 그녀의 창백한 얼굴과 고운 손의 흰색이 껍질 속 과일의 깨끗하고 달콤한 순수한 색깔과 조화를 이루고 있는 것과 마찬가지다.

18-9] 기관 이론의 동조자들은 그들의 가설에서 인간의 영혼만을 잊었을 뿐이다. 모든 정서는 인격의 기능이다. 바로 이것이 주변적 이론의 시야를 비켜간 것이다. 이처럼 정서에 대한 순수한 자연주의적 이론은 보충물로서 인간의 느낌에 대한 진정하고 타당한 이론을 필요로 한다. 그리하여 정서의 설명적인, 생리학적 심리학과 상반되는 기술적記述的 인간 심리학의 문제가 나타난다. 그것은 소설과 비극의 위대한 예술가

들이 해결한 인간 영혼의 문제를 향하는 과학적 경로를 모색한다. 그것은 이 작가들이 예술적 묘사의 대상으로 삼았던 것들을 개념적으로 연구할 수 있게 되기를 바란다.

네, 달에 대한 얘기는 무척 흥미롭군요.
그런데 설명적 심리학과 기술적 심리학의 문제에 대해서는
무슨 말을 해 주실 수 있나요?

G. 디 파올로(Giovanni di Paolo), 신곡, 천국, 달의 모양을 포함하여, 단테에게 몇 가지 과학적 이론을 설명하는 베아트리체, 1444~1450.

중고등학교 남학생의 부모들은 종종 '여성의 실루엣에 대한 단순한 지각이 자동적으로 일련의 끝없는 유기체 반응을 불러일으킨다'는 사실에 당혹감을 느낀다. 부모는 물론 교사들조차 벌을 통해 이러한 '유기체 반응'을 쫓아낼 수 있다고 상상하지만, 그 결과는 단순히 피아제가 '순환 반응'(예컨대 자위)이라고 부른 것에 멈추지 않는다. 그것은 종종 성적 학대, 괴롭힘, 심지어 폭력과 같은 더 심각한 문제가 된다.

비고츠키가 이 문단에서 말하듯, 기관 이론의 지지자들은 모두 인간의 인격을 잊어버렸다. 그러나 신곡에서 단테는 실제로 이 문제를 베아트리체라는 인물을 통해 해결한다. 단테와 베아트리체는 9살 때 만난다. 둘은 모두 다른 사람과 결혼하기 때문에, 베아트리체에 대한 단테의 열렬한 사랑은 실제로 귀부인에 대한 기사의 신비한 숭배이다. 여기 천국에서 베아트리체는 다양한 행성 궤도(오른쪽 상단), 일식(가운데 위쪽), 먼 거울이 작은 촛불 이미지를 반사하지만 가까운 거울보다 적은 빛을 반사하지 않는 이유(중앙 하단), 뜨거운 철의 가단성(왼쪽 하단)

을 자신의 전 놀이 친구인 단테 알리기에리에게 설명하고 있다. 진정한 설명적 심리학은 베아트리체가 물리학에 대해 한 일을 인간 심리학에 대해 해야 하며, 이는 성적 행위의 생물학적 반응뿐 아니라 그 법적 그리고 무엇보다 정서적 결과에 대한 모든 과학적이고 법적인 개념들의 집합을 포함할 것이다.

종종 단테의 작품은 오늘날의 우리에게 유치해 보인다. 그는 지옥편에서 사적인 원한을 맺은 이들을 다양한 지옥으로 보내고, 연옥편에서 자신의 유년기 사랑에 대한 관심을 회상한다. 그러나 실제로 단테는 두 개의 매우 중요한 방식으로 인간 심리학의 문제에 대한 과학적 연구의 길을 닦았다. 첫째, 셰익스피어가 현대 영어를 창조하고 세종 대왕이 한글을 창조했듯이, 단테는 중세 라틴어 대신 평범한 현대 이탈리아어가 된 언어로 글을 씀으로써 과학적 연구를 위한 언어를 창조했다. 둘째, 단테는 한눈에 반하여 더 가까워지고 싶은 친구에 대해 나타나는 유기체 반응을 해결해야 하는 남학생들에게 훨씬 더 실행 가능한 계획(데이트가 아니라 함께 공부하기)을 제공했다. 부모가 아닌 교사들만이 교실에서 이런 일이 일어나게 할 수 있으며, 아이들 자신만이 이것이 교실 밖에서도 지속되게 할 수 있다.

18-10] 가치에 대한 학설과 연결되는 고등한 느낌의 문제는 의식과 의식의 신체적 하위단층의 기초적 과정에 대한 정신물리학적, 심리생리학적 연구에 몰두한 심리학에는 일반적으로 완전히 도달 불가한 것으로 간주된다. 그리하여 정서에 대한 현대 설명적 심리학의 완전한 파산으로 직접 탄생한 고등한 느낌에 대한 목적론적, 기술적 심리학이 나타난다. 현대 비교 심리학의 가장 훌륭한 연구자 중 하나가 주장하듯이 인간의 정서가 그 현상의 복잡성, 미묘성, 다양성에서 고등한 발달에 이를 수 있지만 그 발생, 진화, 심리적 본성은 고등한 동물에게나 동일하게 남아 있다면, 어떤 다른 비-설명적 심리학의 필요성은 피할 수 없다. 인간과 가장 가까운 유인원의 가장 복잡한 감정의 관점에서도 가장

기초적인 인간 정념을 설명할 수 없다. 따라서 심리학 제국은 자연주의적, 인과적 심리학과 날카롭게 갈라져 그 밖에서 그와 별도로 나름의 경로를 모색해야 한다. S. 프로이트가 말하듯, 이러한 심리학을 위해서는 느낌의 문제에 대해 공식적 심리학 학파, 특히 의료 심리학에서 한 세기 동안 형성해 온 것과는 전혀 다른 접근이 필수적이다.

18-11] 거기(의료 심리학-K)에서는 무엇보다도 공포의 상태가 어떤 해부학적 경로를 통해 발달하는지에 명백히 관심이 있다고 프로이트는 말한다. 프로이트는 자신이 공포의 연구에 수많은 시간과 노력을 쏟았음을 말하면서, 공포 자극이 일어나는 신경 경로에 대한 지식보다 공포의 심리학적 이해와 무관한 것은 없었다고 지적한다.

18-12] 역동적인 측면에서 감정이 나타내는 것은 무엇인가? 그는 계속한다. 첫째, 정서는 특정한 운동적 신경지배 혹은 에너지의 방출을 포함한다. 둘째, 두 가지 유형의 특정한 감각이 포함된다. 즉, 일어나고 있는 운동작용의 지각과, 정서에 소위 기본적 색조를 제공하는 만족과 불만족의 직접적 감각이다. 그러나 이로부터, 열거된 모든 것이 감정의 본질을 이룬다는 주장이 자연히 따라오는 것은 아니다. 다른 정서들을 통해 우리는 더욱 깊이 살펴보고, 열거된 내용들을 한데 묶는 핵을 밝힐 수도 있을 것으로 생각된다.

18-13] 그리하여 순수하게 심리적 인과의 영역에서 완전한 자기 충족적 경로를 통해, 열거된 내용들의 내적 핵을 드러내려 시도하고, 엄격히 결정론적인 인과적 감정 심리학을 보존하려는 영웅적인 노력을 하는 '심층' 감정 심리학이 나타난다. 순수 심리학의 독특하고 고유한 한 갈래인 이것은 오직 현상의 표면만을 다루는 학문적 심리학의 파산에 대한 과학적 사고의 필연적 반응으로 깊이 나아가며 나타난다. 그것이 생리학적 심리학과 공통언어를 갖지 않는 것은 당연하다. 감정에 대해 이제 막 말한 것이 일반 심리학에서 널리 받아들여지는 특성이라고 생

각해서는 안 된다고 프로이트는 말한다. 반대로 이 관점은 정신분석학의 토양 위에서 자라났으며 거기에서만 인정된다. 여러분이 심리학으로부터, 예컨대 제임스-랑게 이론으로부터 감정에 대해 알 수 있게 되는 것은, 우리 정신분석학자들에게서 단순히 이해할 수 없는 것이며 논의의 대상이 될 수 없는 것이다. 이처럼 심리적 사실에 대한 엄밀한 인과적 관점을 보존하려는, 그리고 그와 동시에 독립된 과학으로서의 심리학의 파산을 막아 그것의 일감을 생리학에 넘기지 않으려는 노력은 심층 심리학이 심리적 과정의 완전한 본질적 독립성과 심리적 인과성의 자율성을 인정하도록 이끌었다.

18-14] 반사적 정서 이론에 대한 반동으로 나타나는 현대 정서 심리학의 다른 방향성은 감정에 대한 타당한 심리학적 지식이라는 동일한 과업을 다른 경로를 통해 해결한다. 그것은 느낌에 대한 인과적 관점을 원칙적으로 거부하고 정서적 삶에 대한 순수하게 기술적인 현상학으로 발전한다. 이러한 경향성의 훌륭한 대표자 중 하나인 M. 셸러(M. Scheler, 1923)의 말에 따르면 인과적 법칙과 정서적 삶의 신체적 과정에 대한 심리생리학적 의존성과 함께, 느낌에 대한 감각과는 다른, 소위 고등 정서 작용과 기능으로 불리는 독립적 의미의 법칙 또한 존재한다는 것이 오랫동안 잊혀 왔다. 우리 고등한 느낌의 삶이 갖는 내포적, 가치-인식적 본성이 로체에 의해 새롭게 상기되었으나 그에 의해 발전되지는 않았다. 그가 가장 일반적인 형태로 이 핵심 논리를 확립했을 뿐 이를 자세히 고찰하지 않았기 때문이다. 합리적 연구가 그 토대에 실험이라는 필수적인 도구를 갖고 있는 것과 똑같이, 우리의 이성은 진지하고 중요한 발견의 수단으로 대상들의 가치와 관계에 대한 느낌을 갖고 있다는 생각과 금언은 그의 공헌이다.

18-15] 셸러 자신은 이미 첫 연구부터 마음의 질서, 마음의 논리, 마음의 이성에 대한 B. 파스칼의 오래되고 훌륭한 생각을 받아들이고

발달시켰으며 이를 자기 윤리의 토대로 삼았다. 그는 이러한 관점에서, 그의 의견에 의하면 파스칼의 진정하고 심오한 생각이 스스로의 엄밀한 증거를 찾은 윤리적, 사회적, 종교적 느낌을 분석의 대상으로 삼는다. 같은 방향으로 더욱 멀리 나아가면서, 그는 수치스러움, 두려움, 공포의 느낌, 존경의 느낌 등의 본질과 형태에 대한 동일한 현상학적 분석이 불가피하다고 간주한다. 그는 위에서 지적한 선천적 느낌에 대한 가장 중요한 파생적 연구를 자신의 체계에서 예견하여, 이러한 느낌에 대한 심리학적, 가치-이론적 고찰과 함께 그것이 개인적, 종족적 측면에서 발달하는 질서의 문제, 현대 인간의 삶을 구성하고 보존하며 형성하고 생성하는 데에서 이 느낌이 갖는 의미를 설명하는 문제가 자리를 확보하게 된다.

우리가 '마음'의 논리와 정신에 대해 이야기하고 있다면, 개인 감정 분석에 앞서 사회적 감정을 분석하는 이유는 무엇입니까?

작자 미상, 새 사냥꾼과 주사위 노름꾼, 1620~1630.

이 그림에는 서명도 없고, 그린 사람에 대한 기록도 전혀 없다. 그래서 화가는 '타짜master of gamblers'로만 알려져 있다. 그러나 무슨 일이 일어나고 있는지는 쉽게 알 수 있다. 주사위 노름꾼들이 불쌍한 새 사냥꾼에게서 돈을 다 땄기 때문에, 이제 사냥꾼에게는 막 잡은 새 외에는 판돈으로 걸 만한 것이 아무것도 없다. 그런데도 새 사냥꾼은 여전히 게임 중이다. 새를 잃으면 그는 그냥 가서 다른 새를 잡아오겠지만, 이기면 그는 재산을 되찾을 수 있을 것이다. 주사위 노름꾼들은 그다지 내켜 하지 않는다.

비고츠키는 맹목적 믿음을 받아들인 또 한 명의 프랑스 합리주의자 블레즈 파스칼(1623~1662)의 잘 알려진 문구를 인용한다. "마음에는 이성이 모르는 나름의 이유가 있다." 수학에서 파스칼은 도박에 대한 확률적 수학을 개발했다. 물리학에서 파스칼은 기압계를 개발하여 데카르트에게 산 정상보다 산 아래에서 기압이 더 크다는 것을 증명했다(오늘날 우리가 사용하는 기압의 단위는 여전히 '파스칼'이라 불린다). 그러나 파스칼은 자신의 기압계가 진공 속에 있는 수은 기둥에 의존했음에도 불구하고 진공이 존재한다는 것을 데카르트에게 증명하는 데 실패했다. 파스칼은 주류 가톨릭 신앙의 권위를 받아들인 것처럼 데카르트의 회의론을 받아들였다. 그는 수많은 참인 명제가 명백하지도 애매하지도 않으며, 동일한 사실이 매우 다른, 똑같이 합리적인 해석을 가질 수 있다고 믿었다. 따라서 파스칼은 "우리는 이성뿐만이 아니라 마음으로도 진실을 안다"라고 말한다.

맹목적 믿음에 대한 파스칼의 주장은 노름꾼의 주장이라 불렸다. 신이 존재하지 않는데 우리가 신을 믿는다 해도, 우리가 죽고 나서 더 나빠질 일은 없다. 하지만 신이 존재하고 우리가 믿는다면, 우리는 죽어서 영생과 행복을 얻을 것이다. 그래서 파스칼은 교회의 권위를 받아들였지만, 교회는 그렇지 않았다. 파스칼이 불과 39세에 고통 속에서 죽었을 때, 가톨릭 교회는 그의 학설을 금지하고 그의 책을 폐기했다. 파스칼은 수학자와 발명가로 널리 알려져 있지만 교회의 금지 조치로 철학에서는 이 그림의 작가처럼 거의 알려져 있지 않다.

18-16] 이처럼 생리학적 기제의 법칙에 따라 세워진 저차적 정서의 기계론적 이론과 나란히, 현대 심리학은 고등의, 인간에 고유한, 역사적으로 생겨난 느낌에 대한 순전히 기술적記述的 학설을 만든다. 이 학설은 생리학적 이론과는 반대되는 토대 위에 세워진 완전히 독립적

인 지식의 갈래로 발달한다. 셸러가 지적했듯이 이 학설의 최종 근원은 형이상학과 연결되어 있으며 그 자체도, 원칙적으로 느낌의 생존적 발현과는 차별되는 진정 영혼적인 느낌의 발현을 발생적으로 연역할 수 없다는 사실에 대한 인정에 기반을 둔 특정한 형이상학적 체계로 변환된다. 셸러는 이 학설을 인간의 사랑에 적용했으므로 본질적으로 그는 영혼적인 정념과 관능적인 정념에 대한 데카르트의 구분으로 되돌아간다.

셸러,
역시 이원론자인가

P. 브뤼헐(Pieter Brueghel), 바벨탑, 1563.

왼쪽 하단의 님로드왕은 왕국의 수도에서 천국에 이르는 탑을 쌓도록 명령을 내린다. 브뤼헐은 로마의 콜로세움의 폐허를 묘사한 부분 위에 탑을 쌓아 올리고 있다. 그는 고대 로마를 중심으로 단일한 종교를 구축하고자 했던 가톨릭의 오만이 마주하게 될 운명을 시사하고 있다. 브뤼헐은 자신이 이 그림을 그릴 무렵 성서를 여섯 개의 언어로 출판한 네덜란드의 관용적인 다언어 신앙에 미래가 놓여 있음을 은밀히 시사한다. 자세히 보면 기중기는 햄스터 바퀴처럼 생긴 바퀴 속의 사람들에 의해 작동되고 있다.

『정서 학설』 I권의 끝부분(12-53)에서 비고츠키는 설명적 심리학과 기술적 심리학 사이의 상호 관용을 믿었던 정서에 대한 딜타이의 기술적 학설은 이 둘을 모두 발전시킬 것임을 지적했다. 딜타이의 예언은 한편으로는 제임스에 의해, 다른 한편으로는 셸러에 의해 실현되었다. 제임스는 설명적 심리학을 발전시켰으나 이는 저차적 정서에 한해서였다. 셸러는 스스로가 가치론axiology이라고 칭한 윤리체계를 통해 기술적 심리학을 발전시켰다. 셸러의 가치론의 중심에는 여러 층으로 이루어진 일종의 바벨탑이 놓여 있다.

스피노자의 체계와 같이 1층은 단순한 쾌락-가치의 층이며 제임스의 체계와 같이 다음 층은 실용적 공간이다. 하지만 다음 층은 생존(건강, 활력, 휴식)의 층이다. 그다음은 미, 진실, 정의, 그리고 성스러움의 신성한 가치와 같은 정신적 혹은 심리적 가치의 층이다. 셸러에게 사랑은 쾌락 가치도 아니고 스피노자에게서와 같은 정념도 아니다. 이는 인간이 갖는 본질적인 신성神性이며 신이 스스로의 본성에 대해 가지는 사랑을 나타낸다. 이 때문에 비고츠키는 사랑에 대한 셸러의 관점은 데카르트 이론으로의 회기라고 지적한다. 성스러운 영혼적 사랑은 신체적 정념과 영원히 분리되어야 하며 우리가 그 둘을 연결하는 탑을 쌓기 위해 아무리 노력해도 이어질 수 없다.

18-17] 이것이, 반사적 이론에서는 해결되지 않은 인간 느낌의 본성에 대한 문제에 내놓은 현대 심리학의 두 기본적인 대답이다. 현대 심리학은 수수께끼의 설명을, 인간 심리의 형이상학적 심층부, 쇼펜하우어의 의지에서 찾거나 혹은 정념이 생존적 기능에서 완전히 떨어져 그 진정한 토대를 천상의 영역에 두는 형이상학적 고결함에서 찾는다.

하녀가 주인 옆에 서서 창밖을 보고 있다. 주인은 편지 쓰기에 지성과 의지를 쏟아 넣으며 수고를 더하고 있다. 그림의 중앙에는 하녀의 집게 손가락 끝이 있지만 소실점은 주인의 빛나는 오른쪽 눈이다.

'고도 심리학'과 '심층 심리학'의 차이점은 무엇인가?

J. 베르메르(Johannes Vermeer), 편지 쓰는 여인과 그 옆의 하녀, 1670.

　　파스칼의 가톨릭 형이상학을 바탕으로 심리학을 세운 셸러는 '고도
heights' 학파의 설립자였다. 셸러에게 인간은 '이성적인 동물'이라기보다
는 '사랑의 존재', 즉 자연에 대한 신의 사랑(즉 자신에 대한 사랑)의 한
예였다. 칸트의 초월적 관념주의 형이상학을 바탕으로 심리학을 세운
쇼펜하우어는 프로이트주의를 일으킨 '심층depth' 학파의 설립자였다.
쇼펜하우어에게 인간은 '사랑의 존재'가 아니라 고통의 존재로, 인간의
세계는 의지나 지성 자체에 의해 만들어진, 대부분 고통스러운 표상일

뿐이다(프로이트의 경우 이런 고통의 표상은 무의식에 의해 만들어진다). 쇼펜하우어는 종종 자신의 관점을, 세계가 예술가의 의지로 표상된 존재로 나타나는 네덜란드의 그림으로 묘사하곤 했다.

그렇다면 베르메르의 예술적 의지는 어떤 표상으로 나타나는가? 이 그림에서 주인은 편지를 쓰고 있고 하녀는 그 편지를 밖에서 기다리는 젊은 남성에게 전할 것이다. 그러나 이 그림이 (두 번이나) 도난당한 후에 복원되어 주의 깊게 조사된 결과 그림의 맨 아래쪽에 보이는 빨간 작은 점(왼쪽 아래 바닥 타일의 회색 삼각형 중앙)이 발견되었다. 주인 여성은 편지에서 붉은 밀랍 봉인을 뜯어서 구긴 후 바닥에 던졌다. 그녀는 화가 나서 답장을 쓰는 중이고 이 상황이 하녀를 창밖을 보며 웃게 하고 있는 것이다. 한편 벽 위의 어두운 그림에는 파라오의 딸이 덤불 속에 버려진 모세를 발견하고 자기 자식처럼 키우기로 결심하는 장면이 그려져 있다. 베르메르는 구도와 원근법의 선을 사용해서 3차원을 만들고 빛과 어두움, 전경과 배경, 사랑과 고통을 통합하여 높은 것과 낮은 것을 통합한다.

18-18] 그러나 형이상학이 정념의 최종적 토대를 지하의 영역에서 찾든지 천상의 영역에서 찾든지, 즉 프로이트와 함께 지하의 왕국, 지옥의 심상, 인간 영혼의 심연의 심상을 기꺼이 이용하든지 아니면 셸러와 함께 천상 영역의 별들의 노래에 시선을 돌리든지 간에 그것은—정서를 내장적, 운동적 반응에 대한 감각으로 환원하는 피상적 정서 심리학을 천사의 혹은 악마의 형태로 필연적으로 보충하는— 형이상학으로 남는다. 고등한 느낌의 내포성, 프뢰베스의 지적에 따르면 고등한 느낌이라는 명칭을 명실상부하게 해 주는 느낌과 대상과의 유의미한 연결, 전제로부터 결론으로의 전개가 우리에게 이해 가능하듯 우리가 이해할 수 있는 인간의 느낌이 갖는 의미, 인간 느낌의 목소리—이 모두는 설명을 요구하며 이 설명을 목적론적, 기술적 심리학에서 찾는다.

J. 루켄(Jan Luyken), 손가리개를 하고 해를 보는 여인, 1687.

저 멀리에, 여러 가지 물건을 머리에 이고, 시선은 땅을 보며 저택을 향하는 한 여성이 보인다. 전경에서는, 홀가분한 자태로 하늘의 둥근 해를 직접 보려고. 눈을 가리는 한 여성을 볼 수 있다. 프로이트는 심층적 느낌에 대한 형이상학적 비관적 관점을 취한다. 이러한 느낌은 배고픔과 갈증과 같이 궁극적으로 신체적 욕망으로 설명될 수 있다. 반면, 셸러는 더 고차적 느낌에 대한 형이상학적이고 목적론적인 관점을 취한다. 사랑은 우리가 그것을 묘사하는 것과 같은 방식으로 그것을 직접 봄으로써 설명될 수 있다. 사랑은 기원상, 본성상 신성한 것이다. 폴란드에서 반공산주의 솔리다르노시치 운동에 영감을 준 폴란드 교황 요한 바오로 2세는 셸러 신학을 주제로 박사학위 논문을 썼다.

*J. 프뢰베스(Joseph Fröbes, 1866~1947)는 W. 분트와 G. E. 뮐러의 제자였으며, 이후 J. 린드워스키의 스승이 되었다. 하지만 무엇보다도 그는 예수회 수사였다. 개신교에 대한 교황과의 전쟁을 수행하는 대대적 개혁 과정에서 일어난 가톨릭 종파인 예수회는 그동안 신앙으로만 기술되어 왔던 신비를 설명하려 했다. 예를 들어 예수회 수사로 훈련을 받은 데카르트는 송과샘의 움직임을 통해 자유의지를 설명하려 했고, 프뢰베스와 린드워스키는 분트와 뮐러의 실험 심리학을 이용해 인간이 신에 맞서 어떻게 자유의지와 죄를 행사할 수 있는지를 설명하려했다. 현 교황 프란치스코는 예수회 수사 출신 최초의 교황이다.

18-19] 이처럼 현대 느낌 심리학을 전체적으로 살펴보면, 저차적 느낌의 기계론적 이론이 얼마나 불가피하게 고등한 느낌의 목적론적 이론을 전제로 하는지, 정서의 동물적 본성에 대한 학설이 보완적 이론으로 인간의 생존 외적인, 생명 외적인 느낌에 대한 학설을 얼마나 필요로 하는지 이해한다면 다음이 명백해진다. 전체적으로 취해진 현대 느낌 심리학은 결코 데카르트 학설과 갈라졌다고 책망받아서는 안 된다. 반대로 그것은 데카르트 이론의 살아 있는 현신과 지속이자 과학적 형태로의 발전이다. 제임스-랑게의 과업이 이 학설의 두 원칙 중 오직 하나만을 발전시키게 되었다든가, 그들의 이론이 정서의 설명에서 자연주의적 관점의 적용에만 국한된다는 것 등은 중요하지 않다. 데카르트 자신의 체계에서 정신의 정념의 자연주의적 설명이 지적 느낌에 대한 유심론적 학설을 이끈 것과 똑같이 현대 심리학에서 가장 일관성 있는, 자연주의적 이론은 다른 극단에서, 자신의 평형추로 고등한 느낌을 밝히는 논리에 대한 목적론적인 학설을 만들어 낸다.

현대 느낌 심리학은
데카르트 학설과 갈라지는가?

J. 브뤼헐 2세(Jan Brueghel the Younger), 천국의 풍경, 1650.

천지창조의 장면(17-3 글상자 참조) 외에도, J. 브뤼헐 2세는 천국의
장면을 전문으로 했다. 이는 산업화 이전의 풍경일 뿐 아니라 열매와
사냥감이 풍부했고 동물들이 완벽한 조화를 이루며 살았던 농경시대
이전의 풍경이었다. 오늘날 우리는 그의 그림에서 초식동물로 보이는
사자, 여우, 표범에 놀라지만, 브뤼헐에게는 해결을 요하는 훨씬 더 어
려운 신학적 문제가 있었다. 개도 천국에 가는가? 동물은 불멸의 영혼
을 갖는가?

비고츠키는 우리가 제임스와 랑게 또는 그들의 추종자 누구도 데카르트에 충실하지 않다는 이유로 비난할 수 없다고 말한다. 데카르트처럼 그들은 느낌을 영혼의 능동(action, 행위)과 수동(passion, 정념)으로 나누며, 데카르트처럼 그들은 전자에 대해서는 원심적(뇌에서 신체로) 설명을 후자에 대해서는 구심적(신체에서 뇌로) 설명을 제시한다. 외견상 차이는 두 가지뿐이다. 첫째, 제임스와 랑게는 실제로 뇌에서 신체로의 정서보다 신체에서 뇌로의 정서 이론을 개발하는 데 더 관심이 있다. 둘째, 데카르트는 동물에는 불멸의 영혼이 없다고 믿은 반면, 제임스와 랑게는 데카르트도 동의할 것이 분명한, 인간의 신체가 동물의 신체처럼 기계적으로 설명될 수 있다는 것을 단순히 강조하는 것을 선호한다.

브뤼헐은, 천국의 광경이 동물로 가득 차 있기 때문에 이에 동의하지 않는 듯 보인다. 그러나 배경을 자세히 살펴보면, 우리는 브뤼헐 역시 동물이 불멸의 영혼을 갖는지 여부에 대해 실제로 불가지론을 가지고 있음을 알 수 있다. 그는 천국의 모든 동물들과 함께 중앙의 나무 바로 왼쪽에 두 명의 인물(아담과 이브)을 배치해 놓았다. 이것은 사실 죽음 후 삶이 아닌 죽음 전 삶의 모습이다.

18-20] 데카르트 체계가 유지하고 있던 평형은 자연주의적 원칙과 목적론적 원칙이 서로 균형을 맞추는 현대 정서 심리학에서 또다시 확립된다. 제임스가 인간 느낌을 고찰하는 두 번째 방법(목적론적 원칙-K)에 적대적이지 않았을 뿐 아니라, 정서가 신체에 독립적이라는 학설, 종교적 경험의 다양성에 대한 연구에서 그에 대단히 가까이 갔다는 사실을 덧붙인다면, 생리적 정서 이론의 저자 자신이 비록 데카르트 학설의 한 측면만을 주로 발전시키기는 했지만 본질적으로 그것을 전체적으로 보존하고 있음을 확인하는 것은 쉬울 것이다. 이처럼 사태의 원칙적인 측면에 대해 말하자면, 제임스와 데카르트가 서로 갈라졌다는 것은 환각에 불과하다.

자연주의적 원칙과 목적론적 원칙이
서로 균형을 맞추는 현대 정서 심리학에서
또다시 확립된 데카르트 체계의 평형은 무엇인가?

J. 모렐세(Johannes Moreelse), 철학자 헤라클레이토스의 초상, 1630.

모렐세의 그림은 매우 기독교적으로 보여서, 많은 사람들이 이 그림을 기도로 오해했다. 빛과 어둠은 영생을 바라며 죽음을 받아들이는 노인의 손처럼 서로를 움켜쥐고 있는 것으로 보인다. 그러나 헤라클레이토스는 기도를 하고 있지 않다. 운명은 이미 '로고스(논리)'에 의해 고정되어 있기 때문에, 어떤 것을 위해서나 어떤 것에 대해서도 기도할 필요가 없다. 그는 세계의 운명에 대해 울고 있다.

'텔로스telos'라는 단어는 그리스어로 단순히 '목적'을 의미하며, 목적론적 설명은 단지 운명(결과)을 출발점으로 삼는 설명일 뿐이다. 목적론은 이유가 아닌 결론에서, 원인보다는 결과에서 시작한다. 예를 들어 다윈주의는 목적론적 이론이며, 마르크스주의도 마찬가지다. 두 이론 모두 현 상황을 출발점으로 삼고 현재라는 결과를 낳은 원인과 결과의 연쇄를 제시하기 위해 역사를 연구하기 때문이다(『종의 기원』

과 『자본론』). 하지만 이 책의 맨 처음(1-1)에서 보았듯이 현대 심리학은 진화, 사회학, 역사를 거부하고 분석 단위로, 고립된 개인을 가지고 생물학적 또는 자연주의적 설명을 주장한다. 이는 데카르트와 말브랑슈와 같이 제임스와 랑게에게도 그렇다. 그것은 또한 오늘날의 학문적 심리학에도 해당된다

하이데거는 헤라클레이토스의 '로고스'가 논리적으로 기독교 사상을 이끌어 냈다고 주장한다. '로고스'는 나중에 그리스도로 구체화된 하느님의 말씀이 되었다. 그러나 이 그림의 지독한 슬픔에는 아마도 더 단순한 설명이 있을 것이다. 파울루스 모렐세(I권 서문 참조)가 이 그림을 완성한 직후 그의 아들 J. 모렐세는 고향의 많은 주민들과 함께 전염병으로 사망했다. 그는 겨우 30살이었다.

18-21] 데카르트 학설로 다시 돌아가면서 우리는 이를 최종적으로 확인할 수 있다. 우리가 앞에서 확립했듯이 그와 제임스 이론의 표면상 결별은 인간의 문제와 함께 시작된다. 데카르트는 정념을 오직 인간에게만 할당하고 동물에게서는 거부한다. 반대로 제임스는 인간의 정서를 그의 순수한 동물적 삶의 발현으로 간주한다. 실제의, 허구가 아닌 결별은, 오직 현대 과학 전체가 그렇듯 제임스가 인간과 동물이 절대적으로 구분된다는 데카르트의 관점을 거부했다는 사실에 있다. 그러나 데카르트의 정념 학설의 본질을 이루는 것을 상기한다면 그가 인간 정념의 문제를 제임스와 완전히 동일한 정신으로, 완전히 동일한 원칙적 측면에서 해결한다는 것을 쉽게 볼 수 있다.

18-22] 환각은, 데카르트가 정념을 인간의 본성에만 배타적으로 존재하는 근본적 현상으로 간주하면서, 인간 느낌의 문제를 어느 정도 해결할 뿐 아니라 세세한 부분을 포함하여 그 문제를 제기했다는 생각이다. 우리가 위에서 확립하고자 했듯이 고등한 느낌과 저차적 느낌 사이의 이원론은 살아 있는, 유의미한 정념을 가진 인간이 망각되고, 인

간이 육체 없는 영혼의 생명 없는 심리학과 영혼 없는 자동기계의 무의미한 심리학 속에 굳게 갇히게 된다는 사실을 필연적으로 이끈다.

18-23] 이처럼, 샤브리에가 제임스의 이론에 대해 한 말이 데카르트에 대해서도 그대로 적용된다. 저자의 공식을 어느 정도 압박하면 우리는 그의 이론이 인간의 느낌에 대해 전혀 설명할 수 없다는 것을 인정하게 할 수 있다. 인간 정념의 문제에 대한 데카르트 학설의 이원론적 해결과 이를 통한 발달 문제, 인간과 그의 삶의 문제의 해결 불가성은 본질적으로 현대 정서 심리학의 설명적, 기술적인 인간 느낌 이론으로의 와해 안에 이미 포함되어 있다. 최후의 설명 수단으로 생리학적 기제의 법칙에 의존하는 제임스-랑게 이론 뒤에, 이런 수단으로 목적론적인 의도적 연결의 형이상학에 의존하는 셸러의 이론 뒤에, 위대한 철학자가 영혼의 정념 학설의 토대에 세웠던 거대한 모순이 온몸을 쭉 펴고 다시 일어선다.

● 인간의 정서에서 인간적인 것은 무엇인가?

이 장과 다음 장에서 비고츠키는 제임스-랑게의 정서에 대한 구심적 이론의 형태(즉, 정서와 연관된 신경 충동은 말초신경계에서 중추신경계로 전달된다)나 캐논-바드의 원심적 이론으로 데카르트 이론을 다시 살려내려는 시도의 두 가지 주요 단점을 제시한다. 주요 단점 중 첫째는 이 이론들이 우리가 동물 정서와 공유하는 것은 무엇이고, 구별되는 것은 무엇인지를 분명하게 설명하지 않는다는 점이다. 특히 제임스는 동물과 공유하는 저차적 정서와 인간에게 고유한 고등 정서를 구분하는 데 취약한 것처럼 보인다. 비고츠키는 심리학이 생물학에 대한 선망에 시달린다고 논하면서 자연과학 외부에서 발달의 원인을 찾는 역사-문화적 접근의 가능성을 섬세하게 암시한다. 그러나 그는 프로이트 식의 하향식 환원주의가 상향식 환원주의만큼 무익할 수 있다고 경고한다. 비고츠키가 말했던 것처럼, 형이상학은 형이상학이다.

18.1 제임스-랑게와 달리 데카르트는 인간 정념의 고유성을 주장한다.

18.2 데카르트와 달리 제임스-랑게는 정서에 대해 세 가지 방식으로 동물 심리학적인 접근을 한다. 첫째, 정서의 기원은 생리적이며 동물적이다. 둘째, 정서는 동물과 공유된다. 셋째, 정서는 타고난 것이며, 본능적이고, 생물학적 반사이다.

18.3 샤브리에가 제기한 문제는 정서의 자동성은 어린이에게는 사실일 수 있지만 성인도 동일하다고 보기는 어렵다는 것이다.

18.4 초기에 제임스는 자신의 이론을 저차적이고 본능적인 정서에만 적용하는 것으로 제한하려 했다. 그러나 이는 실제적이지 못한 것으로 입증되었다. 거의 모든 사람이 일종의 혹은 또 다른 종류의 고등한 정서를 갖고 있고, 거의 모든 정서는 상응하는 고등한 측면을 지니기 때문이다. 만약 우리가 제임스를 조금만 압박한다면 그는 자신의 이론이 비-인간 정서에 완벽한 이론이지만 인간의 느낌을 설명하는 데는 아주 취약할 뿐이라는 점을 인정할 것이라고 비고츠키는 말한다.

18.5 제임스는 곰과 마주친 남자나 죽은 아들을 애도하는 어머니를 똑같은 방식으로 취급한다. 제임스는 더 고등한 감정은 육체의 삶과 죽음보다는 영적인 활동에서 일어나야 한다고 여기는 것 같다.

18.6 그러나 그럴 수 없다. 배고픔의 느낌 역시도 영적 대상화가 될 수 있으며, 이는 음식이 수반되는 의식儀式에서 자주 나타난다. 반대로 우리는 사람을 제물로 하는 끔찍한 종교적 의식을 쉽게 떠올릴 수 있다. 이는 폭력적인 오락 그 이상도 이하도 아니다. "결과적으로 육체로부터 독립적이거나 그와 연결되지 않은 감정이란 없다."

18.7 우리는 감정을 저급한 감정과 정제된 감정으로 나누고 전자를 생리적인 과정으로만 치부하고, 후자에는 심리적인 설명만 제공할 수는 없다. 모든 감정은 진화하고 발전하며, 그 풍부함과 복잡성에서 더 고등한 감정으로 상승할 수 있다고 비고츠키는 말한다.

18.8 이 문단에서 비고츠키는 감정에 대한 역사-문화적 설명을 개발할 필요성을 암시한다. 그는 계통발생 전반에 걸쳐 공유되는 원초적 감정들은 예컨대 중세 기사의 로맨스와 17세기 여성에 대한 고상한 예절 사이의 차이를 결코 포착할 수 없다고 말한다. 베아트리체를 향한 단테의 사랑을 설명하려면 여성 실루엣이 남성 성욕에 미치는 영향에 더하여 당대의 사회발생적 설명과 단테의 개체발생적 설명을 덧붙여야만 한다.

18.9 비고츠키는 이어지는 세 단락에서 비非설명적 심리학에 대해 논의한다. 그는 자연주의적이고, 설명적이며, 비교적인 심리학은 인간의 감정에서 인간에 고유한 것을 포착할 수 없다고 말한다. 비非자연주의적이고(역사-문화적이고) 기술적이며 인간 고유의 심리학은 "위대한 예술가들이 소설과 비극 작품에서 풀어 온 인간 정신의 문제들"에 대한 과학적 해결책을 찾으려고 시도해야 한다.

18.10 그리고 여기서 비고츠키는 매우 뜻밖의 협력자를 소환한다. 바로 프로이트이다. 의학적 심리학과의 결별과 인간의 감정에 대한 반자연주의적, 비설명적 접근의 필요성을 분명하게 보여 주는 사람이 프로이트이기 때문이다.

18.11 프로이트는 많은 의학적 심리학자들이 공포 상태에서 신경 흥분이 전파되는 정확한 신경학적 경로에 관심이 있다고 지적한다. 공포를 연구하는 데 상당한 시간과 노력을 들인 결과, 프로이트는 인간의 공포를 이해하는 데에서 신경 자극이 전파되는 신경학적 경로를 아는 것만큼 쓸모없는 것도 없다고 결론 내린다.

18.12 프로이트는 감정 표출에 역동적으로 포함되는 요소들을 다음과 같이 열거한다. 운동적 신경지배, 에너지의 방출, 기쁨이나 불만족의 감각 등이다. 물론, 이것으로 문제가 완전히 규명되지는 않는다. 특정한 감정에, 그 요소들을 주변에 두르는 '핵' 또는 '핵심'이 있을 수 있다(윌리엄스의 용어를 사용하자면 '느낌의 구조').

18.13 이 '심층 심리학'은 어떤 것도 생리학으로 전환하기를 거부한다. 정신분석학자들에게 제임스-랑게 이론은 매우 이해하기 어렵고, 최소한 부적절하다. 정신적 과정과 정신적 인과관계는 완전히 독립적이다.

18.14 반면에 현상학적 접근은 정신적 인과관계조차 거부한다. 대신에 셸러와 다른 저자들은 감정적 삶의 핵심 관계가 인과관계가 아니라 의미라고 주장한다. 감정에 관한 설명적이고 인과적이며 결정론적인 설명 대신에 그들은 순수하게 기술적이고, 해석적이며 현상학적 설명을 만들어 내려고 한다.

18.15 셸러는 데카르트 대신 파스칼을 기초로 현상학적(즉, 실험적이라기보다는 주로 내관적인) 설명에 착수한다. 파스칼의 '마음의 질서', '마음의 논리', '마음의 이성'에 대한 '훌륭한 생각'을 심리학적 및 '가치 이론적' 범주로 정교화하면서, 그는 발달의 개체발생의 순서를, 심지어 계통발생의 순서를 확립하고자 시도한다.

18.16 그러나 이것은 생리적 설명에 완전히 평행한(즉, 교차하지 않는) 형이상학적인 해석을 만들어 낼 뿐이다. 예를 들어, 셸러의 생각을 인간의 사랑에 적용한다면, 그는 본질적으로 형이상학적 데카르트적인 분할, 즉 영적 정념과 관능에 도달하게 된다.

18.17 그러나 그럴 수 없다. 반사학이 해결할 수 없는 감정의 문제들은 '심층 심리학'(프로이트의 '무의식' 또는 쇼펜하우어의 '의지'에 기반을 둔) 또는 '고도 심리학'(셸러의 '의미'에 기반을 둔)과 단순히 결합되고 있다. 이는 단지 몸과 마음의 매듭을 풀려고 하는 것이 아니라 끊을 뿐이다.

18.18 심층 심리학이든 고도 심리학이든 형이상학은 형이상학으로 남는다. 비고츠키는 이 두 접근 방식 모두를 '목적론'적이라 부른다. 왜냐하면 이 두 접근 방식 모두 기본 요소나 분석 단위(예컨대 반사 또는 의미 있는 낱말)로부터 앞으로 나아가는 것이 아니라 단순히 성인의 감정을 주어진 것으로 여기고 그것들을 해석하려 시도하기 때문이다.

18.19 목적론적 접근은 설명적 접근의 상향식 환원주의에 대한 이해할 만한 반작용이다. 그러나 그것은 데카르트의 이원론에서 조금도 벗어나지 못한다.

18.20 결국, 제임스 자신도 '종교적 경험의 다양성'에 관한 그의 강의에서 자신의 설명적 이론을 형이상적이고 유심론적인 이론으로 보완하려고 시도했다.

18.21 데카르트를 되돌아보면, 우리는 완전히 동일한 것을 발견한다. 데카르트 역

시 인간의 감정적 경험의 절대 특이성, 고유성을 역설했으며, 데카르트 또한 영적이고 종교적인 경험에서 이 고유성의 근거를 찾는다.

18.22 인간의 감정을 동물의 감각과 완전히 분리시키면서, 데카르트와 제임스는 인간의 감정에서 고유하게 인간다운 것이 무엇인지에 관한 문제를 해결하지 못한다. 그들은 한낱 문제를 제시할 뿐이다. 비고츠키가 앞에서 주장한 것처럼 모든 감정은 동시에 높거나 낮을 수 있고, 또 하나에서 다른 하나로 발전할 수 있기 때문에 어떤 감정은 고등한 것으로 찬양하고, 다른 감정은 저급한 것으로 제쳐 두는 것은 의미가 없다.

18.23 데카르트의 심각한 모호성, 즉 인간 감정에 관한 생리학적 설명과 형이상학적 설명 사이의 우유부단함은 "현대 정서 심리학이 나타내는 인간 감정에 관한 설명적 이론과 기술적인 이론으로의 분열"을 미리 보여 준다.

제19장
분할과 통합

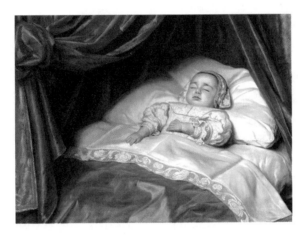

카타리나 마가레타로 추정되는 죽은 소녀의 초상(Johannes Thopas, 1682).

이 그림은 『에티카』가 출간된 지 불과 5년 후 스피노자 자신이 사망하던 해에 그려졌다. 『에티카』에서 스피노자는 상상력과 기억력 모두 육체보다 오래 지속할 수 없다고 말한다(Vp21). 하지만 그는 정신 중에 어떤 것, 즉 신체의 본질을 표현하는 관념은 더 오래 살아남을 수 있고 실제로 오래 산다고 주장한다(Vp23). 오늘날까지 그림의 주인공 카타리나는 비록 그녀의 작은 몸은 사라졌지만 이 그림이 불가분하게 전체로서 전해 주는 관념으로 다른 이들의 신체 속에서 살아남아 있다.

17세기에는 부모들이 이런 임종 초상화를 그리는 경우가 흔했으며, 그 초상화를 아이 방에 보관하곤 했다. 다른 감정에서와 마찬가지로, 우리는 이러한 행동의 본래적 원인과 즉각적인 원인을 제시할 수 있다. 본래적 원인은 시대의 유사성이다. 이는 오늘날 자녀가 대학에 갔어도 아이 방을 그대로 두거나, 놀거나 공부하는 아이의 사진을 집에 장식하는 어머니와 같은 감정이다. 즉각적인 원인은 시대의 차이이다. 지금은 휴대전화에 디지털카메라가 있지만, 당시 초상화는 그리는 데 시간이 걸리고 어린아이는 생명이 짧아 많은 가정에서 아이가 죽었을 때만, 잠든 것처럼 보이는 초상화를 그렸다.

이 장에서 비고츠키는 실제로 감정의 본래적 원인을 다루는 심리학의 흐름으로 전환한다. 하지만 여기서도 그는 이원성을 발견한다. 뮌스터베르크는 모든 감정을 두 가지로 나눈다. 각각은 두 가지 다른 관점에서 접근할 수 있다. 하나는 생리학적 설명이고 다른 하나는 정신의학적 설명과 치료이다. 셸러는 연구 분야를 나눈다. 두려움과 분노는 한 유형의 과학에 속하고, 희망과 거룩함은 다른 유형의 과학에 속한다. 어머니는 요하네스 토파스가 위의 그림으로 보여 준 방식과 같이, 자신의 기억을 하나의 불가분한 통합체로 경험한다.

19-1] 데카르트의 옛 정념 심리학과 현대의 데카르트적 정념 심리학의 최종적 토대에 대한 연구를 최종 결산하는 관점이 되는 두 번째 가장 일반적인 문제는, 정념과 인간의 다른 신체적, 영적 삶 사이의 연결, 의존성, 관계의 문제이다. 이 문제는 이제 막 고찰한 발달의 문제와 인간 느낌의 특별한 고유성에 대한 문제와 직접 연결되어 있다. 우리가 이미 보았듯 여기서 정서의 인과적 설명에 대한 질문이 가장 앞에 대두된다.

> 스피노자가 타계할 무렵에는 어린이가 비눗방울 풍선을 부는 그림이 유행했다(**18-7** 글상자 참조). 보통 이는 '죽음을 기억하라memento mori'는 메시지를 담고 있는 것으로 설명된다. 해골을 둘러싼 값비싼 물건이나 거울 옆에서 시계와 함께 있는 아름다운 여성의 그림과 같이 비눗방울을 부는 어린이는 짧은 삶과 재산, 아름다움의 덧없음을 상기시키기 위한 것이다. 어린이가 입고 있는 비싼 옷은 과도하게 차려입는 죄를 짓지 않도록, 비눗방울은 길지 않은 인생을 상기하도록 한다.
>
> 제18장은 인간의 고등 정서가 이 어린이와 같은 유년기에서 그리고 이 그림과 같은 예술 작품에서 어떻게 발달하는지에 대해 논의했으므로 짧았다. 데카르트 심리학은 우리에게 두 가지(모두 그릇된) 해답을 준다. 첫째는 고등 정서가 단순히 일반 정서의 특별한 경우일 뿐이라는 것이다. 비눗방울에 대한 과학적 호기심은 단순히 놀람의 한 형태일

정서를 다른 심리-신체적 삶과 연결하는 문제가
어떻게 인간 정서가 감각으로부터 발달하는 문제와 연결되어 있는가?

C. 네츠허르(Caspar Netscher), 비눗방울을 부는 소년, 1670.

뿐이고 놀람은 모든 인간 신체가 새로운 장면을 목도할 때 느끼는 것
이다. 둘째는 고등 정서가 사실 고등한 영성靈性의 특별한 사례이며 이
는 신체의 감각 위를 마치 비눗방울처럼 떠다닌다는 것이다. 이 두 심
리학은 그다지 발전되지 못했으며 제임스/랑게 이론과 셸러/딜타이 이
론 모두 데카르트 이론에서 벗어났다고 할 수 없다. 이 장은 고등 정서
와 신체 감각 사이의 연결에 대한 장이므로 앞 장보다 훨씬 길다. 여기
서 논의거리가 매우 많으며 이는 대부분 두 번째 이론에 대한 비판이
다. 예컨대 비눗방울이 소년의 코에 닿으면 터지듯이 고등 정서가 신체

적 감각과 만나는 순간 단순히 사라져 버린다는 것은 사실이 아니다.

고등 정서 발달 방식 중 하나는 이 그림 장르의 발달 방식과 유사할 것이다. 비평가와 역사가들의 말처럼 아마도 비눗방울 그림은 죽음의 기억으로부터 시작되었을 것이다. 그러나 화가들은 반복으로 지루해졌으며 부모들은 자녀들 역시 곧 죽을 것이라는 사실을 상기시키는 그림으로 집 벽을 채우려 하지 않았을 것이다. 대신, 네츠허르는 아마도 유년기의 짧음을 상기시키고자 했을 것이다. 아니면 어린이와 같이 그는 다만 작은 비눗방울이 가능한 오래 떠 있기만을 바랐는지도 모른다. 고등 정서 역시 반복과 매너리즘의 굴레를 타파한 창조적 감정으로 이해할 수 있다.

19-2] 진정한 지식은 오직 인과적 지식으로만 가능하다. 그것 없이는 그 어떤 과학도 불가능하다. 제임스가 지적하듯이 원인의 설명은 고등한 부류의 연구에 속하며 이는 과학의 발달에서 고등한 단계를 형성한다. 따라서 데카르트로 시작하여 제임스와 현대의 연구로 끝나는 정념 심리학에서 인간 느낌에 대한 인과적 설명의 문제가 정념 학설의 중심적이고 기본적인 문제로 대두되는 것은 자연스럽다. 인간의 정서적 삶의 사실에 대한 인과적 고찰은 어떻게 가능할 것인가?

19-3] 우리는 설명적 심리학이 제공한 인과적 설명은 부적절한 설명에 대한 (플라톤의-K) 소크라테스의 유명한 풍자를 너무나도 연상시킨다는, 기술적 심리학의 저명한 대표자 중 하나인 슈프랑거의 신랄한 지적을 이미 인용했다. 이 사례는 데카르트와 스피노자의 정념 심리학과 그들의 현대적 분파에서 우리가 원인의 문제를 고찰하는 데 하나의 패러다임(시금석-K)으로 기여할 수 있을 것이다.

19-4] 우리가 위에서 보이고자 했듯이 제임스와 랑게는 정서의 인과적 설명을 매우 높은 가격에—정서와 인간의 다른 심리적 삶 사이의 그 어떤 유의미한 연결도 거부하는 대가로 구입했다. 이론의 저자들에

따르면, 이론은 이처럼 생리적 현상과 정서적 체험 사이의 진정한 인과적 연결을 확립하면서 획득한 것을, 인격의 기능으로서의 느낌과 의식의 다른 모든 삶들 간의 이해 가능하고 의미 있는 어떤 연결을 확립할 가능성에서 잃어버린다. 따라서 이 이론이 제시한 인과적 설명이 우리의 직접적인 체험과, 즉 정서가 우리 인격의 모든 내적 내용과 맺는 실제 연결과 날카롭게 대립되는 것은 놀랍지 않다. 제임스-랑게 이론에 포함되어 있는 인과적 설명의 유형이 오직 설명적 심리학에서만 가능하다면, 기술 심리학의 창시자들이 영혼적, 역사적, 사회적 계열의 사실을 모두 이해하기 위한 토대로 제시한 직접적으로 경험된 연결은 필연적으로 완전히 고유한 과학의 대상이 되어야 한다.

19-5] 딜타이는 말한다. "위에서 기술된 모든 난관으로부터 우리를 자유롭게 할 수 있는 길은, 오직 내가 설명적, 구조적 심리학과 달리 기술적, 해체 심리학이라고 부르자고 제안한 과학을 발전시키는 것뿐이다. 기술적 심리학이라는 말로 내가 이해하는 것은 발달한 모든 인간의 영혼적 삶에 동일한 형태로 나타나는 구성 부분의 묘사와, 고안되거나 만들어진 것이 아니라 체험되는 하나의 단일한 연결로 통합하는 연결이다. 이처럼 이러한 유형의 심리학 자체는 처음부터 항상 삶 자체의 형태로 우리에게 주어지는 연결의 기술과 분석을 나타낸다. 이로부터 중요한 결과가 따라 나온다. 그러한 심리학의 대상은 발달된 정신적 삶의 연결이 갖는 조화로움이다. 이 심리학은 몇 가지 전형적 유형의 인간의 내적 삶의 이러한 연결을 묘사한다"(1924, c. 17-18).

> 렘브란트의 제자였던 바커르는 하루 만에 완성되는 초상화를 전문으로 했다. 요즘 사진관에서와 비슷하게 예약을 하고 아침에 화실에 들러 자리에 앉아 있다가 오후에 떠나면 하루 만에 위와 같은 초상화를 배달 받는 것이다. 영업의 비밀은 바커르가 특정한 유형의 인물들 (재세례파의 일종인 메노나이트, 바커르 자신도 메노나이트였다)을 전문으로

그림 속 텍스트: 기술적 심리학으로 내적으로 연결된 인간의 삶을 묘사할 수 있는가?

J. 바커르(Jacob Backer), 안락의자에 앉아 있는 노파의 초상, 1608~1651.

그렸다는 것이다. 바커르는 화실에 메노나이트가 입는 검은 드레스와 흰 주름 옷깃, 머리 장식을 보관하고 있다가 의뢰인이 화실을 떠나면 그림에 이러한 소품들을 덧붙였다. 이처럼 특정 유형의 인물만을 그렸다고 해서 그의 창조성이 떨어지는 것은 아니다. 오히려 그는 얼굴 표정 등의 발전에서 그의 창조성과 고유성을 확보할 수 있었다. 우리는 얼굴 표정을 통해 자연주의가 초점을 맞추는 얼굴 근육의 긴장과 이완이 기술주의가 초점을 맞추는 차분함과 자신감이라는 정서와 독창적으로 결합되는 것을 볼 수 있다.

딜타이는 설명적 심리학이 셰익스피어나 괴테는 훌륭히 설명하는 것을 우리에게 설명해 줄 수 없다고 말한다. 딜타이에게 고등 정서는 삶 자체의 시작부터 주어진 것이다. 즉 고등 정서는 삶의 과정에서 우리가 직접 접하게 되는 것으로 우리가 이를 경험하기 위해 외적 감각을 필요로 하지는 않는다는 것이다. 그러나 이는 또한 고등 정서가 외적 자극이나 직접적 상황에 기인하지 않음을 의미하기도 한다. 그림 속 여성의 자신감과 차분함은 옷이나 주름 옷깃, 머리장식과 무관하다. 자신감과 차분함 등의 정서는 내적 연결, 즉 삶을 통해 쌓인 경험, 기억, 신념이다.

19-6] "우리 세대 심리학의 주요한 대상인 동일성은 내적 과정의 공식과 관련된다. 내용상 강력한 정신적 삶의 현실은 이 심리학의 경계를 넘어간다. 시인들의 작품에, 그리고 세네카, 마르쿠스 아우렐리우스, 성 아우구스티누스, 마키아벨리, 몽테뉴, 파스칼과 같은 위대한 저자들의 삶에 대한 고찰에는 모든 설명론자의 심리학은 저 멀리 뒤처져 있다는, 인간 실제에 대한 온전한 이해가 포함되어 있다"(같은 책, p. 18).

19-7] 이처럼 설명론적 심리학자들에 의해 열린 인과적 설명 가능성이, 그 본성상 정신이 내적으로 체험하는 정서의 연결에 대한 연구의 가능성을 그토록 배제하며, 그 내용에 대한 연구로의 문을 그토록 닫아 버림에 따라 남는 것은, 각 사람이 매 순간 체험하는 내적 경험의 직접적 증거를 그 어떤 과학적 의미도 갖지 않는 환각으로 인정하는 것이거나, 아니면 그와 완전히 상반되는 원칙 위에, 인과적 설명을 거부한 대가로 '내용상 강력한' 우리 느낌의 현실이 인격의 다른 내적 삶과 맺는 내적 연결을 이해할 수 있는 두 번째 심리학을 발전시키는 것이다.

19-8] 인과적 설명의 가능성을 밝힌 것에 자부심을 가지고 있던 기관 이론의 저자들 자신은 이러한 정황을 지적하지 않을 수 없었다. 랑

게는 말한다. "나는 자식의 죽음을 슬퍼하는 어머니에게 그녀가 겪는 것은 근육의 피로와 약화, 혈액이 부족한 피부의 한기, 명확하고 신속한 사고를 할 수 있는 두뇌의 힘의 부족—이 모두는 오직 제시된 현상을 일으킨 원인을 상기함으로써만 해명된다—이라고 말한다면 그녀가 화를 내거나 심지어 격분할 수도 있음을 의심하지 않는다. 그럼에도 불구하고 슬픔에 잠긴 어머니가 분개할 이유는 전혀 없다. 그녀의 느낌은 그 원천이 무엇이든 똑같이 강력하고 깊으며 순수하다"(1896, p. 57).

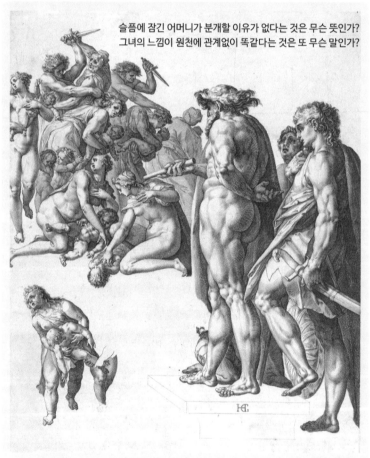

슬픔에 잠긴 어머니가 분개할 이유가 없다는 것은 무슨 뜻인가?
그녀의 느낌이 원천에 관계없이 똑같다는 것은 또 무슨 말인가?

H. 골치우스(H. Goltzius), 무고한 이들의 학살, 1617.

골치우스는 예수의 탄생을 예언 받은 헤롯이 무고한 아기들을 학살한 성경 이야기(마태복음 2장 18절)를 묘사하고 있다. 마태는 예레미아 31장을 인용한다. "라마에서 슬퍼하며 통곡하는 소리가 들리니 라헬이 그 자식 때문에 애곡하는 것이라 그가 자식이 없어져서 위로받기를 거절하는도다."

비고츠키 역시 랑게를 인용하고 있다. 랑게는 라헬이 피로하고 무력하며 혼란스러워하고 있다고 말한다. 그는 라헬이 슬픔의 원인을 신체적 발현에서 찾은 생리학자들에게 분노하고 있다고 생각한다. 그녀는 자녀를 잃고 슬퍼하고 있다. 그러나 랑게는 라헬이 분노할 이유가 없다고 말한다. 그녀의 슬픔이 마음에서 기인했건 신체에서 기인했건 똑같이 깊기 때문이다.

라헬이 생리학자들의 말에 크게 신경 썼을 가능성은 없다. 그러나 비고츠키는 진정 분노한다. 슬픔이 단순히 피로, 무기력, 혼란스러움이 아닌 슬픔으로 느껴지는 이유를 설명하지 못하는 이론은 설명할 만한 가치가 있는 것을 전혀 설명하지 못하는 이론이기 때문이다. 한편으로 생리학자들의 말은, 비록 진부하기는 하지만 사실이다. 이는 어린이의 심장박동이 멈추었으므로 호흡이 멈추었다고 말하는 것과 유사하다. 다른 한편으로 이는 터무니없다. 이는 어린이의 죽음과 어머니의 슬픔이 단순히 동일한 생리적 현상이라고 말하는 것과 같다. 그렇다면 왜 사람들은 죽음을 애도하고 망자를 기념하는가?

왜 마태는 예레미아로 거슬러 올라가며, 왜 골치우스는 마태로 거슬러 올라가는가? 한 가지 이유는 분노이다. 그러나 이 분노는 생리학자들의 말에 대한 분노가 아니다. 브뤼헐과 루벤스와 마찬가지로 골치우스는 헤롯의 학살을 빗대어 스페인군의 네덜란드 어린이 학살에 저항하고 있다.

19-9] 이는 이 작은 연구에 포함되어 있는 것 중 아마도 가장 단순하고 가장 인간적이며 가장 심오한 말일 것이다. 이들이 학교 심리학 교재에 실린 진부한 사례에 대해 말하고 있음에도 불구하고 여기에는 심

오한 문제가 포함되어 있다. 랑게 자신에게도 의심의 여지가 없이, 과학적 설명을 필요로 하는 사실이 이 문제의 기저에 놓여 있다. 어머니의 분노와 격분은 자신의 비통한 체험에 대한 가장 분명하고 명백한 의식으로부터 직접 나타난다. 과연 이 직접적 슬픔의 체험이 전체적으로, 온전히 오류임이 인정되어야 하는가? 자녀의 죽음에 통탄하는 어머니는 어째서 '근육의 피로와 약화, 혈액이 부족한 피부의 한기'가 아니라 슬픔을 느끼는가?

G. 메취(Gabriel Metsu), 우는 여인의 방문을 받은 대금업자, 1654.

여인은 아마도 아픈 자녀의 치료나 혹은 이미 죽은 자녀의 장례를 위해 돈이 필요한 것으로 보인다. 대금업자는 여인이 왼손에 들고 있는, 그리고 사무실 벽에 꽂혀 있는 것과 같은 약속어음을 받고 돈을 빌려 준다. 여인은 한 손에는 약속어음을, 다른 한 손에는 손수건을 저울추처럼 들고 있다. 대금업자 역시 저울을 이용하여 금화가 깎였는지 혹은 순도를 저하시키기 위해 녹였다가 재주조되었는지 확인하고 있다.

랑게는 어머니의 눈물의 강력함과 깊음, 순수함을 의심하지 않는다. 그러나 그는 어머니의 슬픔을 측정하고자 한다. 여기에는 최소한 두 가지 이유가 있다. 첫째 슬픔의 원천에 상관없이 감정이 똑같이 강력하고 깊으며 순수하다는 그의 가정을 증명하기 위해서는 측정, 비교가 필요하다. 둘째, 슬픔으로 인한 혈관운동 반응과 분노로 인한 혈관운동 반응은 질적으로 동일해 보인다. 따라서 이들이 양적으로 다르다는 것을 보여 주는 방법은 측정뿐이다.

어떤 종류의 의미는 수치화가 가능하다. 물질과 마찬가지로 정보는 측정 가능한 엔트로피를 갖는다. 우리가 컴퓨터를 구입할 때 우리는 하드디스크의 정보 저장용량을 바이트 단위로 확인한다. 거짓말 탐지기는 공포와 같은 단순한 감정 등을 보여 줄 수 있다. 문제는 고등 정서는 질적으로 달라 보인다는 것이다. 고등 정서는 저차적 정서의 더 강한 혹은 더 약한 형태로 나타나지 않는다. 어떤 고등 정서는 전혀 측정 불가한 방식으로 나타난다.

때로 우리는 고등한 정서가 존재하는지조차 확인할 수가 없다. 대부분의 비평가들은 이 그림이 단호하고 냉정한 고리대금업자를 비판하고 있다고 해석했으나 일부는 메취가 사실 여인의 슬픔을 저울 위에 달고 있다고 제안한다. 대금업자의 반짝이는 눈빛과 옅은 미소를 띤 입술에 주목하자. 여인이 들고 있는 손수건은 젖어 있는 것처럼 보이지 않는다.

19-10] 우리가 이 진부한 사례를 이처럼 오래 고찰하는 것은 우리가 볼 때 이것은 이 이론에서 그에 버금가는 수준의 다른 어떤 계기도

찾을 수 없는 원칙적 의미를 갖기 때문이다. 본질적으로 말해 기계론적 심리학에 대해 아들을 잃은 어머니가 건 가상의 소송을 사실상 모든 기술적 심리학이 계속 이어 나간다. 그 어떤 심리학자도, 심지어 어떤 진정한 슬픔을 느껴 본 이라면 누구도 부정할 수 없는 기술적 심리학 이론의 출발점과 종착점, 그 존재의 모든 의미, 그 정당성의 유일한 토대는 랑게가 그토록 쉽게, 우월감을 가지고 지나쳐 버린 사실로 이루어져 있다. 바로 여기서 말 그대로 사실이 이론에 부합하지 않으면 사실이 나쁜 것이 된다.

> 렘브란트 판화에서 모든 선이 어떻게 오른편 가장자리의 어두운 부분을 가리키는 것처럼 보이는지 주목하자. 남성이 지시하는 손가락이 늙은 여인의 시선을 수평선에 있는 참호로 향하도록 하는 것처럼 보이게 하는지 주목하자.
>
> 늙은 여인은 라헬(글상자 19-8 참조)이다. 그녀는 아들 요셉을 애도하고 있다. 그의 아름다운 옷을 질투한 요셉의 이복 형들은 그를 노예로 팔아넘기고 염소의 피를 묻힌 요셉의 옷을 부모에게 가져온다.
>
> 그들은 숫염소 한 마리를 죽이고, 요셉의 옷을 가지고 가서, 거기에 피를 묻혔다.
>
> 그들은 피 묻은 그 화려한 옷을 아버지에게로 가지고 가서 말했다. "우리가 이것을 얻었으니 아버지의 아들의 옷인가 아닌가 보소서."
>
> 그가 그 옷을 알아보고서 부르짖었다. "내 아들의 옷이라. 악한 짐승이 그를 먹었도다. 요셉이 정녕 찢겼도다."
>
> 야곱은 슬픈 나머지 옷을 찢고, 베옷을 걸치고, 아들을 생각하면서, 여러 날을 울었다.
>
> 그의 아들딸들이 모두 나서서 그를 위로하였지만, 그는 위로받기를 마다하면서 탄식했다.
>
> 랑게는 우월감으로 라헬과 야곱을 무시한다. 그들은 피로감, 무력감, 혼란스러움으로 고통을 받고 있을 뿐이다. 딜타이는 이런 우월의식을 설명 심리학에 대한 고발의 시작과 끝에 놓는다. 비고츠키 역시 동의

아들을 잃은 어머니가 걸었던 가상의 소송과 같은 예는 무엇인가?
랑게가 우월감으로 지나쳐 버린 사실이란 무엇인가?

렘브란트(Rembrandt), 야곱에게 가져간 요셉의 피 묻은 옷, 1633.

한다. 야곱의 슬픔을 경험했던 아버지라면 누구도 딜타이의 고발에 대
해 랑게를 변론할 수 없을 것이다. 그러나 비고츠키는 한층 강하게 고
발한다. 그는 제임스와 랑게가 자신들의 이론을 사실 자체보다 중요하
게 생각했으므로 라헬의 슬픔을 무시했다고 지적한다.

야곱이 "내가 슬퍼하며 음부로 내려 아들에게로 가리라"고 말했지만 성경에 의하면 실제로 먼저 죽은 이는 라헬이었다. 그녀는 둘째 아들 베냐민을 낳다가 죽었다.

19-11] (신체가 아닌 심리에서 일어나는-K) 분노의 체험은 살아 있고 의미 있는 사실이다. 랑게 자신도 이를 실제 존재하지 않는 유령으로, 낙담스러운 가상의 정신착란으로 보아서는 안 된다고 이해한다. 결국 그도 이 어머니가 자신의 슬픔을 주변적 이론이 어떻게 해석했는지 알면 분노하고 격분할 것이라는 것을, 즉 감정적으로 반응할 것이라는 것을 의심하지 않는다. 분노와 격분이 비록 근육과 피부의 감각에서 완전히 다르게 나타나기는 하지만 의심의 여지 없이 슬픔과 동일하게 정서이다. 랑게에 따르면 심리적으로 나타나는 정서는 신체적 자극에 의해 일어나는 진정한 정서와 본질적으로 전혀 다르지 않다. 따라서 어머니에게 분노와 격분의 진정한 정서를 일으킬 수 있는 슬픔의 체험은 심리적 삶에 대한 가장 진실하고 진정하며 논박할 수 없는 사실이다.

19-12] 과학의 과업은 이처럼 직접 체험되는 연결에 대한 인과적 설명을 제공하는 데 있다. 여기서 현대 정서 심리학의 최종적인 파산이 바로 드러난다. 현대 심리학은 인간의 느낌에 대한 가장 진부하고 단순한 사례와 처음 부딪히면서 서로에 대해 전혀 모르는 두 부분으로 쪼개진다. 그중 하나는 인과적 설명에 대해 소크라테스적 풍자를 반복하는 것 이상을 하지 못한다. 다른 하나는 느낌에 뜻과 의미를 부여하는, 느낌과 다른 의식의 삶이 맺는 직접적으로 체험되는 연결을 과학적으로 이해하지 못하고, 이 연결이 과학적 인식의 경계를 넘어선다고 선언하면서 어머니의 슬픔 앞에 무기력하게 두 손을 들어 올린다.

느낌이 다른 의식의 삶과 맺는 연결은 어떻게 느낌에 의미를 부여하는가?
슬픈 사건은 왜 사람들의 울음을 촉발하는가?

G. 메취(Gabriel Metsu), 병상, 1657~1659.

환자는 남자인가 여자인가? 손은 여성의 것으로 보이지만 목은 남성처럼 보인다. 바구니를 들고 우는 여인은 누구인가? 우리가 확실히 알 수 있는 것은 그녀의 흐느낌과 정서의 연결은 병환이 삶/죽음과 맺는 연결과 똑같이 필연적이라는 것이다. 비고츠키는 이러한 필연적 연결을 보여 주지 못하는 이론은 인과적 이론이 될 수 없으며 인과성 없이는 그 어떤 이론도 완전히 예측적, 설명적, 과학적이 될 수 없다고 말한다.

스피노자는 연장과 사유를 하나의 '실체'로 간주하지만 데카르트는 그들이 둘이라고 말한다. 오늘날 이 논쟁은 초기 교회의 성부 성자 일체설에 대한 논쟁과 같이 다소 현학적으로 보인다. 그러나 초기 교회의 이 논쟁은 사실 어떻게 예수가 완전히 인간인 동시에(따라서 인간의 죄를 대속하기에 적합하다) 또한 완전한 신성을 갖는지(따라서 인간을 구원할 수 있다)에 대한 논쟁이었다. 무엇보다 논쟁은 아버지와 아들이 어떻게 개별적 인간이면서도 하나의 인격을 이루는지에 대한 것이었다. 이는 현학적 질문이 아니다. 이는 결국 모든 협력활동의 중심에 놓인 문제이다.

유사하게, 흐느끼는 여인의 정서가 피로와 무력감, 혼돈스러움의 결과인지 원인인지에 대한 논쟁은 현학적인 것으로 보인다. 그러나 비고츠키는 이것이 초기 교회에서와 마찬가지로 심리학을 두 갈래로 찢어 놓았다고 말한다. 제임스-랑게 학파는 단순히 정서를 소크라테스가 감옥에 어떻게 가게 되었는지에 대한 문제를 반관념론적으로 설명한 것(다리 근육으로 들어갔다)을 플라톤이 풍자한 방식과 똑같은 방식으로 설명한다. 반대로 셸러-딜타이 학파는 의식의 삶을 흐느낌과 전혀 연결할 수 없다. 이 둘 모두 사유와 신체적 연장이 어떻게 하나의 전체적 인간을 형성하는지 설명하지 못한다. 이 또한 현학적 문제가 아니며 역시 학습과 발달 문제의 중심에 놓여 있는 것이다.

이 모든 경우에서 문제는 어떻게 대인관계가 개인적 관계로 변환되는가에 관련된 것이다. 19세기 미술 홍보 책자에는 병상 옆에서 울고 있는 여인이 환자의 어머니가 아니라 하녀이며 환자는 부유한 여인이라고 설명한다. 여인이 입고 있는 모피 외투를 볼 때 이는 개연성이 높은 설명이다. 부어오른 목은 아마도 갑상선종이나 갑상선 종양으로 암일 가능성이 높다. 하녀는 고용인이 죽으면 어디에 취직할지 걱정 중이다.

19-13] 첫 번째 경우 설명적 심리학의 뒤를 따르면서 우리는 직접적인 내적 경험의 모든 증거를 뿌리째 뽑아내야 하며 울먹이는 존재를—그의 근육과 피부 감각의 강도와 깊이, 순수성을 측정하면서 그리고 이러한 감각이 무한한 슬픔 자체와 동일한 강도와 깊이, 순수성을 가질 것이라는 의심스러운 위안으로 살아 있는 심리적 삶의 폐허 위에서 안도하면서— 데카르트의 법칙에 따르면 영혼이 없는 기계로 '이성과 반대로, 자연의 힘을 거슬러' 간주해야 한다. 두 번째 경우, 기술적 심리학의 뒤를 따르면서 우리에게는 과학적 인식과 설명이라는 야심찬 희망을 버리고, 어머니의 심리적 상태와 완전히 동화되어 그 슬픔에 동참하고 그녀의 애통에 공감하면서, 이처럼 지나가는 사람이 느끼는 단순한 공감이, 심리적 삶에 대한 우리의 인식을 영혼에 대한 과학으로 마침내 전환시킬 수 있는 새로운 심리학이라고 선언하는 것 외에는 다른 남아 있는 일이 없다.

> 프랑스 패션(특히 머리 모양)은 유럽 전역에서 악명이 높았다. 이 독일 만화는 공공장소에서(특히 고개를 숙여 인사를 하려고 할 때) 종종 쓰러지곤 했던 정교한 머리 장식 유행을 조롱하고 있다.
> 비고츠키는 A. S. 그리보예도프의 희곡 『지혜의 슬픔』을 인용하고 있다. 3막에서 차츠키는 소피아에게 러시아 귀족들 사이에 유행한, 자연의 힘(날씨)과 무관하게 꾸미는 프랑스 패션에 대해 불평한다.
>
> "이성에 반하여, 그리고 자연의 힘에 맞서
> 아름다움이나 우아함이 없이 연결되는 동작
> 우스운, 면도된 회색 턱!
> 드레스, 머리카락, 생각이 모두 너무 짧다! …
> 오! 우리가 모든 것을 물려받도록 태어났다면,
> 중국인에게서 조금 빌릴 수 있을지도 모른다
> 외국인에 대한 무지라는 현명함을
> 우리 패션에 대한 외국의 지배에서 다시 일어설 수도 있을 것이다…."

작자 미상, 런던의 프랑스 여인.

　딜타이와 셸러와 같은 독일인들은 데카르트에게 영감을 받은 프랑스 심리학의 정교함과 무익함에 짜증을 낸다. 그러나 비고츠키는 독일인들이 그다지 나은 것도 아니라고 지적한다. 프랑스 자연주의 학파는 모든 것이 신체와 감각이지만, 독일 학파는 모든 것이 마음속에 있기 때문에 머리가 무겁다. 자연주의자들은 이야기의 시작을, 목적론자들은 이야기의 끝을 말할 수 있지만, 두 이야기는 중간에서 서로를 완전히 놓치고 있는 듯 보인다.

19-14] 첫 번째 경우 느낌의 (생물적-K) 삶을 보존하기 위해서 우리는 그것의 의미를 저버려야 한다. 두 번째 경우 체험과 그 의미를 보존하기 위해서 우리는 똑같이 삶을 저버려야 한다. 두 경우 모두 똑같이 우리는 인간과 인간의 내적 삶의 진정한 의미를 과학적으로 이해할 수 있으리라는 모든 희망을 저버려야 한다.

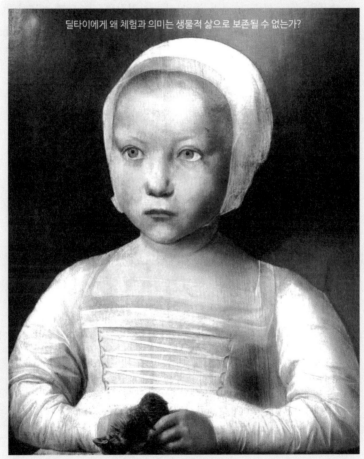

딜타이에게 왜 체험과 의미는 생물적 삶으로 보존될 수 없는가?

작자 미상, 죽은 새를 들고 있는 소녀, 1500~1525년경.

유아들은 삶에 대한 가장 기본적인 관념만을 형성한다. 식물은 성장할 때 살아 있는 것이며 동물은 움직일 때 살아 있는 것이다. 이러한 기본적 관념은 우리가 각 대상에 부여한 명칭(植物, 動物)에서 확인된다. 16세기 초 미상의 작가는 움직이지 않는 동물을 발견하고 죽음에 대한 최초 관념을 형성하는 어린이의 모습을 표현하려 한다. "엄마, 왜 이렇죠? 새가 자고 있는 것인가요?"

그러나 자녀를 잃은 어머니의 슬픔은 죽은 새를 발견한 어린이의 눈에서 나타난 놀란 고통과 다르다. 제임스와 랑게는 슬퍼하는 어머니의 감정을 피로, 무력감, 혼란 등의 신체적 감각의 집합으로 설명하려 한다. 셀러와 딜타이는 고등한 정서가 외적, 내적 감각의 매개 없이 직접적으로 형성된다고 주장한다. 사랑, 슬픔 그리고 특히 종교적 신념이 지각의 증거 없이, 혈관신경계나 내장의 변화 없이 직접적으로 경험된다는 것이다.

어머니의 슬픔은 죽음의 의미에 대한 이해에서 비롯된다. 어린이의 이해와는 달리 이는 출산을 포함하는 어머니 자신의 삶의 다른 모든 경험에 대한 이해에서 생겨난다. 어머니나 그림 속 어린이 모두 죽음을 감각이나 직접적, 비매개적 경험을 통해 이해하지 않는다. 오직 새만이 죽음을 직접 경험했다.

19-15] 우리를 무의미한 인과적 설명이라는 막다른 골목으로 인도한 설명적 심리학의 경로를 우리는 이미 면밀하고 상세히 알아보았다. 그 경로의 모든 지점들은 우리에게 알려져 있으며 우리는 그것으로 되돌아갈 필요가 없다. 우리를 다른 막다른 골목으로 이끄는, 모든 인과적 설명을 거부하고 느낌이 절대적으로 (생물적-K) 삶과 무관하다는 것을 인정하는 기술적 정서 심리학의 길을 잠깐 따라가 보자. 기술적 정서 심리학은 고등한 느낌의 본성에 대한 문제에서 시작되었다. 고등한 정서는 기초적인 요인들의 복잡한 조합과 수정인가 아니면 완전히 고유한 과학적 접근을 필요로 하는 새로운 것인가? 기술적 심리학은 고등한 느낌의 내포성과 지향성, 그리고 이 느낌이 해당 대상과 맺는 유의미하고 이해 가능한 연결을 주요한 변별적 특징으로 내세우며 딜레마

의 두 번째 부분을 이론의 기본적 전제로 둔다. 우리가 직접 체험하는 대상과의 유의미한 연결 없이는 고등한 느낌은 고등한 느낌이 되기를 멈춘다.

렘브란트(Rembrandt), 나무 아래의 성 프란치스코, 1657.

렘브란트는 어떻게 우리에게 판화와 같은 시각적 대상을 통해 성 프란치스코의 마음속 외에는 존재하지 않는 것을 보여 줄 수 있을까? 실제 작품 속에는 두 사람이 기도를 하고 있다는 것에 주목하자. 성 프란치스코는 나무 아래에서 무릎을 꿇고 있지만, 바로 그 뒤 초가지붕 아래 대충 만든 책상에 또 다른 수도사가 있다. 렘브란트는 성 프란치스코의 얼굴을 복잡하게 표현함으로써 우리의 주의를 돌려 그의 마음에 집중하게 한다. 다른 수도사의 얼굴은 드러나지 않는다.

셸러는 판화 작품에 대한 우리의 지각은 감각기관을 통해 간접적으로 매개된 방식으로 경험될 뿐이라고 말한다. 이런 이유로 그는 동물과 공유하는 모든 지각과 감각을 '저차적' 느낌이라고 부른다. 셸러는 성 프란치스코의 신앙은 직접적으로 비매개된 방식으로, 즉 생각과 정서로 경험될 뿐이라고 말한다. 이런 이유로 그는 신과 공유하는 이런 모든 감정을 고등한 것이라고 부른다. 그러나 이것은 또한 우리가 고등한 감정의 원인을 우리의 마음 밖에 둘 수 없는 이유이기도 하다. 따라서 고등한 감정은 설명 심리학에 속할 수 없다. 고등 감정은 자기-원인적인 마음의 상태이며, 따라서 설명될 수 없으며 묘사하고 해석할 수 있을 뿐이다.

그런데 성 프란치스코는 왜 나무에게 기도를 하고 있는 것일까? 보다시피 그렇지 않다. 그는 나무 뒤에 있는 대상, 자기 마음속에 있는 것에 기도하고 있다. 나무가 십자가를 떠올리게 하는 것처럼 판화에 대한 우리의 지각은 생각과 정서를 불러일으키는 힘을 갖고 있다. 셸러의 이론은 지각으로 매개된 고등한 정서에 대해 설명할 힘이 전혀 없다.

19-16] 셸러는 자신의 초기 연구 중 하나에서 바로 이러한 토대 위에, 그가 제시한 고등한 느낌과 저차적 느낌 사이의 차이를 확립한다. 저차적 느낌이 대상과 맺는 연결은 언제나 (감각기관의-K) 연속적인 연관 작용으로 매개되고 확립된다. 이러한 느낌에는 그 어떠한 방향성도 내재되어 있지 않다. 때로는 우리가 우리 슬픔의 대상을 찾아야 하는 일도 일어난다. 반대로 고등한 느낌은 표상이 그렇듯, 언제나 무언가에 대한 방향성을 갖는다. 이는 원칙적으로 이해를 통해서만 닿을 수 있는 유의미한 과정이다. 반면 기초적 느낌의 상태는 오직 그 상태의 확인과 그에 대한 인과적 설명만을 허용한다.

성 마틴의 날은 11월 11일이다. 이날은 성 마틴을 기념하는 축제일로, 그림에서는 오른쪽 하단에 말을 타고 하나뿐인 코트를 목발에 의지한 걸인에게 나누어 주고 있는 성 마틴을 볼 수 있다. 또 한편 이날은 네덜란드에서 햇포도로 만든 첫 와인을 마시는 날과 일치하므로

인간의 심리에서 고등한 느낌과 저차적 느낌을 구별할 수 있는가?

P. 브뤼헐(Pieter Brueghel), 성 마틴의 날의 와인, 1560.

대부분의 농부들은 성 마틴과 그의 고등한 정서에 대해서는 완전히 잊는다.

고등한 정서와 저차적 정서에 대한 셸러의 구분은 사실상 스피노자의 구분과 크게 다르지 않다. 능동적 정서는 자기원인을 가지며 수동적 정념은 외적 원인에 의존한다. 그러나 셸러에게 정서가 자기원인을 갖는 이유는 우리가 스스로의 생각과 맺는 직접적 관계와 그리고 우리가 연장과 맺는 매개적 관계와 관련이 있다. 셸러는 내포를 기반으로 고등한 정서와 저차적 정서를 구분한다. 고등한 정서는 언제나 모종의 정신적 목적, 목표에 대한 이해된 연결과 관련된다.

예컨대 성 마틴은 걸인을 도우려는 마음을 갖고 있는 반면 술 취한 농부는 마음속에 염두에 둔 것이 아무것도 없다. 고등한 정서는 감각에 의해 매개되기보다는 의식에 직접 작용한다. 성 마틴은 그의 사랑의 행위를 직접 느끼지만 농부의 즐거움은 술로 매개된다. 술 취한 농부의 즐거움은 물질적, 인과적 설명을 가능하게 하지만 성 마틴의 사랑의 행위는 기술되고 이해될 수 있을 뿐 인과적으로 설명될 수 없다.

위 그림은 브뤼헐의 알려진 그림 중 가장 큰 작품이다. 그러나 그림 속 인물이 너무 많고 각 인물들의 번잡함이 묘사되고 있기 때문에 성스러움과 쾌락을 한눈에 구분하기는 쉽지 않다. 아마도 이는 브뤼헐이 의도한 것일지도 모른다.

19-17] 내가 기뻐하거나 슬퍼할 때, 가치의 체험은 특정한 느낌을 불러일으킨다. F. 브렌타노가 이미 지적했듯, 사랑이나 미움은 가장 엄밀한 의미에서 내포적이다. 우리는 무언가에 대해 사랑하는 것이 아니라 무언가를 사랑한다.

*F. 브렌타노(Franz Brentano, 1838~1917)는 가톨릭 사제로 후에 교회를 떠나 철학 교사가 되었다. E. 후설, S. 프로이트, R. 슈타이너, C. 스텀프의 스승으로 그는 기술 심리학에 광범위한 영향력을 미쳤으나, 가장 널리 알려진 것은 그의 내포관념이다. 정신적 현상은 대상을 가지고 있지 않고 순수하게 내재적이라는 것이다. 우리는 신체적 현상이 아닌 정신적 현상만을 확신할 수 있다는 것을 비롯한 그의 생각 중 많은 부분은 데카르트와 'cogito ergo sum', 그리고 중세 스콜라 학파의 종교사상에서 유래한다.

여성은 연애편지를 보고 있고, 시종은 그녀의 머리를 보고 있다. 두 사람의 자세는 비슷하다. 우리는 그들이 비슷한 의도를 갖고 있다고 말할 수 있을까?

철학적으로는 아니다. 철학에서 '의도intention'는, 마치 머리에 웨이브 컬을 넣는 것과 같이 물질적 대상에 대한 행위의 동기이다. 그러나 '내포intension'는 다른 마음과 같은 정신적 대상을 갖는다. 그 정신적 대상은 여성의 마음속에 내재적인 것이지 외재적인 것이 아니다. 감각을 통해 들어오는 것도 아니고 신체를 통해 작용하는 것도 아니다. '내포'는 물질적 현상이 아닌 모든 정신적 현상의 한 측면이다.

'내포'는 종종 '~에 관함aboutness'이라 불리는데, 왜냐하면 편지는 사랑에 '관한' 것이고, 사랑은 어떤 사람에 '관한' 것이기 때문이다. 그러나 브렌타노에게는 그것이 그 반대였다. 행동은 외적 대상에 '관한' 것이지만, 정신적 대상은 생각과 느낌을 통해 직접적으로 접근 가능하다는 것이다.

사랑이나 미움이 내포적이라는 것은 무슨 뜻일까?

J. 오흐테르벌트(Jacob Ochtervelt), 연애편지, 1670년경.

브렌타노에 따르면, 사랑이라는 낱말은 가장 엄격한 의미에서 내포적이다. 브렌타노는 사제로 훈련을 받았고, 어떤 행위도 포함하지 않는 신에 대한 내적 사랑을 위한 수련으로 수년을 보냈다. 그러나 결국 그는 사랑에 빠졌고 사제직을 떠나 결혼했다.

19-18] 이처럼 고등한 느낌은 확인하고 인과적으로 설명하는 심리적 연구가 아니라, 직접적으로 체험되는 연결을 납득하는 것 이외에는 다른 목적을 갖지 않는, 이해하는 심리학을 요구할 뿐이다. 가치의 체험

은 삼단논법에서 전제와 결론을 잇는 연결과 같은 둘 사이의 논리적 연결에 따라 특정한 고등한 느낌을 일으키지 않는다. 여기서 연결은 목적론적임이 드러난다. 의식적 삶의 본성은 다음과 같이 조직된다. 나는 체험되는 모든 것이 특정한 가치를 가지는 것으로 보고 기쁨으로 반응하며 바로 이로써 나의 의지는 상응하는 욕구로 추동되는 것이다. 이 연결은 연결의 합목적성의 체험과 결합된 이해만을 허가한다. 반면 우리에게 여전히 이해하지 못하는 것으로 남아 있는 것은 단 것은 만족을 일으키고 쓴 것은 불만을 일으키는 연결이다. 나는 이러한 연결을, 그 자체로 나에게는 이해 불가능한 사실로 받아들일 수밖에 없다.

가치의 체험은 논리적 연결이 아닌 어떤 특성을 지니는가?

P. P. 루벤스(Peter Paul Rubens), 성 루시의 순교, 1620.

성 루시 이야기는 심청전의 기독교 버전이다. 루시의 어머니는 눈이 멀어 성 아가타의 신전으로 병 고침을 빌러 여행을 떠난다. 어머니가 떠나 있는 동안 루시는 자신의 모든 유산을 가난한 이들에게 나누어 주고 수녀가 되겠다고 서약한다. 루시의 어머니는 앞을 보게 되었지만 집으로 돌아와 딸에게 결혼 중매를 이미 맺어 두었음을 통보한다. 루시는 성 아가타에게 맺은 서약을 어머니에게 말하며 결혼을 거부하고, 어머니는 이를 받아들인다. 그러나 버림받은 신랑은 황제(디오클레티아누스)에게 루시의 가족을 고발했고 황제는 루시를 수녀원이 아닌 매춘굴로 보내도록 명한다. 포주가 와서 루시를 데려가려 했지만 루시는 만근추와 같이 움직이지 않았다. 루시 주변에 장작을 쌓고 불을 놓았지만 화염은 루시가 아닌 화형 집행자를 삼켰다. 결국 그녀는 목에 칼을 맞는다. 루시는 어머니와 신을 향한 사랑의 행위에서 즐거움과 행복, 생명, 결혼생활과 가족이라는 문화를 희생한다. 우리는 성 아가타가 성스러운 손을 내미는 것을 그림의 연기 기둥 위에서 볼 수 있다. 루벤스는 관람객으로 하여금 위를 바라보도록 하기 위해 삼각형의 구도를 이용한다. 루시의 신체는 머리가 삼각형의 위 꼭지점을 이루는 피라미드 형태이며, 불에 데이지 않기 위해 몸을 비트는 사형집행자의 신체 역시 삼각형의 구도를 갖는다. 심지어 연기와 루시가 묶인 기둥도 아랫부분이 넓고 위로 갈수록 좁아진다.

브렌타노와 셸러는 A. 매슬로의 인간 욕구 위계(생리적 욕구, 안전에 대한 욕구, 애정과 소속에 대한 욕구, 자기존중의 욕구, 자아실현의 욕구)와 유사한 인간 가치의 피라미드를 만들었다. 셸러의 가치(즐거움, 행복, 생명, 문화, 성스러움)는 한 가치를 위해 다른 가치를 희생하는 사랑의 행위인 '가치 매기기'를 통해 서로 연결된다. 예컨대 우리나라 학생들은 놀이를 희생하고 공부하는 것을 가치 있게 여기도록 배우며 부모들은 공부의 즐거움을 희생하고 일하는 것을 가치 있게 여긴다. 운동에 시간을 투자하는 것은 생명을 위해 소중한 노동시간을 희생하는 것이며 성숙함에 따라 생명은 문화를 위해 희생된다. 희생은 결국 의지의 문제가 아니다. 셸러에게 희생은 사랑의 행위이다.

비고츠키가 제시한 본능-습관-지성-자유의지의 위계(『역사와 발달』 5장, 『분열과 사랑』 11쪽 참조)와는 달리 셸러의 가치 위계는 계통발생, 사회발생, 개체발생 등의 발달 이론에 기대고 있지 않다. 각 단계들은 '예컨대'나 '따라서'와 같이 삼단논법에서 일반성의 단계를 연결하는 논리적 연결성(모든 인간은 죽는다, 예컨대 소크라테스는 인간이다, 따라서 소크라테스는 죽는다)을 갖지도 않는다. 반대로 가치 매기기는, 소크라테스가 법치에 복종하는 문화를 위해 즐거움, 행복, 생명을 버렸듯이,

다른 가치를 위해 한 가치를 버리는 것을 의미한다.

비고츠키가 말하듯 이러한 연결은 이해와 목적론을 통해서만 가능하다. 우리가 어떤 가치를 포기하는 것은 다른 완전하고 완성된 가치를 염두에 두고 있기 때문이라는 것이다. 루시는 고문에 기쁨으로 대응한다. 그녀는 이를 성스러움의 가치를 가지는 것으로 이해하기 때문이다. 따라서 루시의 의지는 죽음으로의 경향성으로 고양된다(이 때문에 신은 비록 첫 번째 화형 시도를 멈추었지만 결국 루시를 죽게 한다). 그럴 수도 있다고 비고츠키는 말한다. 그러나 브렌타노와 셸러는 왜 정서가 우리에게 느껴지는 방식으로 그렇게 느껴지는지 설명하지 않는다. 어째서 달콤함은 기쁨을 주고 쓴맛은 혐오를 주는가? 신은 루시에게 성스러움을 줄 수 있다. 어째서 신은 루시에게 마취를 줄 수 없는가?

이 그림은 우리가 위를 바라보도록 한다. 원래 앤트워프의 예수회 교회의 원형 천장화로 디자인된 것이기 때문이다. 그림은 1718년 화재로 소실되었으며 남은 것은 위의 작은 스케치뿐이다.

19-19] 우리가 이미 지적했다시피 기본적 혹은 원시적 느낌의 원칙적 이해 불가능성은 데카르트의 정념 학설의 주춧돌 중 하나이다. 데카르트는 슬픔과 기쁨의 정념은 고통과 만족의 감각과 다를 뿐 아니라 그들과 완전히 구분될 수 있다고 주장한다. 우리는 고통을, 정서적으로는 태연하게 가장 일반적인 감각으로 체험하는 상황을 생각할 수 있다. 심지어 우리는 고통이 흔히 슬픔을 수반하고 만족이 기쁨을 수반한다는 것에 놀랄 수도 있다. 우리는 단순 감각인 배고픔과 욕구인 식욕이 서로 그토록 밀접하게 연결되어 있으며 항상 서로를 수반한다는 것에 놀랄 수 있다. 이처럼 현대 기술 정서 심리학은 셸러의 입을 통해, 기초적 정서를 이해할 수 있는 그 어떤 가능성도 원칙적으로 배제하며 고등한 느낌의 특권만을 주장하는 데카르트의 기초적 정서의 완전한 무의미성에 대한 옛 테제를 반복할 뿐이다.

왜 비고츠키는 기본적, 저차적 느낌이 기술적, 분석적 관점에서 원칙적으로 이해할 수 없는 것이라고 말하는가?

J. A. 브테바엘(Joachim Anthonisz Wtewael), 성 세바스찬의 순교, 1600.

성 세바스찬은 로마 군인이자 운동선수로 기독교인이었다. 황제 디오클레티아누스는 그를 나무에 묶고 화살을 쏘도록 지시한다. 이 이야기는 정서의 신체적 표현을 강조한 가톨릭 화풍인 '매너리즘'에 영향을 받은 네덜란드 화가들에게 인기 있는 주제였다(9-9 글상자 참조).

화살에 맞는 것이 고통을 일으키는 이유를 설명하는 것은 쉽다. 특히 고통을 신체의 활동 능력을 감소시키는 이행으로 기술한 스피노자의 정의를 수용하면 더욱 그렇다. 그러나 브렌타노와 셸러는 인과적 설명은 이해가 아니라고 간주한다. 이해는 우리가 느끼거나 생각하는 우리 경험의 직접적, 비매개적 내포이다. 그러니까 원칙적으로 우리는 화살에 맞는 것을 이해할 수는 있다. 다만 직접 화살에 맞아 본다면 말이다.

비고츠키는 다르게 생각한다. 이해는 체험의 직접적, 비매개적 내포가 아니다. 그것은 스피노자가 '관념에 대한 관념'이라고 칭한 것, 즉 체험의 의미에 대한 간접적이고 매개된 내포이다. 데카르트가 맞다면 이러한 종류의 이해는 신체 감각과 같은 저차적 느낌에서는 불가능하다. 제임스와 랑게가 맞다면 감각의 의미는 이러한 감각의 신체적 발현, 예컨대 성 세바스찬의 신체의 뒤틀림, 빨라진 심장박동, 이마에서 흐르는 땀일 뿐이다. 따라서 저차적 느낌에는 관념에 대한 관념이 존재하지 않는다. 심지어는 관념 자체가 존재하지 않기도 한다. 고통이 쾌락이 아닌 고통으로 느껴져야 할 이유가 없다. 사실 성 세바스찬의 표정을 보면 그는 고통을 쾌락으로 느끼는 듯하다.

19-20] 브렌타노, 셸러, A. 팬더, M. 가이거 및 다른 이들이 발전시킨 고등한 느낌의 내포적 본성에 대한 학설은 현대 정서 심리학의 토대를 놓았다. 이 학설을 통해 기술적 정서 심리학은, 고등한 느낌을 복합체, 즉 더 단순한 심리적 요소들의 발달 산물로 보려 했던 자연주의적 느낌 이론이 다다른 막다른 골목을 넘어서려 했다. 셸러는 이 이론의 오류가 고등한 느낌의 삶에서 비롯된 사실을 그릇되게 설명한다는 것이 아니라, 이 이론이 단순히 이 현상을 보지 못하며 이에 대해서 눈이 멀었다는 것에 있다고 본다. 자연주의적 이론이 단순히 신성하거나 영적인 사랑이라는 현상을 보았다 해도, 동시에 이 이론은 이러한 현상들을 생기적 사랑의 영역과 관련된 그 어떤 사실로부터도 이해할 수 없으며 그로부터 도출될 수 없다고 보았을 것이다. 그러나 자연주의적 이론의 이런저런 의견들이 갖는 기본적인 결함은, 이 이론의 모든 설정이

인간 삶의 발달 과정에서 완전히 새로운 행위와 자질이 나타나며, 이것이 부단히 나타날 수 있고, 이 자질의 본질적 내용 자체가 비약적으로 나타나므로 결코 이것을 (생명체의 신체적 조직과 관련하여 허용되는 것과 같이) 기존 형태의 단순하고 지속적인 전개로 간주할 수 없다는 사실에 눈을 감게 만든다는 것이다. 자연주의적 이론의 설정은, 삶의 발달 과정에서 근본적으로 새롭고 더 심오한 단계의 존재와 가치가 출현할 수 있으며, 그것을 기반으로 스스로 발달하는 삶에 새로운 영역의 대상과 가치가 발달할 수 있으며, 오직 삶이 발달하는 만큼만 이 새로운 존재와 가치의 영역이 드러나고 그것을 규정하는 자질을 온전히 포함하기 시작한다는 사실에 대해 눈을 감게 만든다. 이 이론에게 각각의 새로운 자질은 새로운 환상을 의미한다. 모든 자연주의적 철학이 그러하듯 원칙적으로 이것은 하락을 예상하여 판돈을 건 투기이다.

18-7에서 소개한 A. 바커르의 작품과 같이 이 그림도 우화이다. 12세인 마르가리타는 11살짜리 동생에게 읽기를 가르치고 있다. 그러나 마르가리타는 지혜와 전쟁의 여신인 미네르바의 화신으로 묘사된다. 이러한 그림은 어린이들의 학습동기를 북돋기 위해 네덜란드 가정의 서재나 공부방에 걸리곤 했다.

이러한 그림을 이해할 때, 혹은 어린이들이 글을 읽을 때 경험하는 고등한 느낌은 단순히 저차적 느낌의 복합체가 아니다. 읽기는 책을 보고 만지는 느낌의 복합체가 아니며 마르가리타는 안나에게 눈동자를 왼쪽에서 오른쪽으로 움직이며 손가락으로 책장을 넘기도록 함으로써 읽기를 가르칠 수 없다. 그러한 이론은 읽기에서 나타나는 질적으로 새로운 것을 전혀 이해하지 못한다. 그러한 읽기 지도 이론은 읽기가 모종의 방식으로 언젠가, 활자를 보고 종이를 만지는 느낌으로 환원될 것이라고 추측한다. 자연주의 이론은 읽기에서 나타나는 새로운 자질은 사실상 환상이며 모든 고등한 정서는 감각으로 환원될 수 있다고 가정한다. 그들은 고등한 느낌의 가치가 감각으로 떨어질 때까지 기다렸다가 모든 정서를 설명했다고 주장할 것이다.

고등한 느낌의
내포적 본성이란 무엇인가?

자연주의적 이론에서
새로운 자질은 어째서 환상이자 투기인가?

F. 볼(Ferdinand Bol), 자매 안나 마리아 **트립**을 가르치는, 미네르바로 묘사된 마르가리타 트립, 1663.

이 그림에서 우리는 목적론을 발견한다. 마르가리타는 인도자인 동시에 또한 도달점을 나타낸다. 또한 우리는 내포를 발견한다. 안나는 도달점을 향해 분투한다. (다윈주의, 마르크스주의, 비고츠키의 ZPD를 포함하는) 모든 발달 이론은 이런 의미에서 목적론적이며 내포적이다. 첫째, 발달 이론은 언제나 발달이 완료된 전체(종, 사회, 성인)를 설명의 대상으로 삼는다. 둘째, 발달 이론은 발달을 객관적 과정(자연선택, 정치-경제적 역사, 발달)으로 설명한다. 셋째, 발달 이론은 설명에 주관적 내포(생존 투쟁, 계급 이익, 동기화된 학습)를 포함한다.

그러나 발달 이론은 그림이라기보다는 영화에 가깝다. 그것은 단순한 기술이 아니라 역사이다. 셸러의 이론이나 딜타이의 기술적 심리학과는 달리 발달 이론은 역사인 동시에 설명이다. 이 그림에서 우리가 보는 설명은 우리의 모든 발달 이론(계통발생, 사회발생, 개체발생)을 요구한다. 마르가리타가 안나의 언니인 것은 단순히 생물학적 의미뿐 아니라 대인관계적, 문화적 의미를 포함한다. 마르가리타는 미네르바가 아닌 안나의 다음발달영역의 화신이다.

*A. 팬더(Alexander Pfänder, 1870~1941)는 T. 립스의 제자이로 M. 셸러와 함께 뮌헨 현상학파를 설립했다. 뮌헨 현상학파는 프라이부르크 대학교에서 후설-하이데거 학파와 경쟁한다. 두 학파 모두 관찰이 아닌 직접적 경험에 토대한 브렌타노의 심리학을 추구했다.

*M. 가이거(Moritz Geiger, 1880~1937) 역시 현상학자이다. 그는 립스의 제자이자 H-G. 가다머, W. 베냐민의 스승이었다. 그는 동료 학자였던 팬더보다는 후설-하이데거와 가까웠다.

19-21] 기술적 심리학은 가장 심오하고 생생한 대상을 느낌의 삶에서 찾는다. "여기서 우리는 정신적 삶의 진정한 중심을 본다. 모든 시대의 시詩는 여기서 자신의 대상을 찾는다. 인류의 관심은 느낌의 삶 쪽으로 지속적으로 기울어진다. 인류의 행복과 불행은 이에 의존한다. 이 때문에 17세기 심리학은 정신의 삶의 내용에 통찰력 있게 그 주의를 돌리면서 느낌의 상태—이것이 정신의 감정이므로—에 대한 학설에 집중했다"(W. Dilthey, 1924, p. 56).

19-22] W. 딜타이는 느낌의 상태가 중요하고 중심적인 만큼이나 분해에 거세게 저항한다는 사실로부터 시작한다. 우리의 느낌 대부분은 각 구성 부분이 이미 더 분해될 수 없는 일반적 상태와 혼합되어 있다. 우리의 느낌은 동기와 마찬가지로 의지적으로 재생산될 수 없으며 의식

이 닿을 수 없다. 정신적 상태를 재연해 내는 것은 상응하는 상태를 수반하는 조건을 의식에 실험적으로 일으킴으로써만 가능하다. "이로부터 정신의 상태에 대한 우리의 정의는 그 내용을 분해하지 않고 다만 특정한 영혼의 상태가 일어나는 조건을 지적하는 것임이 따라 나온다. 정신의 상태에 대한 스피노자와 홉스의 모든 정의는 이러한 본성을 가진다. 따라서 우리는 무엇보다 먼저 이 사상가들의 방법을 개선해야 한다. 이 영역에서 기술적 심리학의 최우선 과업은 정의, 정확한 용어 규정, 범주화이다. 물론 정신의 상태를 나타내는 표현적 운동과 상징에 대한 연구에서 새로운 보조적 수단들이 드러난 것은 사실이다. 특히 동물과 초기 인류의 느낌과 동기 사이에 더 단순한 관계를 도입한 비교 방법은 17세기의 인류학의 한계를 극복하도록 해 준다. 그러나 이러한 보조적 방법의 적용도, 이 영역의 현상을 소수의 명확히 규정된 요소로부터 도출하려 하는 설명적 방법에 견고한 지지대를 제공하지 못한다"(같은 책, p. 57).

> 게으른 원숭이들이 빵이 아닌 사과(노동의 기본 양식이 아닌 '금지된 과일')를 먹고 있다. 더 게으른 귀족 원숭이는 멋진 깃털 모자를 쓰고 이들을 내려다보고 있다. 다른 원숭이들은 노름을 하며 초조하게 음식을 기다리고 있다. 이 그림은 17세기 중반 네덜란드에 불었던 원숭이 그림 열풍(이는 18-2의 원숭이 그림이 풍자했던 튤립 열풍과 유사했다)의 일환이다. 이 열풍들은 삽시간에 사그라들었다. 너무 흔해지고 익숙해지면 가치가 사라진다는, 투자 시장에 도는 농담이 적용될 수 있을 것이다.
>
> 소비에트 편집자들은 이 문단의 마지막 문장에 딜타이의 『기술 심리학』에서 발췌한 인용을 각주로 붙인다. 딜타이는 '표현적 움직임'(예: 웃음)과 '개념의 상징'(예: 언어)이 일부 과학적 설명을 할 수 있도록 해 주었다고 말한다. 이러한 설명은 감각과 같은 직접적 원인이 아닌 '보조적 수단'(술, 장난감, 도구, 기호)을 이용한다. 그러나 딜타이는 가장 유망한 연구는 언어적 연구나 의학적 연구가 아니라 그가 '비교적 방법'

17세기 인류학의 방법으로 딜타이가 의미한 것은 무엇인가?

D. 테니르스 2세(David Teniers the Younger), 부엌의 원숭이들, 1640년대.

이라 지칭한 연구라고 생각한다. 이는 (이 그림에서와 같이) 인간과 동물을, 그리고 (딜타이 당시의 인류학에서와 같이) '원시적 인간'과 현대 인간을 비교하는 것을 의미했다. 딜타이는 이를 통해 기술 심리학이 내관에 기반을 둔 데카르트의 인류학을 개선할 수 있을 것이라고 생각한다. 나아가 이 비교 방법은 기술 심리학이 스피노자의 인류학을 초월할 수 있도록 해 줄 것이다. 스피노자의 인류학은 정념을 명명하고 이들을 논리적 순서에 따라 열거하며 이들이 자기원인적인지 아닌지에 따라 분류하며 이러한 정념이 일어날 수 있는 조건을 기술하는 것으로 이루어져 있다.

예컨대 우리가 먹거나 마시는 것뿐 아니라 튤립, 비트코인, 부동산, 주식 심지어는 원숭이 그림에 투기(도박)하는 것을 설명하고자 한다면, 우리는 단순히 이것이 쾌락이나 고통과 같은 일차적 정서인지 혹은 희망이나 공포와 같은 이차적 정서인지, 이 정서가 수동적으로 일어난 것인지 능동적으로 발생한 것인지, 언제 어디서 우리는 이러한 정서를 기대할 수 있는지를 묻는 것에 머무를 수 없다. 우리는 전체 내용을 모두 고려해야 한다. 도박꾼은 얼마나 부자인가? 얼마나 절박한가? 판돈을 얼마나 걸었으며 성공 확률은 얼마나 되는가? 무엇보다도 도박꾼은 상황을 얼마나 이해하고 있는가?

딜타이가 말하듯 도박꾼이나 투기꾼들이 느끼는 정서의 내용은 문학 작품(푸시킨의 『스페이드의 여왕』)이나 음악(프로코피예프의 「노름꾼」), 그림 등에서 기술될 수 있다. 그러나 과학자들 역시 노름과 투기를 진단, 예측하여 심지어 처방할 수 있다. 경제를 계획하고 자원을 합리적으로 분배하고자 하면 더욱 그렇다. 우리는 동물의 행동에서 이러한 정서의 기원을 쉽게 찾을 수 있다. 원숭이들은 보상이 있는 놀이(심지어는 보상 가능성이 있는 놀이)를 학습할 수 있으며, 포식 동물들은 이길 확률을 과대평가하고 질 확률을 과소평가하는 경향이 있다. 그러나 동물 행동을 이해하기 위해 자연 환경을 이해해야 하듯이 우리는 인간 행동을 이해하기 위해서 사회적, 문화적 상황을 완전히 이해해야 한다. 이는 생리학이나 목적론을 넘어 역사, 경제학, 사회학, 그리고 심지어 (도박꾼의 행동이 무엇을 기반으로 하고 그들의 희망과 공포가 얼마나 현실적인지 알려 주는) 추론적 통계를 필요로 한다.

벽에 풍자적으로 그려진 인간의 모습에 주목하자. 이 역시 17세기 원숭이 그림의 공통적 특성이다. 이는 우리 인간은 원숭이와 그리 다르지 않으며 우리가 그들을 우습게 보는 만큼 그들도 우리가 우습게 보인다는 것을 의미한다. 이것이 원숭이 그림의 열풍이 사그라지기 시작한 이유일지도 모른다. 농담이 말 그대로의 사실이 되면 더 이상 그리 우습지 않게 되기 때문이다.

19-23] 여기서 딜타이는 논리적으로 결코 정당화될 수 없는 세 입장의 혼합을 허용한다. 이 세 입장은 실천적 결론에서는 일치하지만 이론적 측면에서는 서로 결합될 수 없을 뿐 아니라 오히려 논리가 내적으로 모순되는 일화를 가장 잘 보여 주는 사례이다. 첫째, 그는 우리 느낌의 삶을 설명하고자 하는 사실적인 시도들은 서로 투쟁의 상태에 있으며 그로부터의 탈출구가 전혀 보이지 않는다는 점을 확립한다. 느낌이

동기나 의지와 맺는 관계와 질적 감각 상태가 그와 결합된 표상과 맺는 관계에 관한 기본적 문제조차 설득력 있는 해결책을 마련하지 못한다. 이처럼 설명적인 느낌 심리학은 사실상 파산했으며 실제로 미처 실현되지 않음이 드러난다.

질적 감각 상태와 결합된 표상이란 무엇인가?

N. 마스(Nicolaes Maes), 레이스 만드는 사람, 1656.

현대 철학에서 가장 어려운 문제 중 하나는 빨강red의 붉음redness에 관한 것이다. 즉 이 그림의 색깔을 볼 때 우리가 경험하는 질적 감각 상태와 '빨강'이라는 낱말 의미에 대해 우리 모두가 가지고 있는 문화적으로 확립되고 사회적으로 수용된 관념의 관계는 무엇인가? 문제는 단순히 문화마다 서로 다른 빨강이라는 관념이 있다는 것이 아니다(예컨대, 분홍은 한국어에서 빨강의 일종이지만 영어에서는 그렇지 않다. 중국어에서 파란색과 초록색은 똑같이 표현된다). 그것은 단순히 각각의 화가들이 빨강으로 성적 함의나 출산 등 서로 다른 것을 제각기 의미한다는 것이 아니다. 그것은 심지어 같은 화가가 같은 빨강으로 다른 것을 의미할 수 있다는 것도 아니다(예컨대 이 그림을 **18-8** 글상자의 「사과를 깎는 젊은 여성」 그림과 비교해 보자). 그것은 당신이 경험하고 있는 빨강이 내가 경험하고 있는 빨강이나 화가가 경험하고 있는 빨강과 같다는 것을 확신할 방법이 없다는 것이기 때문에, 붉음이라는 우리의 관념이 동일한 경험적 내용을 가진다는 것을 보장할 방법도 존재하지 않는다는 것이다.

딜타이는 스스로도 인정하듯 일화적(逸話的, 비체계적) 사상가였다. 그는 모든 예술과 마찬가지로 그림은 어떤 정서는 배제하고, 어떤 정서는 강화하며 개별 작가의 천재적인 고등 정서에 따라 그것을 완성한다고 말했다. 그는 또한 이러한 작가의 정서가 예술 작품을 이해하려는 관객이 지니는 감정과 같은지 아닌지 알 수도 없고, 알 필요도 없다고 말했다. 그는 빨강의 붉음에 대한 기술이, 눈이 빨강을 어떻게 지각하는지 그것이 뇌에서 어떻게 의식되는지에 대한 설명에 선행한다고 말했다. 전자가 있어야만 후자가 가능하며, 후자가 있을 때에야 우리는 완전한 그림을 얻을 수 있을 것이다. 하지만 뭔가가 불가능하고 불필요하다면, 그것이 가능하고 필요한 다른 무언가에 선행한다고 말하는 것은 무슨 의미를 갖는가?

스피노자는 이전에 본 적이 있는 어떤 작품과도 다른 작품을 보고, 그 작품을 만드는 사람이 무엇을 하려고 하는지 모르는 사람은 그것이 완전한지 불완전한지 도저히 알 수 없다고 말한다(IVpref). 그러나 마스가 이 그림에서 하려고 하는 것을 우리가 이해하는 것은 확실히 가능하다. 여자가 레이스 틀에 가위를 어떻게 묶었는지, 아기가 바닥에 던진 물건을 여자가 어떻게 무시하는지, 그리고 그럼에도 아기의 머리에 어떻게 쿠션을 대어 안전을 잘 제공하고 있는지 주목하자. 그러나 무엇보다 마스의 복잡하고 정교하며 미묘한 빨강의 사용에 주목하자. 「사과를 깎는 젊은 여성」에서처럼, 마스는 빨강이 작업에 대한 집중과 완벽하게 어울리는 차분하고, 따뜻하고, 품위 있는 색깔일 수 있음을 우리에게 보여 주고 있다.

19-24] 설명적 느낌 심리학의 사실적 실패를 가지고 딜타이는 곧장 느낌을 설명하는 것이 불필요하고 불가능하다는 결론의 토대를 만든다. 그는 말한다. 모든 민족에게 놀랍게 풍부한, 정신적 상태와 인간의 정념에 관한 문학 작품에 시선을 잠깐 돌리면, 생산적이고 이 영역을 밝게 비추는 모든 입장은 위와 유사한 종류의 설명적 가정을 필요로 하지 않는다는 것을 보지 않을 수 없다. 여기(문학 작품-K)에는 언급된 다양한 측면이 서로 연결되어 있는 복잡하고 두드러진 형태의 과정들만이 기술되어 있고, 여기서 그러한 설명적 가설의 무용성을 확신하기 위해서는 이 영역에서 눈에 띄는 사실에 대한 분석으로 충분히 깊이 파고들기만 하면 된다. 딜타이는 이러한 생각의 증거로 예술 작품에 의해 일어나며 대부분의 심리학자들이 쾌락의 상태로 특징짓는 미학적 즐거움의 예시를 든다. 그러나 다양한 예술 작품에서 여러 유형의 스타일이 하는 작용을 연구하면서 미학자들은 그러한 이해의 부족함을 인정하게 된다고 그는 말한다. 미켈란젤로의 어떤 프레스코 작품의 스타일이나 바흐의 푸가 스타일은 위대한 정신의 마음가짐으로부터 나온다. 이러한 예술 작품의 이해는 특정한 즐거운 마음가짐의 형태를 감상자의 정신에 전달하여 이 속에서 정신의 확장, 고양, 말하자면 증폭이 일어나게 되는 것이다(같은 책, pp. 57-58).

그림 속 남자가 따뜻하게 정면을 바라보는 이유는 무엇일까? 물론 그는 자신의 아내를 그리고 있다. 과연 그는 누구이며 그가 실제 그리고 있는 여인은 누구일까?

딜타이는 설명적 심리학이 예술가에 대한 내재적 이해를 제공할 수 없다고 말한다. 초상화를 그리는 것조차도 손과 눈의 협응으로 설명되지 않는다. 딜타이가 말하듯 작가는 자유롭게 행동을 생략하거나 강화하고, 무엇보다 작가 스스로 만족할 수 있는 작품 완성 시점을 자유롭게 선택한다. 이는 모작이 아닌 창조적 작품인 경우에 더욱 그러하

위대한 예술 작품을 설명하고 즐기기 위해
설명적 심리학 외에 필요한 것은 무엇인가?

D. J. 반 오스트사넨(Dirck Jacobszoon van Oostsanen), 아내의 초상을 그리는 반
오스트사넨, 1550.

다. 작가는 생략할 행동과 강조할 행동을 의식적으로 선택하며 작품의
완성 시점을 스스로 결정한다. 이는 예술 작품을 진정 이해하기 위해
서 우리는 그것을 심리적으로 재창조해야 한다는 것을 의미한다. 그러
나 우리가 경험하는 붉음이 작가가 경험했던 붉음과 같으리라는 보장
이 없으므로 기술적, 해석적 이해 또한 충분치 않음을 언제나 인정해
야 한다.

이 작품의 작가가 그리는 것은 자신의 아버지와 어머니이다. 그러나
이 작품이 제작되던 시점은 그의 부친이 사망한 지 27년이 지난 후였

다. 그의 어머니는 작품이 완성된 시점 즈음에 사망했다. 사실 이 그림은 영정 사진의 역할을 위한 것일 수도 있다. 이 그림에서 나타난 어머니의 모습과 작품 완성 시점의 어머니 모습은 닮지 않았다. 따라서 작가는 오래전 사망한 아버지와 사망에 임박한 어머니를 그리기 위해, 렘브란트가 자신과 사스키아를 그릴 때 그러했듯(**19-28** 글상자 참조) 거울을 이용했을 것으로 보인다. 작가는 스스로의 모습을 통해 과거의 부모 모습을 재연하고 있는 것이다. 그림 속 화가가 얼마나 사랑스럽게 그의 아내와 아들을 바라보고 있는지 주목하자. 그의 아내는 매우 완고하게 그의 눈빛을 거절하고 있다. 우리는 정말 그림을 이해하지 못한다고 말할 수 있을까?

19-25]　딜타이가 설명적 정서 심리학의 사실적 파산을 이 영역에서 설명적 가설의 원칙적 무용성과 뒤섞고, 영혼이 확장, 고양, 말하자면 증폭되는 고등한 마음가짐의 형태의 인과적 설명에 대한 원칙적 불가능성과 뒤섞었다면, 그는 바로 뒤이어 곧장 사태의 사실적 입장으로 되돌아가 다만 설명적 심리학은 아직 느낌의 문제를 해결할 수 있을 만큼 성장하지 못했으며 따라서 기술적 심리학은 그의 길을 예비하고 닦아야 한다는 것을 기꺼이 인정한다. 이것이 그의 세 번째 입장이다. 따라서 정신적 삶의 영역은 사실상 완전한 분석 작업을 할 만큼 충분히 성숙하지 않았다고 딜타이는 말한다. 그 전에 기술적 심리학과 분해 심리학이 각자의 과업을 세세히 완수하는 것이 필요하다.

19-26]　이처럼 내용상 서로 다른 세 주장의 혼합은 프로이트가 재치에 대한 자신의 연구에서 제시한 논리적 일화와 놀랍게 닮아 있다. 이웃으로부터 빌린 단지를 깨뜨렸다는 사실로 고발된 여인은 더 설득력 있는 변론을 위해 세 주장을 내놓는다. 그녀는 말한다. 첫째, 나는 너에게 그 어떤 단지도 빌린 적이 없다. 둘째, 내가 단지를 들었을 때 그것은 이미 깨져 있었다. 셋째, 나는 너에게 그릇을 완전히 온전하게 돌

려주었다.

19-27] W. 딜타이는 말한다. 첫째, 설명적 심리학은 지금까지 우리 느낌의 삶에 대한 만족스러운 설명을 주지 않았다. 둘째, 설명적 심리학의 설명은 전혀 쓸모가 없으며, 필요하지도 않고 일반적으로 주어질 수 없다. 셋째, 설명적 심리학은 기술적 심리학이 분해와 분석의 과업을 완전히 마친 후에야 이러한 설명을 제시할 수 있다.

딜타이의 모순은 무엇인가?

J. 베케라르(Joachim Beuckelaer), 부엌 풍경, 1575.

베케라르는 피테르 아르트센(글상자 **17-30** 참고)의 조카로 아르트센의 기본 생각을 발전시켰다. 분주한 부엌 모습은 네덜란드인의 부와 건강을 과시하면서 프로테스탄트의 겸손과 검소함을 배경 속에 감추어 슬쩍 드러낸다. 배경 속 아치에서 독자들은 마리아와 마르다 집에 있는 그리스도를 어렵게 알아챌 수 있다. 언니인 마르다는 손님을 위한 잔치를 치르기 위해 서둘러야 한다고 불평을 하고 있고, 동생인 마리아는 그리스도 옆에 앉아 그의 말에 그저 귀를 기울이고 있다. 그리스도는 마르다에게 마리아의 선택이 옳았다고 말한다(누가복음 10장 25~35절). 그림 가운데 앉아 있는 남성은 소녀들에게 단지를 흔들면서 요리하는 방법을 바쁘게 설명하고 있다는 점에 주목하자.

베케라르는 우리에게 요리의 기초 이론을 보여 주기도 한다. 앞줄에서 사냥한 것(불), 채소(흙), 가금류(공기), 물고기(물)의 네 가지 요소로 구성된 음식을 볼 수 있다. 딜타이에게 설명 심리학은 요소의 심리학이기도 했다. 왜냐하면 설명 심리학은 고등 정서를 즐거움, 고통, 욕망과 같은 단순한 감각으로 환원하고자 했기 때문이다. 이는 마치 마르다가 그리스도의 방문을 단순히 식사 대접으로 환원하려고 했던 것과 같다. 게다가 설명 심리학은 그릇된 요소를 선택한다. 예를 들어 감각적 경험은 그리스도가 마리아에게 하신 말씀의 의미를 설명할 수 없다. 그럼에도 불구하고 딜타이는 그의 해석적이며 분석적 심리학이 정서적 경험의 실제 단위를 발견한 후, 감각으로 정서를 설명하는 방법도 가능하다는 것(뮌스터베르크 역시 이를 믿었다)을 인정한다. 따라서 비고츠키는 딜타이가 설명 심리학의 단지는 전혀 존재하지 않았다고 말하고는 다시 그 단지는 이미 깨져 있었다고, 그리고 그가 단지를 돌려주었을 때는 깨지지 않았었다고 말한다고 풍자한다.

실제로 그림 속 단지는 모두 온전한 것처럼 보이지만 오랜 세월 동안 접혀 있었던 탓인지 그림 자체에 균열이 생겨 남성의 머리 바로 위에 희미한 선이 있는 것을 볼 수 있다.

19-28] 그와 동일한 내용상 이질적인 입장의 혼합은 딜타이가 기술적 느낌 심리학을 위해 설계한 긍정적 연구 프로그램에도 포함되어 있다. 연구는 주로 세 가지 방향으로 나아가야 한다. 그것은 정신 과정이 전개되는 기본적 유형을 반영한다. 위대한 시인 특히 셰익스피어가 이미지를 통해 제시한 것에 대해, 연구는 개념 분석이 가능하도록 하려 한다. 그것은 인간의 느낌과 동기의 삶에 걸쳐 일어나는 몇몇 기본적 관계들을 추출하여 느낌과 동기의 상태를 구성하는 각 부분들을 확립하고자 한다(같은 책, p. 58). 딜타이는 기술적, 분해적 방법이 설명적 방법에 대해 가지는 장점은 그것이 해결 가능한 과업의 고찰의 범위 내에 있는 것이라고 보았다. 분명 느낌에 대한 설명적 심리학의 과업은 그가

볼 때 해결될 수 없는 것이었다. 비록 우리가 이제 막 단지가, 받을 때는 깨져 있었지만 돌려줄 때는 온전하다고 주장했지만, 단지는 깨진 것이든 온전한 것이든 애초부터 없었다.

딜타이가 설계한 긍정적 연구 프로그램의 세 가지 방향이란 무엇인가?

렘브란트(Rembrandt), 사스키아와 함께 있는 자화상, 1636.

딜타이는 데카르트와 마찬가지로 이원론자였다. 그는 연구 대상으로 두 가지 상이한 유형의 현상이 있다고 말한다. 자연과학의 대상은 3인칭적 관찰법을 통해 연구될 수 있다. 우리는 자연현상의 과정과 결과를 관찰하지만 자연이 무엇을 생각하고 느끼고 의지하는지 묻지 않는다. 그러나 인문과학의 대상은 이 그림에서 렘브란트가 하고 있듯 1인칭적 관찰을 통해 이루어진다. 우리 스스로가 인간이므로 우리는 3인칭적 관찰 없이도 사고, 감정, 욕망에 직접 접근할 수 있다.

딜타이는 생각, 느낌, 의지라는 세 방향으로 나아가는 기술적 심리학을 계획한다. 첫째, 렘브란트나 셰익스피어와 같은 예술가들로부터 우리가 받은 이미지는 그 개념에 따라 분석되어야 한다. 예컨대 렘브란트의 머리는 왜 그렇게 크고, 왜 그는 왼손으로 그리고 있는가? 둘째, 우리는 느낌과 의지를 구분해야 한다. 예컨대 렘브란트는 왜 자신을 전경에 내세우고 사스키아는 배경에 희미하게 그렸는가? 셋째, 우리는 욕망과 동기를 기술할 수 있어야 한다. 인간의 의지는 대상의 세계와, 다른 인간들의 세계의 저항에 어떻게 대응하는가? 사스키아는 매우 미인이었지만 또한 부유한 집안 출신으로 처가의 사업 관계망은 렘브란트의 성공에 매우 중요했다. 그 둘의 관계에서 사랑과 야망은 각각 얼마큼의 자리를 차지하고 있는가?

비고츠키는 딜타이의 계획에 회의적이다. 그의 계획에는 다른 사람들이 대상으로 포함될 수 없는데, 타인은 우리 생각, 느낌, 희망, 욕구에 필수적이기 때문이다. 마치 우리가 거울을 이용해서 자화상을 그릴 수 있듯이 고등한 정서도 각 개인에 따라 기술될 수 있을 것이다. 그러나 결혼과 같은 고등 정서의 단순한 단위조차도 한 개인의 의식을 기술하는 것 이상을 포함한다. **19-23** 글상자에서 지적했듯이 빨간색의 '붉음'의 문제, 즉 질적 감각 상태가 관념과 맺는 관계의 문제와 같은 기본적 문제도 해결되지 않았다. 서문에서 지적했듯이 렘브란트는 스스로의 생각, 느낌, 욕망에 대한 직접적 경험을 가지고 있을 수도, 그렇지 않을 수도 있다. 그러나 그는 사스키아의 생각, 느낌, 욕망을 직접 겪을 수 없으며 사스키아는 렘브란트가 결코 접근할 수 없는 방식으로 렘브란트의 신체를 경험한다.

19-29] 다른 연구자인 뮌스터베르크는 이 모순을 피한다. 그는 딜타이나 다른 여러 사람들과 같이 인과적 심리학과 목적론적 심리학을 두 개의 독립적이고 동등한 권리를 가진 과학으로 분명하게 가른다. 현대 심리학 발달의 전체 역사적 경로를 통해 귀띔이 된 이 생각은, 괴테

의 말처럼 사과가 여러 과수원에서 동시에 떨어지듯이 여러 연구자들에게서 동시에 성숙했다. 그러나 뮌스터베르크는 모든 구체적 연구를 설명적 심리학의 과업을 해결하기 위해 수행했음에도, 딜타이보다 더욱 일관되게, 기술적 심리학의 연구 프로그램과 계획을 가장 완전하게 발전시켰다.

19-30] "현대 심리학의 비참한 상태는, 우리가 심리적 사실에 대해서는 지금까지 그 언제와도 비할 바 없이 많이 알고 있지만 진정 심리학이 무엇인지에 대해서는 훨씬 적게 알고 있다는 사실에서 표현된다. … 오늘날의 심리학은 오직 한 가지 유형의 심리학만 존재한다는 편견과 싸운다. … 심리학의 개념은 두 개의 완전히 다른, 원칙적으로 구분되어야 하는 과학적 과업을 포함하고 있으며 이를 위해서는 무엇보다도 특별한 명명법을 사용하는 것이 좋다. 사실 두 종류의 심리학이 있지만 과학에는 이 중 하나로 충분하다는 편견이 지배하게 되면 당연히 어떤 심리학자들은 첫 번째 형태의 심리학만을 장려하고 두 번째는 한 켠에 미루어 두게 되며, 또 다른 심리학자들은 곧바로 두 번째 형태만을 돌보고 첫 번째는 경시하게 되어, 마침내 두 형태는 허위의 통합체로 병합되고 더 나아가 그들 사이에서 자료가 자의적으로 나뉘거나 아니면 이들 중 하나가 다른 것과 어느 정도 섞이게 된다. 이 모든 가능성은 현대 과학적 심리학에 나타난다."

> 이 그림은 반 고흐가 가장 좋아한 렘브란트의 그림이었다. 그는 한때 먹거나 마실 것 없이도 10일 동안 이 그림 앞에 앉아 있을 수만 있다면, 자신의 삶의 10년을 바칠 것이라고 말했다. 반 고흐에게 그것은 고통스러운 자신의 삶에서는 결코 찾을 수 없었던 영적 사랑과 육체적 사랑의 완벽한 결합을 나타냈다. 하지만 결혼식 하객들은 어디 있는가? 그림의 남자는 남편인가 아버지인가? 그리고 그림의 여자가 새 신부라면, 왜 그녀는 이미 임신한 것처럼 보이는가?

현대 심리학의 두 종류는 무엇인가?

렘브란트(Rembrandt), 유대인 신부, 1665~1669.

성 아우구스티누스는 "당신의 몸이 당신의 부인이다"라고 말한다. 아우구스티누스처럼 뮌스터베르크는 두 개의 독립적인 심리학을 상상한다. 목적론적인 기술적 심리학은 인간의 고등 정서와 동기를 기술하는 역할을 한다. 인과적인 설명적 심리학은 뇌와 신체 간의 연결을 설명하는 역할을 한다. 밀턴이 썼듯 "그는 오직 신을 위해, 그녀는 그 안의 신을 위해."

그러나 밀턴은 또한 다음과 같이 쓴다(『실낙원』 4권, 295~297행).

그들의 성별은 달라 보이기 때문에 동등하지 않다
그와 용맹이 형성된 건 숙고를 위해
그녀와 달콤한 매력적인 우아함은 부드러움을 위해

뮌스터베르크는 대부분의 심리학자들에게 두 개의 심리학이 동등해 보이지 않을 것임을 인정한다. 대부분은 둘 중 하나를 선호할 것이고, 그 밖의 사람들에게는 성적 사랑과 영적 사랑이 혼합된 것으로 보이거나, 남성과 여성의 유전자가 미래의 아이에게서 융합될 수 있는 것처럼, 그 둘을 다양한 방식으로 섞길 원할 것이다. 이 모든 것은 가능성이지만, 뮌스터베르크에게는 어느 것도 두 심리학이 불평등하다는 것을 암시하지 않는다.

이 그림의 제목은 잘못된 것이 거의 확실하다. 그 제목은 19세기 초 네덜란드의 미술품 판매상이 붙인 것이다. 이 그림의 주제가 실제로 무엇인지에 관해서는 다양한 이론이 존재한다. 렘브란트의 아들 티투스는 이 시기에 결혼했다. 그러나 렘브란트의 예비 스케치에 기반할 때, 가장 그럴듯한 주제는 이삭과 리브가이다. 그들은 남매로 가장하고 그랄로 여행했지만, 이제는 자유롭게 남편과 부인 행세를 할 수 있다. 그 스케치는 그랄의 왕이었던 아비멜렉이 리브가와 결혼하고 싶어 했지만, 그들이 남매가 아님을 알고, 그들을 감시하고 있음을 암시한다. 그렇다면 그림에서 아비멜렉은 어디에 있는가?

아비멜렉은 렘브란트다. 아비멜렉은 반 고흐다. 아비멜렉은 우리다.

19-31] "너무도 서로 상이한 심리학의 형태가 서로 어깨를 나란히 존재할 수 없으며 그들 사이에 그 어떤 공통점도 없다면 서로 영혼의 연결을 맺을 수 없다는 것은 매우 당연하다. 이 공통점은 무엇보다 모든 심리학이 개인의 체험을 다룬다는 것이다. 심리학은 이로써 신체적 본성에 대한 과학, 규범 과학과 구분된다. 이처럼 인격은 모든 심리학의 결정적인 출발점이다"(G. 뮌스터베르크, 1924, pp. 7-8).

19-32] 이 공통된 출발점으로부터 두 가지 가능한 심리학의 원칙적 분기가 시작된다. 우리 삶의 경험의 맥박이 뛸 때마다 우리가 스스로의 내적 삶을 두 가지로 이해할 수 있으며 그리하여 그에 대한 두 가지의 지식을 얻을 수 있다는 것이 우리에게 명백해진다. 즉, 한 경우에 우리는 우리 느낌과 소망의 뜻을, 우리 주의와 생각의 뜻을, 우리 감각과 표상의 뜻을 파악한다. 우리는 이 모두를 각 체험에 존재하는 것으로서, 즉 우리의 '나'의 활동으로서, 우리 인격의 의도가 갖는 특정한 목적에 내한 지향으로 이해하고 고수하려 한다. 그렇다면 우리는 하나

의 욕구가 어떻게 그 안에 다른 욕구를 품는지, 한 표상이 어떻게 다른 표상을 가리키는지, 우리의 정신에 어떻게 내적 관계의 세계가 드러나는지 추적할 수 있다. 그러나 우리는 스스로의 체험을 완전히 다르게 바라볼 수 있다. 우리는 스스로의 체험을 정신적으로 활동하는 인격으로서가 아니라 단순한 관객으로서 바라볼 수 있으며 이 경우 체험은 우리 감각의 내용이 된다. 물론 이 내용은 자연의 내용과 다르다. 우리는 이들을 우리 의식의 내용으로 외적 내용과 분리하지만 이 내용은 외적 대상과 과정이 우리의 흥미를 끄는 것과 똑같이 우리의 흥미를 끈다. 우리는 의식의 내용의 흐름을 기술하고 내용의 필연적 연결을 이해하는, 즉 그것을 설명하려 하는 관찰자의 관점으로서만 이 내용을 바라볼 것이다. 이러한 기술을 통해 의식의 내용은 요소들의 조합이 되며, 이 요소들의 설명을 통해 원인과 작용의 연쇄가 확립된다. 그리하여 우리는 동일한 정신적 삶에 대한 완전히 다른 이해로 다가가게 된다. 한 경우 내적 관계에 대한 이해와 내적 지향성 및 그들 사이의 연결에 대한 파악으로, 다른 경우 그 요소들과 그 작용에 대한 기술과 설명으로 다가가는 것이다.

19-33] 만일 우리가 내적 삶을 이해하는 이 서로 다른 방법의 양 방향을 끝까지 따라가 그들에게 과학적으로 완전한 형태를 부여한다면 사실상 우리는 원칙적으로 다른 두 가지 이론적 분야를 반드시 얻게 될 것이다. 그중 하나는 정신적 삶을 의식의 내용의 총체로 기술하고 이를 설명한다. 다른 하나는 동일한 정신적 삶을 목적 지향적이고 유의미한 관계의 총체로 해석하고 이해한다. 하나는 인과적 심리학이고 다른 것은 목적론적, 내포적 심리학이다. 여기서 두 심리학 사이에는 자료의 차이가 전혀 없다. 두 관점은 모든 자료를 고려해야 하기 때문이다. 모든 느낌, 모든 기억, 모든 욕망은 내포적 관점에서 영혼의 활동으로 이해될 수 있는 만큼이나 인과의 범주에서 의식의 내용으로 이해될 수

있다(같은 책, pp. 8-9).

모든 느낌, 기억, 욕망을 인과의 관점에서
의식의 내용으로 이해한다는 것은 무엇인가?

렘브란트(Rembrandt), 팬케이크 파는 여자, 1635.

팬케이크를 만드는 사람은 팬케이크를 인과적으로 설명할 수 있다. 사는 사람은 내포적 관점으로 팬케이크를 이해한다. 모든 팬케이크는 요리 과정과 능력에 대한 느낌, 필요한 순서에 대한 기억, 돈을 벌려는 욕망과 같은 인과성의 범주로 이해할 수 있다. 그러나 그것은 또한 배고픔에 대한 느낌, 팬케이크가 얼마나 맛있는지에 대한 기억, 이러한 정신 활동의 특정 대상에 대한 욕망과 같은 내포적 관점으로도 이해할 수 있다.

모든 느낌, 모든 기억, 모든 욕망은 어느 관점에서도 다룰 수 있기 때문에, 우리는 쉽게 그 역할을 바꿀 수 있다. 여자는 팬케이크를 내포적 관점으로 이해한다. 팬케이크는 그녀에게 돈으로서 정확한 가치를 지닌다. 입 안 가득 케이크를 물고 있는 어린 소년은 그것을 먹고 있는 느낌, 기억, 욕망을 확실히 설명할 수 있다.

19-34] 역사적(과거-K) 심리학과 현대 심리학에서 두 형태는 표면상 통합체로 혼합되어 있으며 그에 따라 그들 각각이 사실상 순수하고 일관되게 구분된 적은 극히 드물다. 목적론적 심리학은 대부분 모종의 방식으로 인과적 심리학의 요소와 외적으로 혼합되어 있다. 이 경우 예컨대 기억 과정은 인과적인 것으로, 느낌과 의지의 과정은 내포적인 것으로 그려졌다. 이러한 혼합은 일상의 삶에 대한 순박한 표상의 영향에서 쉽게 나타날 수 있는 것이다. 이처럼 우리는 인과적 심리학과 나란히 내포적 심리학을, 의식의 심리학과 나란히 영혼의 심리학을, 혹은 설명적 심리학과 나란히 해석적 심리학에 대해 말할 수 있다(같은 책, pp. 9-10).

> 노인과 소년이 아르테미시아 여왕(기원전 4세기)의 시중을 들고 있다. 그녀는 남편을 잃고 그를 위한 기념비를 세웠다. 마우솔레움(영묘)라고 불리는 이 기념비는 세계 7대 불가사의 중 하나이다. 젊은 남자는 여왕에게 와인을 따르고 있고, 노인은 남편의 유골을 마실 수 있도록 와인에 섞고 있다. 그래서 그녀는 살아 있는 '마우솔레움'이 될 것이다(그녀는 그의 누이이자 아내였다!).
>
> 뮌스터베르크는 데카르트의 구심리학과 제임스의 신심리학 둘 다 목적론적 관점과 인과적 관점을 혼합한다고 주장한다. 예를 들어, 데카르트는 의도를 목적론적으로, 즉 인간의 마음속 목적에서 시작하는 것으로 본다. 반면에 기억은 인과적인 것, 즉 다른 무언가에 의해 야기된 것이다. 거의 같은 방식으로, 제임스는 공포와 분노가 야기된다고 생각하지만, 종교적 황홀경은 순수한 정신적인 대상이라고 생각한다. 두 심리학은 다르다. 제임스는 인과적 심리학이 유일한 과학 심리학이라고 주장하며 목적론은 사후적 이해를 위해 마지못해 받아들이는 반면, 데카르트에게는 사유가 일차적인 현실이고 외부 세계는 부차적인 것이다. 그러나 결국, 두 심리학 모두 인과성의 재를 목적론의 와인에 섞어야 한다.

H. 반 혼토르스트(Gerard van Honthorst), 마우솔로스의 재를 마시고 있는 아르테미시아, 1635.

　바라보는 여인들의 얼굴을 주목하라. 젊은 여성은 아르테미시아의 의지와 목표에 놀란 표정인 반면, 노파는 그녀의 기념의식에 깊은 인상을 받은 듯하다. 두 심리학은 지성(이해)과 의지(행동욕구)가 매우 다른 것이라는 점에 동의한다. 데카르트는 우리가 결과를 이해하는 지성이 완전히 부족할 때에도 우리는 대상을 욕구할 것이라고 지적했고, 제임스는 우리가 더 많이 이해할수록 우리의 의지는 희미해질 것이라고 믿었다. 반면 스피노자는 지성 없는 의지는 그저 눈먼 행운이고 의지 없는 지성은 공상에 불과하다고 믿었다. 따라서 의지와 지성은 서로 다른 것이 아니라 하나이다(Ip32s2, IIp49s).

아르테미시아의 행동은 의지였을까, 지성이었을까? 그림과 같이 이는 둘 다였다. 아르테미시아 남편의 석조 무덤은 지진으로 파괴될 때까지 천 년 이상 지속되었다. 아르테미시아는 영묘를 완성하고 2년 후 죽었다. 하지만 반 혼토르스트 덕분에 그녀의 감정은 결코 사라지지 않고 예술 작품을 통해 여러 세대로 퍼져 나갔다.

19-35] 두 가지 유형의 심리학을 나누는 과업에서 뮌스터베르크는 생각을 논리의 끝까지 일관되게 발전시킨다. 그는, 체험들 사이의 목적 지향적이고 유의미한 관계의 이해와 납득만을 허용하고, 따라서 영혼의 활동을, 자연 밖에, (생물적-K) 삶 밖에 놓인, 스피노자의 말에 따르면 일반적 자연의 법칙에 따르는 자연적인 대상이 아니라 마치 왕국 속 왕국과 같이 자연의 경계 밖에 놓인 활동의 완전한 자치 영역으로서 간주하기를 요구하는 기술적 심리학에서 인과적 설명의 필요성이나 가능성을 완전히 배제한다. 그러나 딜타이와 뮌스터베르크의 주장을 잘 보고 숙고하기만 한다면 그 강점과 약점, 긍정과 부정의 극단, 무조건적인 옳음과 무조건적인 오류를 곧바로 밝힐 수 있다. 그들의 주장의 강점과 옳음은 오직, 생리학적 심리학이 인간의 심리적 삶의 고등한 현상과 관련하여 오늘날까지 제시해 온 설명의 실패, 불충분성, 원칙적 비타당성을 인정한 데 있다. 그 주장의 옳음과 강점은 오직 인간에게서 고등한 것이라는 최우선적으로 중요한 문제를 전면에 내세움으로써 실제 살아 있는 인간의 심리의 문제를 일반적으로 처음으로 온전하게 제시했다는 데 있다.

19-36] 그러나 고찰 중인 주장의 약점과 오류도 바로 이 지점에 포함되어 있다. 본질적으로 말해 새로운 심리학은 옛 심리학과 그다지 다

르지 않다. 몇몇 부분에서, 심지어 말하자면 가장 중심적이고 주요한 점에서, 이들은 외견상의 대립에도 불구하고 서로 완전히 일치한다. 즉 기술적 심리학은 설명적 심리학의 기본 생각을 전반적으로 완전히 수용한다(인과적 설명은 복잡하고 고등한 과정을 원자적으로 분해된 정신적 삶의 과정의 요소로 환원하는 것 이외의 것이 될 수 없다). 바로 이로써 새로운 심리학은 언제나 옛 심리학의 발전의 출발점이 되었던 그 입장을 그대로 받아들인다.

19-37] 심리적 삶을 설명할 수 있는 유일한 범주가 기계론적 인과성임을 인정하고, 심리의 인과적 설명을 소크라테스의 풍자라는 좁은 영역에 한정하는 것은 새로운 심리학과 옛 심리학이 서로 만나고 일치하는 공통 지점이다. 이처럼 독립적인 기술적 심리학의 발달을 지지하는 유일하게 타당한 논증은 정신적 삶의 설명에서 기계론적 인과성의 한계를 넘어설 수 없었던 설명적 심리학이 파산했다는 것이다. 새로운 심리학은 이웃집의 깨진 단지에서 자기 자신만의 특별한 단지에 고기를 삶아야 한다는 것을 지지하는 유일한 근거를 본다. 깨진 단지를 통한 논증은 새로운 심리학의 주창자들의 강점인 동시에 약점이다. 셸러가 옳게 지적했듯이 설명적 심리학은 인간 심리의 진정한 문제에 잘못된 답을 제공한 것이 아니라, 단지 이 문제에 주목하지 않았고 그에 대해 눈을 감고 있었다는 점에는 논쟁의 여지가 전혀 없다. 이 문제가 시급한 해결을 요하는 일차적이고 중심적인 과업으로 과학적 심리학 앞에 제시되어야 한다는 것 또한 논쟁의 여지가 없다. 그러나 위에서 논한 것으로부터 논리적으로 추론하면 현대 심리학이 놓인 토대를 근본적으로 다시 세울 필요성 이외에는 그 어떤 다른 결론을 도출할 수 없다. 이 전제로부터, 주어진 문제의 해결을, 인과적 설명의 가능성을 원칙적으로 완전히 배제하는 어떤 새롭고 완전히 고유한 과학에게 넘길 필요성을 추론하는 것은, 설명적 심리학의 현재 상태를 그 모든 오류를

포함하여 전적으로 완전히 정당화하고, 그 과오를 온전히 함께 나누면서 이를 넘어서거나 극복하는 것이 아니라, 단지 허공의 성과 같은 공중누각, 즉 영혼의 심리학이라는 유령의 건물 이외에는 아무것도 지탱할 수 없는 썩은 토대 위에 자리를 만들어 건물을 세우기를 요청하는 것을 의미한다.

19-38] 따라서 제임스-랑게의 이론은 인간 느낌에 대한 인과적 설명을 풍자하면서, 고등한 느낌에 대한 그 어떤 설명도 거부하고 이를 목적론적 연결의 이해로 대체하는 셸러의 이론을 필연적으로 발생시킨다. 그러나 다른 모든 새로운 심리학이 옛 심리학에서 멀어지지 못했듯 셸러도 제임스로부터 멀리 나아가지 못한다. 제임스와 함께 그는 심리학에 허용된 유일한 설명은 생리적 기제의 법칙으로부터의 설명임을 분명히 인정한다. 이 때문에 그는 다른 기술적 심리학자들과 같이 문제를 해결하는 것이 아니라 지나친다. 현대 심리학 앞에 제시된 문제, 인과적 설명을 요구하는 모든 기본적 문제의 원형으로 우리가 간주하는 문제, 어째서 소크라테스는 아테네의 감옥에 앉아 있었냐는 문제에 대해 제임스-랑게는 팔 다리를 구부리는 근육의 긴장과 이완을 통해 대답하지만 셸러의 이론은 감옥에 남아 있는 것이 가치에 대한 고등한 느낌을 만족시키는 목적이 있었음을 지적하는 것으로 답한다.

이 그림은 1946년 중고 매매상에서 발견되었다. 네덜란드인 작가가 분명하다는 것, 명암법을 볼 때 위트레흐트의 카라바지스티Caravaggisti 중 한 명이라는 것 외에는 작가 이름도 제작 연도도 알지 못한다. 카라바지스티는 테르 브루겐과 반 혼토르스트를 포함하여 카라바조의 화풍을 따르는 작가를 말한다. 따라서 일부 전문가들은 이 그림을 테르 브루겐의 것이라고 보고, 다른 전문가들은 그의 제자 중 한 명이었을 것이라고 말한다.

그러나 우리는 이 그림이 무엇을 의미하는지는 정확하게 안다. 사도

제임스의 심리학과 구분되는 셸러 이론의 핵심은 무엇인가?

H. 테르 브루겐(Hendrick ter Brugghen, ?), 성 베드로의 해방, 연도 미상.

행전 12장에서 성 베드로와 야고보는 헤롯에게 체포되었다. 야고보는 즉시 처형되었다. 베드로는 유월절 후에 공개적으로 재판을 받은 후 처형될 예정이었다. 그러나 간수들이 잠들었을 때 천사가 베드로에게 나타나 사슬을 풀어 주고 감옥 문을 열어 준다. 베드로는 자신이 꿈을 꾸고 있다고 상상하며 떠난다. 집에 도착했을 때 그는 야고보에 대해 묻고 그가 처형되었다는 것을 알게 된다. 왜 야고보는 죽고 베드로는 살았을까? 그들 사이의 핵심적 차이는 무엇이었을까?

　비고츠키에 따르면 제임스-랑게와 셸러-딜타이 간의 핵심적 차이도 여기에 있다. 소크라테스는 감옥에 갇혔고 곧 처형될 예정이었지만 휴일이 끼어 있었다. 그의 친구들이 나타나 풀어 주겠다고 제안하지만 소크라테스는 거절한다. 왜일까? 인과 이론은 소크라테스의 다리 근육이 탈출할 수 없었기 때문이라고 설명한다. 목적론은 소크라테스의 순교가 제공해 줄 더 높은 가치를 설명한다. 인과 이론은 신체기 영혼을, 목적론은 영혼이 신체를 결정한다고 설명한다. 비고츠키는 목적론이 인과 이론에서 그리 멀리 나아가지 못했다고 말한다. 이는 인과 이론이 꿈, 비전, 하늘의 천사와 같은 가장 오래된 이론에서 조금도 더 나아가지 못한 것과 마찬가지다. 현대 찬송가 가사는 이렇다.

> 내 사슬이 풀리고 내 맘이 자유 얻어
> 내가 나아가 당신을 좇았나이다.
> (John Wesley, "And Can It Be?", 1738)

웨슬리의 찬송가는 랑게의 이론처럼 '마음(심장)'에 자유의 근원을 둔다. 유사하게 테르 브루겐(만약 이 그림이 테르 브루겐의 것이라면)도 천사의 날개를 숨기고 대신 열린 감옥 문에서 나오는 빛을 강조했다. 찬송가와 그림 모두 초자연적 설명을 탈피하려는 시도를 나타낸다. 두 사례 모두 완전히 성공한 시도는 아니었다.

19-39] 이 둘 모두 논쟁의 여지가 없으며 무익한 만큼 명료하다. 이 둘 모두 문제에 대한 진정한 과학적 대답에서 똑같이 멀리 떨어져 있다. 이 둘 모두 진정한 원인에 주의를 기울이지 않는다.

19-40] 랑게의 사례를 떠올려 볼 때, 자식의 죽음을 비통해하는 어머니의 실제 슬픔은, 비록 슬픔이 눈물을 수반하지 않고 어머니의 마음속에서 일어날 수도 있고, 눈물이 예컨대 기쁨과 같은 반대되는 느낌을 표현할 수 있을지라도 어머니의 눈물과 직접적으로 밀접하게 연결되어 있다. 이 모두는 논쟁의 여지가 없지만 여기서 원인을 찾는 것은 플라톤의 말을 따르면, 가로-세로로 우둔한 일이다. 소크라테스가 감옥에 남기로 한 결정이 어떤 필생의 목적 추구와 어떤 가치에 대한 느낌의 충족과 연결되어 있다는 것 또한 의심할 바 없이 완전히 명백하다. 그러나 의미상 반대되는 사건—그의 탈출 역시도 동일한 목적적, 가치적 성격을 지닐 수 있었을 것이다.

19-41] 본질적으로, 목적론적인 분석에 의존하며 모든 인과적 설명을 거부하고 문제를 지나치려는 시도는 의심의 여지 없이 불완전한 설명적 느낌 심리학보다 우리를 앞으로 나아가게 하는 것이 아니라 오히려 훨씬 뒤처지게 한다. 정의와 정확한 용어, 분류는 이 영역에서 기술적 심리학의 첫 번째 과업이라고 딜타이는 주장했다(1924, p. 57). 여기서 그는 심리학이 지난 수 세기 동안 열어 온 정의와 분류의 경로는 느낌 심리학을 과학의 전체 장 중에서 가장 결실 없고 답답한 것으로 만들었다는 제임스의 올바른 지적을 잊어버린 것이다.

19-42] W. 딜타이는 지속적으로 우리에게 17세기 인류학으로 돌아가 그 방법을 개선하기를 요구한다. 그가 17세기 사상가, 특히 스피노자의 가장 낡고 시대에 뒤졌으며 생명력 없는 부분, 즉 그의 용어, 분류, 정의를 선택한 것은 주목할 만하다. 이는 우리 감정의 내용을 드러내지 않고 다만 특정한 정신적 상태가 나타나는 조건을 지적할 뿐이다.

19-43] 이처럼 기술적 심리학은 스피노자의 정념 학설에서 미래를 향한, 살아 있는 부분이 아니라 과거를 향하는, 죽은 부분을 자기 편으로 끌어들인다. 딜타이는 새로운 심리학이 17세기 인류학의 한계를 넘어설 수 있게 해 줄 유일한 가능성을 비교 방법의 적용에서, 정신적 상태에 대한 표현적 움직임과 상징에 대한 연구에서 본다(1924, p. 57). 그러나 이 둘 모두는 옛 문제를 해결할 수 있는 새로운 보조적 수단을 우리에게 줄 뿐 원칙적으로 우리가 17세기 정념 심리학의 한계를 넘게 해 주지는 않는다. 이처럼 거의 300년의 심리학적 사상과 지식이 한 번의 펜 놀림으로 지워졌으며 17세기로, 역사의 심연으로 되돌아가는 움직임이 심리학의 과학적 진보의 유일한 길로 자임되었다.

19-44] 인과적 설명 대신 정신 현상에 대한 목적론적이고 유심론적인 고찰을 내세우는 기술적 심리학은 어떤 의미에서 스피노자 이전까지 지배적이었던 철학적 사상의 시대로 우리를 돌려놓는다. 인간 정

넘에 대한 자연주의의 결정론적, 유물론적, 인과적 설명을 위해 투쟁한 이가 바로 스피노자였다. 바로 그가 목적을 통한 망상적인 설명에 맞서 싸운 이였다. 인간의 심리를 진정한 의미에서 과학으로 설명할 수 있는 가능성의 토대를 최초로 철학적으로 다졌으며 그 향후 발달의 길을 예비한 사상가가 바로 그였다.

19-45] 이러한 의미에서 스피노자는 모든 현대 기술 심리학에 대해 타협할 수 없는 적군으로 대항한다. 현대 기술 심리학에서 부활한 데카르트의 이원론, 유심론, 목적론과 맞서 싸운 이가 그이다. 이러한 의미에서 우리는 스피노자의 정념 학설이 현대 정서 심리학과 맺는 실제 관계에 대한 우리의 이해를 딜타이의 의견과 대립시켜야 할 것이다. 새로운 경향성이 인간 심리의 기본 문제를 내세우면서 정신적 삶의 진정한 중심으로, 우리 감정의 내용으로 통찰력 있게 주의를 기울이며 17세기의 심리학을 돌아보고, 스피노자의 이름을 새로운 연구의 길을 밝힌 등대라고 일컬은 것은 주목할 만하다. 새로운 경향성의 지지자들은 스피노자에게서 정념의 용어와 분류뿐 아니라 전체 느낌의 삶을 가로지르는 어떤 기본적 관계와, 인간을 이해하는 데에서 결정적인 의미를 가지고 있으며 정확한 기술적 방법을 위한 주제를 이루는 동기를 발견한다. 그러한 기본적 관계는 예컨대 홉스와 스피노자가 자기보존 혹은 '나'의 성장의 본능이라고 일컬은 것 즉 충만한 정신적 상태, 나의 초월, 힘과 동기의 발달을 향한 갈망에 있다. 이처럼 스피노자의 정념 학설의 방법뿐 아니라 내용도 새로운 방향 즉 인간 이해를 향한 연구를 발달시키기 위한 선도적 시작점으로 대두된다.

전통적으로 이와 같은 그림은 검은 바탕에 밝은색으로 그려진다. 화가는 삶의 덧없음과 아름다움의 무의미성을 일깨우기 위해 시계나 양초 그리고 심지어는 인간의 두개골을 어두운 배경에 숨겨 놓는다.

O. M. 반 슈리에크(Otto Marseus van Schrieck), 큰 나팔꽃과 두꺼비가 있는 숲의 정물화, 1660.

　어둠이 죽음을 의미하는 것은 아니다. 반 슈리에크는 야행성 동물을 그렸고, 언제나 생명을 소재로 그림을 그렸다. 그는 생물학자 얀 슈밤메르담의 절친한 친구이자 협력자였다. 그들은 공동으로 '자연의 성경'을 만들었으며, 거기서 데카르트의 '동물정기' 이론을 반박하고 신경이 뇌에 부착되었는지 여부에 관계없이 근육을 움직이게 한다는 것을 증명했다(I권 **12-8** 글상자 참조). 두 사람은 뱀, 두꺼비, 인간이 종교 문헌과 문학에서는 물론 그림에서도 부당한 대우를 받았다고 느꼈다. 슈밤메르담은 머릿니의 다리 그림에서 하느님의 손가락을 볼 수도 있다고 말함으로써 이를 표현했으며, 반 슈리에크는 여기서 같은 생각을 표현한다. 전경에서 두꺼비는 나방을 파괴하고 있다. 그러나 이는 목적론적으로 설명될 수 없다. 두꺼비의 목적은 나방의 생명을 파괴하는 것이 아니다. 이는 생물학적으로만 설명될 수 있다. 두꺼비는 두꺼비의 생명을 창조하는 과정 속에 있는 것이다. 생명의 아름다움은 식물이나 곤충 또는 두꺼비조차 그 덧없음에 맞서 싸운다는 것을 의미한다.

　홉스, 그리고 스피노자는 자신의 생명을 창조하고, 보존하고, 궁극적으로 재생산하는 이러한 충동을 코나투스라 불렀다. 홉스와 스피노자는 심지어 돌의 관성과 운동량도 코나투스 때문이라고 생각했다. 비고츠키에게 코나투스의 원리는 돌에 적용될 수도 있고 아닐 수도 있지만, 코나투스는 확실히 생명을 지닌 모든 것에 적용된다. 여기에는 가족, 지역사회, 국가, 그리고 무엇보다 사회 계급과 같은 문화적 사회적 실체가 포함된다. 스피노자에 따르면(IVp18s) 생명은 그 자신을 부정하지 않는다. 십 대의 자살이든 노화에 따른 사망이든 혹은 두꺼비의 공격이든, 죽음은 언제나 외부의 압력으로 우리에게 다가온다.

19-46] 이 주장에서, 이러한 스피노자로의 전환에서 진실은 거짓과 뒤섞여 있어 우리는 이들을 오류와 구분하는 데 어려움을 겪는다. 이러한 구분을 위해서는 우리가 이미 스피노자 정념 학설과 현대 정서 심리학의 연결에 대해, 유사하게 진실과 오류가 뒤섞인 지적과 마주했었음을 기억할 필요가 있다. 기술적 느낌 심리학이 스피노자 심리학의 후계자라는 딜타이 생각의 의미를 이해하기 위해서는 스피노자가 "신체적 정서 표현은 정신 운동에 의존하지 않는다고 볼 뿐 아니라 신체적 표현을 정서와 나란히 놓거나 심지어 최전면에 놓는다"(Г. Ланге, 1896, c. 89)는 사실로 인해 랑게가 스피노자를 자신(랑게-K)이 발전시킨 생리학적 정서 이론에 가장 가까이 다가간 사상가라고 지칭했음을 기억해야 한다.

19-47] 이처럼 인간의 느낌에 대한 현대 과학적 지식의 양극을 이루는 랑게와 딜타이, 기술적 정서 심리학과 설명적 정서 심리학은 각자의 원천으로 똑같이 스피노자의 정념 학설에 눈을 돌린다. 일치는 우연일 수 없다. 여기에는 심오한 역사적, 이론적 의미가 내포되어 있다. 이미 여기서 우리는 두 상반되는 학설이 각자의 사상적 출발점으로 한결같이 스피노자의 사상을 지향한다는 사실로부터 우리의 목적에 본질

적인 무언가를 추출해 내야 한다.

19-48] 우리는 랑게 이론과 스피노자의 정념 학설의 연결에 대해 이미 말했다. 우리는 스피노자의 감정 학설과 제임스-랑게 이론 사이의 일차적, 직접적이며 역사적, 관념적인 연결에 대한 인정은 상당 부분 환각에 토대하고 있다는 것을 확립할 수 있었다. 랑게 자신은 스피노자의 학설이 자신의 이론과 가깝다는 지적이 잘못되었음을 희미하게 이해하고 있었다. 그는 "천재의 명민함으로 현상들 사이의 진정한 연결을 드러낸"(같은 책, p. 86) 말브랑슈에게서 정서의 신체적 현상에 대한 완전한 혈관운동 이론을 존경심을 가지고 발견한다. 실제 우리는 당시의 모호한 생리학의 언어로 표현된 정서적 기제의 도식을 만나게 된다. 이는 현대 생리학의 언어로 통역될 수 있으며, 그럴 경우 제임스-랑게 가설과 비슷해질 수 있다. 이러한 사실적 일치는 데카르트가 제임스와 동일한 위치에 서 있다는 것을 드러낸 아이언스에 의해 대단히 일찍이 확립되었다. 우리는 후기의 연구 특히 세르지의 연구가 이 의견을 완전히 확증했음을 보았다. 그러나 이것으로는 부족하다. 우리의 연구 경로에서 우리는 정서적 반응의 기제에 대한 사실적 기술이 거의 300년 떨어진 이 이론들을 친족관계로 묶을 뿐 아니라 사실적 일치 자체가 그들 사이의 더욱 심오한 방법론적 친족성, 즉 현대 생리학적 심리학이 데카르트로부터 자연주의적 기계론적 정서 해석의 원칙을 완전히 물려받았다는 사실에 근거한 친족성의 결과임을 설명하고자 했다. 데카르트의 평행론과 자동주의 그리고 부수현상론은 제임스-랑게 가설의 진정한 토대이며, 이것이 던랩이 이 위대한 철학자를 현대 반사심리학 전체의 아버지라고 완전히 올바르게 지칭하도록 해 주었다.

19-49] 이처럼 우리는 랑게의 이론이 사실 스피노자가 아닌 데카르트의 영혼의 정념 학설로 되돌아가는 것을 본다. 이러한 의미에서 우리는 랑게가 자신의 연구 결론의 논의에서 공연히 스피노자의 이름을

거론한다고 말할 수 있다. 요컨대 이것이 이 문제에 대한 고찰에서 우리가 도달한 결과이다.

19-50] 지금 우리는 이 결론을 기술적 정서 심리학과 설명적 정서 심리학의 대립으로 명백히 나타나는 또 다른 새롭고도 고도로 본질적이며 중요한 면모를 통해 보강할 수 있다. 어떤 면에서 스피노자의 학설은 사실 기술적 심리학보다는 설명적 심리학과 훨씬 더 가까운 친족성을 가진다. 이는 스피노자의 학설이 딜타이가 밑그림을 그린 기술적 느낌 심리학의 프로그램보다는 설명적 정서 심리학의 기본적 원칙을 가장 분명하게 표현한 랑게의 가설과 더욱 가까워야 한다는 것을 의미한다. 인과적 심리학과 목적론적 심리학의 논쟁에서, 느낌에 대한 결정론적 개념과 비결정론적 개념의 투쟁에서, 유심론적 가설과 유물론적 가설의 충돌에서 스피노자는 결국 인간 느낌에 대한 형이상학적 지식에 반대하여 과학적 지식을 옹호하는 이의 편에 놓여야 한다.

19-51] 스피노자의 정념 학설이 설명적 정서 심리학에 근접하는 바로 이 지점에서 그것은 기술적 심리학과 가장 적대적으로 갈라선다. 이번에는 랑게가 아닌 딜타이가 자신의 향후 연구 프로그램의 시작에서 스피노자의 이름을 공연히 언급한다. 스피노자가 내내 투쟁했던 17세기 인류학의 목적론적, 형이상학적 개념을 의식적으로 부활시킨 이 연구들과 스피노자 체계의 엄격한 결정론과 인과성 그리고 유물론 사이의 공통점은 과연 무엇이 될 수 있겠는가? 우리가 지적했듯이 딜타이가 스피노자의 학설에서 가장 낡고 과거로 회귀하는 형식적이고 사변적인 부분인 용어, 분류 및 정의를 전면에 내세운 데는 그럴 만한 이유가 있었다. 딜타이 심리학은 스피노자 체계의 위대한 원칙에서 벗어날 뿐 아니라, 그 자신의 길은 오직 이 원칙과의 가장 격렬한 투쟁을 통해서만 만들어질 수 있다.

17세기 인류학의 목적론적 형이상학적 개념은 무엇인가?

스피노자 학설에서 가장 낮고 형식적이고 사변적인 부분인 용어, 분류, 정의란 무엇인가?

J. 스테인(Jan Steen), 사치를 경계하라, 1677.

남자는 술을 마시고, 여자는 연주를 하고 있다. 그런데 그녀의 둥근 류트는 다소 암시적으로 남자의 허리를 겨누고 있다. 왼쪽 배경에 있는 남자는 성기와 고환의 상징으로 보이는 백파이프를 연주한다. 그러나 스테인의 제목은 이 흥겨운 자화상을 주의 깊게 살펴보라고 경고한다. **19-27** 글상자에 있는 베케라르의 그림처럼 배경에는 누가복음 (16: 19-31)의 이야기가 숨겨져 있다. 오른편에서 나사로는 음식을 구걸하고 있다. 나사로가 죽은 후, 그리스도의 비유에 따르면 나사로는 친국에 갈 것이고 이 부유한 남자는 지옥에 갈 것이다. 이 부유한 남자가 자기 형제들에게 경고해 달라고 나사로에게 청했을 때, 아브라함은 그에게 그런 경고는 불가능하다고 설명할 것이다. 지식은 삶을 바꿀 수 없다.

대부분의 네덜란드인은 개신교 신자였고, 개신교도들은 예정론, 즉 J. 칼뱅이 제시한 17세기 목적론을 믿었다. 인간이 악을 행하길 선택하는 것이 아니라, 신의 부여한 본성이 결정하는 대로 예정된 운명을 따를 뿐이다. 스피노자가 말하듯, 물건이 좋기 때문에 원하는 것이 아니다. 우리는 물건을 원하기 때문에 물건이 좋다고 판단할 뿐이다. 이는 우리를 구하거나 저주할 자유가 있는 의지는 신의 의지일 뿐이라는 것을 의미한다. 데카르트는 이 의지를 인간의 영혼 속에 위치시키며, 그 영혼은 화가의 서명처럼 각각의 인간 속에 신이 부여한 것이다. 그러나 스피노자는 신은 자연이고 자연은 언제나 정해진 법칙에 따라 작용하기 때문에 신조차도 자유롭지 않다고 말한다. 기적, 자유로운 선택, 그리고 죄인의 선별적 구원은 이와 모순될 것이며, 신은 자신과 모순될 수 없다.

비고츠키는 자신의 노트에서 17세기 목적론의 퇴행적 요소와 진보적 요소를 모두 지적한다. 사변적이고 교리적이며 퇴행적인 요소에는 스피노자의 명명 체계(예컨대 수동적passive 정서로서의 '정념passion'), 스피노자의 정서에 대한 분류(기원과 발달에 따른 다원식 분류라기보다 맥락과 상황에 따른 린네식 분류), 그리고 물론 마음과 신체는 어떤 식으로도 서로를 결정하지 않는다는 스피노자의 신념이 있다. 스피노자의 목적론의 진보적 핵심은 유물론, 일원론, 결정론을 위한 그의 투쟁에 있다. 그의 공헌은 예정론이 아니라, 정서 역시도 필연적이고 원인을 가지며 그런 의미에서 결정되어 있다는 이해이다.

지식이 삶을 바꿀 수 없다면, 스피노자 자신의 삶은 어떻게 가능한가? 지식이 삶을 바꿀 수 없다면, 왜 스피노자는 굳이 『에티카(윤리학)』를 쓰려고 했을까? 비고츠키는 인간의 관점에서 볼 때 삶과 지식은 동일한 것을 바라보는 두 가지 방식, 즉 관찰(관념, 즉 마음속의 경험 자체)과 성찰(관념에 대한 관념, 즉 의식적으로 자각하는 경험의 페레지바니예)일 뿐이라고 주장한다. 예를 들어 관찰하고 성찰하며 (팔짱을 끼고 있는 것이 알 수 있듯이) 망설임의 순간에 있는 오른쪽 배경에 있는 여성을 스테인이 어떻게 포착했는지 주목하자. 이 여성은 길 잃은 개가 치료를 위해 나사로의 상처를 핥고 있는 것을 본다. 그녀는 푸들을 약 올리는 음식을, 푸들이 아닌 … 길 잃은 개에게 주어야 하는가?

19-52] 이제까지 말한 것을 돌아보면 기술적 심리학은 17세기의 유심론적, 목적론적 원칙을 부활시키면서, 기본적 핵심에서 스피노자가 아닌 데카르트에게로 접근한다는 것에 그 어떤 의심도 남을 수 없다. 기술적 심리학은 데카르트의 영혼의 정념 학설에서 자신의 온전하고 진정한 프로그램을 찾는다.

이 패널에서 보스는 16세기 유심론적 목적론을 드러낸다. 첫째, '목적원인'(텔로스, 목표, 목적, 보상)에 따라 의미를 부여한다. 둘째, 사태의 원인과 결과에 대한 기계적인 설명보다는 사태에 대한 기술과 의미에 대한 해석을 제시한다. 셋째, 그는 일어난 일을 '전'과 '중(세속적인 쾌락의 동산에서 우리 자신의 삶을 사는 기간)' 그리고 '후'의 세 컷 만평처럼 묘사한다.

왼쪽에는 매우 젊고 인간처럼 보이는 하나님(예수?)이 아담에게 이브를 선물한다. 신은 마치 이브의 맥박을 재어 자신의 맥박과 비교하는 것처럼 보인다. 반면 아담은 발끝을 신의 발에 맞대고 있다. 자연, 문화, 그리고 초자연의 조합을 보라. 이 둘이 함께 살 오두막은 땅에서 바로 자라난 것처럼 보인다. 코끼리, 기린, 까치는 유니콘, 용, 머리 셋인 불사조와 교제하며, 뒤쪽의 새들은 추상적이고 기하학적인 모양의 탑을 이리저리 소용돌이 모양으로 날아간다.

오른쪽에는 불타는 도시가 에덴 동산을 대체했고, 악마의 합창단과 저주받은 영혼들이 음악을 읽고 한 남자의 엉덩이에 문신을 새겼다. 그리고 달걀처럼 부서진 인간이 있다. 데카르트에 따르면 이 인간

H. 보스(Hieronymus Bosch), 천국과 지옥, 세속적인 쾌락의 동산(오크 패널의 삼부작 유화 중 두 작품), 1490~1510.

의 몸은 영혼이라는 신비한 유령이 살고 있는 살코기로 만들어진 기계이다.

데카르트 심리학처럼 기술 심리학은 유심론적이다. 의지는 윤리적 선택을 지배하는 초자연적이고 초문화적인 힘을 부여받는다. 데카르트 심리학처럼 기술 심리학은 목적론적이다. 자유 선택은 지식과 독립적이며, 예외 없이 모든 인간의 영혼이 사용할 수 있고 자유 선택에 기초한 우리의 윤리적 운명은 봉인되어 있다. 마지막으로, 데카르트 심리학처럼, 기술 심리학은 매우 이원론적이다. 영혼은 직접적으로 경험될 수 있는 반면, 육체는 단지 지각될 뿐이다. 딜타이와 셸러 둘 다 '나는 생각한다, 그러므로 나는 존재한다'라는 말에 동의할 것이다.

비고츠키는 설명 심리학이 인간의 몸을 포함하지만 인간에 고유한 고등 기능은 인간의 정서에서 제외한다는 것을 보여 주었다. 반면 기술 심리학은 인간의 정서에서 무엇이 인간적인지 설명할 수 있지만 이를 신체에서는 찾을 수 없다는 것을 보여 주었다.

+/-	설명 심리학	기술 심리학
포함	인과적 설명	고등 정서적 삶
제외	고등 정서적 삶	인과적 설명

천국은 단단한 기반에, 지옥은 모래 위에 세워진 것처럼 그런 것에 주목하자. 각각의 심리학 역시 그 기반으로 안정된 지반을 선택하고 불안정한 지반은 폐기한다. 설명 심리학의 초석은 인과적 설명이라면, 폐기된 것은 고등한 정서적 삶이 될 것이다. 기술 심리학의 초석은 고등한 정서적 삶이라면, 폐기된 것은 인과적 설명이 될 것이다. 『심리학 위기의 역사적 의미』의 에피그라프에, 비고츠키는 복음서에 나오는 이 문구를 배치했다.

너희가 성경에 건축자들이 버린 돌이 모퉁이의 머릿돌이 되었나니!(마가복음 12: 10)

19-53] 물론 스피노자는 목적 지향적 연결과 유의미한 관계로 인해서만 존재하는 자율적이고 독립적인 영혼적 삶에 대한 딜타이와 뮌스테베르크의 학설이 아니라, 무한하고 불가침한 불변의 영혼적 실체에 반대하는, 즉 정서를 인간의 정서가 아니라 인간을 사로잡고 있는, 자연의 경계 밖에 놓인 실체, 존재, 힘, 악마로 간주하는 개념에 반대하는 랑게와 제임스의 투쟁에 동참한다. 물론 그는 심리적 공포 자체로 사람들이 왜 창백해지고 떠는지 등을 설명할 수 있다는 것을 결코 인정하지 않을 것이다. 이에 대해서는 랑게가 무조건 옳다. 그는 제임스와 같이

기술과 분류를 과학의 낮은 단계로 간주하고 인과적 연결의 설명을 더 심오한 연구로, 고등한 수준의 연구로 인정하는 이들과 같은 편에 선다.

스피노자가 제임스와 랑게의 설명에 동의하면서도 동의하지 못하는 부분은 무엇인가?

F. 스니데르스(Frans Snyders), 개 싸움(?), 연도 미상.

그림 속 개들은 이상하게 인간처럼 보인다. 그들은 양편으로 갈라져 있고 조직적으로 싸운다. 심지어 그림의 구도를 잡는 엄격한 규칙을 준수하고 있다. 배경(지평선)와 전경(두려움에 떨고 있는 개를 공격하는 개 세 마리)이 어떻게 그림의 대각선에서 두 개의 반대되는 직각 삼각형을 형성하는지 살펴보자.

때때로 비고츠키는 자신과 스피노자가 어느 편에 서 있는지 분명히 밝히지 못하는 것처럼 보이기도 한다. 이 책의 19개 장에 걸쳐 그는 제임스와 랑게가 인간 정서의 특별한 본질을 무시했으며 그들의 이론은 스피노자가 아닌 데카르트에 토대한 것이라고 우리에게 전했다. 그러나 딜타이와 셸러가 등장하여 인간 정서의 특별한 본질에 주의 깊은 관심을 기울이기 시작하고, 스피노자에 대한 주의 깊은 다시 읽기를 요청하자마자 비고츠키는 갑자기 사실 제임스와 랑게는 정서를 초자연적으로 이해하는 것에 맞서 싸우고 있으며 스피노자는 결국 그들의 편이었다고 우리에게 전하기 시작한다.

헤겔은 매개가 인간 정신의 가장 고유한 인간적 특성이라고 믿었다. 그가 의미하는 바는 (개가 쓰레기 더미를 뒤지거나, 사냥을 하거나, 다른 개를 공격할 때처럼) 자연에 직접적으로 작용하려고 하는 대신, 인간 존재는 자연 현상이 서로에게 작용하도록(사람이 개를 사냥하도록 훈련시킬 때, 배경에 보이는 집에서처럼 비를 피하기 위해 돌을 사용할 때, 어떤 바이러스를 제거하기 위해 다른 바이러스를 이용할 때처럼) 허용한다는 것이다.

비고츠키도 매개하고 있다. 그는 대각선을 그려서 서로 마주 보는 두 삼각형을 설정한다. 그다음 그는 대립하는 두 학파가 서로에게 작용하도록 한다. 비고츠키는 딜타이와 셸러의 초자연주의를 공격하기 위해, 자연적 맥락에 인간 정서를 위치시키는 제임스와 랑게의 능력을 사용한다. 비고츠키는 개의 두려움과 인간의 두려움을 구분하는 것이 불가능했던 제임스와 랑게의 약점을 폭로하기 위해 인간 고유의 정서에 대한 분석과 기술을 사용한다.

그림의 왼쪽에 있는 개 두 마리는 실제 평범한 일대일 싸움을 하고 있을 뿐이지만 그들의 자세는 두 명의 연인처럼 보인다.

19-54] 그러나 기술적 느낌 심리학을 스피노자의 정념 학설 위에 세우려는 시도의 오류가 아무리 분명하다 하더라도 어떤 의미에서 이 시도가 어떤 진실의 낱알을 포함하고 있다는 점에서 사태의 복잡성이 거신다. 이를, 우리는 위에서 기술적 느낌 심리학이 제시한 문제, 즉 특

별히 인간에 고유한 느낌의 문제, 느낌이 갖는 중대한 의미의 문제, 인간의 정서적 삶에서 고등한 것의 문제—설명적 심리학이 지나쳤으며 본성상 기계론적 해석의 경계를 넘어서는 이 모든 문제가 실제로 스피노자의 정념 학설에서 처음으로 온전히 세워졌다는 것에서 보고자 했다. 이 지점에서 스피노자의 학설은 실제로 옛 심리학에 반하여 새로운 심리학의 편에 서 있으며 랑게에 반하여 딜타이를 지지한다.

19-55] 이처럼 우리는 극도로 복잡한 결론을 포함함으로 우리를 당황하게 하는 최종 결말에 이르게 된다. 우리는 스피노자 사상의 노선이 랑게와 딜타이에서, 즉 오늘날의 설명적, 기술적 심리학 모두에서 모종의 역사적 연속성을 발견한다는 것을 보았다. 스피노자 학설의 이런저런 부분들이 서로 상충하는 이 이론들 각각에 포함되어 있다. 정서에 대한 인과적, 자연과학적 설명으로 나아가면서 제임스-랑게 이론은 스피노자의 유물론적, 결정론적 심리학의 중심적 문제 중 하나를 해결한다. 그러나 기술적 심리학은 우리가 보았듯 인간적 느낌의 의미와 심오한 가치의 문제를 전면에 내세우면서 스피노자 윤리학의 기본적이고 중심적 문제를 역시 해결하려 한다.

> B. 케일은 렘브란트의 작업실에 속한 문하생이었다. 어두움과 갈색톤, 붓 움직임의 자유분방함은 그의 스승을 닮았다. 구석에서 바라보는 동물이 개인지 고양이인지 구분하기 어렵다. 심지어 레이스 만드는 사람이 무엇을 하고 있는지도 확실히 알기 어렵다. 레이스용 실패들이 동물 근처에 있지만 그림 속 인물은 뜨개질 바늘을 손에 들고 있는 것으로 보인다. 그녀는 얽혀 있는 실을 분리하거나 실을 엮어 짜려는 듯이 보이지만 너무 어두워서 확실히 말하기 어렵다.
>
> 이 문단에서 비고츠키 역시 스피노자가 남긴 느슨한 실타래를 풀어다시 이를 엮으려 하고 있다. 첫 번째 느슨한 실타래는 스피노자의 유물론, 일원론, 결정론이다(『에티카』 1, 2, 5장). 스피노자는 신체가 정신의 활동을 결정할 수 없고 정신은 신체의 느낌이나 생각을 결정할 수 없

설명적 심리학과 기술적 심리학이
해결하고자 했던,
스피노자의 유물론적, 결정론적
심리학의 중심적 문제와
스피노자 윤리학의 기본적이고
중심적 문제는 무엇인가?

B. 케일(Bernhard Keil), 레이스 만드는 사람, 1655.

다(IIIp2)고 말한다. 그렇다면 마음은 신체에 어떻게 작용하며 신체는
어떻게 마음에 생각을 불러일으키는가? 랑게는 자신의 실험이 스피노
자적이라고 말한다. 정서는, 스피노자가 말했듯 활동 가능성의 증대나
감소의 느낌이며 이 가능성은 혈관운동계의 혈액 순환에 따라 증대되
거나 감소한다는 것이다. 제임스 역시 그의 정서 이론은 '마음을 이루
는 물질mind-stuff' 이론을 필요로 하지 않는 일원론적이며 결정론적 이
론이라고 말한다. 그는 정서를 내장 감각으로 설명한다.

두 번째 느슨한 실타래는 스피노자의 자유에 대한, 축복에 대한, 그
리고 이성이 인도하는 삶에 대한 관념이다(3, 4장). 스피노자는 자유
는 자기원인적인 것이라고 말한다. 그러나 우리가 정념의 수동적 먹잇
감이라면 어떻게 자유롭게 행동할 수 있을까? 딜타이는 우리가 스스
로의 생각과 느낌에 직접적이고 능동적으로 접근할 수 있다고 말한다.
생각과 느낌은 우리 신체에 의해 결정되지 않는다는 것이다. 셸러는 이
러한 생각과 정서가 감각에서 신에 대한 사랑에 이르는 위계적 가치
체계를 이룬다고 말한다. 제임스와 랑게가 설명한 공포와 분노의 의미

는 그것이 이 위계 속에서 차지하는 위치로부터 파생된다. 딜타이와 셸러는 이들을 밑바닥에 두었으며 그들이 공포와 분노에 대해 제공한 설명은 성스러움이 인간을 자유롭게 한다는 사실을 설명하는 데 이용될 수 없다고 말한다.

자세히 살펴보면 세 번째 느슨한 실타래가 있다. 스피노자는 '유물론'이나 '자유'가 아니라 『에티카(윤리학)』라고 책 제목을 붙였다. 우리는 단순히 스스로의 정념으로 결정되지 않는다. 우리는 다른 이와 다른 이들의 정념으로 결정된다(IVp18s). 딜타이와 셸러가 생각한 바와는 달리 우리의 감각과 정서, 자유 그리고 심지어 우리의 가치를 결정하는 것은 사회 체계 속 우리의 위치이다.

케일의 이 그림은 오감 연작 중 하나로, 시각에 대한 알레고리였을 것으로 추측되어 왔다. 네덜란드의 레이스 만드는 이들은 대부분 매우 가난한 여성들로 어두운 색의 실을 가지고 흔히 밤 늦게까지 일해야 했기 때문에 많은 이들은 이 그림의 여성과 같이 눈이 멀곤 했다.

19-56] 우리는 다음과 같이 말하면서 스피노자의 정념 학설이 설명적, 기술적 심리학과 갖는 진정한 관계를 짧게 규정할 수 있을 것이다. 본질적으로 단일한 문제, 즉 인간 정념의 삶에서 고등한 것에 대한 결정론적 인과론적 설명을 위해 이루어진 이 (스피노자의-K) 학설은 인과적 설명의 관념을 보존하고 인간 정념에서 고등한 것에 대한 문제는 버리는 설명적 심리학을 부분적으로 포함하는 반면, 인과적 설명의 관념은 버리고 인간 정념의 삶에서 고등한 것에 대한 문제는 보존하는 기술적 심리학을 부분적으로 포함한다. 이처럼 스피노자의 학설에는 바로 현대 정서 심리학이 빠져 버린 두 부분 중 어디에도 없는 것이 바로 학설의 가장 심오한 내적 핵심을 이루며 포함되어 있다. 이는 바로 인간 정념의 인과적 설명과 중대한 의미의 문제의 통합, 느낌에 대한 기술적 심리학과 설명적 심리학의 통합이다.

기술적 심리학과 데카르트 정념 학설의 공통점은 무엇인가?

J. 스테인(Jan Steen), 성 니콜라스의 축제(성탄). 1665.

이 그림과 150년 전에 그려진 H. 보스 그림을 비교해 보자(**19-52** 글 상자 참조). 두 그림 모두 그리스도에 대한 이야기로 공히 미덕에 대한 보상과 죄에 따른 벌에 대한 유심론적 목적론을 보여 준다.

J. 스테인은 이것을 일원론적이고 유물론적이며 무엇보다도 구체적 이고 현실적인 스피노자식 방법으로 제시한다. 한편, 스피노자는 아이 들이 패권적 소유를 위해 노력한다고 말한다. 엄마가 부드러운 유머로

가르치려 노력하는 것처럼 아이들은 공유하는 법을 배워야 한다. 다른 한편으로 스피노자는 아이들은 타인과 감정을 공유하지 않는 것을 힘들어하며, 단순히 다른 사람들이 울거나 웃기 때문에 따라서 울거나 웃는 경우가 종종 있다고 말한다(IIIp32s).

그림의 배경에는 맏형이 갓난아이를 안은 채 신터클라스(산타클로스)가 말을 타고 지붕과 지붕으로 다니며 어린이 신발이 놓여 있는 굴뚝 아래로 사탕과 장난감을 내려보내 준다고 형제들에게 설명한다. 한 어린이의 놀람과 아기의 비이해에서 볼 수 있듯 맏형은 아기의 근접발달영역과는 멀리 떨어져 있으나 다른 어린이의 근접발달영역 내에 서 있다.

네덜란드의 전통에 따르면 말썽을 피운 소년들은 신발에 과자나 장난감을 받지 못하고, 엉덩이를 맞을 회초리만 받는다고 한다. 왼쪽에 울고 있는 소년을 보라. 누나가 웃으며 작은 나뭇가지가 꽂힌 빈 신발을 들고 있으며 골프채를 든 남동생은 고소함을 감추지 않으며 웃는 누나를 가리킨다. 하지만 아버지의 입가에 띤 웃음을 보면, 딸에게 인형을 달라고 하는 엄마의 행동과 싫다고 하는 딸의 거절이 진짜가 아닌 것처럼 엉덩이를 때릴 것 같은 위협도 진짜가 아닌 것 같다.

19-57] 따라서 스피노자는 현대 정서 심리학이 맞이한 가장 본질적이고 가장 괴로운 날, 심리학을 둘러싼 위기의 발작을 일으키며 심리학에 부담을 지우는 괴로운 날과 밀접하게 연결되어 있다. 스피노자의 문제는 그 해결을 기다리고 있으며 이 해결 없이 우리 심리학의 내일은 불가능하다.

골치우스는 손 한쪽을 화상으로 잃고 팔 전체를 사용하여 그림을 그리는 방식을 개발했던 노동 계급 출신의 조각가였다. 그 결과 그는 손을 섬세하게 움직여야만 하는 그림보다 판화와 잉크 드로잉을 선호했다. 그런 면에서 이 작품은 작가 자신과 예술사적 측면 모두에서 이례적인 것이다. 캔버스에 잉크로 그림을 그리고 유성 물감으로 따뜻한

H. 골치우스(Hendrick Goltzius), 세레스와 바쿠스가 없으면 얼어붙는 비너스, 1600
~1603.

색상을 칠한 것이다. 제목이 모든 것을 말하고 있긴 하지만 이 작품의
형식이 이를 다시 말해 준다. 고등 정서 기능을 포함하는 고등 기능들
은 저차적인 기능에 의존한다. 음식과 포도주가 없으면 사랑은 얼어붙
을 것이다.

　사랑은 비너스로 의인화된다. 포도주는 바쿠스로 의인화되고 곡물
은 세레스로 의인화된다. 역사적으로 예술과 종교에서 예술가와 신학

자는 의인화를 통해 어려운 아이디어를 표현하려고 했다. 그리스의 신들은 사랑, 전쟁, 지혜, 근면의 알레고리였다. 그리스도는 신성한 사랑을 의인화했고, 성자들은 성결과 자선 행위의 표상이 되었다. 특히 네덜란드의 가톨릭 지역에서는 이 작품과 같은 그림, 판화, 회화는 이러한 선례를 따랐다. 한편으로 이 작품은 정서를 인간다운 어떤 것으로 표현했다. 다른 한편으로 이 작품은 정서가 오늘날 만화책의 초능력자 같은 초인간적인 존재임을 제안한다.

스피노자 시대, 네덜란드의 카라바지오와 그 추종자와 같은 가톨릭 예술가들조차 골치우스 같은 초기 예술가들이 정서를 외현화하고 객관화하는 데 사용했던 의인화와 알레고리를 거부했다. 렘브란트와 베르메르의 손에서 그리스의 신들과 기독교 성인들은 친구, 이웃, 친척 같은 현실적인 인간이 되었다. 스피노자가 우리에게 남긴 문제는 느슨한 실을 묶고, 두 심리학이 거부했던 돌을 합치고, 고등 정서가 어떻게 유발되는지 정확하게 설명하는 것이다.

아마도 이 그림은 유심론적 목적론이 아닌 스피노자의 목적론에 대한 단서를 담고 있을 것이다. 스피노자 역시 의지는 정념의 악당들과 싸우는 만화책의 초능력자라는 데카르트의 아이디어를 거부했다. 그리고 비고츠키는 진정한, 인간 고유의 정서에 대한 인과 이론이 그의 생각에서 가능하게 되었다고 말한다. 비고츠키는 정서의 외현화가 심리학의 가장 괴로운 날과 연결되어 있다고 말한다. 이 표현은 성경의 다음 구절을 인용한 것이다.

그러므로 내일 일을 위하여 염려하지 말라. 내일 일은 내일이 염려할 것이요 한 날의 괴로움은 그날로 족하니라(마태복음 6: 34).

비고츠키는 정서 학설 집필을 위해 작성한 노트에 이 구절을 두 번이나 메모했다. 비고츠키는 실제 인간, 즉 어린이의 고등 정서 발달에 대한 연구를 토대로 기술 심리학의 정서에 대한 외현화와 객관화를 거부한다. 따뜻한 불꽃을 잡고 있는 것은 세레스도 바쿠스도 아닌 작은 큐피드라는 것을 유의하자.

19-58] 그러나 설명적, 기술적 정서 심리학, 즉 랑게와 딜타이(의 심리학-K)는 스피노자의 문제를 해결하면서 그의 학설로부터 완전히 멀어졌으며 우리가 위에서 드러내고자 했던 것과 같이 데카르트의 영혼의 정념 이론의 완전한 포로가 되었다. 이처럼 서로 타협할 수 없는 적대적인 두 부분으로 나뉜 현대 정서 심리학의 위기는 스피노자가 아닌 데카르트의 철학적 사상의 역사적 운명을 보여 준다. 이는 설명적 심리학과 기술적 심리학의 분수령이 되는 기본 지점인 인간 정서에 대한 인과적 설명의 문제에서 가장 명확하게 부각된다.

19-59] 실제로 우리는 바로 영혼의 정념에 대한 데카르트의 데카르트적 학설에 서로 공존하는 두 개의 독립적이고 대등한 부분으로서 엄밀히 결정론적이고 기계론적이며 인과적인 정서에 관한 학설과 순수하게 유심론적이고 비결정론적이며 목적론적인 지적 정념에 관한 학설이 포함되어 있는 것을 보았다. 영혼적 사랑과 관능적 사랑은 각각의 원천으로부터 생겨난다. 전자는 자유롭고 인지적인 영혼의 욕구로부터, 후자는 배아적 삶의 영양 섭취의 욕구로부터 생겨난다. 그들 간의 연결은 매우 모호하여 우리는 그들의 일시적 접촉이나 교류보다는 최초의 분리를 훨씬 더 명확하게 이해한다. 영혼적 정념과 관능적 정념은 서로 날카롭게 나뉘기 때문에 이들은 당연히 두 개의 완전히 다른 종류의 과학적 지식의 대상이 되어야 한다. 전자는 독립적이고 자유로운 영혼의 활동의 발현으로 연구되어야 하며 후자는 기계적 법칙에 종속된 인간의 자동성의 발현으로 연구되어야 한다. 이미 여기에 데카르트의 학설이 가정한 설명적 정서 심리학과 기술적 정서 심리학의 분리의 관념—스피노자의 정념 학설이 가정했던 설명적 느낌 심리학과 기술적 느낌 심리학의 통합을 똑같은 필연성으로 반대로 가정하는 관념이 이미 완전히 포함되어 있다.

데카르트가 분리한 것을
어떻게 똑같은 이유로
스피노자는 통합할 수 있는가?

J. 리스(Jan Lys, Johann Liss), 막달라 마리아의 유혹, 1626.

　리스는 암스테르담에서 골치우스의 제자였으며, 로마로 이주하여 루벤스, 카라바지오, 요르단스를 비롯한 가톨릭 화가들의 영향을 받았다. 이 가톨릭 화가들은 막달라 마리아를 개심한 매춘부로 여겼다 (15-7 글상자 참조). 마리아의 벌어진 입술, 반쯤 감긴 눈, 그리고 앞섶 풀린 블라우스를 언뜻 보고 우리는 그녀가 더 잘생긴 남자를 위해 다른 남자를 거부하고 있다고 상상한다. 따라서 우리는 여기서 영적 사랑과 육체적 사랑 간에 전혀 차이가 없다고 생각할 수 있다. 그러나 다시 한번 보면 잘생긴 남자의 날개와 그가 왼손으로 내민 성자의 종려나무 잎이 보이며, 우리는 그가 연인이 아니라 그녀를 죽음의 운명에서 구하러 온 천사임을 알게 된다. 그녀는 여전히 인간의 두개골을 무릎에 꼭 쥐고 있다(30대에 불과한 리스는 이 그림이 완성된 지 2~3년 만에 흑사병으로 죽었다).

　비고츠키는 스피노자가 영적 사랑과 육체적 사랑을 결합했듯, 데카르트는 동일한 확신, 필연성, 고집으로 이 둘을 분리한다고 말한다. 그리고 데카르트가 영적 사랑과 육체적 사랑의 분리를 주장하기 때문에, 두 개의 분리된 과학(영적 정서를 위한 목적론과 육체적 정서를 위한 생리학)을 주장해야 한다고 비고츠키는 말한다. 이러한 분열은 딜타이와 셸러가 이끈 기술적 목적론과 제임스와 랑게가 이끈 설명적 생리학으로 이어졌다. 그러나 스피노자는 영적 사랑과 육체적 사랑을 합칠 것을 고집한다. 천사가 잘생긴 연인으로 묘사된 이유는 무엇인가? 아마 스피노자가 말하듯이, 그리고 훌륭한 화가라면 모두 알고 있듯이, 강한 정념은 더 강한 다른 정념을 통해서만 극복될 수 있다(IVp7).

2021년 3월 부산시교육청은 중고등학생을 대상으로 성교육 책자를 도입했다. 한눈에도 이 성교육 책자들은 중학생과 고등학생도 구분하지 않는다. 교재의 저자들은 실제로 발달적 접근을 취하지 않으며, 두 책자 모두에 많은 양의 동일한 내용을 복사해서 붙여 넣었다. 그러나 다시 보면 이 책들은 데카르트적이다. 거기에는 건강과 윤리라는 두 개의 장만 있다. 그러면서도 디지털 성폭력 단원에서, 에이즈와 성병에 대한 단원에서, 그리고 심지어 '조건 만남'과 동의에 대한 단원에서도, 리스가 이 그림에서 우리에게 가르치고 있는 것과 완전히 똑같이, 육체적 사랑과 영적 사랑은 분리하기 어렵다는 것을 우리는 알게 된다. 아마도 리스처럼 우리는 이들을 함께 가르치려고 노력해야 할 것이다. 예를 들어 중고등학교 여학생을 대상으로 한 이 설문조사 결과가 마리아라는 이름의 어린 여학생의 이야기의 실제 시작이라고 상상해 보자.

19-60] 내장적 정념 이론을 발전시키면서 데카르트는 영혼이 정념

을 경험하도록 하는 비매개적이고 직접적인 정서의 원인으로 특별한 기관의 상태를 제시한다. 그 어떤 선을 행한다 하여도 그 안에는 기쁨의 느낌 자체가 포함되지 않는다. 그러나 뇌로부터 근육과 신경을 향하는 생명정기의 운동은 이러한 느낌을 일으키는 특성을 가지고 있다. 데카르트와 더 이후의 내장 이론의 대표자들 간의 차이에는 오직 세부 사항만이 포함될 뿐이다. 데카르트는 외적 운동이 아닌 내장기관의 변화만이 정서의 직접적 원인이라고 간주했다. 세르지가 말하듯이 우리는 그가 제임스와 함께 다음과 같이 말한다고 생각할 수 있다. 우리가 슬프기 때문에 심장이 수축하는 것이 아니라 심장이 수축하기 때문에 우리가 슬픔을 경험하는 것이다. 그러나 그는 우리가 도망가기 때문에 공포를 느끼며 남을 때리기 때문에 격분한다고는 결코 말할 수 없다. 이러한 의미에서 데카르트 이론은 이후에 랑게가 제시했던 변형과 더 가깝게 일치하며 제임스가 발달시킨 변형과는 어느 정도 멀어진다. 그러나 정념에 대한 인과적, 자동기계적 설명은 데카르트의 학설에서 웅장한 규모로 온전하게 나타난다.

알마나크가 누구인지는 아무도 모른다. 우리는 그가 이탈리아와 슬로베니아에 살았던 네덜란드인으로 본명이 알마나크가 아니라는 것만 안다. 이 그림에서 우리는 그가 어떻게 생겼는지 알 수 있다. 아마도 그는 가장 오른쪽에 파이프를 물고 있는 사람일 것이다. 우리는 인물들이 즐기는 게임도 알고 있다. 트라폴라는 승패가 부분적으로 기술— 모종의 이익을 얻고자 하는 주관적 노력, 즉 목적론에 기반을 둔 게임이다. 그러나 이 게임의 승패는 또한 부분적으로 운—노력과는 무관한 객관적 원인, 즉 기계적으로 결정된 결과를 기반으로 한다.

제임스는 쇼맨십이 있었다. 그는 "우리가 분노하는 것은 누군가를 때리는 감각을 느끼기 때문이다"나 "우리가 두려워하는 것은 스스로 도망하는 것을 느끼기 때문이다"와 같은 모순적이고 반직관적인, 그러나 기억에 남는 표현을 좋아했다. 그러나 데카르트는 일부 정서의 원

내장기관의 변화와 작동만으로 기쁨 등 인간 정서를 경험할 수 있는가?

알마나크(Almanach), 카드 하는 사람들, 1650.

인을 미래에 위치시킨다. 분노와 공포는 우리가 무언가를 박탈당할 것이라는 느낌에서 기인하며 기쁨은 카드놀이를 하는 이들이 곧 무언가 좋은 일이 일어날 것이라고 느끼는 것에서 온다는 것이다. 그러나 이 그림에서 볼 수 있듯이 기쁨의 외적 원인이 순수한 경우는 거의 없으며 결코 완전히 외적이지 않다. 카드 하는 이의 즐거움이 테이블 위의 돈에 대한 것인지 담배에 대한 것인지 아니면 술 주전자에 담고 있는 양철통의 포도주에 대한 것인지 말하기 어렵다. 따라서 데카르트와 랑게는 정서의 외적 원인을 무시하고 직접적 원인 즉 생명정기에만 초점을 맞추고자 한다. 영어로 술을 일컫는 명칭 중에 스피리트라는 단어가 있다. 우리는 이 그림에서 담배와 술로 인한 내장기관의 변화만으로도 즐거움을 경험할 수 있다는 것을 알 수 있다.

그러나 즐거움의 내적 원인도 순수한 경우는 거의 없으며 결코 완전히 내적이지 않다. 어떤 이들은 따분하고 내켜 하지 않으며 가만히 있지 못하고 쉽게 산만해지는 모습을 보여 준다. 사실 스피노자는 이를 쾌락이라고 부르지 않을 것이다. 그는 생명정기의 증가는 사실상 신체 활동 잠재력의 감소를 의미할 수 있다고 말할 것이다(IIIp56s). 예컨대 알마나크는 담배와 술을 지나치게 즐긴 바람에 다른 이들이 어깨 너머로 자신의 카드를 넘겨보는 것을 모르고 있다.

19-61] 우리가 앞에서 이미 보여 주었듯이 이것으로는 정념의 원인에 대한 데카르트의 학설을 끝까지 설명하지 못한다. 이는 그의 학설과 현대의 기술적 정서 심리학 사이에 다리를 놓는, 서로 연결된 두 관념으로 보충되어야 한다. 내장의 변화와 함께, 데카르트는 정서의 원인으로 사랑의 대상 혹은 혐오하거나 두려운 대상에 대한 지각, 기억, 관념을 여러 번 언급한다. 세르지가 여기에 포함된 모순을 지우려고 아무리 노력했어도 이는 성공적이지 못했다. 근접한 원인과 먼 원인의 구분이 마치 이 모순을 지우도록 해 주는 것처럼 보이는 것은 사실이다. 영혼의 정념의 최종, 최근접 원인은 생명정기가 일으키는 뇌 분비샘의 운동이다. 그러나 정념의 최초의, 먼 원인은 감각, 기억, 관념일 수 있다. 본질적으로 이는 데카르트의 이후 계승자들에 의해서도 완전히 수용되었다. 제임스와 랑게에게서도 마찬가지로 정서의 근접 원인과 최종 원인은 정서의 신체적 발현이다. 그러나 이 연구자들도 지각, 기억, 생각을 정서의 먼 원인으로 기꺼이 간주한다.

19-62] 정서에 대한 인과적 설명의 혼란은 거대한 중요성을 갖는 문제를 숨긴다. 한편으로 인간 자동성으로부터 일어나며 순전히 기계론적 법칙에 따라 발생하는 현상이 정서의 최후의, 직접적인 원인으로 인정된다. 기계론적 법칙이 마땅히 그러하듯 그에 종속된 현상들은 의미를 전혀 가지고 있지 않다. 이 측면에서의 이해할 만한, 유의미한 원인에 대한 질문 자체는 굴러가는 구슬이 멈춰 있는 구슬에 부딪혀 그것을 움직이게 하는 것의 의미를 묻는 것만큼이나 이상하다. 여기서 기계론적 관계의 적나라하고 절대적인 무의미성이 지배한다. 배고픔의 감각이 식욕과 내적으로 연결되어 있다는 사실에 우리가 놀라야 한다는 주장은 좀 이상하게 들리지만 논리적으로는 완전히 일관된다.

기계론자들은 왜 배고픔의 감각이
식욕과 내적으로 연결된다는 것에 놀라는가?

G. 메취(Gabriel Metsu), 나팔을 불고 있는 제빵사, 1668.

　가까이 지나가는 몇몇 행인들만 제빵사의 창문 왼편에 있는 고리 모양 베이글을 보거나 창턱 오른편에 있는 정교한 '다위버까떠르 duivekater'에 감탄할 수 있다. 더 많은 사람들은 아직 배경의 오븐 속에 있는 신선한 빵 냄새를 맡을 수 있다. 훨씬 더 많은 사람들은 그의 나팔 소리를 들을 수 있고, 그것이 좋은 음식을 의미한다는 것을 알고 있을 것이다. 그러나 당신이 너무 배가 고프지 않거나 멀리 떨어진 거리에 있다면, 당신은 분석적, 기술적, 목적론적 방식으로 이 제빵사에게 접근할 것이다. 당신은 나팔 소리를 듣고 그것의 목적이나 목표를 인식한다. 당신이 가까워짐에 따라 빵의 냄새와 모습은 나팔이 가리킨 것을 의미할 뿐이며, 배고픔을 유발하지는 않는다. 당신은 이미 아침을 먹었기 때문이다.

데카르트는 시각과 후각이 우리의 감각과 기계적 관계를 가진다고 믿었다. 우리가 빵을 보는 것은 빵이 망막에 흡수되는 광선을 발산하기 때문이며, 우리가 빵의 냄새를 맡는 것은 빵이 코가 감지할 수 있는 기체나 입자를 방출하기 때문이다. 파블로프의 조건반사 이론으로, 사람들이 제빵사의 나팔 소리를 들었을 때 침을 흘리는 이유를 인과적으로 설명하는 것이 가능하게 되었다. 그러나 비고츠키가 지적하듯, 이러한 인과적, 설명적 접근은 인간적 의미, 예컨대 낱말 의미나 심지어 나팔의 의미를 다룰 수 없다. 망막을 때리는 광선이나 코로 들어오는 기체의 의미는 다른 구슬과 충돌하는 구슬의 의미 이상을 갖지 않는다. 사람들은 의미를 품지만, 눈과 코는 그렇지 않다.

스피노자는 사람들이 코나투스conatus를 가진다고 믿었다. 사람들은 계속해서 존재하기를 원하며, 이러한 존재를 향한 충동은 몸과 마음 모두로 확장된다. 그래서 스피노자는 충동이 인간의 본질 자체라고 말한다(IIIp9s). 의식적인 충동은 욕망이라고 불린다. 그러나 충동은 또한 아주 무의식적일 수 있다. 우리는 비타민D나 철분, 요오드에 대한 우리의 충동을 결코 의식하지 못하기 때문에, 우리가 음식에 대한 우리의 욕망을 의식해야만 하는 명백한 이유는 없다. 이런 의미에서 충동이 직접적이고 근접한 최후의 원인이 아니라 최초의, 원초적, 일반적 원인이라는 것은 확실한 사실이다. 파블로프와 제임스-랑게에 따르면 직접적 원인은 타액 분비이며, 이는 실제로 기계적이고 따라서 무의미하다.

마르크스는 "인간의 본질은 한 개인에 내재된 추상물이 아니다. 그것은 그 현실에서 사회적 관계의 총체다"라고 믿었으며, 인간의 본질은 "많은 개인들을 단지 자연적으로 묶고 있는 내적이고 말이 없는 일반성"(포이어바흐에 관한 6번째 테제)이 아니다. 충동이 욕망이 될 때, 우리는 우리의 본질을 의식하게 된다. 그러나 그것은 우리가 빵 굽는 사람과 그의 나팔 소리를 알 수 있는 사회에서만 일어난다.

19-63] 지금까지 모든 것이 분명하게 남아 있다. 그러나 특정한 지점에서 시작하면서, 기계론적 측면에서의 적나라한 무의미성은 정서에 대한 가능한 인과적 고찰을 모두 충분히 완전하게 설명하지 못한다는 것이 드러난다. 기묘하게도 이 상태의 출현에 전혀 필수적이지 않고 그 존재 속에서만큼이나 그 부재 속에서도 자유롭게 정서가 생겨날 수 있는 가장 무관하고, 가장 멀며, 가장 일차적인 정서의 원인은 언제나 그 자체의 결과와 이해 가능한 연결로 직접 이어져 있는 어떤 유의미한 관계를 맺고 있다. 만일 의견이 정서의 원인이라면, 사랑스러운 대상의 관념이 사랑의 원인이고 혐오스러운 대상의 관념이 혐오의 원인이라는 것이 사실이라면, 그리고 기쁨은 우리가 어떤 선을 획득했다는 의견에서 나타난다는 데카르트의 주장이 사실이라면 정서는 가치적이고 내포적이며—즉 대상에 대한 특정한 지향과 연결되어 있으며— 내재적으로 유의미한 고찰과 설명을 허용할 뿐 아니라 필요로 한다는 것이 드러난다. 이 짧은 정의에 셸러의 학설이 고등한 정서와 저차적 정서를 구분하는 모든 방법론이 포함되어 있다.

19-64] 정서를 고찰하는 두 방법은 두 평행선과 같이 어디서도 만나지 않으며 서로 교차하지 않는다. 이들 중 어느 것도 다른 것의 보완을 필요로 하지 않는다. 그들은 일반적으로 서로와 그 어떤 원칙적 관계도 맺을 수 없다. 뮌스터베르크는 아마도 각각의 정서가 내포적 관점에서 영혼의 활동으로 이해될 수 있는 만큼이나 또한 인과의 범주에서 이해될 수 있다고 말할 것이다. 우리는 각각의 정서를 두 개의 관점으로 고찰해야 한다. 이 관점들은 끝까지 발전시킬 경우 우리 내적 삶에 대한 서로 다른 두 이해 방식, 원칙적으로 다른 이론적 학문 분야로 우리를 이끈다. 즉 하나는 정신적 삶을 의식의 내용의 총합으로 기술하여 설명하고 다른 하나는 동일한 정신적 삶을 목적 지향적이고 유의미한 관계의 총합으로 해석하고 이해한다. 이 분야 중 하나는 인과적 심리학

이며 다른 것은 목적론적, 내포적 심리학이다.

정서를 고찰하는 방법으로
삶의 방식을 해석할 수 있을까?

렘브란트(Rembrandt), 아이를 안고 계단을 내려오는 여인, 1635.

어린이의 공포는 혐오하는 대상(계단)에 의해 즉각적으로 야기된다. 그러나 어린이의 공포는 사실 계단 자체가 아니라 위험에 대한 그의 판단에서 기인할 수도 것이다. 어린이는 이전에 계단에서 넘어져 굴렀던 기억을 떠올리고 있는 것이다. 그렇다면 공포의 원인은 현재 존재하는 것이 아니다. 그러나 공포가 최근접 원인에 기인하든 최원거리 원인에 기인하든 어린이의 감정은 동일한 공포가 아닌가? 계단을 무서워하는 것과 추락의 기억이 두 개의 상이한 정서의 원인이라고 우리가 말한다 해도 이 중 하나는 인과적으로 연구될 수 있는 저차적 정서이며 다른 하나는 기술만이 가능한 고등한 정서라고 말할 수 있을까?

여인은 그렇게 생각하지 않는다. 그녀는 아이를 안고 키스를 하며 그의 공포 대상을 거꾸로 향하게 하며 계단을 내려오고 있다. 그녀의 배려는 아이가 무서워하는 모습에서 직접적으로 야기되었다. 그러나 이는 단지 무서워하는 모습뿐 아니라 (다소 거리가 먼) 그들 사이의 관계 즉 자매 관계 혹은 모녀 관계에 의해 야기되었을 수도 있다. 여인에게 그녀의 사랑이 최근접 원인에 의한 것인지 원거리 원인에 의한 것인지를 구분할 필요성이 없으며 사랑과 공포의 최근접, 원거리 형태를 위한 개별적 과학을 발전시킬 필요도 역시 없다. 물론 그녀는 아이를 거꾸로 안고 계단을 내려가는 것이 넘어질 위험을 높인다는 것을 알고 있다. 그럼에도 그녀는 아이의 공포는 감소시키고 자신의 기쁨은 증대시킴을 알고 있다. 그리고 바로 그것이 렘브란트가 갈색 잉크로 포착한 이 순간의 정수이다.

19-65] 자료의 차이는 전혀 없으며 모든 느낌은 내포적 관점에서 만큼이나 인과적 범주에서도 이해될 수 있다는 뮌스터베르크의 말에 우리는 동의하지 않을 수도 있을 것이다. 그러나 그렇게 하면, 정서를 인식하는 두 가지 상이한 방법 간의 자료의 구분으로 셸러와 함께 나아가게 된다. 여기서 불가피하게 대상과 간접적으로만 연결되어 있으며 대상에 대한 내재적 지향성을 전혀 가지고 있지 않고 그 토대에 놓인 인과적 연결의 사실적 진술만을 허용하면서 의미적 이해에는 전혀 닿을 수 없는 저차적 느낌은 설명적 심리학의 대상이 되는 반면, 처음부터 대상에 대한 내재적 지향성이 존재하는 고등한 느낌은 영혼에 대한 기술적 심리학의 가장 직접적인 대상이 되는 그 의미적 연결과 의존성

에 대한 목적론적 고찰을 필요로 한다.

19-66] 이후 기술적 심리학에서 여러 방향성으로 구체화된 이러한 두 가능성은 열려진 채로 남아 있지만 이 둘은, 정서의 인과적 조건성의 이중적 유형에 대한 데카르트의 학설에 논리적 결론으로 완전히 포함되어 있다. 이 학설에 따르면 정서는 어떤 때는 자동적으로 진행되는 신체적 변화에 의해 인과적으로 조건화되는 것으로 간주될 수 있으며, 어떤 때는 가치 있는 체험에 유의미하게 의존하는 것으로 간주될 수 있다. 두 가지 고찰 방식은 원칙상 절대적으로 독립적이며 그 안에 전체적이고 완전한 진실을 품고 있다.

19-67] 이 두 개의 동등하게 옳고 동등하게 가능하며, 서로 독립적인 인간 정서적 삶에 대한 고찰 방식의 인정 여부에 따라 우뚝 서거나 몰락하는 현대 정서 심리학은 동일한 결론에 도달한다. 딜타이도 뮌스터베르크도, 기술적 심리학의 지지자 중 누구도, 우리가 보았다시피 데카르트의 제1원칙, 정서적 삶에 대한 엄밀한 기계론적 인과적 설명을 거부하지 않는다. 뮌스터베르크 같은 이들은 모든 느낌이 인과의 범주와 목적의 범주에서 연구의 대상이 되어야 한다는 것을 수용한다. 셸러와 같은 다른 이들은 신의 것은 신에게 가이사의 것은 가이사에게 돌리며 설명적 심리학의 관할 영역 안에 모든 저차적 느낌을 넣고, 영혼의 기술적 심리학의 영역 안에 고등한 인간 느낌의 영역을 넣는다. 이러한 구분은 사태의 본질을 바꾸지 않으며 정서에 대한 불가피한 이원론이라는 기본적 관념을 바꾸지 않는다.

이 작품은 매너리즘을 보여 준다. 네덜란드 작가들은 르네상스 절정기의 우아함과 자연주의에 대하여 비틀린 자세, 한쪽으로 치우친 구성, 터무니없는 이야기로 대응했다. 에티오피아의 왕 케페우스는 자신의 딸이 바다 신의 딸보다 더 아름답다고 자랑을 한다. 그러자 바다의 신은 바다 괴물을 보내서 그의 백성들을 잡아먹게 한다. 절망에 빠진

J. 브테바엘(Joachim Wtewael), 페르세우스와 안드로메다, 1611.

케페우스는 딸 안드로메다를 제물로 바치는 데 동의한다. 그러나 날개 달린 말을 타고 지나가던 페르세우스가 괴물을 죽이고 안드로메다를 구한다.

독일 심리학은 신체적, 감각적 삶에서 상상과 창조적 영혼의 절대적 독립성을 주장하는 터무니없는 방식으로 제임스와 랑게의 자연주의에 대응했다. 뮌스터부르크를 비롯한 일부 연구자는 연구 주제는 그대로 유지하고 과학을 분리하는 방식, 즉 각각의 모든 정서는 영혼의 행위나 혹은 신체의 사건으로 간주할 수 있다는 식으로 대응했다. 셸러를 비롯한 다른 연구자들은 과학은 그대로 유지하면서 주제를 분리하는 방식, 즉 생리학에 토대한 정서는 생리학자에게, 신에게 온 정서는 신에게 부여하는 식으로 대응했다. 이 두 관점 모두 주제의 본성을 바꾸지 않으며 기본적 접근법에 내재한 이원론을 바꾸지 않는다.

예술 운동으로 매너리즘은 비틀린 자세나 이상한 이야기에 대한 관객들의 선호에 따라 우뚝 서거나 몰락한다. 그러나 예술 전반 심지어 17세기 네덜란드 예술에서조차도 특정한 선호가 예술의 존속에 영향을 미치지 않는다. 네덜란드 리얼리즘의 위대한 발견을 이루는 모든 요소가 바로 이 그림에 있다. 그림 하단에는 이후의 그림에서 우리가 발견하는 것과 같은 조개 껍데기와 해골의 '바니타스'가 이미 등장한다. 그림 왼편에는 안드로메다의 오른손이 나뭇잎이 달린 아주 평범한 나뭇가지를 우리에게 보여 준다. 양손의 섬세한 포즈는 마치 그녀가 해산물 뷔페에서 먹을 새우를 고르고 있는 것처럼 보인다. 그림 오른편에 있는 용(괴물)은 사실주의 정물화에 종종 등장한 랍스터를 연상시킨다. 그림의 구도에서 텅 빈 중앙에는 평범하게 낚시하는 삶이 단순한 장면으로 자리 잡고 있다. 매너리즘은 사물의 본질을 바꾸지 않는다.

19-68] C. G. 랑게는 그 자신이 스스로의 연구에서 확립한 인과적 정서와 더불어, 이전 고통에 대한 기억을 그 원인으로서 간주할 있는 정서의 연구 또한 가능하다고 가정한다. 이것이 문제를 생리학의 영역으로 옮기는 것이 아님은 사실이다. 이는 정서에 대한 다른 과학의 과업이다. 그러나 한 번은 정서의 원인이 기억이고 다른 한 번은 혈관운동 반응일 것이라고 상정하는 것, 두 가지 인과적 설명 방식이 서로 동등하고 독립적이며 상호의존하지 않는다는 명제 자체는 우리를 데카르트의 정서에 대한 이중적 고찰 학설로 이끈다. 즉, 정서를 기억 및 관념과의 유의미한 연결의 견지에서, 그리고 신체적 원인에 대한 기계적인 의존성의 견지에서 고찰하는 학설로 전적으로 완전히 회귀하도록 한다.

그러나 이것이 모든 느낌이 인과의 범주에서만큼이나 내포적 관점에서 이해될 수 있다는 뮌스터베르크의 생각과 과연 조금이라도 다를까?

이전 고통에 대한 기억을
그 원인으로 간주할 수 있는
정서의 연구가 가능한가?

G. 플링크(Govert Flinck), 미망인의 초상을 통한 오라녜 공의 추모에 대한 알레고리, 1654(이미지 제공: 네덜란드 헤이그 마우리츠하위스 미술관).

이 그림과 같은 우화적 초상은 마치 시처럼, 고통스러운 기억을 고요함 속에서 반성하고 이미지로 분석하는 역할을 한다. 이것이 일어나는 한 가지 방법은 의인화, 심지어 이중 의인화를 통하는 것이다. 지혜나 기억과 같은 어떤 특성은 그리스·로마의 신이나 여신으로 의인화된다(예컨대 '지혜'는 '미네르바'로 의인화된다). 동시에 자매나 부인과 같은 실제 인물이 신이나 여신으로 의인화된다(**18-7**과 **19-20**의 글상자 참조).

랑게는 어떤 정서(죽은 남편에 대한 애도 등)가 혈관운동계의 변화가 아니라 기억에 의해 유발될 수 있음을 인정한다. 이는 캐논이 발견하고 I권에서 시상 이론으로 공식화한 '이중 원인'이라는 사실로 우리를 되돌아가게 만든다. 그러나 그것은 또한 우리를 어떤 정서는 신체의 정념이고 어떤 정서는 영혼의 기억, 관념, 활동이라고 믿었던 데카르트로 되돌아가게 만든다. 뮌스터베르크가 덧붙인 것이라고는 이러한 분리에서 파생된 완전히 다른 두 과학, 즉 생리학과 현상학이다. 비고츠키에게서 고등 정서의 원인은 개인 생리학이나 개인적 경험에서 찾을 수 있는 것이 아니다. 그것은 다른 사람들, 가족, 공동체, 사회, 그리고 문화적 기호 체계 속에서 찾을 수 있다.

이 그림에서 나타난 문화적 상징은 의인화뿐이 아님에 유의하자. 기억은 책(아마도 가족 역사에 관한)으로 구체화된다. G. 플링크가 슬픔에 잠긴 미망인을 위해 이 우화를 그렸을 때, 오라녜 공은 이미 죽은 지 7년이 넘었고 네덜란드는 민주 공화국이 된 상태였다. 왼편에 닻을 가진 여성은 오렌지 나무 가지를 가지고 있다. 그녀는 딸이 아니라, 오라녜 가문이 복원되길 바라는 희망이 의인화된 희망의 여신이다. 이 희망은 스피노자가 목격하고 애도했던 더빗 형제의 피의 살인을 통해서 이루어진다(**7-1** 글상자 참조). 이 그림은 단순히 기억을 묵상하거나 슬픔을 분석하는 방법이 아니다. 그것은 또한 복수의 무기이기도 하다.

19-69] 아마도 C. G. 랑게는 수년 후에 P. 나토르프가 심리적 현상을 고찰하는 두 개의 가능한 방법의 차이를 본질적으로 동일하게 반복

했다는 것을 알았다면 매우 놀랐을 것이다. 논의가 심리적이라고 불리는 현상의 인과적 법칙을 밝히는 것에 대해 이루어지는 한, 고찰은 의식적이고 체계적으로 일관되며 그 어떤 형이상학적 편견과 연결되어 있지 않은, 감각기관과 뇌에 대한 자연 과학적이고 주로 생리학적인 연구 이외의 다른 것이 될 수 없다. 이는 단지 자연과학의 한 분야로서 심리학보다는 생리학이라고 부르는 것이 더 나을 것이다. 그러나 이러한 연구와 함께, 심리적 삶을 인식하는 다른 방식이 있는데, 그 고유한 과업은 기술이나 설명, 인과적 연결의 해명이 아니라 체험된 모든 구체성을 재구성, 복원, 재창조하는 것이다. 심리적 현상이 인과적 설명을 요구하고 그것을 상정하는 만큼 이는 생리학적 지식의 대상이 된다. 심리적 현상의 내적 고유성 전체가 이해되는 한, 이는 인과적 필연성에 대한 그 어떤 해명도 필요로 하거나 상정하지 않으며, 설명이 아닌 재진술을 그 이상理想으로 하는, 체험에 대한 완전히 구체적 재현을 통해서만 인식될 수 있다. 과학적 지식은 본질적으로 체험 자체에서 직접적으로 드러난 것에 어떤 새로운 것도 덧붙일 수 없다. 그것(과학적 지식-K)은 체험의 관계에 대한 유일한 설명은 체험된 관계 자체라고 동어반복적으로 주장할 수 있을 뿐이다.

*P. 나토르프(Paul Natorp, 1854~1921)는 H. 코헨의 제자이자 E. 카시러의 스승이었다. 나토르프는 정서를 인과적 생리학과 기술적 심리학으로 나누는 관점을 갖는데, 비고츠키는 랑게가 이를 알게 되면 매우 놀랄 것이라고 말한다. 제임스와 랑게는 칸트의 초월적 관념론을 적대시했으나 신칸트학파에서 주장하는 바는 그들의 이론과 일맥상통하기 때문이다. 나토르프는 마르부르크 신칸트학파의 창시자였

다. 이 문단에서 비고츠키가 언급하는 것은 아마도 나토르프의 1912년 저서 『Kant and the Marburg School(칸트와 마르부르크 학파)』인 것으로 보인다. 이 저작에서 나토르프는 심리 경험에 대한 과학적 관찰은 불가능하지만 이를 신체 과정과 같은 이미 객관화된 대상을 통해 간접적으로 연구하는 것은 가능할 수 있다고 언급한다. 랑게가 칸트에 대해 매우 비판적이었다는 것(**12-63~12-68** 참조)을 기억해 보자. 나토르프는 성공한 작곡가이기도 했으나 브람스는 그에게 본업에 충실하라고 설득했다.

19-70] C. G. 랑게는 정서의 심리적 원인과 생리적 원인을 구분하는 것은 멀리까지 영향을 미치는 결과를 낳는다는 것을 알고 있었다. 다양한 심리적 원인들이 심지어 어떤 동일한 정서의 원인일지라도 이들이 본질적으로 동일한 현상을 일으키지는 않는다. 유령에 대한 공포는, 예컨대 적의 총탄을 마주한 공포와 동일한 형태를 띠지 않는다(Г. Лан re, c. 60-61). 랑게의 이 주장을 끝까지 밀고 나가면 고찰 중인 현상의 진정한 과학적 과업은 다양한 유형의 영향에 대한 혈관운동계의 정서적 반응을 정확하게 기술하는 것뿐 아니라 정서를 일으키는 원인에 의거하여 정서의 형태나 색채를 완전히 규칙적으로 해명하는 것이다. 인과적 설명의 과업이 자연과학적 지식에서 2차적인 것으로 인정될 수 없다면 유령에 대한 공포와 적의 총탄 앞에서의 공포는 완전히 고유한 형태의 공포로서, 그 원인과 연결 짓지 않고서는 설명되거나 과학적으로 인식될 수 없을 것이다. 정서에 대한 생리학적 설명과 더불어 순전히 심리학적인 설명이 존재해야 한다는 것이 분명하다. 그러나 과연 이는 정념의 이중적 원인의 고찰—어떤 때는 하등한 생명정기의 운동에 의해 일어나며 어떤 때는 사랑하거나 혐오하는 대상에 대한 관념에 의해 일어난다—이 가능하다는 데카르트의 학설로 우리를 돌아서게 하지 않

는가?

19-71] 심리적 정서와 생리적 정서 사이에는 원인의 차이가 존재하며 또한 이 해당 원인(심리적, 생리적 원인-K)에 대한 의식의 참여와 부재에 따른 차이가 존재한다. 원인과 그에 대한 의식은 우리가 보았다시피 체험되는 정서와 무관하게 남지 않고 언제나 이 정서에 완전히 특정한, 다른 정서와 구분되는 형태를 부여한다. 그러한 원칙에 따라 정서를 구분하고자 하는 이가 있다면(같은 책, c. 66) 물론 이에 대해 반대할 수 없다. 생리학의 영토에 온전히 머무르면서 랑게가 정서의 심리적 원인과 생리적 원인 사이에 정확한 경계를 그을 가능성을 보지 못한 것은 완전히 당연하다. 따라서 그에게는 상이한 기원(심리적 기원과 생리적 기원)을 갖는 정서들 사이의 유사점이, 많은 경우에 강력하게 눈에 띄어 그들 사이의 차이점보다 훨씬 더 두드러지게 나타난다. 그러나 이는 어디까지나 우리가 생리적 정서의 영토에 머무르는 한이다. 우리가 정서를 다른, 심리적 측면에서 연구하기 시작하면 유사점보다 차이점이 훨씬 더 본질적이라는 것이 분명하게 드러난다.

19-72] W. 제임스와 C. G. 랑게는 정서적 체험 자체를 인과적 형태로 설명하려 하면서 순수한 생리학의 경계를 넘고 생리학적 심리학의 단면에서 연구를 발전시키는 한에 있어서, 뮌스터베르크의 옳은 지적에 따르면 모든 옛 심리학의 특징적 면모를 이루는 인과적 관점과 목적론적 관점의 혼합을 피할 수 없다는 것을 어렴풋이 느낀다. 랑게가 공포의 본질을 기술하면서 맥박 및 안색과 더불어 말의 또렷함과 생각의 명확성을 포함하며 이들을 공포의 생리적 증상과 나란히 열거할 때 그는 정서연구에서 서로 다른 두 유형의 측면의 혼합을 가장 명확하게 인정한다. 이와 완전히 똑같이, 제임스는 흥분의 격동과 안면으로의 혈액 유입, 비강의 확장, 이 악물기, 활력적 활동으로의 욕구로 환원한 분노 상태를 묘사하면서 명확하게 정서연구에 대한 내포적 접근과 인과적

접근을 뒤섞는다. 엄밀히 말해 이 악물기와 활력적 활동으로의 욕구에 공통적인 것은 무엇이며, 맥박 저하와 생각의 불명료성에 공통적인 것이 무엇이란 말인가?

비고츠키는 생리학적 관점에서 동일하게 보이는 현상들이 심리학적 관점에서는 어째서 전혀 공통점이 없다고 말하는가?

A. P. 반 데 베네(Adriaen Pietersz van de Venne), 분노의 일격, 1625.

엄밀히 말해 이 자세는 불가능하거나 최소한 자연스럽지 않다. 전면의 남자처럼 한 발로 서서 다른 다리를 그림처럼 옆으로 굽힌 채 균형을 잡고 있는 상태는 상상하기 힘들다. 이 그림은 작가의 상상으로 그려졌다는 사실을 알 수 있다. 또한 우리는 반 데 베네가 다빈치의 균형에 지루해져 있었으나 아직 렘브란트의 사실주의는 만나지 못한 후기 르네상스의 매너리즘에 큰 영향을 받았음도 알 수 있다.

제임스와 랑게 역시 그림의 남자와 유사하게 불가능한 자세를 취하고 있다. 랑게는 그림 속 남자의 공포가 한편으로는 두근대는 심장과 빠른 맥박을, 또 다른 한편으로 '명확한 사고와 분명한 말'을 포함한다고 말한다. 이들은 전혀 다른 두 현상들이다. 제임스는 그의 추종자들의 분노가 한편으로는 이를 악무는 것과 같은 비의지적 반응을, 다른 한편으로는 동료를 막대로 내리치는 분명한 의지적 경향성을 포함한다고 말한다. 비고츠키가 말하듯 엄밀히 말해 이 둘은 전혀 공통점이 없다.

19-73] 제임스-랑게 이론에는 기술적 느낌 심리학으로 구현되는, 다른 방식의 정서 고찰 방식의 보완에 대한 요구가 은밀하게 포함되어 있다. 이는 다음에서 선명히 드러난다. 제임스는 자신의 이론을 거듭거듭 고찰하면서, 우리가 보았듯이 정서적 현상에서 우리는 단순 반사만을 보는 것이 아니며, 언제나 이 현상들은, 주어진 외적 인상에서 획득되는 고유한 의미와 뜻에 대한 의식을 개인 속에 전제로 한다는 주장에 도달한다. 공포, 분노 및 다른 반응들과 이와 연결된 충동적 행동은 외적 인상이 개인에 의해 이해되어 그에게 공포나 분노의 대상이 된다는 사실로부터 일어난다. 셸러는 이러한 진술을 기꺼이 승인했을 것이다. 이 진술은, 우리의 구체적 느낌을 매번 규정하고 조건화하는 정서의 내포적인 대상 지향성이라는 관념과, 의미적 연결과 의존성을 설명할 필요성을 온전히 그 안에 포함하고 있기 때문이다.

19-74] 기술적 느낌 심리학의 관념이 데카르트의 추론의 연쇄 속에 그리고 모든 설명적 정서 이론 중 가장 최근의 것인 제임스-랑게 가설에 내적으로 필수적인 고리로 포함되어 있다는 것에 그 어떤 의심도 남기지 않기 위해 데카르트의 순수하게 영혼적, 지적인 정념 학설, 신체

에 의존하지 않고 온전히 실현될 수 있는 정서에 대한 학설, 세르지가 내장적 정서 이론의 폐허를 발견했던 학설을 떠올려 보도록 하자. 이 학설에 따르면 정서는 표상과 표상의 역할 수행에 직접적으로 연결되어 있다고 그는 말한다. 데카르트 학설의 이 지점에서 세르지는 생리학적 경향성으로부터 지성주의적이고 궁극원인론적인 경향성으로의 이행을, 새로운 지평을 여는 절대적으로 새로운 관점으로의 이행을 올바르게 발견한다. 우리는 이 새로운 경향성, 이 새로운 관점, 이 새로운 지평을 이미 충분히 상세히 추적했으며 잘 알고 있다. 이는 느낌적 기술 심리학의 방법론적 체계 이외의 다른 것이 아니다.

19-75] 이와 유사하게 순수하게 우리 생각의 활동성으로부터 일어나는 독립적인 정서에 대한 제임스의 학설은 그 이후의 발달로, 일관된 느낌적 기술 심리학 이외의 다른 것을 전제할 수 없다. 기술적 느낌 심리학은 정서를 인과적 범주가 아닌 내포적 관점에서, 우리 영혼의 삶을 규정하는 내적 관계의 세계를 드러냄을 통해, 영혼의 활동으로 간주한다. 체험에서 직접 드러나는 유의미한 연결과 관계의 직관적 이해 이외에 이 순수하게 유심론적 느낌에 대한 과학적 인식에 남는 것은 무엇이겠는가?

> 다니엘서 14장 1~22절의 내용이다. 페르시아인 키루스가 다니엘에게 벨을 향해 절하라고 명한다.. 다니엘은 손으로 만든 우상이 아닌 살아 계신 하나님을 숭배한다고 말한다. 키루스는 과학적인 실험을 제안한다. 벨의 동상 앞에 음식을 놓고 사원의 문을 잠근 것이다. 다음 날 음식은 모두 사라졌다.
> 그러나 스피노자에게 이런 실험은 가장 단순한 종류의 지식, 즉 이미지, 인상, 다른 이들의 의견에 토대한 지식만을 양산할 뿐이다. 이런 종류의 지식은 무지보다 낫지만 항상 타당하지 않다. 왜냐하면 어떤 실험도 관찰 불가능한 영향을 통제할 수 없기 때문이다. W. 제임스는 자신의 어린 아들이 죽은 후에 이런 종류의 수많은 실험을 수행했

렘브란트(Rembrandt), 우상 벨 앞에 있는 다니엘과 키루스, 1633.

던 심리 연구 학계의 수장이 되었다. 이런 실험들은 때로 영의 존재를 입증하기도 하고 또 때로는 영의 존재를 반증하기도 했다. 다행히도 인간은 추상적 추론에 토대한 두 번째 유형의 지식과 스피노자가 직관이라고 불렀던 것에 토대한 세 번째 유형의 지식에도 접근할 수 있다.

예를 들어, 스피노자는 '3의 규칙'을 제시한다. a, b, c 세 수가 있을 때 a/b = c/d인 네 번째 수 d가 존재한다. d의 값을 구하려면 b×c/a의 값을 구하면 된다. 첫 번째 유형의 지식을 사용하면 이 규칙은 실험 연습이나 수업을 통해서 사용할 수 있게 된다. 즉, 사업상 거래나 학교 수업에서 배울 수 있다. 두 번째 유형의 지식을 사용하면 유클리드가 책 7권의 7번 명제를 가지고 했던 것처럼 이 규칙을 증명할 수 있다. 그러나 1, 2, 3, 6과 같이 작은 숫자를 사용한다면 이 규칙은 필요가 없다. 왜냐하면 2×3을 1로 나누면 6과 같다는 것을 직관적으로 알기 때문이다.

이 단락에서 비고츠키는 W. 제임스가 1901년에 수업했던 자연신학에 관한 기포드 강연을 언급하고 있다. 이 수업 내용은 후에 『종교적 경험의 다양성』이라는 책으로 출판되었고, 비고츠키는 10대에 이 책을 읽었다. 비고츠키가 말했듯이 이 책은 전적으로 기술적인 관점에서 쓰인 것이다. 스피노자는 이 책을 세 번째 지식을 검증하는 첫 번째 지식이라고 말할 것이다. 스피노자는 또한 첫 번째 지식을 이해하기 위해서 세 번째 지식을 사용하는 것이 더 안전할 것이라고 말할 것이다. 그리고 비고츠키는 이에 분명히 동의할 것이다. 실험 없는 이론은 백일몽이고 이론 없는 실험은 암중모색일 뿐이기 때문이다.

다니엘 역시 작은 실험을 수행했다. 그는 사원 앞 바닥에 미세한 재를 뿌렸다. 다음 날 재에 난 수많은 발자국들은 벨의 사제들과 부인, 자녀들이 제사 음식을 먹기 위해 이용한 비밀 통로를 보여 주었다.

19-76] 여기서 우리는 현대 정서 심리학에서 인과적 설명 문제의 연구를 결론짓고 이것이 우리를 이끄는 결과를 요약할 수 있다. 우리는 자연주의적 정서 이론이 그 이론에 포함된, 인간 느낌의 본성에 대한 진정한, 즉 인과적 지식의 가능성으로 과학적 생각을 유인했음을 보았다. 이것이 랑게와 제임스의 가설이 지향했던 최고의 지점이었으며 이들은 그에 도달하는 것을 최고의 승리로 보았다. 진정한 의미의 과학으로서 정서 심리학의 창시와 이 영역에서 형이상학적 학설의 전복은 이들이 볼 때 정서적 삶에 대한 엄밀한 인과적 설명의 가능성의 증거와 직접 연결되어 있었다. 그러나 자연주의적 이론은 바로 인과성의 문제에서 가장 현기증 나는 파국을 맞이했다. 이 이론이 지향했던 최고의 지점은 그것의 파멸과 멸망의 지점인 것으로 드러났다. 인과의 문제는 현재 정서 심리학을 내적으로 서로를 전제하는, 두 개의 양립할 수 없는 부분으로 나누었다.

BTS는 〈피 땀 눈물〉의 뮤직 비디오를 시작할 때 이 그림을 이용한다. 영상의 시작 부분에서 '진'은 순백의 천구(상단)로부터 루시퍼가 이끄는 반역 천사들의 어두운 무리가 쫓겨 나와, 우리 자신이 서 있는

P. 브뤼헐(Pieter Brueghel), 반역 천사들의 몰락, 1562.

것으로 보이는 어둠의 곤충들로 가득 찬 구멍으로 던져지는 것을 주의 깊게 관찰한다. 그는 여전히 인간과 같은 얼굴을 하고 있는 생물체 (하단 중앙에 있는 놀란 젊은 여자 천사 등)를 보며 공포에 질린다. 오른쪽 하단에서 갈라진 배 속에 해충의 알을 드러내고 있는 생물체들은 이미 물고기의 얼굴을 하고 있는 반면, 다른 것들은 돋아난 곤충의 날개를 가지고 있다. 진은 루시퍼가 목표로 하고 있는 정점이 어떻게 붕괴와 소멸의 지점이 되는지 생각하고 있는 듯하다.

중세 유럽의 대부분의 기간 동안, 과학은 본질적으로 플라톤적이었다. 정신 현상은 원거리에서 작용하는 추상적 본질이었다. 인간의 정서는 어두운 동굴의 벽에 투영된 신체의 그림자였다. 그러나 토마스 아퀴나스와 함께, 유럽은 정신 현상은 신체 현상을 내용으로 하는 형식이라는 아리스토텔레스의 전통을 발견하기 시작했다. 이러한 아리스토텔레스적 관점은 원거리에서의 인과관계의 개념을 제거하고, 최후의 위대한 아리스토텔레스주의자였던 데카르트가 우리에게 정서를 정념이나 기계 속의 유령, 즉 영혼의 작용으로 보는 완전히 기계론적인 관점을 제시하도록 했다.

비고츠키에 따르면, 이러한 데카르트적 관점은 제임스와 랑게를 '원거리 작용' 없이 정서를 설명할 가능성으로 유혹했다. 비고츠키가 여기서 말하듯, 제임스와 랑게는 과학을 선과 악과 같은 느낌에 대한 진정한 지식, 즉 인과적 지식의 가능성으로 유혹했다. 우리가 물고기나 심지어 곤충들과도 공유하는 감각을 이해함으로써, 우리는 우리로 하여금 사랑하고 번식하고 싶게 하는 느낌(우리에게 종으로서 일종의 영생을 제공한다)을 이해할 수 있다.

그것은 매우 유혹적이었다. 그러나 데카르트 세대 내에서 뉴턴은 데카르트적 자연 세계를 파괴했다. 뉴턴은 빛과 중력을 '원격작용'으로 가장 잘 이해할 수 있음을 보여 주었다. 오늘날 우리는 이것이 다른 근본적 힘에도 적용된다는 것을 알고 있다. 데카르트주의는 여전히 살아있지만, 그것은 언어학(촘스키)과 심리학(제임스와 랑게)과 같은 인문학에만 해당되며, 여기서조차, 비고츠키가 말하듯, 그것이 지향하는 정점은 붕괴와 소멸의 지점이다. 우리는 인간의 정서가 물고기나 심지어 곤충들과도 공유하는 감각으로부터 어떻게 진화했는지 설명하려고 하자마자, 시공간적으로 매우 원거리에서 일어나는 작용과 인과성을 다루어야 한다.

여기에는 예술 작품을 통해 전달되는 고등한 인간 정서도 포함되는가? 이 그림은 분명 원거리 인과관계의 한 사례이다. 수년 동안 이 그림은 H. 보스의 것으로 여겨졌다. 1900년에 서명이 발견된 덕분에, 우리는 P. 브뤼헐이 이 그림의 직접적, 최종 원인임을 안다. 그러나 그 내용과 형식을 보스의 그림(**15-42** 글상자의 친구와 **19-52**의 해충 알)과 비교할 때, 우리는 H. 보스가 간접적, 최초 원인임을 인정해야 한다. 그리고 우리는 이 그림이 BTS의 〈피 땀 눈물〉 뮤직 비디오의 간접적인 최초 원인임을 알고 있다.

19-77]　인과적 설명은 보완책으로 목적론적 고찰을 필요로 했다. 설명은 부지불식간에 직관적 이해로 커져 나갔다. 형이상학적 학설을 타도하는 대신 심리학은 그 최후의 유일한 토대로서 이에 기대야 했다.

정서 학설의 진실의 기둥과 확증은 17세기 형이상학에서 발견된다. 제임스는 이 문제에 대한 순전히 기술적 문헌들은 데카르트에서 시작해 오늘날에 이르기까지 심리학의 가장 따분한 부분이라고 공표한다. 그는 그리하여 딜타이가 살아 있는 심리학의—이에 도달하는 길은 옛 유심론의 방법을 개선하는 것이다— 유일한 원천으로서 17세기의 형이상학적(사변적-K) 인류학을 돌아볼 수 있도록 한다."

19-78] 이러한 의미에서 우리가 볼 때, 일반적으로 랑게와 제임스의 이론에 매우 관대한 리보는 이 이론이 데카르트의 학설에 내적으로 의존한다는 것을 다른 이들보다 더 잘 이해하고 있다. 리보는 그들의 이론이 『정념론』에 표현된 데카르트의 생각에 대한 부당한 공격을 철회하게 했음을 지적한다. 리보는 또한 인과성의 문제 설정과 해결에서 가장 잘 드러나는 이 이론의 내적 파산성을 누구보다 잘 이해하고 있다. 리보는 다음과 같이 말한다. "내가 볼 때 진실에 가장 가까운 제임스-랑게 이론, 다른 이들이 심리적 실재로 인정하지 않는 사실의 측면을 설명하려는 시도에 대해 내가 동의하지 않는 유일한 지점은 그 이론의 토대가 아니라 그 (인과의-K) 배치이다. 우리의 두 저자들은 무의식적으로든 아니든 그들이 반대한 지배적 의견의 대표자들과 동일한 이원론적 관점을 가짐이 명백하다. 그들의 차이는 원인과 결과에 대한 관점에 있다. 한편은 원인을 정서에서 보고 다른 편은 생리적 현상에서 본다.

19-79] 내가 볼 때 원인과 결과에 대한 이해, 모든 일반적 인과관계는 이 문제에서 제외되어야 하며 이원론적 입장은 단일한 일원론적 입장으로 대체되어야 한다. 재료와 형식에 대한 아리스토텔레스의 학설은, 재료를 신체적 사실로, 형식을 그에 상응하는 심리적 상태로 이해한다면 더욱 사실에 가까울 것이다. 그럼에도 이 두 용어는 밀접하게 연결되어 있으며 추상의 경로를 통해서만 구분될 수 있다. 옛 심리학의 본질적 전통 덕분에 정신과 신체의 관계는 각각 연구되었다. 더 새로

운 심리학은 이를 그렇게 바라보지 않는다. 사실 문제에 형이상학적 채색을 가한다면 우리는 이미 심리학을 다루고 있는 것이 아니다. 문제가 실험의 영역에 남아 있다면 그들(정신과 신체-K)을 나눌 필요가 없다. 이들은 손에 손을 잡고 나아가기 때문이다. 의식은 그 신체적 상태와 나뉘어서는 안 된다. 이들은 그 자체로 연구되어야 하는 하나의 자연적 전체를 이루기 때문이다.

J. 스테인(Jan Steen), 그리기 수업, 1665.

두 명의 학생이 그림을 그리고 있다. 소녀는 그리스 조각상을 모델로 남자 누드를 그리는 데 어려움을 겪고 있는 것으로 보인다. 소녀는 스승에게 도움을 청한다. 화가는 소녀의 분필 밑그림에 몇 개의 선을 능숙하게 덧그린다. 소녀는 후에 이 선들을 잉크로 강조하여 나타낼 것이다. 화가의 지도는 정식적인 수업이 아니다. 그는 무거운 카페트로 공간을 구분한 뒤편의 작업 공간에서 캔버스 위에 그림을 그리기에 여념이 없다.

이 문단에서 리보가 언급하는 아리스토텔레스의 이론은 질료형상론hylomorphism이다. 이는 세계가 형태(플라톤주의적 추상적 형식, 예컨대 남자의 누드상)와 내용(아리스토텔레스주의적 구체적 실체, 예컨대 조각상의 재료)으로 완전히 기술될 수 있다는 신념이다. 리보는 살아 있는 남성(예컨대 화가)에서 형상은 그의 이상적 정신 상태이며 질료는 신체를 이루는 실제 재료라고 말한다. 아리스토텔레스는 분류의 대가였다. 그는 정신적 상태와 신체적 사실을 제각기 연구할 것을 주장했다. 그러나 리보는 이 둘이 매우 밀접히 연결되어 있으므로 이들을 구분하는 것은 오직 추상이라는 무거운 파티션을 통해서만 가능하다고 말한다.

'영혼의 과학'과 해부학 사이의 무거운 추상화를 통한 구분은 세 가지 다소 놀라운 결과를 낳았다. 첫째, 정신적 상태는 신체적 부분과 연결되어 있으나 전자가 후자의, 혹은 후자가 전자의 원인이 되지 않는다. 이들은 연결되어 있을 뿐이다. 둘째, 심리학 자체가 사라져 버린다. 파티션의 한 쪽에서는 신학이 불멸의 영혼을 연구하고 다른 쪽에서는 해부학이 필멸의 신체를 연구한다. 셋째, 실제 심리학 실험을 수행할 때(예컨대 우리가 어린이에게 기억이나 모델을 통해 어떤 형태를 그리라고 할 때, 그림을 해석할 때) 우리는 이 무거운 파티션을 제거해야 한다는 것이다. 우리는 실험 대상에게 정신적 사실과 신체적 사실의 연결을 요구하며 그 결과를 해석할 때 역시 하나를 통해 다른 것의 의미를 살핀다. 정신적 사실과 신체적 행동은 실제로 동시에 진행된다. 어린 소녀가 펜을 날카롭게 다듬어 스승을 따라 그리려 준비하고 있는 것은 이 때문이다.

소녀의 아름다운 옆모습을 주목하자. 스테인은 두피를 표현하기 위해 머리카락을 뒤로 묶는다. 그녀의 이마와 코, 벌어진 입술과 턱은 두 피의 선과 함께 하나의 선으로 이어진다. 베르메르의 그림과 같이(글상자 **3-30**참조) 소녀는 흰 점으로 표현된 반짝이는 '진주 귀걸이'를 하고 있다. 네덜란드 화가들은 전통적으로 밑그림(선, 형상)과 색칠(색, 재료)을 무거운 파티션으로 구분하지만 우리는 이것이 오직 추상을 통해서만 가능하다는 것을 볼 수 있다. 실제로 밑그림과 색칠은 동일한 것을 바라보는 두 방식일 뿐이다.

19-80] 각각의 정서를 보면서, 우리는 얼굴과 몸의 운동, 혈관운동의 변동, 호흡 및 분비의 변화가 그에 상응하는, 내관에 토대한 특성에 따라 분류된 의식 상태가 주관적으로 표현하는 것을 객관적으로 표현한다는 것을 발견한다. 이것은 두 형식으로 표현된 하나의 동일한 현상이다. 사태의 본성과 현대 심리학의 경향에 더욱 부합하는 이 일원적 관점은 내가 볼 때, 많은 반론과 어려움으로부터 사실상 우리를 구원한다"(T. 리보, 1897, pp. 107-108).

19-81] 리보의 비평에서 가장 주목할 만한 것은 제임스와 랑게 이론의 진정한 본질을 드러낸 것이다. 리보는 그들의 이론이 무엇인지를, 즉 정서적 체험과 발현 사이의 인과적 의존성에 대한 고전적 이론을 안팎으로 뒤집어 만든 것임을 그대로 보여 준다. 이 이론의 모든 역설은 오직 그것이 우리에게 고전적 이론의 안쪽을 뒤집어 드러낸다는 데 있다. 그러나 본질적으로 새 이론은 옛 이론의 이원론적 토대를 그대로 보존한다. 둘 모두 정서적 체험과 발현을 원인-결과의 의존성이라는 관점에서 고찰한다. 이들 사이의 모든 차이는 원인과 결과의 관점에 달려 있다. 하나는 정서에서, 다른 하나는 생리적 현상에서 원인을 본다. 원인과 결과는 자리를 바꾸었지만 원인-결과 의존성의 구성원은 동일하게 남아 있다.

19-82] T. 리보가 제임스-랑게의 이원론적, 형이상학적 이론을 극

복할 유일한 방안으로 원인 관계, 인과의 개념을 이 문제를 설명할 때 완전히 제거하는 데에서 찾은 것은 옳다. 그는 이원론적인 이해를 일원론적 이해로, 평행론적 상호작용 가설을 심리적 동일성 가설로 대체하기를 제안한다. 그러나 바로 이로써 현대 정서 심리학의 인과성의 문제는 곧장 심리생리학적 문제로 자라난다. 그에 대한 분석은 이전의 데카르트 정념 심리학과 새로운 데카르트적 정념 심리학이 맺는 내적 관계에 대한 연구의 결론을 우리가 고찰할 때 최종적인 연결고리가 되어야 한다.

● 분할과 통합

이 장에서, 비고츠키는 정서 이론에 기반을 둔 데카르트 철학의 두 번째 주요 약점, 즉 더 높고, 더 정교하고, 문화적으로 매개된 정서에 대한 일관성 있는 인과관계의 부족으로 넘어간다. 앞 장에서처럼, 비고츠키는 이번에도 우리가 스피노자가 사용한 정서의 실제 범주로부터 벗어나 그의 철학적 일원론에 더 많은 관심을 기울일 것을 제시함으로써 앞으로 나아가는 길을 제안할 뿐이다.

19.1 앞 장에서 논의된 인간에 고유한 정서의 문제는 이 장에서 다루는 새로운 문제, 즉 정서와 인간 삶의 나머지 신체적, 심리적 부분 사이의 연결로 우리를 이끈다. 이는 특히, 고등 정서의 인과적 설명의 문제로 우리를 이끈다.

19.2 이는 이상해 보일 수 있다. 비고츠키가 데카르트의 설명적이고 자연주의적 접근과 스피노자의 서술적이고 비자연주의적 접근을 구분한 10장 이후부터, 비고츠키는 인과적 설명으로부터 우리를 멀리 떨어뜨려 놓으려는 것 같아 보였기 때문이다. 그러나 비고츠키는 기계론적인 인과관계로부터 우리를 떨어뜨려 놓으려는 것뿐이었다. 그러나 그는 여기에서, 과학적 지식은 항상 현상을 딛고 인과관계로 올라간다는 사실을 상기시킨다. 제임스가 설명은 목록화와 묘사의 지루한 작업보다 더 고등한 과학의 한 형태라고 말한 것이 맞다.

19.3 그러나 지금까지, 설명은 그렇게 설명적이지는 않았다. 슈프랑거는 제임스-랑게에 기초한 어떠한 강한 인간 정서의 설명도 파이돈에서 소크라테스가 조롱했던 설명처럼 들린다고 언급한다. "나는 내 다리 근육이 늘어나고 수축되었기 때문에 감옥에 앉아 있고, 내 다리가 나를 여기로 데려왔다." 이러한 종류의 설명은 단지 그 원인이 원인으로 작용할 수 있게 한 상황과 혼동할 뿐이다.

19.4 제임스-랑게 이론은 직접적인 경험을 반영하지 못하는 것 같다(공포는 두려움을 느끼는 것이며 일련의 혈관운동의 수축으로 느껴지지 않는다). 그 이유는 그 이론이 감각과 정서 사이의 연결에 대한 설명을 수용하면서 정서와 인격 사이 연결의 절단이라는 비싼 값을 치르기 때문이다. 반면에, 기술적 심리학은 생리학적 설명을 희생하고, 정서와 인간 삶의 다른 측면 사이의 기술적 연결을 유지하기를 원한다.

19.5 다음 두 단락에서, 비고츠키는 딜타이의 책『기술 심리학』으로부터 긴 인용을 가져온다. 딜타이는 전형적인 인간이 경험하는 정서와 삶의 다른 측면 사이의 연결을 나타내는 심리학을 요구한다.

19.6 딜타이는 시인, 비극 작가, 소설가들이 공유하는 동일한 연구 대상으로의 과학적 경로를 찾는 것이 목표라는 비고츠키와 견해를 같이한다. 그는 인문학이 이미 "설명적 심리학을 훨씬 앞지른" 심리학적 이해를 만들어 냈다는 사실에 주목한다.

19.7 설명적 심리학은 체험에 대해 "문을 닫고" 창문 셔터를 내렸다. 우리는 (예를 들어) 신체적 고통과 정서적 고통이 연결되어 있다는 우리의 느낌이 환상이라고 말하거나, 아니면 이 느낌을 설명하기 위해 또 다른 심리학을 발전시킨다.

19.8 제임스와 랑게는 이를 알아챘다. 랑게는 어떤 여성이 실제로 경험하고 있는 것은 아들의 죽음이 아니라 근육 피로, 창백한 피부, 기억력 저하 등일 뿐이라고 듣는다면 그녀는 아마 분노할 것이라고 말한다. 그러나 랑게는 그녀의 느낌을 생리학적으로 이해한다고 해서 그 느낌들의 강도, 깊이, 또는 순수함이 사라지는 것은 아니라고 말한다.

19.9 비고츠키는 왜 슬퍼하는 어머니가 단순히 일련의 신체 증상의 목록이 아닌 슬픔으로 사별을 경험하는지를 묻는다.

19.10 비고츠키는 랑게가 "강도, 깊이, 순수함"을 언급하는 것에 전혀 무장 해제되지 않는다. 그는 실제로 슬픔을 경험한 적이 있는 사람이라면 랑게가 그랬듯 그것을 이론적으로 생리학적 감각과 혼동하지 않을 것이라고 말한다. "여기 실제로, 사실이 이론에 맞지 않는다면 사실이 더 나쁜 것이다."

19.11 랑게는 정신적 원인으로 발생하는 슬픔과 같은 정서는 신체적 원인에 의해 발생하는 감각과 전혀 다르지 않다고 주장한다. 그렇다면 우리는 왜 그것들을 그렇게 다르게 경험하는 것일까? 고통을 슬픔으로 만드는 것은 정확하게 무엇일까? (우리가 이 질문에 대한 답을 알기 전까지, 어떠한 종류의 치료법을 통해서도 그것을 없앨 수 없을 것으로 보인다!)

19.12 어머니의 슬픔 앞에, 심리학의 한 형태(설명적)는 하나의 풍자(근육의 이완과 수축으로 인해 감옥에 있다는 것)로 소크라테스에 의해 주어진 설명을 아주 진지하게 반복한다. 심리학의 다른 형태(기술적)는 느낌의 체험을 의식의 나머지 부분과 연결 짓지 못하고, 그 연결을 실제로 알 수 없으리라는 것을 암시한다.

19.13 비고츠키는 점점 더 화가 난다. 첫 번째 사례에서, 설명 심리학은—근육과 피부 감각의 강도, 깊이, 순수함을 측정하고, 이것이 실제 슬픔처럼 "강하며, 깊고, 순수한" 것으로 가장하면서, 눈물을 흘리는 여성을 영혼이 없는 로봇으로 간주한다. 두 번째 사례에서, 우리는 그녀의 슬픔을 정교한 과학적 지식의 도움 없이 우리 자신의 정신 생활의 지식으로 해석하면서, 울고 있는 어머니에게 공감하는 것 말고는 달리 하는 게 없다.

19.14 첫 번째 사례에서, 우리는 감각의 의미를 버림으로써 그것을 보존해야 한다. 그러나 두 번째 사례에서는 경험의 감각성을 버림으로써 그것의 의미를 유지한다.

19.15 첫 번째 사례를 충분히 탐구한 후, 비고츠키는 그의 관심을 두 번째 사례로 돌린다. 기술 심리학에 따르면, 정서는 단순 정서의 복잡한 조합이 아니다. 대신 정서는 완전히 새롭고 분석할 수 없는 어떤 것이다. 저차적 정서는 명확한 대상이 있지만, 고등 정서의 경우 때때로 우리가 왜 슬픈지조차 알지 못할 때가 있다.

19.16 셸러는 실제로 대상이 '매개'되었는지 아니면 '직접적'인지에 따라 저차적 정서와 고등 정서를 구별한다.

19.17 고등 정서는 '내포적'이다. 비고츠키는 스턴이 사용한 방식으로, 그리고 분석 철학에서 사용된 방식('etwas zu meinen' 또는 '염두에 두고 있는 것' 또는 목표를 가지는 것, 어떤 것에 '대한' 것. 『생각과 말』 3장 참고)으로 '내포성intensionality'이라는 용어를 사용한다.

19.18 여기에서 우리는 비고츠키가 스피노자의 윤리학이 제시한 정서의 이론을 '기술적'이라고 간주한 이유를 얻을 수 있다. 스피노자는 즐거움을 선으로 기술하고, '선'을 '유용함'으로 정의한다. 이것은 의미론적이며 기능적인 묘사이다. 그것은 즐거움이 어떻게 나타나게 되었는지는 설명하지 않지만 대신 즐거움이 의미하는 것이 무엇인지 그리고 그것이 우리에게 어떤 영향을 미치는지 말한다. 이러한 종류의 기술은 목적론적이다. 즉, 목표나 목적을 가정하고 있다(예를 들어, 기쁨은 유용하다고 가정된다). 이것은 우리가 달콤한 것을 먹을 때 왜 만족감을 경험하는지, 쓴 것을 먹을 때 왜 그 반대를 경험하는지를 설명하지 못한다. 심지어 우리가 유용한 것을 발견했을 때 기쁨을 경험하는 이유도 설명하지 못한다. 우리는 단지 그 연결을 하나의 사실로 받아들여야 한다.

19.19 이제 우리는 비고츠키가 왜 여기에서 데카르트 철학을 찾는지 알 수 있다. 데카르트는 영혼의 정념을 신체의 감각으로부터 분리하고, 심지어 그들을 임의적으로 짝 짓는다(그가 엘리자베스 공주에게 배가 부른 것이 기쁨과 슬픔 중 어떤 것도 모두 의미

할 수 있다고 대답했던 것처럼). 엄격하게 데카르트적이고, 이원론적인 관점에서 보면, 고통이 슬픔을 일으킨다는 사실에 다소 놀랄 수도 있다. 신체적인 감각이 어떠한 영혼적 정념을 일으키는 명백한 이유는 전혀 없다.

19.20 고등 정서의 내포성에 관한 연구(브렌타노, 셸러, 팬더, 가이거 등)는 현대 기술 심리학의 기초를 만들었다. 그들은 고등 정서와 내포성이 더 단순한 정서들의 복잡한 조합으로 설명될 수 있다는 생각을 부정했다. 그들은 이러한 자연주의적 설명이 고등 정서에 대한 설명을 하지 못할 뿐만 아니라, 저차적 정서에 의해 제공되는 세부 사항의 풍부함으로 인해 고등 정서를 시야에서 완전히 놓치게 될 것이라고 주장했다. 자연주의적 설명이 영혼적 사랑의 존재를 인정하는 곳에서, 그들은 그러한 설명이 관능적 사랑의 다양한 생리학적 표현으로부터 도출될 수 없음을 인식한다. 자연주의 이론은 발달 과정에서, 오래된 정서에서의 단순한 분기로서가 아니라, 새로운 영역의 목표와 가치의 결과로서 완전히 새로운 특질이 발달할 수 있다는 것을 전혀 수용하지는 않는다. 오직 새로운 특질이 발달함에 따라 우리는 다른 특질들이 어떻게 그것들을 결정짓는지 본다. 자연주의적, 환원론적 이론들은 해 아래 새로운 것은 없다고 생각한다. 모든 새로운 것은 단지 새로운 환상이고, 오래된 것들의 끝없는 재조합 이상의 것은 없다는 것이다.

19.21 비고츠키는 기술 심리학의 목적은 이미 시인들에 의해 닦인 경로 위에 과학적인 길을 여는 것임을 반복하는 딜타이의 인용구를 제시한다.

19.22 딜타이는 또한 정의 내리기, 명명하기, 분류하기가 기술 심리학의 주요 과업이지만, "주어진 영역에서의 현상을 소수의 명확하게 규정된 요소로부터 추론하려하는 설명적 방법"으로 발달적 비교를 사용하려고 시도하지 않는 한, 이러한 것들은 비교적으로 보완될 수 있는 것이라고 말한다.

19.23 딜타이는 세 가지 이유로 설명적 방법을 배제한다. 첫 번째로, 증거의 실패이다. 사실에 입각한 모순들이 있다. 두 번째로, 설명적 가설들이 그릇됨이 증명되어 왔다. 감각과 동기의 관계, 감각적 느낌과 관념의 관계는 성립될 수 없다. 세 번째로, 전체적 운영이 이론상으로 불가능하고 따라서 그것의 실제적인 성공 사례가 없다.

19.24 비고츠키는 첫 번째 주장이 아닌 두 번째와 세 번째 주장으로 시작한다. 예를 들어, 심미적 쾌락을 탐구하는 심리학자들은 그것을 만족의 한 형태 이외의 것으로는 설명할 수 없었다. 이는 결정론적이고 설명적인 것이 아니라 의미적, 기능적, 기술적인 것이다.

19.25 비고츠키는 증거가 부족하고 일관성이 없으며 모순적이라는 첫 번째 주장으

로 돌아간다. 딜타이는 심리학이 아직은 설명을 제공할 수 있을 지점까지는 성숙하지 않았다고 주장한다. 먼저 우리는 증거를 축적하고, 기술하며, 명명하고, 분류해야 한다.

19.26 비고츠키는 프로이트의 농담 중 하나를 사용하며 여러 페이지에 걸쳐 이 세 가지 철학적으로 일관성이 없는 주장들을 조롱하고 있다. 한 이웃이 단지를 빌려 간 어떤 여성이 그것을 깨뜨렸다고 불평하는데 그 여자가 대답했다. 첫째, 나는 당신 단지를 가져가지 않았고, 둘째, 그것은 이미 깨져 있었고, 셋째, 나는 그걸 온전히 돌려주었다.

19.27 딜타이는 이렇게 말하고 있다. 우선, 설명 심리학은 우리에게 체험과 정서 사이의 연결에 대한 만족스러운 설명을 주지 않았다. 둘째, 그러한 설명은 쓸모없고, 불필요하며, 어쨌든 불가능하다. 셋째, 우리는 정서에 대해 기술하고, 명명하고, 분류한 다음에 그러한 설명을 공식화할 수 있게 될 것이다.

19.28 그러나 딜타이는 그의 세 가지 철학적으로 모순된 이유를 일종의 연구 프로그램으로 전환할 수 있었다. 첫째, 셰익스피어처럼 위대한 시인들에 의해 주어진 심상을 개념으로 표현할 필요가 있다. 비고츠키는 딜타이의 연구 프로그램은 이미 해결된 문제점을 고려하는 것에 제한되어 있다고 가차 없이 말하며, 위대한 예술의 단지—빌려줄 때는 깨져 있었고, 돌려줄 때는 온전했던—는 애초에 존재하지도 않았던 것이라 덧붙였다.

19.29 두 분야를 모두 연구했던 뮌스터베르크는 상호 보완적이지만 분리된 두 심리학의 설립을 제안하고 있다. 비고츠키는 다음의 다섯 단락에 걸쳐 (여기저기에서 다소 일관성 없이 사용되는 인용 표시를 통해) 전개되는 인용문을 제공한다.

19.30 첫째, 뮌스터베르크는 세 가지의 가능성을 제시한다. 두 심리학이 각자 발전하거나, 혹은 함께 섞인 채 각자의 영역을 다소 임의적으로 나누거나, 아니면 완전히 융합될 수도 있다.

19.31 둘째, 뮌스터베르크는 하나의 공통적 토대가 있다는 사실을 확고히 했다. 설명적 심리학과 기술적 심리학은 둘 다 개인 인격과 연관이 있다.

19.32 셋째, 뮌스터베르크는 개인 인격의 어떠한 구체적인 현상에 접근하는 서로 다른 두 가지 방법이 있음을 확립한다. 하나는 주체의 활동인 체험으로서 접근하는 것이고, 또 다른 하나는 원인과 결과 관계를 인지하면서 관찰자로 접근하는 것이다.

19.33 넷째, 뮌스터베르크는 논리적인 결과에 따라, 우리가 두 가지의 심리학을 가지게 될 것임을 확립한다. 하나는 내포와 의미에 기초한 심리학이며 다른 하나는 원인과 결과에 기초한 심리학이다. 느낌, 기억, 그리고 욕구는 모두 정신적 내포나 인과 관계의 범주로 이해될 수 있다.

19.34 다섯째, 뮌스터베르크는 실제로 대부분의 심리학들이 두 가지 형태가 혼합된 것이라고 말한다. 예를 들어, 기억 연구는 원인과 결과로 제시되고 있지만, 느낌과 의지의 과정은 내포적인 것이다.

19.35 비고츠키는 딜타이와 마찬가지로, 뮌스터베르크가 매듭을 풀기보다는 잘라 냈다고 간주한다. 그는 두 심리학을 하나로 지양하기보다는, 서로 다른 두 가지의 심리학을 만들어 냈고, 그 결과로 그는 그 자신의 법칙에 따라, 정서적 활동은 완전히 자연 밖에 있는 것이거나 자연 안에서 자연의 법칙에 따라 기능하는 것이라고 생각하는, 스피노자가 비판한 심리학자 중 한 사람이 되었다. 딜타이처럼, 뮌스터베르크도 강점과 약점을 모두 가지고 있다. 뮌스터베르크 주장의 강점은 부정적이라는 것이다. 그것은 지금까지의 생리학적 심리학에 의해 제공된 설명의 실패를 인정한다.

19.36 약점은 '새로운' 심리학이 실제로 오래된 심리학이 가져온 결정론적, 기계론적, 비변증법적 '설명'의 개념을 수용한다는 것이다.

19.37 딜타이의 말과는 달리, 옛 심리학은 사실에 입각한 증거 부족, 또는 가설들의 부족, 또는 심지어 증거를 통해 가설을 증명하는 것의 실패로부터 고통받지 않았다. 옛 심리학은 새로운 심리학의 주요 문제들을 단순히 무시했다. 그러나 이것이 전혀 다른 분리된 심리학을 암시하지는 않는다. 비고츠키에게, 그것은 심리학의 완전한 재구조화와, 설명에 대한 완전히 새로운 개념을 통해 완전히 새로운 문제들을 제시하는 것을 암시한다. 만약 오래된 단지가 깨졌으면, 당신이 필요한 것은 나뉜 단지가 아니라 새로운 단지인 것이다.

19.38 기계론적 설명을 거부함으로써, 셸러는 또한 기계론적 설명이 유일한 실제 설명이라는 것도 받아들인다. 그러한 이유로, 그는 설명을 전부 처분한다. 제임스는 소크라테스가 감옥에 앉아 있는 이유는 근육 피로와 관련이 있다고 말한다. 셸러는 감옥에 남아 있는 것이 매우 높은 가치의 느낌을 만족시킨다고 답한다. 저차적 감각의 설명은 고등 정서를 서술하지 않으며, 고등 정서의 기술은 어떻게 그것이 저차적 감각과 연결되는지를 설명하지 않는다.

19.39 두 설명 모두 논쟁의 여지가 없고, 명백하며, 요점을 벗어난다. 우리는 둘 다로부터 정서에 대한 과학적 설명을 얻지 못한다.

19.40 한 여자가 아들의 죽음으로 슬퍼할 때, 그녀의 눈물을 원인으로 여기는 것은 어리석은 일이다. 눈물 흘리지 않고 슬퍼하는 것도 가능하며, 눈물이 기쁨을 의미하는 것도 가능하다. 소크라테스가 감옥에 남은 것은 의심할 여지 없이 더 높은 가치의 만족을 위한 헌신이다. 그러나 도망가는 것도 역시 마찬가지였을 것이다.

19.41 인과관계를 거부하고 대신에 목적론적 설명을 사용하는 것은 심리학을 앞으로 나아가게 하는 것이 아니라 대신 심리학을 상당히 뒤로, 제임스가 모든 과학의 가장 지루하고 가장 결실이 없는 시기라고 칭했던 기술, 명명, 그리고 분류의 시기(이것은 기술, 명명, 그리고 분류가 어떤 인과적 지식의 형태에 의해 뒷받침되지 않는 한에 있어서만 그렇다)로 돌려놓는 것이다.

19.42 딜타이는 스피노자로 방향을 바꿀 것을 제안하지만, 스피노자로부터 그가 얻는 것은 단지 정서의 정의, 이름, 그리고 분류일 뿐이다(그것도 물론 스피노자가 데카르트로부터 가져온 것이다!).

19.43 비고츠키는 이것이 과거로 회귀한, 스피노자의 죽은 부분이라고 말한다.

19.44 스피노자는 또한 정서의 자연주의적이고, 인과적이며, 무엇보다도 유물론적인 설명인 미래로 향한, 살아 있는 부분도 가지고 있다.

19.45 비고츠키는 앞에서 데카르트의 설명적 이론에 대립되는 것으로, 스피노자의 이론을 기술적이라고 불렀다. 그러나 물론 스피노자의 진짜 상대자는 데카르트였고, 우리가 보아 온 것처럼, 현대 기술 심리학은 이원론—데카르트에 의해 유산으로 남겨진 심리학 내에서의 분열을 수용한다. 스피노자에서, 우리는 인간 정서의 정의, 명명, 그리고 분류뿐만 아니라 자기보존, 자기실현, 심지어 자아의 극복과 같은 일반적인 원리도 찾을 수 있는데, 이것은 동기를 발달시키는 것에 의존한다. 스피노자의 학설은 하나의 방법일 뿐만 아니라 새로운 정서 심리학으로 안내하는 근원이기도 하다.

19.46 여기에서 비고츠키는 스피노자가 신체 표현을 정신적 활동에 종속시킨 것이 아니라, 오히려 서로 나란히 둔다고 말하면서, 랑게 역시도 스피노자를 인용한 것을 회상한다.

19.47 랑게와 딜타이가 둘 다 스피노자로 방향을 돌린 것은 우연이 아니다.

19.48 그러나 스피노자에 대한 랑게의 호소는 착각이었다.

19.49 우리는 이미 랑게의 진짜 빚은 스피노자가 아닌 데카르트에게 있음을 확인

했다.

19.50 10절에서, 비고츠키는 스피노자가 기술론자라고 주장했다. 그러나, 여기에서 그는 어떤 측면에서는 설명 심리학과 더 가까운 것으로 간주될 수 있다고 말한다. 어쨌든 그는 딜타이보다는 랑게의 실제 연구 프로그램에 더 가깝다. 스피노자는 형이상학에 저항하고 인과적인, 진정으로 과학적인 정서에 대한 설명을 추구하는 사람들과 같은 부류로 분류되어야 한다.

19.51 비록 스피노자는 그의 시대의 형식적인 범주를 사용했지만, 그의 방법과 그의 첫 번째 걸음은 결정론, 인과관계, 그리고 유물론을 향한 것이었다.

19.52 다시 한번, 비고츠키는 그의 지적 적수(이번에는 딜타이와 뮌스터베르크)를 스피노자가 아닌 데카르트와 관련시킨다. 그는 제임스와 랑게가 스피노자에게 빚을 졌다는 것(그들이 실제로 데카르트 이원론을 지지했기 때문에)을 논박함으로써 이 서술을 시작한 반면, 그는 이제 그들이(물론 그들도 이원론자였지만) 딜타이와 뮌스터베르크보다 스피노자에 더 가까이 서 있다고 말한다.

19.53 이 명백한 방향 전환에는 세 가지 타당한 이유가 있다. 첫 번째로, 제임스와 랑게처럼, 스피노자도 정서가 변하지 않는 "본질, 존재, 힘, 인간을 소유하는 악마이며, 자연의 경계를 벗어나 있다"는 것 또는 하나의 나라 안에서 독립된 다른 나라를 이루고 있다는 것을 받아들이지 않는다. 두 번째로, 제임스와 랑게처럼, 스피노자는 공포와 같이 순수하게 정신적인 현상이 그 자체로 행동을 일으킬 수 있다는 것을 받아들이지 않는다(스피노자에게서는 오직 생각만이 또 다른 생각을 극복할 수 있고, 오직 신체가 또 다른 신체를 극복할 수 있기 때문에). 세 번째로, 스피노자는 제임스와 함께, 정의, 기술, 그리고 분류가 과학적 이해의 더 낮은 수준이고, 설명이 더 높은 지위에 있다는 사실을 받아들인다.

19.54 어쩌면, 이 명백한 심경 변화에는 또 다른 이유가 있다. 비고츠키는 내재적 비평의 작업을 시작할 때, 그는 또 다른 흐름(데카르트 학파, 이원론자, 반사학자)에 맞선 하나의 흐름(스피노자 학파, 일원론자, 유물론자)에 서 있다. 그러나 그는 작업이 끝에 도달했을 때, 이 싸움이 그리 간단하지 않다는 것을 우리에게 보여 주기 시작한다. 그 두 흐름은 서로에게 영향을 미치고, 서로와 중요한 방식으로 교제한다. 따라서 절대적으로 잘못된 흐름에 맞서 싸우는 순수하게 옳은 흐름은 결코 없다. 그래서 이 문단에서 우리는 비고츠키가 방금 혹평한 기술 심리학조차도 스피노자의 진리의 낱알을 포함하고 있음을 알게 된다. 인간의 고등한 정서적 삶의 의미에 관한 한, 비고츠키와 스피노자는 랑게에 대항하며 딜타이와 함께 서 있다.

19.55 비고츠키의 마지막 요약의 복잡성, 그가 계속 정점을 향해 나아가 마침내 결론에 이른 듯한 지점에서 또다시 논쟁의 속도를 높이는 것, 그리고 결코 완전히 결론을 짓지 않는 것은 이 극도의 복잡성 때문이다. 한편, 제임스-랑게 경향은 하나의 정해진 (세속적이고 지나치게 단순화된) 유물론을 의미한다. 그리고 다른 한편으로, 딜타이와 뮌스터베르크는 고등하고, 대뇌에서 매개되는 정서의 핵심 중요성을 중시해 왔다.

19.56 스피노자의 17세기 인류학과 윤리학에서, 우리는 설명 심리학과 기술 심리학 (즉, 한편으로는 유물론, 그리고 다른 한편으로는 고등 심리 기능) 모두에서 긍정적인 통일을 발견하고 또한 둘 다(즉, 고등 기능을 포함하는 인과적 설명과 인간 정서에서 인간 고유의 것이 무엇인지에 대한 설명)에서 표현되지 않은 것의 통일도 발견한다.

19.57 그래서 비고츠키는 스피노자가 과거의 역사적 관심 이상의 것이며, 오히려 이 순간 만들어지고 있는 심리학의 역사에 있어 관심의 대상이라고 주장한다. "스피노자의 문제들이 해결을 기다리고 있으며, 그것 없이는 우리 심리학에서 내일은 없다."

19.58 그러나 이러한 통일된 구조를 보기 위해서, 우리는 갈등하는 흐름들 둘 모두의 밖에, 그리고 무엇보다도 가차 없이 설명 심리학과 기술 심리학의 분리를 이끄는 데카르트의 철학 체계의 밖에 서 있을 필요가 있다.

19.59 이 분리가 어떻게 정당화되었는지는 알기 쉽다. "영적이고 관능적인 사랑은 각각의 원천으로부터 나오는데, 첫 번째는 영혼의 자유로운 인지적 욕구로부터, 두 번째는 영양 섭취에 대한 태아의 생명 욕구로부터 나온다. 그것들의 연결은 너무도 불명확해서 우리는 그것들의 단기간의 결합과 의사소통보다는 그것들의 분리를 훨씬 더 명백하게 이해한다. 정신적이고 감각적인 정념은 서로 뚜렷하게 다르기 때문에, 자연히 그것들은 두 가지의 완전히 서로 다른 종류의 과학적 지식의 주제가 되어야 한다. 첫 번째 것은 독립적이고, 자유롭고, 정신적인 활동의 표현으로 연구되어야 하고, 두 번째 것은 기계론적 법칙에 따른 인간의 자동 운동으로 연구되어야 한다. 여기에, 정서에 대한 설명 심리학과 기술 심리학의 분리에 대한 생각은 완전히 포함되고⋯."

19.60 데카르트 이론에서 정념의 직접적인 원인은 관념이 아니라 유기체적 상태이다. 생리학자로서, 데카르트는 제임스보다는 랑게에 더 가깝다. 그는 우리가 도망치고 있다는 사실(골격근의 변화)을 갑자기 깨달았기 때문에 두려워한다고 말하는 것보다는 심장 주변의 혈액이 우리를 행복하게 또는 슬프게 만든다는 것을 훨씬 더 기꺼이 받아들인다.

19.61 데카르트에서, 관념은 하나의 원격 원인의 역할을 한다. 근접 원인은 송과샘

의 움직임과 생명정기의 활동이다. 마찬가지로, 제임스와 랑게의 경우, 근접 원인은 신체의 변화이고, 원격 원인은 지각, 기억, 그리고 생각일 수 있다.

19.62 비고츠키는 자동기계의 사지의 움직임 또는 다른 것에 부딪혔을 때 공이 구르는 움직임이 의미론적인 또는 심지어 기능적 면에서 의미를 포함하지 않는다고 지적한다. 그것은 어떠한 것도 상징하지 않고 성취되고 있는 목표나 실행되고 있는 기능을 가리키지 않는다. 기계적인 사건은 어떠한 목적론적인 뜻을 의미하지 않으며, 움직임의 방향은 전혀 관련이 없다. 그러나 특정한 정서의 근접 원인이 감각일 때 이것은 사실이 아니다. 식욕의 존재는 의미로 가득 차 있다. 그것은 배고픔을 상징하며 인간이 음식을 포함하는 매우 복잡한 목표를 향해 나아가도록 한다. 오직 식욕의 근접 원인, 즉 음식 부족이 원인이라는 견해를 가질 때, 우리는 이 의미 있고 당연한 이 연결을 무의미하고 심지어는 놀라운 것으로 다루어야 한다.

19.63 그래서 어느 특정한 지점에서는 원격 원인 역시 우리가 고려해야 할 것으로 보인다. 우리가 어떤 좋은 것을 소유하게 되었을 때 기쁨을 느끼기 위해서는, 그것은 좋은 것이라는 판단을 내릴 수 있어야 한다. 사랑과 증오뿐만 아니라, 욕망과 혐오, 그리고 심지어 굶주림과 충만함까지도 항상 평가를 포함한다. 따라서 모든 저차적 정서에는 고등 정서의 가능성이 있다.

19.64 그러나 이론의 세계에서, 또는 적어도 뮌스터베르크의 이론의 세계에서는, 정서적 삶과 관련된 두 방법이 마주치지 않는다. 우리는 굶주림, 기쁨, 사랑, 그리고 증오를 인과관계의 문제로 다룰 것이다. 아니면 우리는 그것들을 내포의 문제로 다루어야 할 것이다. 우리가 정서를 고찰하는 방법이 우리가 사용하는 심리학을 인과적 또는 목적론적, 기계론적 또는 내포적인 것으로 결정짓게 될 것이다.

19.65 셸러 이론의 세계에는, 또 다른 가능성이 있다. 우리는 일종의 분업을 확립해야 할지도 모른다. 즉, 고등한 느낌이 내포성, 어떤 대상에 대한 욕망에 훨씬 더 직접적으로 연결되어 있는 반면에, 저차적 느낌은 신체 감각에 직접적으로 반응하고 대상들 또는 대상들의 표상에는 오직 간접적으로 반응하는 것이 그것이다. 전자는 설명적 심리학(제임스-랑게 또는 캐논-바드 가설의 계열을 따르는)의 내용이고, 후자는 기술적, 정신적 심리학(딜타이 또는 셸러 자신의 계열을 따르는)의 영역이 될 것이다.

19.66 비고츠키는 두 접근 모두가 가능한 심리학을 구성하지만, 적어도 인간 경험 전체에 대한 일반적인 심리학으로서, 어느 것도 매우 효과적이지는 않는다고 간주한다. 둘 다 데카르트의 내재된 이중성을 수용한다. 즉, 느낌은 인과적으로 결정되고, 생리적 과정의 측면에서 설명할 수 있는 것이거나 아니면 의미적 가치를 가진 경험으로만 설명할 수 있는 정신의 정념으로 간주될 수 있는 것이다.

19.67 제임스가 (종교에 관한 그의 강의에서) 후자를 거부하지 않은 것처럼, 딜타이와 같은 기술주의자들은 전자를 거부하지 않는다.

19.68 랑게 역시 기억이 정서를 일으킬 수 있다는 사실은 수용하지만, 그는 이 사실이, 감각이 정서를 유발한다는 사실로만 설계된 그 자신의 과학 밖에서 독립적 정서 이론으로 유지되기를 바라는 것 같다. 그럼에도 불구하고 그는 동일한 정서가 신체적 감각으로도, 그리고 관념으로도 일어날 수 있다고 인정함으로써, 그는 모든 정서적 현상은 둘 중 어떤 과학적 접근에 의해서도 합법적으로 주장될 수 있다는 뮌스터베르크 진영에(셸러의 진영이 아닌) 놓인다.

19.69 랑게의 주장은 나토르프(신칸트학파)의 주장과 그리 다르지 않다. 나토르프는 뇌를 포함한 장기에 대한 자연과학적 연구가 심리학보다 생리학에 의해 더 잘 다루어진다고 주장했다. 그러나 이것과 함께, (생리학적 원인에서 설명하거나 도출하는 것이 아니라) 정서를 재현하려고 노력함으로써 정서적 삶을 연구하는 것이 가능하다. 톨스토이의 목표가 어떤 식으로든 단순화되거나 재진술될 수 없는 예술 작품을 만들어 내는 것이었듯이, 그러한 과학의 목표는 본질적으로 전체 현상의 모든 복잡성을 같은 말로 반복 재현하는 것이다.

19.70 그러나 어떤 관념에 의해 일어난 정서와 신체적인 감각에 의해 일어난 정서 사이에 대한 랑게의 구분은 우연히 만들어지지 않는다. 그는 그것이 특정한 정서의 특성을 추출하는, 앞서 논의된 문제에 커다란 파급 효과를 가지고 있다는 사실을 깨닫는다. 예를 들어, 그 생리학적 결과의 측면에서, 유령에 대한 공포와 실제로 살아 있는 적의 총알에 대한 공포는 매우 유사할 수 있다. 그러나 두 가지를 모두 경험해 본 사람은 그것들의 형태와 느낌이 완전히 다르다는 것을 인식한다. 두려움의 외적인 원인이 최소한 이러한 차이에 부분적으로 책임이 있을 수 있다는 것을 받아들임으로써, 랑게는 그것들의 특수성, 특이성, 매우 다른 결과를 설명하는 길을 향해 나아간다. 그러나 이러한 용인에 의해, 그는 두려움이 어떤 때에는 저차원적인 생명정기에 의해서, 또 어떤 때에는 실제로 살아 있는 곰에 의해 나타날 수 있다는 오랜 데카르트의 공식으로 우리를 돌려보낸다.

19.71 랑게는 신체적인 원인과 정신적인 원인 사이에 명확한 선을 긋은 것이 가능하다고 생각하지 않기에, 그가 정서들 사이의 차이보다는 유사성에 더 관심이 있다는 사실은 놀랍지 않다

19.72 그러나 제임스와 랑게가 쓴 것을 확인해 보면, 우리는 그들의 묘사에는 항상 신체적 원인과 정신적 원인이 혼재되어 있다는 사실을 알아차린다. 예를 들어서, 랑게는 공포에 대한 그의 묘사에서 고조된 맥박과 짙어진 낯빛과 나란히 '말의 힘'과

'생각의 명료성'을 모두 포함시킨다. 제임스는 '맥박의 동요'와 '생각의 불분명함' 모두를 제시한다.

19.73 제임스는 생리적인 반응이 "외부적인 인상은 개인에 의해 이해되고 그에게 두려움이나 분노의 대상이 되기" 때문에 발달한다는 사실을 완벽하게 잘 알고 있다. 이것은 셸러의 내포적 심리학적 접근에 매우 가깝다.

19.74 그러나 데카르트도 이것을 알고 있었다. 그의 가르침에 따르면, 정서는 관념과 관념의 작용에 직접적으로 연결되어 있다. 따라서 생리학적 접근은 결국 기술 심리학 접근으로 이어진다.

19.75 그리고 물론 제임스의 '영적 감각'에 대한 연구에서 같은 일이 나타난다. 제임스는 인과관계의 범주에서 그것을 고려하지 않고, 오히려 내포적인 관점에서 고려한다.

19.76 비고츠키는 요약한다. 제임스-랑게 이론은 신체적 감각에 기초한 좁은 생리학적 접근의 대답으로 정서에 대한 설명적이고 인과적 이해를 약속했다. 이 접근 방법은 고등 정서를 설명하는 것에 실패했고, 그 실패는 두 가지의 분리된 심리학의 형태를 만들어 냈는데, 그것은 각각 서로를 내적으로 전제하고 있다.

19.77 제임스가 기술적 문헌을 싫어하는 것에도 불구하고, 필요한 것으로 인식되는 목적론적 보완을 위해 그는 달리 갈 곳이 없었다. 딜타이와 함께, 그는 데카르트와 스피노자로, 17세기로 돌아섰다.

19.78 비고츠키는 이 절의 마무리로 다음 세 단락에 걸쳐 리보를 인용한다. 첫 번째, 리보는 처음부터 데카르트에게 신세를 졌음을 알고 있었고, 데카르트와의 주된 차이점은 그 기초가 아니라 그들의 이론의 '구성'에 있음을 지적했다. 데카르트가 결과를 본 곳에서, 제임스와 랑게는 원인을 본다. 그러나 데카르트와 제임스-랑게 모두는 이중성을 본다.

19.79 두 번째, 리보는 데카르트에 대항하여 아리스토텔레스의 편에 선다. 그는 육체와 영혼 사이의 분리는 하나의 추상 개념이며, 실험 심리학의 관점으로부터, 그것은 필요한 것이 아니라고 주장한다. 우리는 의식과 의식의 신체적 상태를 하나의 전체의 일부분으로 다룰 수 있다.

19.80 세 번째로, 리보는 정서의 발현(고조된 맥박, 혈관운동의 수축, 가쁜 호흡)과 정서 그 자체는 같은 과정의 두 가지 속성으로 간주될 수 있다고 지적한다.

19.81 리보가 지적한 것처럼, 이론에서의 유일한 새로움은 그것의 전도된 성질이다. 이는 본질적으로 고전적 정서 이론(마음은 느끼고, 몸은 행동한다)이 거꾸로 뒤집힌 것에 불과하다.

19.82 영문판은 "그는 이원론적 이해를 평행론과 상호작용의 일원론적 가설, 즉 정신생리적 동일성의 가설로 대체할 것을 제안한다"라고 오역한다. 비고츠키는 실제로 이렇게 말한다. "그는 이원론적 이해를 일원론적 이해로, 평행론과 상호작용의 가설을 정신생리적 동일성의 가설로 대체할 것을 제안한다."

제20장
경로 수정

앤슬로와 그의 아내 엘체(Rembrandt, 1641).

앤슬로는 대단한 남자였다. 그는 선주이자 의류 상인이며 금융업자에 메노나이트 설교자였다. 하지만 렘브란트에게 그는 그저 아내와 말다툼을 하는 남자였다. 촛농을 다듬기 위한 촛대의 가위를 주목하자. 이것은 앤슬로가 언급하고 있는 성경 구절에 대한 은근한 암시이다. "네 형제가 죄를 범하거든 가서 너와 그 사람과만 상대하여 권고하라"(마태복음 18: 15-20). 아내는 머리를 숙이고 귀를 기울이고 있다. 그러나 앤슬로가 아내의 죄에 대해 불평하고 있는 것인지 아니면 앤슬로 자신의 죄를 그녀가 공개적으로 질책한 것에 대해 불평하고 있는 것인지 분명하지 않다. 성 아우구스티누스는 말했다. "너의 몸은 너의 아내이다." 이 말로 그는 여성들과 현대 심리학에 저주를 내렸다. 아우구스티누스는 아내의 몸이 무엇인지(또는 아내가 마음을 가졌는지 여부조차도) 이해하기 어렵게 만들었을 뿐만 아니라, 심리학이 몸과 마음을 서로 적대시하거나 서로 다른 영역(감각 대 감정, 감정 대 인지, 설명 대 단순 기술)을 차지하고 있는 것처럼 간주하는 것을 너무 쉽게 만들었다.

비고츠키는 베르그송이 저주를 풀지 못하고 더 악화시켰다고 본다. 그러나 비평을 끝내야 할 때가 왔다. 그는 데카르트와 현대 감정 심리학을 분석했듯 베르그송을 분석하지 않을 것이다. 지금 필요한 것은 긍정적인 경로로의 수정이다. 아마도 올바른 경로는 스피노자가 제안한 것처럼 개인의 몸/마음이 전체 단위가 아니라 요소일 뿐인 더 큰 단위를 찾는 데 있을 것이다. 물론 개인이라는 단위를 벗어던지고 더 큰 전체 속에 스스로를 포함시키는 것은 사람들이 결혼할 때 하는 일이다.

앤슬로의 손을 자세히 살펴보면, 렘브란트가 위치를 바꾼 것을 볼 수 있다. 화가는 이 '오류'를 완전히 지우지 않았다. 이 때문에 우리는 앤슬로의 손이 움직이는 것 같은 느낌을 받는다. 렘브란트는 비고츠키와 마찬가지로 발달의 역동성, 즉 오류와 오류의 수정을 포착했다.

20-1] 첫째, 제임스-랑게 이론을 알게 되면서(이 이론의 출현에서부터 오늘날에 이르기까지) 필연적으로 나타나는 가장 소박하고 직접적인 인상은 그것이 정서 학설 영역의 심리적 문제에 대한 어떤 특정한 해결과 직접적으로 연결되어 있다는 것이다. 이 때문에 이 이론은 무엇보다도 유물론적 성격을 가진다는 착각을 불러일으킨다. 이 착각은 여러 번 정체가 밝혀졌으나 각각의 새로운 연구자들에게서 부활하면서 오늘날까지 계속하여 확고히 지속, 보존되고 있다.

> 리벤스는 렘브란트의 동급생이자 친구였으며 수년간 작업실을 공유한 사이였다. 리벤스는 정념론을 저술한 후 암스테르담을 영원히 떠나기 직전의 데카르트를 그린다. 그는 유럽에서 가장 유명한 철학자였다.
> 데카르트는 이원론자였다. 유물론자는 연장된 물질로 구성된 하나의 현실을 믿는다. 관념론자들은 사유로 구성된 하나의 현실을 믿는다. 그러나 데카르트는 이 둘 모두를 믿었으며 따라서 그는 유물론자도, 관념론자도 아니었다. 데카르트는 인간의 신체를 기계로 연구하려 하였기 때문에 사람들은 그가 유물론자라고 믿었다. 그러나 비고츠키는 이것이 착각이라고 말한다.
> 데카르트주의자였던 제임스와 랑게에 관해서도 동일하게 말할 수 있다. 그들은 일관된 관념론자도 유물론자도 아니다. 그러나 그들은 인

제임스-랑게 이론이
불러일으키는
이 착각은 무엇인가?

J. 리벤스(Jan Lievens), 르네 데카르트의 초상화, 1647.

간의 감정을 기계적 과정으로 연구하려 했기 때문에 그들의 지지자나 반대자들 모두 그들이 유물론자라 가정했다. 그러나 비고츠키는 이 또한 착각이라고 말한다.

그림 속 데카르트의 몸짓에 주목하자. 렘브란트가 닥터 툴프의 해부학 수업에서 보여 준(6-1, 11-25 글상자 참조) 엄지와 집게손가락의 맞대기를 단순히 모사하고 있는가 아니면, 타이핑, 피아노 치기, 휴대전화 사용을 용이하게 하는 인간 손가락의 독립적 개별 운동 능력을 지적하고 있는가? 그는 우리에게 한 손가락을 내밀고 있는가 아니면 두 손가락을 내밀고 있는가?

20-2] 제임스 자신도 스스로의 이론을 정당화하는 테제를 붙여야 했다. "나의 관점은 유물론적이라고 불릴 수 없다." 이 문제는 해명을 필요로 하며, 그의 이론이 독자들에게 첫눈에 필연적으로 정서 현상에 대한 하등하고 유물론적인 해석으로 이끄는 이론으로 보이리라는 것이 그에게 명확했음이 분명하다. 제임스는 자신의 이론에 대해 다음과 같이 말한다. "이 이론은 우리의 정서가 신경과정에 의해 조성된다고 보는 모든 관점보다 더도 덜도 유물론적이지 않다"(1902, c. 313). 일반적 형태에서 이 입장은 누구의 분노도 일으키지 않지만 논의가 이러저러한 특정한 정서 형태에 대해 이루어지기 시작하자마자 사람들은 이 이론에서 쉽게 유물론을 발견한다. "그러한 과정은 언제나 플라톤주의 심리학자들에 의해 어떤 극도로 하등한 것과 연결되어 있는 현상으로 간주되어 왔다. 그러나 우리 정서 형성을 위한 생리적 조건이 무엇이든 간에 그 자체로 정신적 현상인 이들은 그 자신으로 남아야 한다. 이들이 심오하고 순수하며 의미적으로 가치 있는 심리적 사실이라면 그 어떤 발생적 이론의 관점에서도 이들은 똑같이 심오하고 순수하며 의미상으로 가치 있게 남을 것이며, 우리 이론의 관점에서도 그러하다. 이들은 그 자체에 스스로의 의미를 재는 내적 척도를 포함하고 있다. 제시된 정서 이론을 통해 느낌의 과정이 반드시 저차적이고 물질적인 특성을 지닌 것으로 구분 지어질 필요는 없음을 입증하는 것은, 이 이론이 정서 현상에 대한 저차적이고 유물론적인 해석으로 우리를 이끈다는 것을 언급하며 이론을 논박하는 것과 같이 논리적으로 부당하다"(같은 책, c. 313).

> 이 그림에서 드 브레이는 발효된 청어를 그의 친구이자 유명한 급진적 설교자였던 J. 베스터바엔의 시에 헌사한다. 베스터바엔은 절인 청어가 우리의 눈, 혀, 위장을 차례대로 기쁘게 해 주며, 신체의 다른 부분도 기쁘게 하는 배설 기능을 한다고 쓴다.

심오하고 가치 있는 심리적 사실들이 스스로의 의미를 재는
내적 척도를 포함한다는 것은 무슨 의미인가?

J. 드 브레이(Joseph de Bray), 절인 청어 찬가, 1656.

당신은 틀림없이 (실례) 똥을 쌀 것이며
끊임없이 방귀를 뀔 것이다. …

물론 이러한 생리적 과정은 잘 발효된 청어의 내적 가치를 저하시킬
수 없다. 오히려 이 과정은 청어를 즐기는 데에서 중요한 일부분이다.

반대로, 제임스는 고등한 정서가 생리적 기능과는 독립적인 나름의
가치 측정수단을 갖는다고 말한다. 아마도 정서의 즉각적인 원인은 신
체적일 것이다. 플라톤주의에 따르면 이 때문에 정서는 저급하고 역겨

운 것이 된다. 그러나 제임스에 따르면,

"이들은 그 자체에 스스로의 의미를 재는 내적 척도를 포함하고 있
다. 제시된 정서 이론을 통해 감각적 과정이 반드시 저급하고 물질적
인 특성을 지닌 것이 아님을 증명하는 것은, 정서의 저급함과 유물성
을 그 이론이 사실이 아니라는 증거로 삼는 것과 같은 논리성을 갖는
다"(James, W. (1892). Psychology (Briefer Course) London: Macmillan, p.
380).

제임스는 두 주장 모두 논리적이지 않다고 말한다. 우리는 정서가
신체적 과정에서 유래하므로 저급하다고 말할 수 없다. 그러나 또한
우리는 신체적 과정이 생산해 내는 고등한 정서로 인해 신체적 과정이
저차적이지도 않고 유물적이지도 않다고 주장할 수도 없다.

비고츠키가 말하듯 신체적 과정을 정서의 내용으로부터 분리하는
것은 지극히 이원론적이다. 정서적 과정을 그 감각으로부터 분리하는
것은 그렇게 쉽지 않다. 이는 마치 삭힌 홍어에서 냄새를 제거하려고
하는 일본인들의 시도와 유사하다. 그 결과는 실제 홍어의 맛이 상실
된 홍어회이다.

20-3] 물론 W. 제임스가 이처럼 애초에 자신의 이론과 유물론의 관
계를 밝히고자 한 것은 매우 올바른 것이었다. 물론 소박한 관점을 가
진이에게만 이 이론이 우리 느낌의 본성에 대한 유물론적 설명을 포함
하고 있음이 드러날 수 있다. 심리과정이 신경과정에 의해 조성된다는
것은 모든 과학적 심리학에서 논박할 수 없는 진실이다. 어떤 생리적 이
론이든—그것이 신경과정의 유물론적 원인을 무엇에서 찾든지 간에—
신경적 과정과 심리적 과정 사이의 관계에 대한 유물론적 혹은 관념론
적 해석의 문제는 열린 채로 남겨 둔다. 이러한 의미에서 주변적 정서
이론은 중심적 이론이나 그 어떤 다른 이론보다 실제로 유물론을 더
많거나 적게 포함하지 않는다.

20-4] 이 때문에, 제임스의 이론을 유물론적 생각, 자연과학적 생각의 살아 있는 현신으로 간주해야 한다고 주장하는 현대 반사학과 행동주의의 관점은 우리가 볼 때 착각일 뿐이다. 제임스가 유물론적이라고 비판한 적들로부터 자신의 이론을 옹호해야 했다면 오늘날 연구자들은 이 이론의 유물론성을 찬양하는 친구와 후계자들로부터 보호해야 한다. 지금까지 이 이론은 심리적 상태에 대한 혁명적인, 명확하고 선명하게 유물론을 부각시키는, 순수하게 생리학적 근원으로 간주되어 왔다. 지금까지는 이 이론에서 범상치 않은 대담함을 보는 경향성이 있었다. 이로써 오늘날 행동심리학은 제임스 당시의 적대자들이 그에 부당한 비난을 가한 것과 마찬가지로 그에 과분한 명예를 부여한다.

소녀는 이 앵무새가 말을 할 수 있다고 말한다. 하지만 앵무새는 소녀가 하는 말을 그대로 되풀이할 뿐이다. 이것도 보상이 딸린 훈련을 받아야 가능하다. 그러니까 앵무새가 말을 할 줄 안다는 것은 착각일 뿐이다.

반사학(베흐테레프)과 행동주의(파블로프, 왓슨, 손다이크. 그러나 여기에는 수많은 평가체계를 포함하는 20세기 교육 심리학 대부분이 포함된다)는 제임스 이론이 유물론적이라고 말한다. 물론 제임스는 감정이 내장이나 혈관운동의 변화와 같은 신체 작용에 대한 반사라고 주장하며 이는 물질적 과정이다. 이러한 변화는 물질적인 보상에 대한 반응으로 일어난다. 비고츠키는 이것 또한 착각이라고 말한다.

제임스도 그렇게 말했다. 1884년, 그의 이론이 처음 제시되었을 때 그는 반대파들, 즉 유심론자들로부터 유물론자라는 비난을 받았다. 하지만 제임스는 우리가 지금껏 보아 왔듯 유심론적이었다. 제임스는 자신의 이론은 정서가 신경과정과 연결된다고 주장하는 그 어떤 이론보다 더 유물론적이지 않다고 응답한다. 그는 신경과정이 마음에서 신체가 아니라 신체에서 마음으로 진행된다고 말했을 뿐이다. 정서가 일어나는 장소는 여전히 순수하게 영혼적일 수 있으며 그 궁극 원인 역시도 영혼적일 수 있다.

제임스의 이론이
유물론적이라는 반사학과 행동주의의 주장은
왜 착각인가?

F. 반 미에리스(Frans van Mieris), 앵무새에게 먹이를 주는 빨간 옷의 소녀, 1663.

　비고츠키는 제임스가 유물론자도 일원론자도 아니며 심지어 과학적이지도 않다는 데 동의한다. 그의 이론은 유심론적이고, 이원론적이며, 공상적이다. 비고츠키는 제임스의 추종자들이 지금 그를 찬양하며 하는 말은 그의 적들이 처음 이 이론이 제시되었을 때 했던 말을 앵무새처럼 반복하는 것이라고 말한다.

　20-5] 이는 제임스의 해명과 고찰중인 이론의 유물론적, 관념론적

성격에 대해 우리가 위에서 논의한 것에서 너무도 분명하고 명백해 보이기 때문에, 문제는 널리 퍼진 착각을 단순히 폭로하는 것으로서 처음부터 완전히 해결된 것으로 보인다. 그러나 이는 전혀 그렇지 않다. 착각은 착각으로 남아 있다. 제임스의 이론은 정서의 중심적 발생을 고수하는 이론이 아니라 그에 반대되는 주변적 정서 발생 가설을 발달시켰다는 사실로 인해 더 유물론적이 되거나 덜 유물론적이 되지 않는다. 그럼에도 불구하고 문제는 처음에 생각했던 것보다 훨씬 더 까다롭고 복잡하다. 문제는 결코 단순히 착각을 폭로하는 것으로 모두 해결되지 않는다. 긴급한 연구가 필요하다.

20-6] 우리가 볼 때 한 가지 사실이 문제를 설명하는 데서 제일의 중요성을 갖는다. 제임스가 그의 이론의 허위적 유물론성에 대해 내놓은 해명에도 불구하고 그의 이론은 정서적 생활에 대한 유물론적 해석으로서 심리학의 역사 속으로 진입했으며, 이러한 점에서, 딜타이의 올바른 지적에 따르면, 거듭하여 유물론과 연결되었던 많은 설명적 이론들과 같은 운명을 맞이했다. 다양한 정도의 음영을 갖는 이 유물론은 설명적 심리학이다. 이론의 토대에 신체적 과정의 연결을 가정하고 단지 그에 심리적 사실을 포함시키는 모든 이론은 유물론이다(В. Дильтей, 1924, с. 30).

> 개가 양의 머리를 차지하고 있으며, 고양이도 이를 노리고 있다. 그러나 고양이는 작고, 개는 크므로 고양이의 공포가 개보다는 더 크고, 개의 분노는 고양의 분노보다 더 크다.
>
> 유물론적 심리학은 감정을 이와 같이 설명할 수 있다. 즉 정서는 내장이나 감각기관 같은 다른 조직의 운동에 대한 뇌조직의 반사라는 것이다. 행동주의자는 한 걸음 더 나아가 내장의 운동은 근육 운동에 대한 반사라고 설명한다. 따라서 우리는 행동을 연구하는 방식으로 감정을 연구할 수 있다.

제임스의 이론이 갖는 유물론적인 측면은 무엇인가?

P. 데 보스(Paul de Vos), 아티초크, 아스파라거스와 고양이와 개, 1620.

　이것이 바로 다음 문단에서 비고츠키가 자연과학 심리학의 급진파 (손다이크, 왓슨, 미국의 행동주의자)들이 제임스-랑게 이론을 환영했다고 하는 이유이다. 이는 반응-행동심리학자(베흐테레프, 파블로프, 소비에트 반사학자)들이 제임스-랑게 이론을 환영한 이유이기도 하다. 심지어 비고츠키도 그의 초기 논문에서 의식 그 자체를 '반사의 반사'라고 말하면서 그가 파블로프 그 자신보다 더 파블로프 주의에 가깝다고 말한다.

　고양이와 개는 왜 아티초크와 아스파라거스는 무시하고 있는 것일까? 왜냐하면 그 둘은 그들의 신체적 과정에서 어떤 역할도 할 수 없기 때문이다.

　20-7]　제임스 이론의 역사적 운명은 그것이 현대 자연과학적 심리학의 가장 급진적인 학파에서 받아들여질 뿐 아니라 그 자신을 본보기로 삼는, 반사심리학 혹은 행동심리학이라고 불리는 영향력 있고 강력한 경향성을 만들어 냈다는 점에서 무엇보다 잘 표현된다. 본질적으로 제임스의 이론은 우리가 위에서 보여 주었듯 조건반사 학설을 행동

의 토대에 대한 학설로 예견했다. 우리는 모든 현대 반사심리학은 제임스-랑게의 내장 가설을 본보기로 삼아 건설되었다는 한 연구자의 의견을 이미 인용했다. 이처럼 생물학적, 기계론적 심리학은 저절로 자연과학적 유물론을 추구하면서 제임스의 연구의 직접적인 후계자임이 드러난다. 그러나 제임스의 이론은 유심론적 심리학 경향성과의 접촉으로 나아갈 수 있음이 드러난다. 이 이론이 자연과학적 심리학과 맺는 연결이 이들을 한 데 모으는 자연주의적 기계론적 원칙에 비추어 명백해진다면, 이 이론이 유심론적 경향성과 맺는 연결은 설명을 필요로 한다.

20-8] 이 연결은 우리가 거듭해서 지적했던 사실, 즉 현대 심리학의 상반되는 양극단은 서로 내적으로 통합되어 있어 서로를 전제로 하며, 이들의 통합은 데카르트로 거슬러 올라간다는 사실을 기억할 때에만 이해 가능해진다. 데카르트는, 우리가 밝혔듯이 상호 배척하는 것이 아니라 상호 보완하는 기계론적 심리학과 유심론적 심리학의 아버지로 간주될 수 있다. 우리는 유심론적 이론이, 어떤 문제에 대한 일관된 기계론적 설명에서 자신의 구조의 주요한 토대를 발견한다는 것을 여러 번 보았다. 바로 그러한 역할을 제임스-랑게 이론이 현대 유심론적 심리학에서 수행하고 있으며 이를 가장 잘 보여 주는 예는 H. 베르그송의 심리학일 것이다.

20-9] 베르그송이 제임스-랑게 이론과 맺는 관계를 설명하기 앞서, 그가 이 이론을 자신의 느낌 심리학에 포함하는 데 이용한 연결을 설명하기에 앞서, 우리는 지금 우리의 흥미를 끄는 심리학적 문제에 따라 이론의 바로 다음의 특정한 측면을 강조해야 한다. 우리는 심신평행론에 대한 베르그송의 유명한 테제를 이용할 것이다. 여기에는 심리학의 형이상학적 토대에 대한 현대의 이 위대한 철학자의 기본적 관점이 압축된 형태로 포함되어 있다.

베르그송의 심리학은 유심론에 기반을 두고 있는가?

렘브란트(Rembrandt), 강둑에 앉아 있는 거지, 1630.

　렘브란트는 고향의 운하를 거닐며 사람들을 그리는 것을 좋아했다
(**19-33** 글상자의 팬케이크 여성 참조). 여기서 그는 라인강 지류의 강둑에
앉아 있는 불만스러운 거지를 발견했다.

베르그송은 이원론자였다. 뇌는 현재에 살도록 진화했지만, 그가 기억과 동일시한 마음은 과거와 미래 사이를 오간다. 베르그송의 전체체계의 중심인 다양성의 개념조차 두 가지로 보인다. 예를 들어, 거지의 발이 두 개이고 각각에 다섯 개의 발가락이 있다는 것을 인식할 때 갖는, 양적 다양성이 있다. 양적 다중성은 공간적 병치에 의존하며, 베르그송은 양떼의 이미지로 그것을 설명한다.

또한 질적 다중성이 있다. 베르그송은 이 그림과 같은 거지의 이미지로 그것을 설명한다. 거지를 볼 때 우리는 먼저 그의 지저분함과 냄새에서 혐오감을 느낄 것이다. 그런 다음 우리는 그의 분노와 적개심에서 공포를 느끼고, 그와 입장을 바꾸어 생각해 보면서 약간이 동정심이나 애정까지도 느낄 것이다. 이러한 정신 상태는 공간적으로 병치되지 않고 시간적으로 배열되기 때문에 양적 다중성이 아니다. 그것은 베르그송의 사촌이자 친구인 마르셀 프루스트가 나중에 『잃어버린 시간을 찾아서』라는 6권의 소설의 소재로 삼은 질적 다중성이다.

따라서 몸과 정신은 개별적이다. **20-9**에서 비고츠키는 베르그송이 1904년 5월 2일 프랑스 철학 학회에 제출한 신체-정신 문제에 대한 연구 프로그램의 세 가지 요점을 언급하고 있다. 비고츠키는 이를 **20-10~20-12**에서 거의 글자 그대로 제시한다. 그것은 다음 세 가지를 가정하는 이원론적 프로그램이다.

a) 몸과 마음은 분리되어 있으며 정확하게 상응하지 않는다. 첫 번째 요점은 스피노자에 대한 비고츠키의 반反평행론적 해석과 모순되며, 두 번째 요점은 스피노자의 『에티카』(IVp7)와 모순된다.

b) 삶과 분리된 생각은 삶의 '의미'로 간주될 수 있으며 둘 간의 차이는 경험적으로 측정될 수 있다. 첫 번째 요점은 비고츠키가 부수현상론이라 불렀던 것, 즉 생각은 삶의 일부가 아니라는 관념이다. 두 번째 요점은 의미의 질적 본성(할리데이)과 모순된다.

c) 이런 식으로 데카르트의 형이상학(그의 기계론이 아니라 유심론)은 과학이 될 수 있다.

비고츠키의 마지막 말(**20-29**)은 이 연구 계획과 제임스와 랑게의 연구 계획의 관련성을 일축하는데, 물론 제임스와 랑게가 베르그송의 연구 프로그램을 수행하고 있던 것은 아니었다. 하지만 제임스는 베르그송의 열렬한 추종자였으며, 유심론에 대한, 특히 사후의 삶에 대한 자신의 연구에서 이러한 유심론적 프로그램을 수행하기 위해 최선을 다했다.

렘브란트는 고향 라이덴에서 자신이 몰락했을 때 이 에칭 판화를 작업했다. 아마도 이 때문에 그는 거지에 자신의 이미지를 덧입혔을 것이며, 이러한 에칭 작품으로 몇 푼밖에 받지 못하는 현실을 거지의 분노에 반영했을 것이다.

20-10] 1. 베르그송은 말한다. 만일 심신평행론이 엄밀성이나 완전성으로 특징지어지지 않는다면, 만일 각각의 특정한 생각과 특정한 뇌의 상태 사이에 절대적 상응이 존재하지 않는다면 실험의 과업은 평행론이 시작되고 끝나는 정확한 지점을 더욱더 근접하게 지적하는 것이다.

20-11] 2. 그러한 실험적 연구가 가능하다면 그것은 생각과 그 생각이 작동하는 생리적 조건 사이의 편차를 더욱더 정확하게 측정할 것이다. 다른 말로 하면 실험은 생각하는 존재로서의 인간이 살아 있는 존재로서의 인간과 맺는 관계를 우리에게 더욱더 잘 설명해 주게 될 것이며 이로써 삶의 의미라고 부를 수 있는 것을 설명해 줄 것이다.

20-12] 3. 만일 삶의 의미가 경험적으로 더더욱 정확하고 완전하게 규정될 수 있다면 실증적 형이상학, 즉 논쟁의 여지가 없고 직선으로 무한히 진보할 수 있는 형이상학이 가능하다.

20-13] 위의 테제에는 형이상학적 심리학의 기본적 목적뿐 아니라 그것이 목적에 도달하기 위해 사용하는 방법과 이 방법의 전제 조건이 표현되어 있다. 전제 조건은 무엇보다 우리의 관심을 끄는데 왜냐하면

거기에 심리생리적 문제가 전체 유심론적 심리학에서 갖는 의미와 그것이 응용 형이상학 체계에서 차지하는 위치가 드러나기 때문이다. 그것은 삶의 의미를 경험적으로 규정하는 것으로 환원되며, 형이상학적 심리학의 기본적 과업이 된다. 이처럼 우리가 인간의 정신적인 것과 신체적인 것의 상호 괴리를 더 온전하게 지적하고 확립하면 할수록 삶의 의미는 자라날 것이다.

철학자 J. 설John Searle 은 데카르트 이후 주요 심리-생리적 문제는 다음과 같다고 말했다. 질량이 없는 마음은 어떻게 마음이 없는 팔이나 다리를 들어 올릴 수 있는가? 여기서 베르그송은 이런 심리-생리적 문제를 응용 형이상학에서 해결해야 할 주요 문제로 정립한다.

베르그송의 세 가지 테제는 전제 조건(20-10), 방법(20-11), 목적(20-12)을 우리에게 말해 준다고 비고츠키는 언급한다. 전제 조건은 생각과 뇌 상태 간의 간극을 측정할 수 있어야 한다는 것이다. 예를 들면 팔다리를 들어 올리겠다는 생각과 적절한 뇌 신경이 실제로 작동하는 것 간의 간극이다. 방법은 생각과 (이 생각이 작동하는) 생리적 조건 간의 차이를 가능한 한 정확하게 측정하는 것이다. 예를 들어 생각이 보고되거나 감지된 순간과 팔다리의 근육과 뼈가 활성화되는 순간 간의 차이를 측정하는 것이다. 목적은 베르그송이 생의 의미라고 칭한 것을 향하는 실증적인 형이상학적 심리학의 점진적 진보이다.

이것은 비고츠키가 부수현상론이라고 부르는 것이다. 즉, 실제로는 부산물에 불과한 것을 연구의 전체 대상으로 취한다는 것이다. 교실에서 교사가 학생들에게 손을 올리라고 요청하는 순간마다 형이상학적 심리학의 주요 문제의 훌륭한 사례를 한 묶음이나 얻을 수 있다. 그러나 생각과 뇌의 상태 간 간극이나 뇌의 상태와 손을 드는 것 간의 간극은 교사가 알고 싶어 하는 것과는 아무런 관련이 없다.

잃어버린 물건을 찾기 위해 물건을 분실한 장소가 아님에도 빛이 밝은 곳 아래만을 살피는 것은 아무 소용이 없다. 그러나 베르그송은 우리가 찾고자 하는 것도 아닌 것을 완벽한 어둠 속에서 찾고 있다. 비고츠키가 문제를 공리로 전환하고자 노력한 것이 전혀 이상하지 않다.

심리생리적 문제는
어떻게 형이상학적 심리학의
기본적 과업이 되는가?

P. P. 루벤스(Peter Paul Rubens), 팔과 다리를 들어 올린 신체 드로잉, 1640.

20-14] 베르그송의 테제에 대해 논의하면서 G. 벨로가 지적했듯이, 이러한 심신평행론 문제의 확립은 우리를 미해결된 데카르트 형이상학의 문제로 돌이켜 세울 뿐 아니라 이 문제를 굳건한, 과학적인 사실적 연구의 기반 위에 세운다는 점에서 확고한 타당성을 갖는다. 우리는 현대 철학의 이러한 경향성—일련의 중심적 철학적 문제의 해결을 구체적 과학의 지식의 영역으로 옮기는 경향—과 똑같이 마주치게 되는 현대 과학적 심리학의 경향성—일련의 철학적 문제를 직접적으로 경험적 연구에 넣어 심리학적 연구의 범위에 의식적으로 포함시키는 경향—을 우리 과학이 갖는 가장 두드러진 경향성 중 하나로 지적했다. 우리 과학은 꾸준하게 철학과 심리학의 수렴을 이끌어 왔으며 현대 철학적 연구와 심리학적 연구의 전체 구조와 내용의 깊은 변형을 이끌어 왔다. 되풀이하건대, 어떤 의미에서 본 연구도 이러한 경향성의 산물이며 이 경향에서 스스로의 내적 정당화를 찾고자 한다.

숲속에서 길을 잃었을 때 해가 언제 뜨는지 아는 것은 쉽지만, 밤이 끝나서 늪에 빠지는 일 없이 집으로 돌아갈 길을 찾을 수 있는 정확한 순간을 특정하는 것은 매우 어렵다. 우리는 반 라위스달의 이 작품이 정확히 언제 그려졌는지 알지 못하지만 그것이 위대하고 점진적인 네덜란드 사실주의의 새벽(빛의 효과의 통제와 깊은 연관이 있는 자각)을 함께 열었다는 것을 쉽게 알 수 있다.

햇살은 심리학에도 매우 천천히 비추어졌다. 성 아우구스티누스의 플라톤주의에서 토마스 아퀴나스의 아리스토텔레스주의에 이르기까지 1000년 가까이 심리학자들이 연구한 주제는 '마음이란 무엇인가? 마음은 무엇으로 이루어져 있는가? 마음은 숲과 늪처럼 연장된 실체로 이루어져 있는가 아니면 연장이 전혀 없는 어떤 영혼적 재료로 이루어져 있는가?'와 같은 것이었다. 이러한 질문은 필연적으로 물리적인 것과 비물리적인 것을 포괄하는 형이상학의 범주에 들어간다. 마음이 신체적인지 아닌지는 아무도 몰랐기 때문이다. 신은 육체가 아닌 영이

과학의 발달로 심리학이 유심론적 관점에서 유물론적 관점으로 전환하는가?

J. 반 라위스달(Jacob van Ruisdael), 숲과 늪, 1660년경.

다. 우리는 신의 형상을 따라 지어졌는데 어째서 우리는 신체를 가지고 있는 것일까?

데카르트와 함께 심리학은 유심론적 관점에서 유물론적 관점으로 변하는 듯했다. 그러나 비고츠키가 말하듯이 이는 절반도 사실이 아니었다. 데카르트는, 신체에 도입한 유물론적 관점과 함께 영혼에 대한 유심론적 관점을 유지했다. 그러나 데카르트는 의심에 빠진다. 그리하여 그는 '코기토' 명제에 도달한다. 이로써 생각은 심리학의 중심이 된다. 데카르트 이후 심리학은 형이상학에서 인식론으로 변한다. 심리학자들이 연구한 주요 문제는 '나는 무언가를 어떻게 아는가? 지식의 본질은 무엇인가? 실제 세상의 진정한 이미지를 우리는 어떻게 확신할 수 있는가?'와 같은 것들이었다.

이러한 인식론으로의 전환에는 최소한 세 가지의 장점이 있다. 첫째 우리가 제임스, 랑게와 같은 경험주의자이거나 파블로프나 베흐테레프와 같은 행동주의자라면 이것은 마음을 유물론적인 방식으로, 즉 지각, 감각, 활동을 관찰과 측정을 통해 연구할 수 있다는 것을 의미한다. 둘째 인식론적 심리학은 의학, 생물학, 교육학에 적용할 수 있다. 셋째, 지식에 대한 질문(특히 교육에 적용된 인식론의 문제)은 심리학에서 세 번째의 중요한 전환, 즉 언어로의 전환을 이끌었다.

비고츠키는 이러한 언어로의 전환을 잘 알고 있었다. 비트겐슈타인이나 프레게, 후설과 같은 당대의 철학자들도 마찬가지였다. 비고츠키가 여기서 철학과 심리학의 문제가 수렴된다고 말하는 것도 이 때문이다. 또한 그가 삶의 마지막 시간을 생각과 말의 문제에 할애한 것도 이 때문이다. 비고츠키의 노트에서 우리는 그가 이 책을 인간 정서의 고유성을 다루는 더 길고 긍정적인 연구로 마무리하고자 했음을 알 수 있다. 아마도『정서 학설』I, II권은 미완의 '느낌과 말'의 첫 번째 장에 불과했는지도 모른다.

반면 베르그송은 인간의 언어와 개념을 불신했다. 그 결과 그는 초자연적인 의미를 지닌 자연적 심상을 통해(예컨대 글상자 20-9에서 거지의 심상을 통해 논한 정서적 반응과 같은 질적 다양성과 양떼 이미지를 통해 논한 양적 다양성) 글을 쓰려 했다. 데카르트와 같이 베르그송은 가톨릭 교도였다. 신체는 결국 인간 삶에서 지나가는 한 계기에 불과하며 신의 형상을 따라 만들어진 영혼은 마음의 영원한 본질이다. G. 벨로 (Gustave Belot, 1859~1929)는 베르그송의 학급 친구였다. 그는 레비브륄의 자리를 이어받아 철학을 가르쳤고 프랑스 중등학교 교육감이 되었다. 그는 일반 흥미에 토대한 비종교적인 도덕성을 구축하고자 노력했다. 이는 데카르트로부터의 이탈과 그의 옛 친구였던 베르그송과의 갈등을 의미했다.

사실, 위 그림의 원래 제목은 '해 질 녘의 숲과 늪'이다. 때때로 다가올 순간은 빛이 아니라 더 깊은 어둠을 가지고 있는 경우도 있다. 언어적인 연구로의 대전환은 사그라들고 말았다.

20-15] 앞서 인용된 테제에 대해 벨로는 베르그송의 방법이 새로운 것은 그 방법 자체 때문이라기보다 저자가 이를 독창적으로 기발하

게 이용한 덕분이라고 말한다. 데카르트 형이상학의 가장 위대한 부분이 정신과 신체의 관계의 문제에 의해 생겨났음을 여기서 상기할 필요는 거의 없을 것이다. 데카르트주의자들이 이 관계를 이해 가능한 영역으로 옮기는 것을 주요한 과업을 삼았다면, 베르그송은 홀로 사실의 기반 위에 서 있다. 그는 바로 심리생리적 상호 관계의 특정한 불규칙성이라는 진술을 토대로 유심론적 가설의 필연성을 이끌어 내고자 한다.

20-16] H. 베르그송은 벨로가 그에 대해 제기한 반론에 응하며, 자신이 제시한 유심론적 가설의 옹호 방법과 데카르트적 방법 사이의 연결을 거부해야 한다고 생각하지 않았을 뿐 아니라 자신이 제시한 유심론적 가설의 옹호 방법과 데카르트의 방법을 대비시키는 것에 반대한다. 베르그송은 데카르트주의 철학자들이 생각한 이해가능성의 기준은 그들이 생각했던 것보다 훨씬 더 경험주의적이었다고 믿는다. 그것 (기준-K)은 그들 자신의 경험의 깊이에는 완전히 상응했다. 그러나 우리의 경험은 훨씬 광범위하다. 그것은 너무도 팽창하여 우리는 이미-거의 한 세기 동안— 보편 수학에 대한 희망을 포기해야 했다. 이해가능성은 이처럼 경험 자체에 의해 조금씩 새로운 개념으로 확장되어 간다. "데카르트주의자들이 만일 지금 되살아난다면 이해가능성에 대한 그들의 생각은 동일할 것인가?" 베르그송은, 데카르트의 방법이 잘못되었음이 밝혀졌다고 가정하면서, 데카르트주의 철학자들에게 더 심오한 과학이 주어졌더라면 의심의 여지 없이 필요로 했을 데카르트 학설의 경향성의 개정을 요구하면서, 자연 현상에서 수학적 기제로 전환하기 어려운 조직의 복잡성을 상정하면서 위와 같이 묻는다. 만일 이성이 대상에 대해 갖는 특정한 입장을, 연구 자료에 연구 형태를 특정하게 적응시키는 것을 방법론이라고 부른다면 이 방법이 조작의 대상으로 삼는 재료가 근본적으로 변했음에도 방법론적 수단을 보존하는 것이 충실한 연구 방법은 아니다. 신뢰할 만한 방법론은 재료에 따라 지속적으로 형태

를 바꿈으로써 언제나 동일하게 정확한 적응성을 유지하는 것을 의미한다.

20-17] 이처럼 베르그송은 유심론적 가설을 완전히 의식적으로 옹호하며 데카르트가 닦은 길을 따라간다. 베르그송의 형이상학이 데카르트의 형이상학과 다른 점은 오직 그가 방법을 개선하고 더 풍부한 과학적 경험에 맞게 이해가능성의 경계를 확장하려 했다는 것과, 데카르트가 도입한 구체적 연구 수단을 거부하면서도 데카르트의 연구 방법에 충실히 남으며 그것을 현대 과학적 지식에 맞추려 했다는 것뿐이다. H. 베르그송은 그 자신의 표현에 따르면 현대의 복잡한 과학만을 인정하며, 이 새로운 과학을 재료로 삼아, 옛 형이상학자들이 더 단순한 과학에 의지하여 경주했던 것과 유사한 노력을 재개했다. 그는 수학적 개념틀로부터 벗어나, 과학적 생물학, 심리학, 사회학을 통해 사유하며 이 광범위한 초석을 토대로 새로운 형이상학을 구축한다. 이것이 그의 유심론과 데카르트의 유심론의 유일한 차이이다. 데카르트의 기본적 연구 방법—영혼과 신체의 완전한 분리성에 대한 명백한 이해의 방법, 생각이 작용하는 신체적 조건과 생각의 편차에 대한 실험적 연구 방법이 되면서 현대 과학적 지식의 토양으로 변한 연구 방법—은 베르그송의 연구 방법이다. 이 모든 설명을 한 후에도 베르그송이 제임스-랑게 이론을 자신의 유심론적 개념에 포함시킨 방법을 이해할 때 우리에게 특별한 어려움이 생겨나서는 안 된다. 오히려 유심론적 원칙이 기계론적 원칙과 균형을 이룬 데카르트의 정신의 정념 학설의 논리적 구조가 새로운 역사적 환경에서, 새로운 과학적 표현에서 얼마나 완전히 정확하게 세부 사항에서조차 일치하는지에 대해 우리는 놀라지 않을 수 없다. 베르그송은 자신의 유심론적 개념을 기계론적 정서 이론으로 보완하면서 이러한 논리적 균형을 이룬다.

20-18] 베르그송이 의지의 자유 문제에 분석을 도입하기 위한 전제

로 삼았던 심리 상태의 강도에 대한 연구에서 그는 노력의 감각이 구심적인 기원을 갖는다는 제임스의 이론을 완전히 수용한다. 그는 유기체적 감각이 심리적 상태의 강도를 경험하는 토대라는 이론을 한편으로는(주의와 그에) 수반하는 지적 노력에 적용하며, 다른 한편으로는 격렬한 혹은 날카로운 정서(분노, 공포, 기쁨의 몇 가지 변이형, 슬픔, 정념, 욕망)에 적용한다. 주의에 수반되는 생리적 운동은 현상의 원인이나 결과가 아니라 그 부분으로서 마치 주의를 공간 속에서 연장으로 표현하는 것과 같다. 주의의 작용이 완료되어도 주의의 긴장과 더불어 아직 우리는 고조된 정신의 긴장을, 비물질적인 노력의 증대를 의식하는 것처럼 생각된다. 이 인상을 분석하면 여러분은 그 안에서, 공간적으로 확장되거나 그 본질을 바꾸는 근육의 긴장(예컨대 긴장은 압박감, 피로, 고통으로 변한다)만 보게 된다.

베르그송은 의지의 자유 문제를 근육의 긴장으로 환원시킨 것인가?

H. 아베르캄프(Hendrick Avercamp), 스케이트 타는 사람들이 있는 겨울 풍경, 1609.

운하는 얼어붙었고, 사람들은 스케이트를 타기도 하고, 사랑을 나누기도 하며, 하키를 하거나 대소변을 보기도 한다. 또 얼음에 갇힌 작은 배를 풀어 보려고 하기도 하며 넘어지는 사람도 많다. 이 모든 활동들은 각기 다른 강도의 심리적 상태를 요구한다. 이들 중 몇몇은 주의와 같은 감각적 상태이지만 다른 몇몇은 노력과 같은 운동 상태이다.

　베르그송은 반칸트주의자이다. 칸트에게 이성은 자유의지가 존재한다는 것을 결코 입증할 수 없다. 그렇게 하려면 두 개의 사건이 상호 교환 가능하고, 병치 가능하며, 동등하게 합리적이라는 것을 보여 주어야 한다. 이것을 보여 줄 방법은 없다. 그러나 베그르송에게 병치는 시간이 아니라 공간의 속성이며, 질적 다중성이 아니라 양적 다중성의 속성이다(20-9 글상자 참조). 그림 속 인물들은 양적으로 다중적이고 공간적으로 구별된다. 우리는 이들을 잘라 내어 위치를 바꾸거나 병치할 수 있다. 그러나 실제 사건들은 질적으로 다중적이며 시간적으로 구별된다. 우리는 사건들을 잘라 내어 위치를 바꾸거나 병치할 수 없다. 질적 다중성 내에서 우리의 자유는 주의와 노력의 강화와 이완에 존재한다. 얼어붙은 강물이 아니라 흐르는 강물과 같이, 우리는 실제 스케이트를 타는 사람들이지 그림 속 인물이 아니다. 이 흐름 속에서 주의와 노력은 차이를 만들 수 있으며, 실제로 만들어 낸다.

　예를 들어, 헨드릭 아베르캄프는 완전한 농아로 말하는 것을 배운적이 없다. 주의와 노력을 통해 그는 그림을 배웠다. 그는 또한 글쓰기를 배웠으며, 그림의 맨 오른쪽에 있는 얼음 낚시꾼의 집 벽면에 학교 어린이들이 쓴 낙서로 그림에 서명을 했다.

20-19]　베르그송은 주의의 긴장과 정신적 긴장의 노력이라고 부를 수 있는 것, 예컨대 절실한 욕망, 불타는 분노, 정념적 사랑, 격렬한 증오와 같은 것 사이에 그 어떤 본질적인 차이를 전혀 보지 않는다. 이 때문에 강한 정서의 강도는 그에 수반하는 근육의 긴장 이외의 다른 것이 아니다. 베르그송은 다윈이 제시하고 제임스가 인용했던 분노의 생리적 증상을 주목할 만한 기술로서 인용한다. 베르그송은 말한다. "물론 우리는 분노의 정서가 이러한 기관의 감각의 총합으로 환원된다는 제임스의 의견에 동의하지 않는다. 분노의 느낌에는 언제나 환원 불가한 심리적 요소가 들어가며 비록 그것이 단지 때리거나 싸우는 것에

대한 생각일 뿐일지라도 그러하다. 다윈은 이에 대해 언급했으며 이것은 그토록 다양한 운동에 일반적 방향을 부여한다. 그러나 이 생각이 정서적 상태의 방향과 정서에 수반되는 운동의 지향성을 결정한다면 상태 자체의 증가하는 강도는 점점 심해지는 유기체의 동요에 지나지 않는 것으로 보인다. 유기체의 동요의 모든 흔적을, 근육 수축의 미약한 노력을 모두 배제하면 분노의 느낌에서 우리에게 남는 것은 오직 생각일 뿐이거나, 만일 우리가 정서를 거부하기를 원치 않는다면, 강도가 결여된 정서일 것이다."

사람들이 에로 영화를 발명하기 훨씬 전에 그려진 이 그림에서 우리는 세 가지의 다른 감정의 계기를 본다. 앞에 있는 커플은 서로 시시덕거리고 있다. 남자는 여자의 치마를 잡아당기고, 여자는 남자에게 음료를 따르고 있다. 남자의 눈이 여자가 아니라, 그녀의 풀린 앞섶과 가슴의 십자가를 보고 있음을 주목하자. 여자가 따르는 와인은 아마도 남자의 잔이 아니라 마룻바닥에 떨어질 것이다. 그림 오른편에 있는 문을 통해 다른 커플을 볼 수 있다. 베르그송이라면 그들이 근육 운동을 지향, 조응시키는 더 고조된 상태에 있다고 말할 것이다.

베르그송은 두 커플 사이에 실질적 차이가 없다고 본다. 한 경우에는 주의의 긴장이, 다른 경우에는 근육 노력의 긴장이 있다. 시간적 순서를 바꿀 수 있다면, 우리는 심지어 제임스가 제안한 사고실험을 얻을 수도 있을 것이다. 우리는 근육 노력의 긴장을 주의의 긴장으로 환원한다. 베르그송에게서 정서에 대한 생각은 정서적 상태의 방향을 결정하고 그에 수반하는 근육 운동의 방향을 조종한다. 제임스처럼 정서를 완전히 부정하기보다는, 그는 단지 그 결과, 정서가 어떤 강렬함도 없는 관념이 된다고 말한다. 비고츠키가 말하는 것처럼, 제임스는 '차가운' 정서에 대해 정확히 똑같은 말을 한다. 그것은 전혀 감정적이지 않고 순전히 지적이다.

이 정서의 세 번째 계기는 물론 두 커플들 사이에서 교미를 하고 있는 두 마리의 개로 나타난다. 화가는 색깔의 사용(남성과 수컷은 적갈

베르그송은
신체의 움직임이 없으면
정서의 움직임이 없다고
보는가?

F. 판 미에리스 1세(Frans van Mieris the Elder), 매춘굴의 모습, 1658.

색, 여성과 암컷은 흰색)과, 같은 방향을 향하고 있는 머리를 통해 전면
의 커플과의 유사성을 강조했다. 그러나 흥미 있는 의미심장한 여자의
눈초리와 암컷 개의 초연하고 약간 당황한 표정을 비교하자. 우리는 정
말 그 감정이 동일하다고 말할 수 있을까?

20-20] 베르그송의 마지막 말은 그가 제임스에 동의하지 않는다
는 것이(베르그송은 이러한 비동의를 주변적 감각으로 환원할 수 없는 심리적

요소—때리거나 싸우려는 생각—가 존재한다는 점에서 확인한다) 순전히 착각일 뿐임에 그 어떤 의심도 남기지 않는다. 제임스는 언제나 정서 안에 그러한 생각이 존재한다는 것은 인정했으나, 다만 베르그송이 했던 것과 똑같이, 이것이 체험된 특정한 느낌이라는 것은 거부한 채 이 생각을 순수한 지적 상태라고 부를 수 있다는 여지만 남겼다. 그러나 물론 베르그송도 이와 똑같은 일을 한다. "유기체의 동요의 모든 흔적을, 근육 수축의 모든 미약한 시도를 배제하라. 그러면 분노의 느낌에서 우리에게 남는 것은 오직 생각일 뿐이다"라는 그의 주장은 제임스의 다음 주장을 글자 그대로 반복한다. "정념의 외적 현상을 억제하라. 그것은 당신 속에서 누그러들 것이다. 우리 의식의 이 상태로부터 그와 연결된 모든 신체적 증상의 감각을 하나씩 제거하라. 결국 이 정서에서 남는 것은 전혀 없을 것이다." 분노는 전혀 부재할 것이며 오직 잔여물 속에서는 전적으로 지적 영역에 포함되는 평온하고 침착한 판단, 즉 베르그송이 말한 때리거나 싸우려는 생각만이 얻어진다.

20-21] 베르그송의 입장은 심지어 통사적 구조에서도 랑게의 주장과 매우 유사하다. 겁먹은 사람에게서 공포의 모든 신체적 증상을 제거하라. 그러면 그의 공포에는 무엇이 남는가? 베르그송은 강렬한 공포는 고함, 숨거나 도망치려는 노력, 경련이나 떨림으로 표현된다고 말한 스펜서를 인용한다. 베르그송은 말한다. 우리는 한 걸음 더 나아가 이러한 운동은 공포의 느낌 자체의 일부를 구성한다고 주장한다. 이 운동은 공포의 느낌을 정서로 변환하며 이는 다양한 정도의 강도를 거쳐 갈 수 있다. 이 운동을 전체적으로 억제하라. 그러면 강렬한 공포는 공포의 관념, 즉 피해야 할 위험에 대한 지성화된 표상으로 어느 정도 대체될 것이다. 격렬한 기쁨, 슬픔, 욕망, 혐오 심지어 수치의 느낌(이들의 강도의 원인은 유기체가 일으키고 의식이 지각하는 자동적 운동 반응에 뿌리를 둔다)에 대해 동일하게 말할 수 있을 것이다.

20-22] 이러한 관점에서 베르그송은 심오한 느낌, 예컨대 연민의 느낌, 미학적 느낌과 이제 막 열거되었던 날카롭고 강렬한 다른 정서 사이의 본질적인 차이를 보지 못한다. 사랑, 혐오, 욕망의 강도가 커진 다고 말하는 것은 이들이 외적으로 투사된다고, 표면으로 발산된다고, 주변적 감각이 내적 요소를 대체한다고 말하는 것을 의미한다. 그러나 이러한 느낌이 무엇이든, 표면적이든 심오하든, 갑작스럽든 숙고된 것이 든 상관없이 그들의 강도는 언제나 우리의 의식이 모호하게 구분하는 단순 상태들의 집합으로 이루어진다.

20-23] 이처럼 H. 베르그송은, 스스로의 표현에 따르면, 감정적 상 태에서 유기체의 동요에 대한 심리적 표현 혹은 외적 원인에 대한 내적 반향 이외의 다른 무언가를 보기를 거부하면서 제임스의 관점을 완전 하게 채택한다.

20-24] 제임스-랑게 이론은 자연과학적 행동 심리학에서만큼이나 순수한 영혼의 유심론적 심리학에서 그 확고한 입지를 발견한다. 우리 가 이 이론이 유심론적 심리학 체계에서 어떠한 기능을 수행할 수 있는 지, 이것이 영혼의 심리학을 무엇으로 강화할 수 있는지, 이것이 형이상 학적 가설을 일반적으로 옹호할 때 어떠한 보조적 과업을 해결할 수 있 는지, 이 체계에서 이것의 역할이 어떤 것인지—간단히 말해 이것이 부 활된 데카르트 방법에서 무엇을 위해 필요한지 묻는다면 우리는 자연 주의적 정서 이론은 신데카르트 학설에서도 그것이 데카르트 자신의 학설에서 수행했던 것과 완전히 동일한 역할을 수행함을 지적하는 것 이외에는 다른 답을 제시할 수 없다. 그것은 정념—이는 인간의 이중 적 본성의 기본적인 현상이다—의 지위를 우리 신체의 영혼 없는 자동 기계가 나타내는 단순한 현상으로 낮추고, 이로써 절대적으로 비결정적 이고 자유로우며 신체에 의존하지 않는 영혼의 의지를 수긍하는 길을 연다.

정념의 속성을 이해하는 데에서
자연주의적 정서 이론의 한계는
무엇인가?

J. 반 바이커스루트(Jan van Wijckersloot), 재난의 해의 알레고리, 1673.

이 알레고리는 (19-68 글상자처럼) 정치적 만화다. 1672년, 네덜란드 공화국은 영국과 프랑스의 침략을 받아 완패했다. 오렌지 공 윌리엄의 추종자들은 이것을 요한 더빗의 민주적 지도력 탓으로 돌린다. 그림에서 지혜의 여신은 네덜란드의 섭정공에게 한 만화를 보여 주는데, 여기에서 네덜란드라는 사자는 부서진 울타리에 둘러싸인 정원에서 잠자고 있다.

자연주의적 감정 이론의 한 가지 명백한 문제는 알레고리를 설명할 수 없다는 것이다. 자연주의에 따르면, 문화는 자연이 제공하는 것에 그 무엇도 더할 수 없다. 비고츠키가 말했듯이, 신-데카르트 학설의 주된 기능은 구-데카르트 학설과 같다. 그것은 정념의 역할을 생리학적 수준으로 '낮추는' 것이다. 그렇다면 젊은 섭정의 얼굴에 나타난 충격은 혈관의 수축이나 내장의 혈류 확장과 같은 자연적 과정의 단순하고 직접적이며 생리적인 결과다. 그 자연적인 과정에 심리적인 것 혹은 고유하게 감정적인 것으로 첨가될 수 있는 것은 아무것도 없다. 상징에 대한 이해가 없었다면 이러한 생리적 과정이 어떻게 일어날 수 있었을까?

물론 아이들이 책을 읽을 때, 사람들이 투표할 때, 정치인이 정치 만화를 볼 때, 내장과 뇌에 어떤 일이 일어나고 있다는 것은 말할 나위도 없이 명백하다. 그러나 교사, 유권자, 시민으로서 우리가 이해하고자 하는 것은 내장과 뇌에서 일어나는 일이 아니다. 우리가 알고 싶은 것은 내장이나 뇌에 있지 않다. 그것은 자연주의적 이론이 무시한 문화적 상징 속에, 그리고 데카르트의 이론이 섭정과 같이 간단히 무시해 버린 역사적 환경 속에 있다.

20-25] 따라서 H. 베르그송이 유심론적 가설을 옹호하면서, 그가 데카르트주의자의 연구를 이어 나감을 자임하면서도 현대 과학의 더 큰 복잡성을 고려했다고 말한 것은 전적으로 옳다. 바로 이 때문에 우리는 그가 느낌 심리학에 제임스-랑게 이론을 증상적 원칙의 측면에서 매우 중요한 것으로 포함시킨다고 볼 수 있는 것이다. 우리가 본 것처럼 데카르트 학설에서 의존적인 한 부분만을 발전시켰을 뿐인 제임스-랑게 이론은 오직 이 전체의 구성 부분으로 회귀할 때에만 그 뜻과 진정한 의미를 획득한다는 것을 사실은 가리킨다. 이처럼 한편으로는 정서적 삶에 대한 모든 기계론적 이론의 원형을 품고 있는 데카르트의 학설과, 다른 한편으로는 옛 개념의 자연주의적 부분과 유심론적 부분을 현대 자연과학의 토대 위에 재결합한 베르그송의 학설은 우리에게 현재 고찰 중인 이론의 철학적 본성을 비추어 준다. 이들은 그것이 처음

탄생했을 때, 그것을 구성 부분으로 삼는 복잡한 사상적 전체로부터 분화되어 가지를 치기 전에 어떠했는지를 그리고 그것이 완전히 완성되어, 그것을 유기체적이고 개별적인 부분으로 삼는 전체 체계에 다시 포함되면서 필연적으로 무엇이 되어야 했는지를 보여 준다. 가장 놀라운 것은, 우리가 이미 지적했듯이 이 이론이 새로운, 유심론적 체계 내에서 데카르트의 학설에서 수행했던 것과 동일한 역할을 보존한다는 것이다. 그것은 우리의 정념을 단순한 자동작용의 수준으로 낮추어 그 위에 자유로운 영혼의 활동을 위치시킨다.

20-26] 이것이 실제로 그러함을 우리는 영혼과 신체의 관계에 대한 베르그송의 연구로부터 확인할 수 있다. 여기서 베르그송은 뇌의 활동에 대한 순수하게 기계론적인 관점을 수용하고 이를 논리적 한계까지 밀고 나간다. 그는 뇌가 단지 활동의 도구이자 운동적 자동성을 만들어 낼 수 있지만 그 안에 다른 가능성은 전혀 갖지 않는 기관임을 증명하려 한다. 기계론적 자연과학의 정신을 온전히 따르면서 베르그송은 아메바에서 고등 척추동물에 이르기까지의 외적 지각의 진보를 한 걸음씩 추적해 나가려 한다. 그는 생물은 원형질 덩어리일 때부터 민감 반응성과 수축성을 지니고 외적 환경에 응답하며 그에 기계적, 물리적, 화학적으로 반응한다는 것을 발견한다. 일련의 유기체들로 올라가면서 우리는 생리적 분업, 신경세포 체계의 분화와 결합의 현상을 주목하게 된다. 이와 함께 동물은 외적 자극에 대해 더욱 다양한 운동으로 반응하기 시작하지만 그럼에도 언제나 자동적 운동 반응이 계속되고 있는 것이다.

20-27] 고등 척수동물에게는 언제나 척수에 의해 통제되는 순전히 자동적인 작용과 대뇌의 개입을 요구하는 의식적 능동성 사이에 근본적인 차이가 의심의 여지 없이 생겨난다. 여기서 아마도 우리는 외부로부터 획득된 인상이 운동의 형태로 확산되는 대신 인식으로 정신화

된다고 생각할 수 있을 것이다. 그러나 대뇌의 기능과 척수의 반사작용 사이에는 오직 복잡성의 차이만이 있을 뿐 본질적인 차이는 없음을 확인하기 위해서는 대뇌와 척수의 구조를 비교하는 것으로 충분하다고 베르그송은 가정한다.

20-28] 이것이 베르그송 철학의 기본적인 생각이다. 대뇌의 기능은 본질적으로, 척수의 반사 활동과 원칙적으로 전혀 구분되지 않는다. 이는 아메바로 시작하여 고등 척추동물과 인간에 이르는 지각의 발달이 생리학적 조건의 조직의 관점에서 볼 때 그 어떤 본질적으로 새로운 것의 발현을 이끌지 않는다는 것을 의미한다. 발달은 이미 아메바의 유기체에 있는 자동성의 복잡화일 뿐이며 인간의 대뇌의 기능과 원형질의 모음이 가지는 반응 민감성과 수축성의 차이는 복잡성에 있을 뿐 본질적으로 다르지 않다. 대뇌 활동과 척수 활동의 원칙적 차이를 보지 않는 것, 나아가, 척수의 반사 활동을 아메바의 활동성에 비해 더 큰 다양성을 갖는 자동작용의 활동으로 환원하는 것은 발달이 신형성의 계속되는 출현임을 거부하는 것을 의미하며, 고등한 대뇌피질의 모든 활동을 단순 반사의 자동작용으로 혹은 더 낮은 것, 즉 원형질의 반응성으로 환원하는 것을 의미한다.

> 외과의사인 비틀루는 인간의 뇌와 척추 전체를 적출하여 넓게 반으로 가르고 핀으로 고정한 뒤 화가인 드 래레스에게 의학도들을 위한 그림을 그려 달라고 요청했다.
> 뇌의 구조는 서로 유사한 복잡성을 가지는 뇌간이나 척추의 구조보다 훨씬 더 복잡한 것을 볼 수 있다. 베르그송은 이로부터 (느낌을 담당하는)뇌간과 (자동반응을 담당하는)척추의 기능이 서로 유사하다고, 즉 내장에서 오는 자극에 대한 반응일 것이라고 가정한다. 그렇다면 정서는 반응성에 불과할 따름이며 아메바와 인간의 차이는 단지 구조적, 기능적 복잡성에 있게 된다.

비고츠키는 형태가 기능을 따른다는 것에, 그리고 따라서 뇌의 큰 구조적 복잡성은 큰 기능적 복잡성에 기인한다는 것에 동의한다. 그러나 기능이 형태를 설명한다면 기능을 설명하는 것은 무엇인가? 우리가 처한 사회적 환경을 변화시키는 행동을 하게 만드는 정서를 이해하기 위해서는 신체 안을 조사할 일이 아니다.

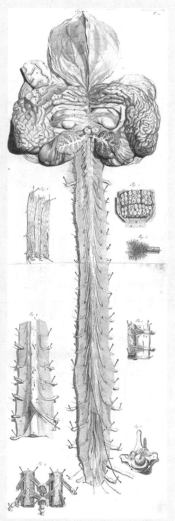

렘브란트에게 그 답은 신체 안이 아닌 신체 밖에, 즉 인간 신체 사이에, 인간 신체를 사회적, 문화적 체體로 묶어 주는 사회적 관계 속에 놓여 있다. 거지에게 적선을 하는 모습을 표현한 렘브란트의 1640년 에칭 작품을 살펴보자. 베르그송이 말하듯 우리는 동정, 연민, 자기만족, 자기만족에 대한 수치심, 심지어는 부자가 거지와 지위를 바꾸고자 하는 사랑에 이르는 여러 정서의 배열을 볼 수 있다.

이것이 베르그송 자신이 스스로의 철학을 발전시킨 방법이다. 나치가 프랑스를 침공했을 때 그는 이미 가톨릭 교도였으며 이미 노벨상을 수상한 후였다. 파리의 나치 점령군이 유대인들에게 수용소 등록을 강제했을 때 그는 '철학자, 교수, 유대인'이라고 적은 유대인 수용소 등록 카드를 제출한다. 그는 대규모 유대인 학살이 일어나기 전에 기관지염으로 사망한다.

베르그송의 철학이
바라보는 발달이란?

*   *   *

20-29] 신체와 영혼의 관계에 대한 베르그송의 학설을 분석하는 것은 현재 연구의 과업에 전혀 포함되지 않는다. 데카르트의 정념 학설이 현대 심리학에서 맞는 운명에 대한 고찰을 마무리하면서 우리에게 중요한 것은 이 학설이 그 안에 포함되어 있는 모순적 원리와 관련하여 양극화되었으며 이것이 현대 심리학의 극단적인 기계론적 개념과 유심론적 개념으로 구현되었음을 보이는 것이다.

그런데 왜 비고츠키는 베르그송의 전체 이론을 일축하는가?
비고츠키는 이 장에 대해 또 무엇을 이야기하고 있는가?
과연 이것으로 책이 끝난 것인가?

N. 마스(Nicolaes Maes), De peinzende(몽상가 또는 사색가), 1650년대.

데카르트는 신체는 좌우 대칭으로 두 가지 면이 있다고 보았으며, 이는 뇌도 마찬가지다. 그는 송과샘이 이렇게 나뉘지 않는 뇌의 유일한 부분이라고 생각했기 때문에, 그곳은 인간의 영혼이 기거해야만 하는 장소라고 생각했다. 그렇지 않더라도 그는 적어도 송과샘이 나뉘지 않는 덕분에 영혼이 신체에 작용할 수 있다고 생각했다.

베르그송은 (리보의 연구로부터) 데카르트가 틀렸음을 바로 깨달았다. 의식 과정은 송과샘이 아니라 대뇌피질에서 일어난다. 베르그송은 자신의 1896년 책, 『물질과 기억』에서 이러한 발견으로부터 데카르트의 이원론을 구원하려는 매우 영리한 시도를 했다. 베르그송은 몸과 마음의 핵심적 차이가 완벽하게 타당했으며, 지금도 완전히 타당하다고 주장했다. 하지만 그것은 공간이 아닌 시간에 따른 구분이다. 뇌는 행동을 위해 진화했으며, 현재를 산다. 마음은 기억을 위해 진화했으며, 과거에 산다.

비고츠키가 옳다. 이러한 특정한 주장을 논하는 것은 정서 심리학에 대한 현 연구 과업에 포함되지 않는다. 베르그송이 과거의 기억과 현재의 뇌에 대해 말하는 것을 분석하는 것은 정서와 미래의 관계를 설명하려는 당면 과업으로부터의 이탈이다. 비고츠키가 이를 분명히 설명하지 않고, 베르그송의 심신평행론을 살펴볼 필요가 있다는 앞 문단(20-9)에서의 진술과 이 문단이 모순되는 것처럼 보인다는 사실은 이 책이 (그리고 아마도 이 문단조차) 실제로 끝나지 않았다는 증거일 뿐이다.

비고츠키의 노트에 따르면, 비고츠키는 이미 어떻게 서문을 쓰고, 제목을 붙일지 생각하고 있었으며, 아버지(과거)나 아내 로자(현재)에게 이 책을 헌정할 계획을 갖고 있었다. 그러나 비고츠키는 지쳐 있었다.

"내 평생의 책은, 잘못 쓰였을지라도, 그 아이디어는 나의 것이다. 오늘의 괴로움은 옛것이 될 것이다. 나는 가장 명료한 정신으로 이 책을 쓰고 있지 않다. 오늘 감당해야 하는 괴로움에 사로잡혀 있다. 미래를 위해 무언가가 남을 것이다. 그 씨앗은 나의 아이들과 학생들이다. 내가 이 책의 전망을 더 높이 평가했더라면 나는 이 책을 그들에게 헌정했을 것이다. 그러나 내가 사로잡혀 있는 과거가 더 강하다. 아마도 이 책을 로자에게 바치게 되지 않을까?"(2018: 214)

사실 우리는 비고츠키의 자녀도 제자도 아니다. 그러나 우리는 비고츠키가 언급하고 있었던 바로 그 미래에 살고 있다. 비고츠키 선집의 후속 번역본들은 청소년 아동학이 어떻게 정서에 대한 이 작업의 실제적 측면의 발달이 되는지, 그리고 비고츠키의 『심리학 위기의 역사적 의미』가 어떻게 과학의 역사와 철학에서 정서 학설의 연장이 되는지 보여 줄 것이다.

● 경로 수정

비고츠키가 앞 장의 끝부분에서 주장했듯이, 이 마지막 장은 마음-신체 문제, 특히 관념론의 하향식 환원주의에 대한 시도와 관련될 것이다. 여기서의 타깃은 베르그송이다. 그러나 베르그송은 사실 허수아비에 불과하다. 비고츠키는 실제 당시의 최근 관념론이 통속적 유물론과는 달리 정서와 활동 사이의 연결에 대한 질문을 제시하는 데 성공했다는 것을 보이고자 한다. 문제는 그에 답을 하는 것이다.

20.1 비고츠키는 이 연구의 첫 부분을, 앞서 2.4에서 지적한 제임스-랑게 이론의 소위 "유물론"적 성격을 상기시키는 것으로 시작한다.

20.2 이 이론에서 "유물론"적 특징은 신경학적 기층에 있다기보다는, 정서의 문제에 관한 플라톤주의적 접근에 대한 비평에 있다. 제임스에게 있어 심리적 과정은, 그것이 어떻게 설명되든지 그대로 남는다. 신경과정이나 심지어 저차적 심리 기능에 초점을 두는 이론이 유물론적이라고 간주하는 것은, 이러한 시도를 하는 이론이 모두 그릇되었다고 간주하는 것만큼이나 비논리적이다.

20.3 비고츠키는 2절에서 그랬던 것처럼 여기에 동의한다.

20.4 제임스가 유물론자라는 그의 반대자들의 비난에 대해 스스로 방어해야 했던 것처럼, 비고츠키는 반사적, 반응적, 행동주의적 옹호자로부터 같은 찬사를 받을 때 이러한 잘못된 찬사로부터 제임스를 '방어'한다.

20.5 착각은 착각으로 남는다. 그러나 우리가 2절부터 여러 절을 거쳐 오며 발견했듯이, 제임스-랑게 이론의 내용과, 이에 대한 불만은 모두 처음 보기보다 사실 더 복잡하다.

20.6 제임스-랑게 이론은 기본적으로 생리학적 절차들을 가정하고, 그 안에서 정신적 요소들을 포함시킨다. 이러한 의미에서 이 이론은 유물론적이다. 그러나 이것은 변증법적인가?

20.7 이론이 관념과의 대화를 시작한 것은 분명하다. 비록 제임스-랑게 이론이 생

물학적 결정론적인 저속한 유물론의 범주에 자연스럽게 포함되기는 하지만, 그것은 또한 유심론과 관념론과 "접촉을 시작"할 수 있다는 것을 보여 주기도 했다. "이 이론이 자연과학적 심리학과 맺는 연결이 이들을 한데 모으는 자연주의적 기계론적 원칙에 비추어 명백해진다면, 이 이론이 유심론적 경향성과 맺는 연결은 설명을 필요로 한다."

20.8 이 설명은 이제 이루어졌다. 정서에 대한 기계론적, 결정론적, 생리학적 설명들과 형이상학적, 기술적, 유심론적 설명들 사이의 내적 연결은 데카르트에게로 곧바로 돌아간다.

20.9 비고츠키는 이제 현재, 특히 베르그송과 연관된 형이상학적 심신평행론과 제임스-랑게 사이의 관계에 관심을 돌린다. 비고츠키는 베르그송의 입장을 세 가지로 요약한다.

20.10 먼저, 실험적 심리학은 정서와 뇌의 상태 사이의 정확한 대응점을 찾으려 분투하다 실패하자, 평행론이 시작되고 끝나는 지점을 더욱 정확하게 찾기 위해 노력한다.

20.11 사고와 신체적 존재 사이의 차이를 더욱더 정밀하게 측정함으로써, 심리학은 "생의 의미"라고 불릴 수 있는 것—다시 말해, 생리학적인 생의 과정이 인간의 마음에서 정말로 "의미"하는 것을 밝힐 수 있을 것이다.

20.12 만약 이 "생의 의미"가 경험적으로 결정될 수 있다면, 절대적 확실성의 형이상학을 향해 직선으로 무한히 진보할 수 있는 과정이 가능할 수 있다.

20.13 비고츠키는 이러한 거창한 공식이 타당하다고 간주한다. 그것들은 비고츠키가 이미 만족스럽게 지적한 철학적 문제들과 심리학적 문제들 사이에 커져 가는 융합의 일부이다(『생각과 말』 2장, 『정서 학설』 7-21과 11-14 참조).

20.14 비고츠키는 구스타브 벨로의 평가에 동의하는데, 그는 앙리 베르그송이 데카르트의 심신평행론이 제공하지 못하는 것을 말할 수는 없으리라고 생각한다. 베르그송의 접근의 참신함은 그가 유심론적 가설(예를 들어, "생명력")을 사실적, 경험적, 과학적 근거 위에 놓을 것을 약속했다는 점이다. 벨로는 이 접근을 진정한 데카르트적 접근과 대조하는데, 이는 유심론적 가설을 "이해"의 기반에 둔다.

20.15 베르그송은 데카르트주의와의 연결이 아니라 그 대조에 이의를 제기한다. 그는 데카르트식 "이해"가 근본적으로 사실적, 경험적, 과학적이기도 하다고 주장한다.

우리의 세계관은 데카르트의 시대 이후로 변화해 왔고 더 복잡해진 것이 사실이다. 예를 들어, 우리는 더 이상 "일반 수학/만능 수학"(데카르트가 만들기 원했던 모든 과학의 병합을 일컫는 그의 용어)을 믿지 않는다. 그러나 베르그송은, 다루는 재료가 어떻게 변하든 그 방법은 그대로 남아 있으며, 자신이 데카르트식 방법을 그대로 지켜 왔다고 주장한다.

20.16 그러므로 베르그송은 데카르트식 이원론을 포용하며, 따라서 그가 "유물론적" 제임스-랑게 가설을 정서에 관해 근본적으로 관념론적 관점에 포함시킨 것은 놀랍지 않다.

20.17 베그르송은 만약 우리가 지적 작업 중에 느끼는 "영혼의 압박의 증가, 비물질적 노력의 증가에 대한 감각"과 같이, 우리가 느끼는 인상들을 분석한다면, 우리는 근육의 긴장, 압박, 피로, 그리고 고통 말고는 달리 아무것도 못 찾을 것이라고 말한다.

20.18 그러나 베르그송은 정서에 대한 모든 생리적 감각을 없앤다 해도, 모종의 생각이 여전히 남아 있을 것이라 주장한다. 생리적 감각은 정서적 경험의 강도를 설명할 뿐이다.

20.19 비고츠키는 이 차이가 매우 사소하다고 본다. 베르그송은 신체적 활동을 정서의 경험에서 배제하지만(우리가 아무 이유 없이 사람을 때린다고 해서 갑자기 분노를 느끼지 않는다) 정서에서 모든 생리적인 감각을 제거하는 "사고실험"의 결과는 근본적으로 같다. 제임스에게는 지적 경험밖에 남지 않고, 베르그송에게는 "생각idea"밖에 남지 않는다.

20.20 따라서 베르그송은 만약 당신이 비명을 참으면, 두려움 또한 참게 될 것이라고 주장한다(이는 남자가 그의 부인과 싸우기 전에 스물까지 세는 것과 매우 비슷하다).

20.21 또한 베르그송은 연민, 심미적 느낌, 또는 다른 고등한 정서들과 공포나 분노 같은 "날카롭고, 강한" 정서들 사이에 질적인 차이가 없다고 본다. 정서의 강도가 증가될 때, 이것이 의미하는 것은 외부로 투사된다는 것이다. 그 말초적인 발현이 확대된다.

20.22 정서가 유기체의 동요라는 베르그송의 견해는, 제임스와 일치한다.

20.23 비고츠키는 이 이론이 베르그송 같은 신비주의 관념론자에게 어떤 기능으로 봉사할 수 있는지 묻는다. 정답은 저속한 유물론자에게 봉사하는 것과 같은 기능이

다. 정서는 기계적 과정의 단순한 발현으로 환원된다.

20.24 그러나 관념론자들에게, 이것은 신체와 독립적인 자유의지의 개념을 인정하여, 마음에 자유를 준다.

20.25 따라서 베르그송에게, 뇌는 단지 자동작용을 만들어 내는 기관일 뿐이다. 뇌에 의해 실행되는 기능들은 모두 배아 속에, 원형질의 가장 원시적 형태로 즉 자극 감응성, 그리고 반응성으로 처음부터 거기에 있었다.

20.26 이는, 사실, 뇌간에서 발견되는 기능들에 관한 한 사실이다. 그리고 베르그송은 우리가 뇌간과 피질을 연구해 보면, 그 구조가 매우 유사하다는 것을 발견할 것이라 한다. 따라서 그는, 그 기능들 또한 매우 유사할 것이라 추측한다.

20.27 그리고 이것은 베르그송의 철학의 기본 개념이다. 그러나 질적 변화를 거부하고 이를 단지 양적 복잡성으로 환원시키는 것은 발달의 개념을 거부하는 것이다.

20.28 비고츠키는 베르그송에 대한 철저한 비평은 논문의 범위를 벗어난다고 짧게 언급하며 결론 내린다. 우리가 17세기부터 바로 현재까지 따랐던 정서에 관한 데카르트의 기본 학설과 베르그송의 생각 사이의 연결을 보여 주는 것으로 그의 의도는 충분히 전달되었다.

Асмус В. Ф. Очерки истории диалектики в новой философии. М.; Л, 1929.

Бергсон А. Материя и память. СПб, 1911.

Введенский А. И. Психология без всякой метафизики. Пг, 1917.

Геффдинг Г. Очерки психологии,рснованной на опыте. СПб, 1904.

Декарт Р. Сочинения. Казань, 1914, т. 1.

Джемс В. Психология. СПБ, 1902.

Дидро Д. Сочинения. М., 1936, т. 5.

Дильтей В. Описательная психология. М., 1924.

Келер В. Исследование интеллекта человекоподобных обезьян. М., 1930.

Кеннон У. Физиология эмоций. Л., 1927.

Кечекьян С. Ф. Этическое миросозерцание Спинозы. М., 1914.

Крид Р., Денни-Броун Д., Икклз И. и др. Рефлекторная деятельность спинного мо зга. М.; Л., 1935.

Кюльпе О. Современная психология мышления.—Новые идеи в философии. Пг, 1916, вып. 16.

Ланге Г. Душевные движения. СПб., 1896.

Ланге Н. Н. Психология. М., 1914.

Леонтьев А. Н. Развитие памяти.—Труды психологической Академии коммунис тического воспитания, 1930, вып. 5.

Мюнстерберг Г. Основы психотехники. М., 1924, ч.1.

Петцольд И. Проблема мира с точки зрения позитивизма. СПб., 1909.

Радлов Э. Л. Очерк истории русской философии. Пг, 1920.

Рибо Т. Психология чувств. Киев; Харьков, 1897.

Сборник,посвященный 75-летию И. П. Павлова. Л., 1924.

Спиноза Б. Избранные произведения. М., 1957, т.1.

Спиноза Б. Этика. М; Л., 1933.

Титченер Э. Б. Учебник психологии. М., 1914, ч.И.

Торндайк Э. Принципы обучения, основанные на психологии. М., 1925.

Фишер К. История новой философии. СПб., 1906, т. 1, 2. Фролов Ю. П. Физиологичес кая природа инстинкта. М.; Л., 1925.

Штерн В. Психология раннего детства до шестилетнего возраста. Пг., 1922.

Ach N. Uber die Begriffsbildung; eine experimentelle Untersuchung. Bamberg. 1921.

Bard P. A. A diencephalic mechanism for the expression of rage with special reference to the sympathetic nervous system.— Amer. J. Physiol., 1928, v. 84.

Bentley I. M. Is emotion more than a chapter heading? — In: Feelings and Emotions: the Wittenberg Symposium. Norcester, 1928, p. 17-23.

Bogen H., Lipmann O. Naive Physik. Leipzig, 1923.

Brentano F. Psychologie von empirischen Standpunkten. Leipzig. 1874.

Brett G. S. Historical development of the history of emotions.— In: Feelings and Emotions: the Wittenberg Symposium. Norcester, 1928, p. 388.

Cannon W. B. The James — Lange theory of emotions. A critical examination and an alternative theory.—Amer. J. Psychol., 1927, v. 39.

Cannon W. Bodily Changes in Pain, Fear, Hunger and Rage. 2-d ed., Boston, 1929.

Cannon W. The Wisdom of the Body. L., 1932.

Cannon W. B., Britton S. W. Pseudo-affective medulla-adrenal secretion.— Amer. J. Physiol., 1925, v. 72.

Cannon W. B., Britton S. W. The dispensability of the sympathetic division of the autonomic system.— Boston Med. and Surg. J., 1927, 197.

Cassirer E. Sprache und Mythos, ein Beitrag zum Problem der Gotternamen. Leipzig—Berlin, 1925.

Claparede E. Feelings and Emotions: the Wittenberg Symposium.— In: Feelings and Emotions: the Wittenberg Symposium. Norcester, 1928, p. 124-139.

Dana Ch. The anatomic seat of the emotions. A discussion of the James— Lange theory.— Arch. Neurol. Psychiat., 1921, v. 6.

Descartes, R. De homine···. Leyden: F. Moyardeim and P. Lefton, 1662.

Descartes, R. Selected Correspondence. J. Bennett trans. 1619/2017.

Descartes, R. The World and Other Writings, Cambridge: Cambridge University Press, 1998.

Descartes. R. Principles of Philosophy. J. Bennett trans. 1644/2017.

Descartes. R. Passions of the Soul. J. Bennett trans. 1649/2017.

Dunlap K. Emotion as a dynamic background.— In: Feelings and Emotions: the Wittenberg Symposium. Norcester, 1928, p. 150-160.

Fleer, M., Gonzalez Rey, F., and Veresov, N. (2017). Perezhivanie, Emotions, and Subjectivity: Avancing Vygotsky's Legacy. Singapore: Springer.

Head H., Holmes G. Sensory disturbances from cerebral lesions.—Brain, 1911, N 34.

Head, H. and Rivers W. H. R. Studies in Neurology, Vol. II. London: Frowde, Hodder and Stoughton, 1920.

Heine, H. Religion and Philosophy in Germany. Boston: Press, p. 69. 1835, 1959.

Herrick, C. J. The internal structure of the midbrain and thalamus of Necturus, Journal of Comparative Neurology, 28: 214-348. 1934.

Holberg, L. Jeppe of the Hill and Other Comedites, 1722.

Irons D. Descartes and modern theories of emotion.—Philos. Review, 1895, v. 4.

Janet P. De l'angoisse a l'extase. Paris, 1928.

James, W. Principles of Psychology, Volumes One and Two. 1890/1950. Dover: New York.

James, W. Varieties of Religious Experience. New York: Vintage. 1902/1990.

Lehmann A. Die Hauptgesetze des menschlichen Gefiihlslebens. Leipzig, 1892.

Lipmann G. Drei Aufsatze aus dem Apraxiegebiet. Berlin, 1908.

Lotze R., H. Medizinische Psychologie der Seele. Leipzig, 1852.

Malebranche, N. De la recherche de la vérité. Où l'on traitte de la nature de l'esprit de l'homme, et de l'usage qu'il en doit faire pour eviter l'erreur dans les sciences, (1674-1675).

Maranon G. Contribution a l'etude de Taction emotive de l'adrenaline.—Rev. tranc. d'endocrinol., 1924, v. 2.

Morgan C. L. Animal Behaviour. L., 1900.

Müller J. Handbuch der Physiologie des Menschen. L., 1842.

Münsterberg H. Grundlage der Psychologie. Leipzig, 1918.

Nahlowsky J. Das Gefiihlsleben. Leipzig, 1862.

Newman E. B., Perkins F. T., Wheeler K. N. Cannon's theory of emotion. A critique.—Psychol. Rev., 1930, v. 37.

Perry R. General Theory of Value, 1926.

Piderit T. Mimik und Physiognomik. Detmold, 1886.

Pieron A. La dynamogenie emotionelle.—Journal de psychologie, 1920, v. 17.

Prince M. Can emotion be regarded as energy?—In: Feelings and Emotions: the Wittenberg Symposium. Norcester, 1928, p. 161-169.

Revault d'Allones, C. G. Role des sensations internes dans les emotions et dans la perception de la duree. Revue Philosophique, December 1905, p. 592 ff.

Scheler M. Die Sinnegesetze des emotionalen Lebens. Leipzig, 1923.

Sergi, G. (1858). L'origine dei fenomeni psichici e loro significazione biological, Milano, Fratelli Dumolard.

Spearman C. E. A new method for investigating. The springs of action.—In: Feelings and Emotions: the Wittenberg Symposium. Norcester, 1928.

Spinoza, B. Ethics Demonstrated in Geometrical Order, J. Bennett trans. 1677/2017.

Stern W. Die Psychologie und der Personalismus. Leipzig, 1917.

Stern C and Stern W. Die Kindersprache. Berlin, 1928.

Tilney F., Morrison J. F. Pseudobulbar palsy clinically and pathologically considered.—J. Ment. and Nerv. Deseases, 1912, N 39.

Wells F. L. Reactions to visual stimuli in affective settings.—J. Exper. Psychol., 1925, N 8.

Wilson S. A. K. Pathological laughing and crying.—J. Neurol. Psychopath., 1924, v. 4.

Woodworth R., Sherrington C. S. A pseudo-affective reflex and its spinal path.—J. Physiol., 1904. N 31.

교육의 본질을 고민하고 진정한 교육적 혁신을 위해 비고츠키를 연구하는 모임, 비고츠키 원전을 번역하고 현장 연구를 통한 논문을 지속적으로 발표해 오고 있다. 진지하고 성실한 학문적 접근을 통해 비고츠키 사상을 이해하고자 하는 이라면 누구나 함께할 수 있다. 『정서 학설 II』의 본문 번역에 참여한 회원은 다음과 같다.

데이비드 켈로그David Kellogg

맥쿼리대학교 언어학 박사. 상명대학교 영어교육과 교수. 비고츠키 한국어 선집 공동 번역 작업에 참여하였습니다. *Applied Linguistics, Modern Language Journal, Language Teaching Research, Mind Culture & Activity* 등의 해외 유수 학술지에 지속적으로 논문을 게재해 오고 있으며 동시에 다수의 국제 학술지 리뷰어로 활동하고 있습니다. 비고츠키 연구의 권위자로 인정받고 있습니다.

김경자

이화여대 초등교육과를 졸업하고 현재 경기도 동학초등학교에서 근무하고 있습니다. 켈로그 교수님 및 여러 선생님들과 어린이 교육 발달 이론을 공부해 오고 있습니다.

김용호

서울교육대학교와 교육대학원을 졸업하고 한국교원대학교에서 교육학 박사학위를 받았습니다. 서울북한산초등학교에서 근무하고 있습니다. 켈로그 교수님과 함께 외국어 학습과 어린이 발달 일반의 관계를 공부해 왔습니다.

송선미

서울교육대학교와 교육대학원을 졸업하였으며 서울항동초등학교에서 근무하고 있습니다. 켈로그 교수님께 비고츠키 교육학을 배웠으며 외국어 학습의 이론적 배경으로 접하기 시작한 내용이 어린이 발달의 전반에 걸쳐 영향력을 갖는 것에 늘 새로운 경이를 느끼고 있습니다.

이두표

서울에 있는 개봉중학교 과학 교사로 서울대학교 물리교육과와 대학원 과학교육과를 졸업하였습니다. 2010년 여름 비고츠키를 처음 만난 후 그 매력에 푹 빠져 꾸준히 비고츠키를 공부하고 있습니다.

이미영

서울교육대학교를 졸업하고 서울한천초등학교 교사로 근무하고 있습니다. 서울교육대학교 대학원 영어교육과에서 켈로그 교수님을 통해 비고츠키를 처음 접하고 공부하고 있습니다.

한희정

청주교육대학교와 한국교원대학교를 졸업하고, 경희대학교에서 비고츠키 아동학에 대한 실행 연구로 박사학위를 받았습니다. 현재 서울삼양초등학교에 근무하며 어린이의 성장과 발달을 돕는 교육과정-수업-평가라는 고민에 대한 답을 찾아가고 있습니다.

이 외에 원고 타이핑, 본문 검토 및 글상자 작성, 각 장별 미주 작성에 참여한 회원은 다음과 같다.
Sue, Lauvu, Julie, Hassem, 남샘, 이한길.

＊비고츠키 연구회와 함께 번역, 연구 작업에 동참하고 싶으신 분들은 iron_lung@hanmail.net으로 문의해 주시기 바랍니다.

삶의 행복을 꿈꾸는 교육은 어디에서 오는가?

● **교육혁명을 앞당기는 배움책 이야기** 혁신교육의 철학과 잉걸진 미래를 만나다!

● **비고츠키 선집** 발달과 협력의 교육학 어떻게 읽을 것인가?

 생각과 말
레프 세묘노비치 비고츠키 지음
배희철·김용호·D. 켈로그 옮김 | 690쪽 | 값 33,000원

 성장과 분화
L.S. 비고츠키 지음 | 비고츠키 연구회 옮김
308쪽 | 값 15,000원

 도구와 기호
비고츠키·루리야 지음 | 비고츠키 연구회 옮김
336쪽 | 값 16,000원

 연령과 위기
L.S. 비고츠키 지음 | 비고츠키 연구회 옮김
336쪽 | 값 17,000원

 어린이 자기행동숙달의 역사와 발달 I
L.S. 비고츠키 지음 | 비고츠키 연구회 옮김
564쪽 | 값 28,000원

 의식과 숙달
L.S 비고츠키 지음 | 비고츠키 연구회 옮김
348쪽 | 값 17,000원

 어린이 자기행동숙달의 역사와 발달 II
L.S. 비고츠키 지음 | 비고츠키 연구회 옮김
552쪽 | 값 28,000원

 분열과 사랑
L.S. 비고츠키 지음 | 비고츠키 연구회 옮김
260쪽 | 값 16,000원

 어린이의 상상과 창조
L.S. 비고츠키 지음 | 비고츠키 연구회 옮김
280쪽 | 값 15,000원

 성애와 갈등
L.S. 비고츠키 지음 | 비고츠키 연구회 옮김
268쪽 | 값 17,000원

 비고츠키와 인지 발달의 비밀
A.R. 루리야 지음 | 배희철 옮김 | 280쪽 | 값 15,000원

 흥미와 개념
L.S. 비고츠키 지음 | 비고츠키 연구회 옮김
408쪽 | 값 21,000원

 정서학설 I
L.S. 비고츠키 지음 | 비고츠키 연구회 옮김
584쪽 | 값 35,000원

 정서학설 II
L.S. 비고츠키 지음 | 비고츠키 연구회 옮김
480쪽 | 값 35,000원

 수업과 수업 사이
비고츠키 연구회 지음 | 196쪽 | 값 12,000원

 관계의 교육학, 비고츠키
진보교육연구소 비고츠키교육학실천연구모임 지음
300쪽 | 값 15,000원

 비고츠키의 발달교육이란 무엇인가?
비고츠키교육학실천연구모임 지음 | 412쪽 | 값 21,000원

 비고츠키 생각과 말 쉽게 읽기
진보교육연구소 비고츠키교육학실천연구모임 지음
316쪽 | 값 15,000원

 비고츠키 철학으로 본 핀란드 교육과정
배희철 지음 | 456쪽 | 값 23,000원

 교사와 부모를 위한 비고츠키 교육학
카르포프 지음 | 실천교사번역팀 옮김
308쪽 | 값 15,000원

 혁신학교
성열관·이순철 지음 | 224쪽 | 값 12,000원

 대한민국 교사, 어떻게 가르칠 것인가?
윤성관 지음 | 320쪽 | 값 15,000원

 행복한 혁신학교 만들기
초등교육과정연구모임 지음 | 264쪽 | 값 13,000원

 아이들을 어떻게 가르칠 것인가
사토 마나부 지음 | 박찬영 옮김 | 232쪽 | 값 13,000원

 서울형 혁신학교 이야기
이부영 지음 | 320쪽 | 값 15,000원

모두를 위한 국제이해교육
한국국제이해교육학회 지음 | 364쪽 | 값 16,000원

혁신교육, 철학을 만나다
브렌트 데이비스·데니스 수마라 지음
현인철·서용선 옮김 | 304쪽 | 값 15,000원

 혁신교육 존 듀이에게 묻다
서용선 지음 | 292쪽 | 값 16,000원

 다시 읽는 조선 교육사
이만규 지음 | 750쪽 | 값 33,000원

 대한민국 교육혁명
교육혁명공동행동 연구위원회 지음
224쪽 | 값 12,000원

 경쟁을 넘어 발달 교육으로
현광일 지음 | 288쪽 | 값 14,000원

 핀란드 교육의 기적
한넬레 니에미 외 엮음 | 장수명 외 옮김
456쪽 | 값 23,000원

 한국 교육의 현실과 전망
심성보 지음 | 724쪽 | 값 35,000원

 독일의 학교교육
정기섭 지음 | 536쪽 | 값 29,000원

● **경쟁과 차별을 넘어 평등과 협력으로 미래를 열어가는 교육 대전환!** 혁신교육 현장 필독서

 교실 속으로 간 이해중심 교육과정
온정덕 외 지음 | 224쪽 | 값 13,000원

 포스트 코로나 시대의 교육
성열관 외 지음 | 224쪽 | 값 15,000원

 내일 수업 어떻게 하지?
아이함께 지음 | 300쪽 | 값 15,000원

 **학교의 미래,
전문적 학습공동체로 열다**
새로운학교네트워크·오윤주 외 지음 | 276쪽 | 값 16,000원

 **마을교육공동체
생태적 의미와 실천**
김용련 지음 | 256쪽 | 값 15,000원

 학교폭력, 멈춰!
문재현 외 지음 | 348쪽 | 값 15,000원

 학교를 살리는 회복적 생활교육
김민자·이순영·정선영 지음 | 256쪽 | 값 15,000원

 삶의 시간을 잇는 문화예술교육
고영직 지음 | 292쪽 | 값 16,000원

**미래교육을 디자인하는
학교교육과정**
박승열 외 지음 | 348쪽 | 값 18,000원

 교실 속으로 간 이해중심 통합교육과정
온정덕 외 지음 | 224쪽 | 값 15,000원

 **초등 백워드 교육과정
설계와 실천 이야기**
김병일 외 지음 | 352쪽 | 값 19,000원

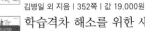 **학습격차 해소를 위한 새로운 도전
보편적 학습설계 수업**
조윤정 외 지음 | 240쪽 | 값 15,000원

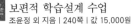 **마을교육공동체란 무엇인가?**
서용선 외 지음 | 360쪽 | 값 17,000원

 강화도의 기억을 걷다
최보길 지음 | 276쪽 | 값 14,000원

 체육 교사, 수업을 말하다
전용진 지음 | 304쪽 | 값 15,000원

 평화의 교육과정 섬김의 리더십
이준원·이형빈 지음 | 292쪽 | 값 16,000원

 마을교육과정을 그리다
백윤애 외 지음 | 336쪽 | 값 16,000원

 **혁신교육지구와 마을교육공동체는
어떻게 만들어지는가?**
김태정 지음 | 376쪽 | 값 18,000원

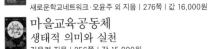

아이들을 어떻게 가르칠 것인가
사토 마나부 지음 | 박찬영 옮김 | 232쪽 | 값 13,000원

 **코로나 시대,
마을교육공동체운동과 생태적 교육학**
심성보 지음 | 280쪽 | 값 17,000원

 혐오, 교실에 들어오다
이혜정 외 지음 | 232쪽 | 값 15,000원

 수업, 슬로리딩과 함께
박경숙 외 지음 | 268쪽 | 값 15,000원

 물질과의 새로운 만남
베로니카 파치니-케처바우 외 지음 | 240쪽 | 값 15,000원

 그림책으로 만나는 인권교육
강진미 외 지음 | 272쪽 | 값 18,000원

 수업 고수들
수업·교육과정·평가를 말하다
박현숙 외 지음 | 368쪽 | 값 17,000원

 **아이들의 배움은 어떻게 깊어지는가**
이시이 준지 지음 | 방지현·이창희 옮김
200쪽 | 값 11,000원

 미래, 공생교육
김환희 지음 | 244쪽 | 값 15,000원

 들뢰즈와 가타리를 통해 유아교육 읽기
리세롯 마리엣 올슨 지음 | 이연선 외 옮김
328쪽 | 값 17,000원

 혁신고등학교, 무엇이 다른가?
김현자 외 지음 | 344쪽 | 값 18,000원

 서울대 10개 만들기
김종영 지음 | 348쪽 | 값 18,000원

 선생님, 통일이 뭐예요?
정경호 지음 | 252쪽 | 값 13,000원

 함께 배움
학생 주도 배움 중심 수업 이렇게 한다
니시카와 준 지음 | 백경석 옮김 | 280쪽 | 값 15,000원

 다정한 교실에서 20,000시간
강정희 지음 | 296쪽 | 값 16,000원

 즐거운 세계사 수업
김은석 지음 | 328쪽 | 값 13,000원

 밥상혁명
강양구·강이현 지음 | 298쪽 | 값 13,800원

 학교를 개선하는 교장
지속가능한 학교 혁신을 위한 실천 전략
마이클 풀란 지음 | 서동연·정효준 옮김 | 216쪽 | 값 13,000원

 선생님, 민주시민교육이 뭐예요?
염경미 지음 | 244쪽 | 값 15,000원

 교육혁신의 시대
배움의 공간을 상상하다
함영기 외 지음 | 264쪽 | 값 17,000원

 도덕 수업, 책으로 묻고 윤리로 답하다
울산도덕교사모임 지음 | 320쪽 | 값 15,000원

참된 삶과 교육에 관한
생각 줍기